Pädagogik und Dritte Welt

Eine Fallstudie zur Pädagogisierung sozialer Probleme

Matthias Proske

Johann Wolfgang Goethe-Universität
Frankfurt am Main 2001

Frankfurter Beiträge zur Erziehungswissenschaft
Reihe Monographien

im Auftrag des Vorstandes
des Fachbereichs Erziehungswissenschaften
der Johann Wolfgang Goethe-Universität
herausgegeben von
Frank-Olaf Radtke

Sigle: D 30

© Fachbereich Erziehungswissenschaften der
Johann Wolfgang Goethe-Universität
Frankfurt am Main 2001

Hergestellt: Books on Demand GmbH

Die Deutsche Bibliothek - CIP-Einheitsaufnahme

Proske, Matthias:
Pädagogik und Dritte Welt : eine Fallstudie zur Pädagogisierung sozialer Probleme / Matthias Proske. – Frankfurt am Main : Fachbereich Erziehungswiss. der Johann Wolfgang Goethe-Univ., 2001
(Frankfurter Beiträge zur Erziehungswissenschaft : Reihe Monographien; 1)
Zugl.: Frankfurt (Main), Univ., Diss. 2000

ISBN 3-9806569-5-0

Inhaltsverzeichnis

Vorwort von Frank-Olaf Radtke   7

1. Einleitung: Pädagogisierung als Form grenzüberschreitender Systembildung   9

2. Zum Stand der Pädagogisierungsdiskussion in der Erziehungswissenschaft   21

3. Systemtheorie und die gesellschaftliche Konstruktion sozialer Probleme   29

3.1. Das systemtheoretisch-konstruktivistische Theorieprogramm   29
3.2. Theorien sozialer Probleme und ihre Kontroversen   32
    3.2.1. Das strukturfunktionalistische Theorieangebot   34
    3.2.2. Das interaktionistische Theorieangebot   34
    3.2.3. Aporien in der Theoriegeschichte sozialer Probleme   37
3.3. Eine systemtheoretisch-konstruktivistische Lesart sozialer Probleme   39
    3.3.1. Soziale Probleme als Prozessieren einer Unterscheidung   39
    3.3.2. Soziale Probleme als kommunikative Ereignisse   40
    3.3.3. Protestbewegungen und Moral   42

4. Pädagogisierung: Eine gesellschaftstheoretische und erziehungswissenschaftliche Einordnung   44

4.1. Funktionale Differenzierung als Etablierung von Leitdifferenzen   44
4.2. Funktionale Differenzierung und Steuerung   46

4.3. Die pädagogische Leitdifferenz und die Frage nach der
Systembildung des Pädagogischen   49
4.4. Die Umwelt des Pädagogischen: Pädagogisierung als
individuenorientierte Steuerungsvorstellung   52
4.5. Pädagogische Semantiken   55
4.6. Pädagogische Programme als Pädagogisierungsform im
Erziehungssystem   57
4.7. Pädagogisierung als Verselbständigung gesellschaftlicher
Teilsysteme   58

5. Die Fallstudie zur Pädagogisierung des Dritte Welt-Problems: Überlegungen zu Methodologie, Untersuchungsdesign, Fragestellungen und Methode   61

5.1. Methodologie: Von der (System-) Theorie zum Text   61
5.2. Der Untersuchungsgegenstand der Fallstudie: Die
gesellschaftliche Konstruktion des Dritte Welt-Problems   63
    5.2.1. Ein Instanzenmodell als Folie für
       Pädagogisierungsprozesse   63
    5.2.2. Die Form: Dokumentenanalyse   67
5.3. Die Fragestellungen der qualitativen Inhaltsanalyse   70
5.4. Das Kategorienschema   73
    5.4.1. Das Problemlabel Dritte Welt   73
    5.4.2. Pädagogisierung   74

6. Die gesellschaftliche Konstruktion des Dritte Welt-Problems   79

6.1. Das Dritte Welt-Problem: Zur Entstehung einer neuen
Thematik internationaler Politik   80
6.2. Entwicklungspolitik als Antwort auf das Dritte Welt-
Problem   89
6.3. Dritte Welt-Protestbewegung und Kirchen: Zwischen
Moral, Protest und advokatorischer Politik   95

7. Die Pädagogisierung des Dritte Welt-Problems als Entgrenzung   108

7.1. Pädagogisierungsimpulse im internationalen politischen
System: Dissens, der Mangel alternativer
Steuerungsmedien, Öffentlichkeit   109

7.2. Die Schlüsselstellung der staatlichen Entwicklungspolitik für die Pädagogisierung des Dritte Welt-Problems in der Bundesrepublik ... 116
   7.2.1. Mobilisierung öffentlicher Meinung: Der emphatische Rekurs auf das Individuum und sein Problembewußtsein ... 117
   7.2.2. Die Inanspruchnahme des Erziehungssystems für die Steuerung des Dritte Welt-Problems ... 126
7.3. Die Selbstpädagogisierung der Dritte Welt Protestbewegung ... 132
   7.3.1. Dritte Welt-Bewegung als Lernbewegung: Pädagogik und Gesellschaftsveränderung ... 133
   7.3.2. Utopie und Enttäuschung, Moral und Anschlußfähigkeit, global und lokal: Pädagogische Vermittlung als Aufgabe der Dritte Welt-Protestbewegung ... 136
   7.3.3. Reformpädagogische Aspirationen: Von der Kritik institutionalisierter Pädagogik zur Institutionalisierung einer Alternativpädagogik ... 143

8. Pädagogisierung als Programmierung von Dritte Welt-Pädagogik und entwicklungspolitischer Bildung im Erziehungssystem ... 151

8.1. Das Dritte Welt-Problem im Erziehungssystem ... 152
   8.1.1. Die Dritte Welt in der Schule ... 153
   8.1.2. Die Dritte Welt in der Erwachsenenbildung ... 157
   8.1.3. Die Dritte Welt in der Jugendbildungsarbeit ... 160
8.2. Das Pädagogische Establishment und die Transformation des Dritte Welt-Problems in ein pädagogisches Programm ... 163
   8.2.1. Administrative Innovationsblockaden ... 164
   8.2.2. Das Bundesministerium für wirtschaftliche Zusammenarbeit als pädagogische Reforminstanz ... 169
   8.2.3. Die pädagogische Leistungserweiterung der Dritte Welt-Protestbewegung ... 173
   8.2.4. Dritte Welt-Pädagogik als Resultat loser Koppelung von politischen und pädagogischen Kritik- und Reformkommunikationen ... 176
8.3. Dritte Welt-Pädagogik im Primarbereich ... 185
8.4. Die permanente Reform der Dritte Welt-Pädagogik ... 191

9. Erziehungswissenschaft und Dritte Welt: Zwischen Marginalisierung und segmentärer Differenzierung   198

9.1. Die Dritte Welt in der Erziehungswissenschaft: ein Randphänomen   200
    9.1.1. Disziplinäre Publikationsmedien   200
    9.1.2. Universitäre Einrichtungen und Lehre   210
    9.1.3. Deutsche Gesellschaft für Erziehungswissenschaft   213
9.2. Die segmentäre Ausdifferenzierung der Dritte Welt-Pädagogik in der Erziehungswissenschaft   216
    9.2.1. Problem und Protest als Referenzpunkte der Dritte Welt-Pädagogik   217
    9.2.2. Die segmentäre Ausdifferenzierung der Dritte Welt-Pädagogik und deren normatives Theoriemodell   222

10. Schluß   232

10.1. Pädagogisierung als Entgrenzung des Pädagogischen und als Inklusion sozialer Probleme   232
10.2. Die Pädagogik als Platzhalter der Moral   234

Literatur   237

Anhang 1: Lexika, Handbücher, Wörterbücher, Dokumentationssysteme   269
Anhang 2: Dissertationen/Habilitationen   270
Anhang 3: Tabelle: Erziehungswissenschaftliche Qualifikationsarbeiten in der Bundesrepublik Deutschland nach speziellen Pädagogiken im Zeitraum 1960-1997   272

Vorwort

Seit mit der Reformation im 16., nach der Zäsur des dreißigjährigen Krieges im 17. und endgültig mit der französischen Revolution im 18. Jahrhundert sich die Idee durchsetzte, daß unerwünschte gesellschaftliche Zustände durch Erziehung, also die gezielte Einwirkung auf einzelne Gesellschaftsmitglieder behoben, ja auch gesellschaftliche Utopien durch organisierte Bewußtseinsveränderung verwirklicht werden könnten, ließe sich von einem sich ausbreitenden Mechanismus einer ‚Pädagogisierung sozialer Probleme' sprechen. Die Absicht der Verbesserung der Gesellschaft durch Erziehung der Individuen macht den Kern neuzeitlicher Pädagogik aus. Aber erst im 19. und 20. Jahrhundert hat der Prozeß der funktionalen Differenzierung der modernen Gesellschaft zu einer Systembildung geführt, die das Institut der öffentlichen Erziehung mit einer Organisation ausgestattet hat, deren historischen Mittelpunkt die Schule bildet, ohne daß dem mittlerweile weit verzweigten Erziehungssystem eine Monopolisierung der Erziehungsabsichten und -mittel gelungen wäre.

Der Begriff der Pädagogisierung ist ein Distanzierungsbegriff, der nach dem Scheitern großer Aspirationen erst mit dem Reflexivwerden der pädagogischen Praxis in der modernen Erziehungswissenschaft benutzt und disziplinintern überwiegend negativ konnotiert wird. Betrachtet man dagegen die öffentliche Emphase, mit der bei jeder Gelegenheit nach Intensivierung der Erziehung gerufen, ihr aber zugleich soziale Geringschätzung entgegengebracht wird, scheint die Erziehungswissenschaft der derzeit einzige Ort zu sein, an dem die Lösungskapazität und die Reichweite pädagogischer Interventionen, sei es im Fall von Fremdenfeindlichkeit, Rechtsextremismus, der Friedens-, Umwelt oder Medienthematik nüchtern reflektiert werden kann.

An diese Reflexion schließt die vorliegende Dissertation von Matthias Proske mit einem neuen Handlungsfeld an. Am Beispiel der Karriere des Themas ‚Dritte Welt' und seiner Überführung in eine Erziehungsaufgabe wird ein ebenso aktueller wie exemplarischer Fall der Pädagogisierung sozialer Probleme behandelt. Er eignet sich, wie vordem das Ökologieproblem, deshalb besonders, weil es sich beim Dritte Welt-Problem um ein moralisch hoch aufgeladenes, an soziale Bewegungen angelehntes, dabei aber klar einzugrenzendes und historisch noch nicht sehr altes Thema handelt, dessen Karriere als pädagogische Aufgabe sich anhand von leicht verfügbaren Dokumenten rekonstruieren läßt. Jedenfalls macht der Autor seinen Fall durch die Transparenz der Rekonstruktion zu einem *clear case.*

Matthias Proske hat eine theoretisch sehr anspruchsvolle und empirisch präzise gearbeitete Studie vorgelegt, die in doppelter Weise gelesen werden kann. Sie gibt einmal empirischen Aufschluß darüber, wie ein soziales Problem seine pädagogische Form der Bearbeitung in und außerhalb des Erziehungssystems findet. Behandelt werden die Möglichkeiten und Grenzen der Implementation eines pädagogischen Programms, das nun als gesellschaftliche Kommunikationsform zur Steuerung des Dritte Welt-Problems präsentiert wird. Wegen der Fülle des analysierten Materials und der irritierenden Befunde dürfte die Studie für den Fachdiskurs der Vergleichenden Erziehungswissenschaft und ihrer auf die Dritte Welt bezogenen Untergliederung von großem Interesse sein. Weil sie aber darüber hinaus das Allgemeine des Falles klar zu konturieren vermag, ist sie auch ein Beitrag zur Theoretisierung eines zentralen Problems der Allgemeinen Erziehungswissenschaft. Mit der Referenz auf Niklas Luhmanns Systemtheorie hat Matthias Proske der Diskussion um die ‚Pädagogisierung sozialer Probleme' eine Wendung gegeben, die es ihm erlaubt, die prinzipiell unabgeschlossene, kontingente Formbildung des Pädagogischen zwischen institutioneller Einbindung in System, Profession und Disziplin und seiner Entgrenzung und Hybridisierung in anderen sozialen Systemen materialiter zu erweisen. Die Studie zeigt m. E. vorbildlich, wie eine theoretisch gelenkte Empirie zu weiterer Theoriebildung und einer Steigerung der Reflexivität pädagogischer Kommunikationsformen im Überschneidungsbereich von spezieller und allgemeiner Erziehungswissenschaft anregen kann.

Der Fachbereich Erziehungswissenschaften der Johann Wolfgang Goethe-Universität eröffnet im Rahmen seiner *Frankfurter Beiträge zur Erziehungswissenschaft* mit dem vorliegenden Band eine neue Reihe *Monographien*, in der herausragende Arbeiten, die in einem direkten Zusammenhang mit den Forschungsschwerpunkten am Fachbereich stehen, veröffentlicht werden. Zusammen mit der schon früher begonnenen Reihe *Kolloquien* soll sie das Profil der Frankfurter Erziehungswissenschaft nach außen sichtbar machen.

Frankfurt a. M., im August 2001　　　　　　　　　　　　　　　Frank-Olaf Radtke

1. Einleitung: Pädagogisierung als Form grenzüberschreitender Systembildung

„Die moderne Pädagogik", so Jürgen Oelkers, „lebt von einer Grenzüberschreitung, nämlich der Bindung des gesellschaftlichen Fortschritts an die richtige Erziehung, eine Grundüberzeugung moralischer Kommunikation seit der Reformation" (1996, S. 25). Grenzüberschreitung setzt Grenzen voraus. Pädagogische Grenzüberschreitungen scheinen bevorzugt in der Verknüpfung von Fortschritt und Erziehung im Dreieck von Pädagogik, Politik und Moral zu beobachten zu sein. Und offensichtlich wird die moderne Pädagogik als Instanz beschrieben, die ihre Grenzen in der Absicht übertritt, Gesellschaft mit Erziehung, Bildung und Unterricht zu verbessern. Diese pädagogische Grenzüberschreitung wird im Kontext der Bearbeitung gesellschaftlicher Problemkonstellationen als „Pädagogisierung sozialer Probleme" gedeutet (vgl. Herrmann 1984). Pädagogisierung sozialer Probleme meint dann, „gesellschaftliche Probleme dem Mechanismus anzuvertrauen, der mit System, Profession und Disziplin der Erziehung bezeichnet wird – dem pädagogischen Mechanismus, der auf Lernen setzt statt auf Recht, Politik oder Gewalt" (Tenorth 1992, S. 135). Reflexiv gewendet vergegenwärtigt die Deutung „Pädagogisierung" zudem eine prinzipielle Vorstellung davon, was Aufgabe der Pädagogik sei und worin das richtige Verständnis des Pädagogischen gerade in Abgrenzung zur Politik bestehe (vgl. Pollak 1991, Herrmann/Oelkers 1989).[1] In diesem Sinne kann Pädagogisierung auch als Beobachtungskategorie innerhalb einer disziplinären Selbstvergewisserung der Erziehungswissenschaft verstanden werden.

Die hier einleitend nur kursorisch angedeutete erziehungswissenschaftliche Diskussion zur Pädagogisierung sozialer Probleme weist drei theoretische Desiderate auf, zu deren Bearbeitung diese Untersuchung antritt: erstens fehlt der Pädagogisierungsdiskussion ein theoretischer Begriff gesellschaftlicher *Grenzen*, der es ihr erlauben würde, Grenzverschiebungen zwischen Pädagogik, Politik und Moral systematisch zu beschreiben. Zweitens ist sie einer normativen und handlungstheoretischen Vorstellung von Pädagogik verhaftet,

---

1 Für Pollak (1991, S. 32) ist „das Dual Pädagogik/Politik eines der wichtigsten Grundmuster der Pädagogisierungsdebatte". Diese Einschätzung kann sich historisch vor allem auf Schleiermacher stützen, der in seinen Vorlesungen von 1826 die Aufgabe der Pädagogik – ohne die Pädagogisierungsdiskussion mitzuführen – im engen Verhältnis zur Politik und zur Ethik bestimmt: „Beide Theorien, die Pädagogik und die Politik, greifen auf das vollständigste ineinander ein; beide sind ethische Wissenschaften (...). Die Pädagogik ist eine rein mit der Ethik zusammenhängende, aus ihr abgeleitete angewandte Wissenschaft, der Politik koordiniert" (Schleiermacher 1826/1957, S. 12).

die Erziehung, Unterricht und Bildung als *Einwirkung* auf und Verbesserung von Individuen konzeptualisiert. Drittens schließlich operiert sie mit einer nur ungenügenden Bestimmung *sozialer Probleme.*

Theorieangebot Systemtheorie

Die vorliegende Untersuchung zur Pädagogisierung sozialer Probleme geht davon aus, daß die Systemtheorie ein Theorieangebot bereitstellt, mit dem die Desiderate der Pädagogisierungsdiskussion (Grenze, Einwirkung, soziale Probleme) gesellschaftstheoretisch und erziehungswissenschaftlich angemessen zu bearbeiten sind.[2] Für die Systemtheorie ist erstens die System-Umwelt-Differenz konstitutiv (vgl. Luhmann 1984, 1996c). Systeme entstehen durch Grenzziehung und Selbstunterscheidung von dem, was nicht zum System, sondern zur Umwelt zählt. Die Systemtheorie führt zweitens die Unterscheidung von sozialen und psychischen Systemen ein. Soziale Systeme differenzieren sich auf der Basis von Kommunikationen aus, während Bewußtsein als Grundelement psychischer Systeme betrachtet wird, d.h. als Grundelement dessen, was in der herkömmlichen Terminologie als „Mensch" oder „Individuum" bezeichnet wird. Drittens schließlich arbeitet die Systemtheorie mit der Figur der Beobachtung, die als Operation des Unterscheidens und Bezeichnens definiert wird. Die System-Umwelt-Differenz, die Unterscheidung zwischen sozialen und psychischen Systemen und der konstruktivistische Ausgangspunkt der Systemtheorie sollen für die Untersuchung der Pädagogisierung des Dritte Welt-Problems fruchtbar gemacht werden:
(1) Die System-Umwelt-Differenz liefert der Pädagogisierungsdiskussion einen theoretisch scharfen *Grenzbegriff.* Mit ihr wird es möglich, die Rolle des mit Erziehung, Unterricht und Bildung beschäftigten Kommunikationssystems in Differenz zu seinen angrenzenden Umwelten – den Kommunikationssystemen Politik und Moral sowie dem Bewußtseinssystem Individuum – zu beobachten und die Emergenz und Ausdifferenzierung, d.h. die Herausbildung und Verschiebung von Systemgrenzen, die immer auch neue Formen der Systembildung anzeigen, zu untersuchen. Das Theorem „Pädagogisierung sozialer Probleme" wirft aus der Perspektive der systemtheoretischen Differenz- und Grenzdiskussion somit die Frage auf, welche Formen das Pädagogische als Medium der Bearbeitung und Steuerung sozialer Probleme und in Relation zu politischen und moralischen Kommunikationen ausdifferenziert. Unterlegt ist dieser Frage die Unterscheidung von Medium und Form (vgl. Luhmann 1997a, S. 190-202, insb. S. 197). Sie bezeichnet das Einzeichnen

---

[2] Die systemtheoretischen Unterscheidungen und die daraus entwickelten Fragen an die Pädagogik (vgl. Luhmann/Schorr 1979, 1982, 1986, 1988, 1990, 1992, 1996) haben die Erziehungswissenschaft in den letzten zwanzig Jahren sichtlich herausgefordert (vgl. Oelkers/Tenorth 1987; Zeitschrift für Erziehungswissenschaft 1999).

von festeren Bestimmungen (Formen) in eine weichere, lockere Struktur (Medium). Das Pädagogische, d.h. das absichtsvolle Einwirken auf Personen, wäre diese Struktur, die in gesellschaftlichen Ausdifferenzierungsprozessen neue Formen bilden kann. Im Kern geht es dem Theorem „Pädagogisierung sozialer Probleme" um die Unterscheidung von zwei Formbildungen des Pädagogischen:
- die Entgrenzung und Diffusion des Pädagogischen auf der einen Seite und
- die Übersetzung sozialer Probleme in pädagogische Programme des Erziehungssystems auf der anderen Seite, die in dieser Arbeit als Eingrenzung bezeichnet wird.

Die Pädagogisierungsform der Entgrenzung referiert auf die Ablösung pädagogischer Kommunikation vom organisatorisch und professionell definierten Erziehungssystem. Kern der Entgrenzung wäre eine gesellschaftliche Universalisierung des Pädagogischen im Kontext der Steuerung sozialer Probleme. Pädagogisierung als Eingrenzung nimmt dagegen auf die organisatorischen, professionellen und disziplinären Systembildungen des Pädagogischen Bezug. Ausdruck dieser Pädagogisierungsform wäre die Transformation sozialer Probleme in pädagogische Programme des Erziehungssystems.

(2) Die Unterscheidung zwischen sozialen und psychischen Systemen führt die Systemtheorie zur Umstellung der pädagogischen Grundannahme der Einwirkung. Das Erziehungssystem ist systemtheoretisch als *Kommunikationssystem* mit einer eigens spezifizierten Leitdifferenz zu beschreiben. Die traditionelle Selbstbeschreibung der Pädagogik mit den Begriffen Erziehen, Bilden und Unterrichten referiert auf absichtsvolle Handlungen, die im Adressaten Verbesserungen hin auf moralisch begründete pädagogische Ziele bewirken sollen. Die in der pädagogischen Öffentlichkeit in der Regel normativ geführte Diskussion über die Aufgaben und Möglichkeiten von Erziehung geht von der Unterstellung aus, daß pädagogische Absichten mit angezielten Wirkungen korrespondieren. Prämisse der öffentlichen Kommunikation *über* Erziehung und Bildung ist ein Kausalverhältnis, das zwischen Absichten und Wirkungen angenommen wird. Als Garant solcher Kausalverhältnisse werden pädagogische Methoden gehandelt, die seit Pestalozzi als Technologie von Erziehungs- und Bildungsprozessen firmieren (vgl. Oelkers 1992, S. 43ff). Pädagogische Methoden übernehmen im Erziehungsdiskurs die Funktion, pädagogische Aufgaben in Richtung Intention ebenso wie in Richtung Wirkung als kontrollierbar vorzustellen. Ihre theoretische Prämisse hat diese Selbstbeschreibung in einer Einheitsvorstellung des pädagogischen Einwirkungsprozesses, der linear und kausal zwischen dem Erzieher und seinen Intentionen, der pädagogischen Handlung und den Wirkungen beim Adressaten verlaufe.

In der systemtheoretischen Perspektive wird mit dieser Selbstbeschreibung gebrochen. Erziehung, Bildung und Unterricht werden als soziale Operationen beschrieben, von denen die Operationen der beteiligten psychischen Systeme, d.h. die pädagogischen Adressaten strikt zu unterscheiden sind. Erziehung, Bildung und Unterricht sind entsprechend Kommunikationsoperationen, denen die absichtsvolle Veränderung von Personen unterlegt ist[3], während der Umgang des Educanden mit diesen Kommunikationsangeboten zunächst als Bewußtseinsoperation konstruiert wird. Damit verläuft zwischen Erziehung, Bildung und Unterricht als Kommunikationssystemen und den psychischen Systemen eine Grenze, die nicht – wie das Intention-Wirkungs-Paradigma[4] der modernen Pädagogik verspricht – mit pädagogischer Technologie überwunden werden kann.[5] Entsprechend sind die in der Selbstbeschreibung der Pädagogik artikulierten Zentralannahmen (Intention, Wirkung, Technologie) als „*kommunikative* Wirklichkeiten" und nicht als Eigenschaften von Erziehung, Unterricht und Bildung zu verstehen (ebd., S. 54; Herv. M.P). Pädagogische Intentionen sorgen dafür, daß die öffentliche Kommunikation über Erziehung und Bildung mit *Moral*, d.h. mit Werten und Normen versorgt wird (ebd.). Erst ethisch begründete moralische Zwecke rechtfertigen bei Nachfrage erzieherische Ansprüche. Wirkungen sind im pädagogischen Diskurs ebenfalls kommunikative Wirklichkeiten, d.h. Wirkungs*annahmen* oder *-versprechungen*.

Zudem lenkt die Differenz zwischen dem Kommunikationssystem Erziehung und Bildung und dem Bewußtseinssystem Individuum den Blick auf den Gegenstand der Pädagogisierungsuntersuchung. Jochen Kade hat vorgeschlagen, die Kommunikationsoperationen der Pädagogik mit dem Leitbegriff der Vermittlung, die Bewußtseinsoperationen des pädagogischen Adressaten hingegen dem Leitbegriff der Aneignung zu bezeichnen (vgl. Kade 1997). Erziehung, Bildung und Unterricht vermitteln Wissen oder Dispositionen, während sich Individuen Wissen, Fähigkeiten oder Motive aneignen. Zwischen beiden Seiten besteht kein Identitäts-, sondern ein Differenzverhältnis, d.h. vermitteltes Wissen muß genauso wenig angeeignetem Wissen entsprechen wie vermittelte Dispositionen angeeigneten Fähigkeiten. Dieser Unterscheidung folgend sollen für die Pädagogisierungsuntersuchung ausschließ-

---

[3] Auf die Konstruktion von Pädagogik als Kommunikation hat bereits Oelkers in bezug auf das Intentions-Wirkungs-Paradigma hingewiesen. Für ihn waren pädagogische Absichten, Wirkungsannahmen und Moral Kommunikationsformen des öffentlichen Diskurses über Erziehung und Bildung, nicht aber die Eigenschaften von pädagogischen Handlungen.

[4] Intention-Wirkungs-Paradigma meint die konstitutive Annahme der Pädagogik, daß pädagogische Absichten die anvisierten pädagogischen Wirkungen hervorruft.

[5] Diese Differenz begründet aus systemtheoretischer Perspektive das „strukturelle Technologiedefizit" der Pädagogik. Die systematische Entfaltung der These vom „strukturellen Technologiedefizit" geht ungeachtet von Vorläufern (vgl. Litt 1947/1965, S. 110) auf Luhmann/Schorr (1979) zurück. Interessant erscheint aus heutiger Perspektive, dass auch Luhmann/Schorr vor der „Entdeckung" der System-Umwelt-Differenz und dem Umbau der Systemtheorie (vgl. Luhmann 1984) das Technologiedefizit der Pädagogik handlungstheoretisch im Rückgriff auf die Komplexität von Interaktionen begründen.

lich die Vermittlungsangebote von Erziehung, Bildung und Unterricht für die Bearbeitung und Steuerung des Dritte Welt-Problems fokussiert werden. Pädagogisierung wird somit als gesellschaftliche Kommunikationsform verstanden, die in der Bearbeitung des Dritte Welt-Problems im Dreieck von Politik, Moral und Pädagogik emergiert. Gleichzeitig schließt dieser Zugang für diese Untersuchung aus, die Pädagogisierungsfragestellung auch auf die Frage auszudehnen, ob und wie sich Adressaten pädagogische Vermittlungsangebote zur Steuerung des Dritte Welt-Problems aneignen (z.b. durch Bewußtseinsbildung, Dritte Welt-Unterricht, Lernen in Dritte Welt-Aktionsgruppen u.ä.m.). In der hier vorgelegten Untersuchung spielt die Frage keine Rolle, ob die Pädagogisierung des Dritte Welt-Problems im Sinne individueller Aneignung (z.b. veränderte Einstellungen, Problembewußtsein) erfolgreich war. Es geht ausschließlich darum, die Ausdifferenzierung *pädagogisierender Kommunikationsformen* bei der Steuerung des Dritte Welt-Problems zu rekonstruieren.

(3) Die Systemtheorie verweist darauf, daß soziale Probleme gesellschaftliche Konstruktionen sind, die auf Unterscheidungen eines Beobachters beruhen. In der funktional differenzierten Gesellschaft hängt die Konstruktion sozialer Problem eng mit der Unmöglichkeit zusammen, die Gesellschaft als ganze moralisch zu integrieren, d.h. die Funktionssysteme auf eine für alle (Systeme) verbindliche Werte- und Normenordnung zu verpflichten. Funktionssysteme wie Wirtschaft, Politik oder Wissenschaft weisen eine gesamtgesellschaftliche Verantwortung für die Folgen ihrer fortschreitenden Ausdifferenzierung (z.B. globale Verteilungsungleichheiten) zurück und erzeugen so dauerhaft Anlässe des Protests. In der gemeinsamen Bezugnahme von Protest- und pädagogischen Kommunikationen auf Moral, in ersten Fall als Anmahnung gesamtgesellschaftlicher Verantwortung, im zweiten Fall als Aspiration zur Verbesserung von Personen, könnte eine systematische Schnittstelle zwischen der Konstruktion und der Pädagogisierung sozialer Probleme liegen.

Aspirationen des pädagogischen Diskurses: Neuer Mensch und neue Gesellschaft

Ausgehend von diesen Unterscheidungen fokussiert die Untersuchung zur Pädagogisierung sozialer Probleme die Frage, auf welche Herausforderungen die Pädagogik das Intention-Wirkungs-Modell, d.h. ihre moralischen Absichten, ihre Wirkungsannahmen sowie ihre Technologiekonstruktionen angelegt hat. Die moderne Pädagogik kommuniziert im wesentlichen zwei den disziplinären Traditionsbestand hochgradig verdichtende Aspirationen:

1. Einleitung: Pädagogisierung als Form grenzüberschreitender Systembildung

(1) die an Kant anschließende Aspiration der Erziehung des Menschen zum Menschen[6] (vgl. Oelkers 1987, S. 176f);
(2) die Verschränkung dieser individuell adressierten Aspiration mit der „gattungsgeschichtlichen Aufgabe" (Radtke 1986, S. 198), mit Hilfe von Erziehung und Bildung „für den Fortschritt der öffentlichen Vernunft zu sorgen" (Herrmann/Oelkers 1989, S. 17).

Historisch schließen diese beiden Aspirationen an ideengeschichtliche Umstellungen an, die für das Selbstverständnis der modernen Pädagogik konstitutiv wurden (vgl. Oelkers 1992). Zum einen entstand im Anschluß an sensualistische Vorstellungen (Locke, Abbé de Condillac) im Laufe des 17. und 18. Jahrhunderts das Subjektmodell des empirischen Bewußtseins.[7] Zum anderen wurde die mit diesem Subjektmodell eine widersprüchliche Verbindung eingehende Idee der *perfectibilité* des Menschen (Oelkers 1990, S. 36ff) im Zuge von Französischer Revolution und Aufklärung auf die Gesellschaft ausgedehnt. Diese erscheint fortan nicht nur generell als machbar, sondern auch als pädagogisch verbesserbar.[8] Das entscheidende Signum der modernen Pädagogik ist diese Ausdehnung der zunächst individuell konstruierten Verbesserungsaspiration auf die Gesellschaft. „Die Reform der Welt wurde als Sache der Erziehung gedacht, weil sie über die moralische Verbesserung der Menschen gleichsam in Summierung ihrer Wirkungen, auch die Welt (vorgestellt als Interaktion von Menschen) verbessern würde" (Oelkers 1992, S. 48). Das pädagogische Projekt der Französischen Revolution besteht darin, die „neue

---

[6] Bei Kant heißt es: „Der Mensch kann nur Mensch werden durch Erziehung. Er ist nichts, als was die Erziehung aus ihm macht" (Kant 1803/1966, S. 699).

[7] Das sensualistische Subjekt- oder Seelenmodell knüpft an die aristotelische Vorstellung einer *tabula rasa*, eines unbeschriebenen Blatts, an und löst die vorher gültige christlich-platonische Einheitsvorstellung der Seele ab (Oelkers 1992, S. 22f). Die Seele wird jetzt als empirisches Bewußtsein konstruiert. Dies bedeutet vor allem, daß *habits* und *dispositions* als Grundelemente des Locke'schen Bewußtseins mit den pädagogischen Medien *sensation* und *reflection* erlernt werden müssen und können. Mit dieser Konstruktion entsteht ein Subjektmodell, das Erziehung prinzipiell erst ermöglicht. Parallel zu dieser Ermöglichung geht mit dem sensualistischen Subjektmodells die Gefahr des Verschwindens normativer Gewißheiten einher. Diese wird von der Pädagogik im Zugriff auf pietistische Erziehungsvorstellungen bearbeitet. Aus der Prämisse des empirischen Subjektmodells, daß der Mensch nichts anderes ist, als das, was er sich angeeignet hat (Beim Abbé de Condillac heißt es: *L'homme n'est rien, qu'autant qu'il a acquis*, zitiert nach: Oelkers 1992, S. 17), lassen sich keine normativen Aussagen über moralische Zwecke von Erziehungs- und Lernprozessen ableiten. Der pädagogische Diskurs bedarf jedoch neben der Vorstellung einer Formbarkeit der Seele konstitutiv einer moralischen Letztbegründung pädagogischer Ansprüche. Deren Legitimierung kann nicht der Entwicklung des Menschen, seinen *sensations* und *reflections* überlassen bleiben. Dieser Zweck besteht im pietistischen Rekurs auf der moralisch konstruierten Verbesserung des Menschen hin zum „neuen Menschen" (ebd., S. 42).

[8] Der Aufklärer Diderot faßt das Doppelanliegen von Bildung und Unterricht als Humanisierung des Menschen, der ihm Würde verleiht, und als Zivilisierung der Nation, d.h. der Welt (vgl. Diderot 1774/1775/1971, S. 19).

Erziehung" auf die Überführung der Revolution in psychische Dispositionen zu verpflichten. Nur mit veränderten psychischen Dispositionen, nur mit der Erziehung des neuen Menschen, so die Annahme der Revolutionäre, könne das gesellschaftliche Reformprojekt auf Dauer gestellt werden (vgl. Herrmann/Oelkers 1989, S. 16f). Dieser Kombination von gesellschaftlicher und individueller Verbesserung ist die Vorstellung unterlegt, „daß die größere Projektion (,neue Gesellschaft') immer über die Veränderung der kleineren (,neuer Mensch')" erfolgt: „Daß die Gesellschaft sich verbessert ohne ihr Personal ist für die pädagogische Theorie undenkbar" (Oelkers 1992, S. 13). In diesem Sinne reflektiert das Pädagogisierungstheorem das Projekt der Moderne als ein im Kern hochgradig pädagogisches Unternehmen.

Bemerkenswert ist an der Verschränkung von individueller Erziehung bzw. Bildung und gesellschaftlichem Fortschritt, daß sie im öffentlichen Diskurs nicht als Grenzüberschreitung und damit als Pädagogisierung gedeutet, sondern im Rückgriff auf die utopische Verbesserungsaspiration der Pädagogik legitimiert wird (vgl. Oelkers 1990a). Das pädagogische Projekt der Französischen Revolution wird gezielt als Aufgabe der Gesellschaft begriffen und zum Gegenstand staatlichen Handelns (vgl. Herrmann/Oelkers 1989, S. 17). Wenn die Pädagogisierung sozialer Probleme die expansive Ausdifferenzierung pädagogischer Lösungsvorschläge jedoch sowohl auf der pädagogischen Angebots- wie auf der gesellschaftlichen Nachfrageseite meint (vgl. auch Herrmann 1984, S. 35), dann werden erziehungswissenschaftliche Zurechnungen prekär, die pädagogische Grenzüberschreitungen jeweils einseitig und ausschließlich auf Seiten der Pädagogik und der Erziehung *oder* auf Seiten der Gesellschaft und der Politik verorten und sie diesen wechselseitig vorwerfen. Diese Beobachtung könnte nahe legen, Pädagogisierungen sowohl als von der Pädagogik *selbstinitiierte* Ausweitung ihrer Aspirationen zu konzeptualisieren wie auch als „alte Dienstbarkeit der Pädagogen" (Radtke 1986) *im Auftrage* der Gesellschaft.

Fragestellung und Erkenntnisinteresse

Diese Uneindeutigkeit der Dynamik von Pädagogisierungen ins Hypothetische gewendet, lenkt den Blick auf die zentralen Fragestellungen der Fallstudie: Wie emergieren pädagogische Kommunikationen, d.h. moralisch angereicherte Absichten der verbessernden Einwirkung auf den Menschen, bei der Bearbeitung gesellschaftlicher Probleme? Von wem und in welchen Kontexten werden Erziehung, Bildung und Unterricht als Instrumente zur Steuerung dieser Probleme konstruiert und in Anspruch genommen? Welche Formen nimmt das Pädagogische bei der Thematisierung und Bearbeitung sozialer Probleme an?

Die Adressierung sozialer Probleme an die Pädagogik bzw. ihre Zuständigkeitserklärung für deren Bearbeitung ist in der modernen Gesellschaft zu etwas Selbstverständlichem geworden und bedarf offensichtlich keiner weiteren Erklärung. So sehr scheinen Pädagogik und die Bearbeitung sozialer Probleme eine Verbindung eingegangen zu sein, als daß noch nachgefragt würde, wie und warum Pädagogik die Rolle einer zentralen Problembearbeitungsinstanz zugewiesen bzw. eingenommen hat. Diese scheinbare Selbstverständlichkeit zu hinterfragen, d.h. die Frage neu aufzurollen, wie Pädagogisierungen gesellschaftlich kommuniziert werden und Erziehung, Bildung und Unterricht in der modernen Gesellschaft zu dominierenden Problemlösungsinstrumenten geworden sind, bildet den Kern des Erkenntnisinteresses der Untersuchung. Deren Optik ist auf den Zusammenhang von Erziehung/Bildung auf der einen und der gesellschaftlichen Thematisierung sozialer Probleme auf der anderen Seite gerichtet.

Der Pädagogisierungsfall Dritte Welt-Problem

Die hier entwickelten Fragestellungen sollen in einer Fallstudie bearbeitet werden. Als Fall ist die Beschreibung und Bearbeitung der Dritte Welt-Problematik in der Bundesrepublik Deutschland ausgewählt worden. Das Dritte Welt-Problem scheint sich als Fall von Pädagogisierung zu eignen, weil sich das Problem offenbar begründet in das oben genannte Dreieck von Politik, Moral und Pädagogik eintragen läßt. Beim Dritte Welt-Problem scheint es sich erstens um ein ges*ellschaftspolitisches* Problem zu handeln, das ab etwa den sechziger Jahren in der Bundesrepublik Kommunikationen unterschiedlichster Instanzen auslöst:
- Anfang der sechziger Jahre wird im Kontext der Entkolonialisierung und des international beginnenden Entwicklungsdiskurses ein zuständiges Bundesministerium für wirtschaftliche Zusammenarbeit gegründet.
- Ende der sechziger Jahre entsteht eine sich über das Problem konstituierende Dritte Welt-Protestbewegung.
- Zeitgleich beteiligen sich die Kirchen an der Problemkonstruktion.

Dem Dritte Welt-Problem ist zweitens eine *moralische* Kategorie unterlegt: in ihm resoniert die Frage nach globaler Gerechtigkeit, d.h. die Frage der Verteilung von Lebenschancen, Gütern und Ressourcen zwischen den „reichen Ländern" und „armen Ländern" der Welt. Die Kategorie der Gerechtigkeit kann dabei verknüpft werden mit der Kategorie der Verantwortung, welche die moralische Pflicht zur Verwirklichung der Gerechtigkeitsforderung vergewärtigt. Drittens schließlich scheint eine *pädagogische* Bearbeitung des Dritte Welt-Problems unübersehbar zu sein: Die Kultusministerkonferenz empfiehlt die Behandlung der Problematik in Schule und Unterricht; die Dritte Welt-Bewegung beschreibt sich als Lernbewegung, die zur Verwirklichung

1. Einleitung: Pädagogisierung als Form grenzüberschreitender Systembildung

ihrer Ziele ähnlich wie das für das Problem zuständige Bundesministerium Einstellungs- und Verhaltensänderungen bei einem großen Teil der Bevölkerung der Bundesrepublik bewirken möchte.

Gliederung der Arbeit

Die Untersuchung gliedert sich in zwei Hauptteile: eine theoretische Vergewisserung, die in systematisierender Absicht den erziehungswissenschaftlichen und gesellschaftstheoretischen Rahmen von Pädagogisierungen erschließt sowie eine empirische Fallstudie zur Pädagogisierung des Dritte Welt-Problems.

Ausgangspunkt der theoretischen Vergewisserung ist im zweiten Kapitel eine Bestandsaufnahme der erziehungswissenschaftlichen Pädagogisierungsdiskussion. An deren Leerstellen und Desiderate wird die für die Untersuchung zu entwickelnde Konzeptualisierung von Pädagogisierung angeschlossen. Diese reflektiert, daß die Steuerung sozialer Probleme durch das Nadelöhr Individuum und die Medien Erziehung, Unterricht und Bildung erfolgt. Pädagogisierung beschreibt dabei die Codierung eines soziales Problems entlang der Grenze zwischen pädagogischen und nichtpädagogischen Kommunikationen unter Beteiligung unterschiedlicher sozialer Systeme. Der Vorschlag, Pädagogisierung als Universalmedium zu begreifen, das sowohl innerhalb wie außerhalb des Erziehungssystems und auf diese Weise gesellschaftlich entgrenzt emergieren kann, bildet somit die Ausgangshypothese der Untersuchung.

Im dritten Kapitel wird auf der Basis einer konstruktivistischen Theorieperspektive und unter Bezugnahme auf sozialwissenschaftliche Deutungsangebote ein Erklärungsrahmen für die Karriere sozialer Probleme in funktional differenzierten Gesellschaften entwickelt. Für Pädagogisierungen erweist sich der Rekurs auf Moral bei der Konstruktion sozialer Probleme als besonders relevant. Soziale Bewegungen kommunizieren mit Moral ihren Protest gegen die als ungenügend erachteten Realisierungen moralischer Selbstbeschreibungen der Gesellschaft.

Theoretische Voraussetzung für die empirische Rekonstruktion von Pädagogisierungen im hier verstandenen Sinne ist eine tragfähige erziehungswissenschaftliche und gesellschaftstheoretische Beschreibung von pädagogisierenden Kommunikationsformen. Diese Beschreibung wird im vierten Kapitel im Rückgriff auf systemtheoretische Überlegungen erarbeitet. Kern pädagogisierender Kommunikationsformen ist einerseits die Ausdehnung der Leitdifferenz des Pädagogischen auf die Gesellschaft im allgemeinen und die Steuerung sozialer Probleme im besonderen. Als Leitdifferenz des Pädagogischen wird dabei der Vermittlungsbegriff interpretiert, der in seiner Formalität die Entgrenzung des Pädagogischen in die Gesellschaft theoretisch ermöglicht.

1. Einleitung: Pädagogisierung als Form grenzüberschreitender Systembildung

Andererseits ist für Pädagogisierungen die Ausdifferenzierung von pädagogischen Programmen innerhalb des Erziehungssystems bzw. von speziellen Pädagogiken innerhalb der Erziehungswissenschaft zentral, die gezielt soziale Probleme in pädagogische Herausforderungen transformieren, zu deren Bearbeitung sie sich verpflichten. Im Fall der Pädagogisierung des Dritte Welt-Problems wäre hier vor allem an verschiedene Formen der Dritte Welt-Pädagogik in Schulunterricht, Jugend- oder Erwachsenenbildung zu denken.

Im fünften Kapitel wird schließlich der methodologische und methodische Rahmen für den empirischen Teil der Untersuchung erarbeitet. Die Fallstudie operiert mit einem Instanzenmodell, das als sozialstrukturelle Folie die Rekonstruktion der Pädagogisierung des Dritte Welt-Problems anleiten soll: Das Modell nimmt einerseits die Vereinten Nationen, das Bundesministerium für wirtschaftliche Zusammenarbeit (BMZ), die Dritte Welt-Protestbewegung (DWB) und die Kirchen als außerhalb des Erziehungssystems und der Erziehungswissenschaft stehende Instanzen in den Blick, um in deren Problemkonstruktion die Ausdifferenzierung einer pädagogisierenden Kommunikationsform und damit eine Entgrenzung des Pädagogischen zu untersuchen. Andererseits lenkt das Instanzenmodell das Augenmerk auf das Erziehungssystem und die erziehungswissenschaftliche Disziplin, um dort eine eingrenzende Transformation des Dritte Welt-Problems in unterschiedliche Dritte Welt-Pädagogiken zu untersuchen.

Die empirische Rekonstruktion der Pädagogisierung des Dritte Welt-Problems im zweiten Hauptteil der Arbeit erfolgt in vier Bearbeitungsschritten: Zunächst geht es sechsten Kapitel in vorbereitender Absicht darum, „the Making of the Third World" (vgl. Escobar 1995) zu rekonstruieren. Es gilt zum einen zu prüfen, ob in die Problemkonstruktion semantische Figuren und Argumentationen Eingang finden, die eine Pädagogisierung des Dritte Welt-Problems ermöglichen. Zum anderen sollen Kontexte der Konstruktion des Dritte Welt-Problems identifiziert werden, die für dessen Pädagogisierung bedeutsam werden können.

Das siebte Kapitel fokussiert die Frage einer möglichen Entgrenzung und Diffusion des Pädagogischen, wenn es die pädagogische Konstruktion des Dritte Welt-Problems durch Instanzen untersucht, die zumindest organisatorisch nicht dem Erziehungssystem zugerechnet werden. Konkret steht die Frage im Raum, wie die Vereinten Nationen, das BMZ und die DWB die Steuerung des Dritte Welt-Problems als Fall pädagogischer Vermittlung konstruieren. Im Kontext der beiden politischen Instanzen Vereinte Nationen und BMZ gerät vor allem das Konzept der „Mobilisierung öffentlicher Meinung" in den Blick, das von politischer Seite für die Bearbeitung des Dritte Welt-Problems stark gemacht wird und auf seine pädagogischen Implikationen hin zu befragen ist. Der pädagogisierende Rekurs auf Öffentlichkeit ist auch Teil der Problemkonstruktion der Dritte Welt-Protestbewegung. Im Vordergrund steht in ihrem Fall jedoch die Selbstdeutung als Lernbewegung. Die DWB

1. Einleitung: Pädagogisierung als Form grenzüberschreitender Systembildung

beschreibt die Steuerung des Dritte Welt-Problems als Lern- und Bildungsprozeß und bestimmt die eigene Aufgabe als Vermittlung. Für die Umsetzung dieser pädagogischen Vermittlungsaufgabe differenziert die DWB unter dem Signum des „Alternativen" eigene Lern- und Bildungsarrangements aus. Nachgezeichnet werden soll insbesondere, wie die DWB gleichzeitig die institutionalisierte Pädagogik kritisiert und die als prinzipiell reformierbar vorgestellten pädagogischen Medien Erziehung und Bildung perpetuiert.

Theoretischer Referenzpunkt des achten Kapitels ist die Frage der Eingrenzung oder Inklusion des Dritte Welt-Problems in das Erziehungssystem. Für die Beantwortung dieser Frage wird in einem ersten Schritt in einer Bestandsaufnahme überprüft, inwieweit das Dritte Welt-Problem in ein pädagogisches Programm übersetzt worden ist, das in Schulen sowie der Erwachsenen- und Jugendbildung zum Einsatz kommt. In einem zweiten Schritt geht es darum nachzuvollziehen, von wem und wie Dritte Welt-Pädagogiken zur Bearbeitung des Dritte Welt-Problems konzeptualisiert worden sind. Von besonderem Interesse ist dabei das Verhältnis zwischen der pädagogisierenden Konstruktion des Dritte Welt-Problems durch BMZ und Protestbewegung und derjenigen Instanz im Erziehungssystem, deren spezifische Aufgabe in der Reform und programmatischen Weiterentwicklung des Erziehungssystems besteht und die von Luhmann/Schorr (1988, S. 338) als Pädagogisches Establishment bezeichnet worden ist. Herausgefiltert werden sollen diejenigen semantischen Figuren und Kommunikationsformen, die in der Programmierung der Dritte Welt-Pädagogik immer wieder Verwendung finden. Auf diese Weise, so die Hypothese, lassen sich Koppelungen zwischen Kommunikationen des Pädagogischen Establishments und des BMZ bzw. der DWB identifizieren, die wiederum Aufschluß geben können über die Logik und Dynamik von Pädagogisierungen im Dreieck von Politik, Moral und Erziehung/Bildung.

Im neunten Kapitel gilt es schließlich zu prüfen, inwieweit sich eine spezielle Dritte Welt-Pädagogik im erziehungswissenschaftlichen Kommunikationsraum ausdifferenziert hat. Untersucht wird, ob und wie das Dritte Welt-Problem erziehungswissenschaftliche Resonanz erzeugt hat. Interessant ist vor allem die Frage, wie Pädagogisierungspädagogiken aus der Perspektive der beiden zentralen und offenbar konträren Selbstverständnisse der Erziehungswissenschaft (kognitiv versus normativ) zu interpretieren und einzuordnen sind.

Das zehnte Kapitel diskutiert schließlich die Frage, wie die in Pädagogisierungsprozessen zu beobachtenden Formbildungen des Pädagogischen, d.h. die Entgrenzung des Pädagogischen und die Einschließung sozialer Probleme in das Erziehungssystem, gesellschaftstheoretisch zu deuten sind. In Pädagogisierungen, so die abschließende These, konstituiert sich die Pädagogik als universalisierter Platzhalter der Moral in moralisch dezentrierten Gesellschaften.

Danksagung

Eine Untersuchung wie diese wäre ohne Unterstützung und Kooperation nur schwerlich realisierbar. Für beides danken möchten ich Frank-Olaf Radtke, der meine Arbeit in den letzten Jahren fördernd und fordernd – und beides im richtigen Maße – begleitet hat. Der gleiche Dank gilt Jochen Kade. Es ist sicherlich keine schlechte Bedingung für wissenschaftliche(s) Arbeiten, wenn diese(s) in die scharfsinnigen Kontroversen und gegenseitigen Irritationen ihrer Mentoren verwickelt wird und dennoch ihre Eigenständigkeit bewahren darf.

Unverzichtbar im weitgehend „einsamen" Geschäft der wissenschaftlichen Textproduktion ist für mich die Diskussion in verschiedenen Forschungskolloquien und Arbeitsgruppen gewesen. Vielen Dank an das Kolloquium von Isabell Diehm und Frank-Olaf Radtke, an die Interpretationswerkstatt von Jochen Kade, sowie an Wolfgang Meseth, Thomas Kunz, Christian Kolbe und Thomas Höhne. Zu Dank verpflichtet bin ich Prof. Dr. Annette Scheunpflug, die mir den Zugang zum Archiv der Kommission „Bildungsforschung mit der Dritten Welt" der Deutschen Gesellschaft für Erziehungswissenschaft ermöglicht hat, PD Dr. Edwin Keiner, der mir die Datensätze der erziehungswissenschaftlichen Zeitschriftentitel zur Verfügung gestellt hat sowie K. Friedrich Schade, der mir die Recherche im Archiv des Evangelischen Pressedienstes Entwicklungspolitik ermöglicht hat. Korrektur gelesen haben Birgit Fischer, Tom Beier und Wilfried Dubois.

Die Anfertigung dieser Untersuchung wäre ohne die großzügige Gewährung eines Promotionsstipendiums durch das Cusanuswerk nicht möglich gewesen. Auch dafür vielen Dank.

Schlußendlich gilt der Dank Annette Bramme und meinen Eltern, die auf ihre Weise vieles ermöglicht haben.

2. Zum Stand der Pädagogisierungsdiskussion in der Erziehungswissenschaft

Für die Erziehungswissenschaft scheint es unstrittig zu sein, daß sich in den letzten Jahrzehnten ein weiterer Schub der Ausdifferenzierung von pädagogischen Programmen, Organisationen, Professionen und Zielgruppen und damit eine Expansion des Pädagogischen beobachten läßt (vgl. Zinnecker 1997, S. 200; Helsper 1995, S. 16ff). Festgestellt wird ein Ausbau des Erziehungs- und Bildungssystems sowie eine damit einhergehende quantitative Expansion, Verwissenschaftlichung und Professionalisierung der pädagogischen Berufe (Krüger 1996). Dieser Befund, der auch eine Neubestimmung des Verhältnisses zwischen pädagogischer und nichtpädagogischer Welt – oder systemtheoretisch gesprochen – zwischen dem Erziehungssystem und anderen Teilsystemen der Gesellschaft (Politik, Recht, Wirtschaft, Gesundheit, Medien, Kunst usw.) referiert, wird regelmäßig mit dem Begriff Pädagogisierung gedeutet.

Pädagogisierung beschreibt in erziehungswissenschaftlichen Diskursen keineswegs nur aktuelle Transformationen im Verhältnis von Erziehung/Bildung und Gesellschaft. Rückblickend findet der Begriff Verwendung, wenn es z.B. um die Rolle des Pädagogischen im Kinder- und Jugendleben vergangener Jahrhunderte (Herrmann 1991), um den Umgang mit Gehörlosigkeit im 19. Jahrhundert (List 1991), um die Berufsausbildung in Preußen (Harney/Tenorth 1986) oder um die Geschichte des Jugendstrafvollzuges zwischen Kaiserreich und Drittem Reich (Dörner 1992) geht. Auch bezogen auf aktuelle gesellschaftliche Phänomene scheint der Pädagogisierungsbegriff geeignet, deren Verhältnis zum Pädagogischen auszudrücken. Die Verwendung des Begriffes läßt sich nachweisen in der Beschreibung von Personalwirtschaft (Harney 1994), Marketingstrategien (Geissler 1991), Verkehrsverhalten (Wirthmann 1980) oder Stadtteilpolitik (Homuth 1985). Dieser kursorische Überblick läßt erkennen, daß Pädagogisierung als Beobachtungskategorie benutzt wird, um zu bestimmen, an welchen Orten und bei welchen Themen das Pädagogische in der Gesellschaft vorkommt. Dieser Verwendungsweise ist ein Verständnis unterlegt, das von einer Differenz zwischen pädagogischer und nichtpädagogischer Welt ausgeht.

Gleichzeitig hat der Begriff bezogen auf die Räume und Arbeitsfelder des Pädagogischen Verwendung gefunden. Dies gilt für den Umgang Erwachsener mit Kindern (von Maydell 1989), die Schule (Biller 1988; Hänsel 1989), die Berufsausbildung (Biermann 1990; Brecht 1992), die Jugendarbeit (Griese 1994; Krieger/Mikulla 1994), die Sozialpädagogik/-arbeit (Bettmer 1991; Brunkhorst 1988) oder die erwachsenenpädagogische Praxis in Museen

2. Zum Stand der Pädagogisierungsdiskussion in der Erziehungswissenschaft

(Sulzberger 1990). Ebenso deutlich zu erkennen ist, daß der Pädagogisierungsbegriff Teil der erziehungswissenschaftlichen Selbstreflexion geworden ist (vgl. Kade u. a. 1993; Pollak 1991; Tenorth 1990a, 1992).

Versucht man, in diese Verwendungsweisen von Pädagogisierung systematisierende Linien einzuzeichnen, lassen sich in Fortschreibung der Typologie von Guido Pollak (1991) vier analytisch zu unterscheidende Perspektiven erkennen:

(1) Zunächst beschreibt Pädagogisierung die Ausdifferenzierung eines auf der Basis pädagogischer Handlungsformen unabhängig operierenden Erziehungssystems. Als Beginn dieses Differenzierungsprozesses wird in der bildungshistorischen Forschung die Entstehung der modernen Gesellschaft im 18. Jahrhundert angesehen, mit der (auch) eine einschneidende Zäsur in der Organisation von Erziehung und im pädagogischen Denken einhergeht (vgl. Herrmann 1981). Pädagogisierung beschreibt die Herauslösung erzieherischen Handelns aus seinem traditionellen Kontext, d.h. den unmittelbaren Lebensvollzügen des vormodernen Menschen.[1] Erzieherisches Handeln gewinnt seinen Platz in den neu entstehenden bzw. nun für die Allgemeinheit zugänglichen und sich an sie adressierenden Institutionen. Mit der Modernisierung der Gesellschaft differenziert sich zudem eine Semantik aus, die tendenziell alle Lebensbereiche als pädagogisch machbar konstruiert (vgl. Kap. 1). Pädagogisierungen sind somit in gesellschaftliche Modernisierungsvorgänge einzuordnen (vgl. Kob 1976). Gleichzeitig wird erzieherisches Handeln rationalisiert: es vollzieht sich fortan absichtsvoll, wird von theoretischer Reflexion begleitet, orientiert sich an begründeten Methoden und tritt als professionelles Handeln auf. Korrespondierend zur Institutionalisierung von Erziehung beginnt sich eine pädagogische Reflexion auszudifferenzieren. Pädagogik fängt an, eine wissenschaftliche Disziplin zu werden. Offensichtlich ist, daß sich diese Perspektive relativ eng an das Modell der Schulpädagogik anlehnt. Die Schule als Institution, der Lehrer als Professioneller und die Schulpädagogik als Reflexionswissen stehen für diese Perspektive Modell. Zusammenfassend charakterisieren läßt sich dieser soziohistorische Blick auf Pädagogisierung mit den Begriffen der Institutionalisierung, Professionalisierung und Theoretisierung pädagogischen Denken und Handelns, die allesamt die Ausdifferenzierung des modernen Erziehungssystems anzeigen.

(2) Während in der ersten Perspektive Pädagogisierung analytisch-deskriptiv verwendet wird, so erfährt der Begriff auf einer zweiten Bedeutungsebene eine wertbesetzte Wendung. Unter negativen Vorzeichen wird die expansive Dynamik des Erziehungssystems und damit des pädagogischen Denkens und Handelns in alle Lebensbereiche und über jedes Lebensalter hinweg fokus-

---

[1] Vgl. die Überlegungen von Herrmann (1991) bezogen auf das Kinder- und Jugendleben in Deutschland im ausgehenden 18. Jahrhundert oder die Anmerkungen von Rang (1994) zur „Pädagogisierung mütterlicher Liebe" (S. 208) in der Frühmoderne des 15./16. Jahrhunderts.

2. Zum Stand der Pädagogisierungsdiskussion in der Erziehungswissenschaft

siert (vgl. Krüger 1994, S. 310). Mit der rhetorischen Formel „Wir lernen uns zu Tode" wird eine „Pädagogisierung des Lebens" beklagt (Roth 1994). Die expansive Tendenz des Pädagogischen wird als „Pädagogismus" bezeichnet (Kob 1976, S. 92), der darin artikulierte Anspruch als „Zivilisationsgefahr" und „sozialer Totalitarismus" (Schelsky 1961, S. 161). Mit der Kritik an der expansiven Dynamik des Erziehungssystems werden vor allem die (nicht intendierten) Folgen von pädagogischen Maßnahmen für die zu Objekten des Pädagogischen gemachten Individuen in den Blick genommen. Die Begriffe Kolonisierung, Entmündigung, Klientelisierung und Therapeutisierung, die sich bspw. mit den Kritiken von Müller/Otto (1984), Kupffer (1980) oder Giesecke (1985) verbinden, können als Stichworte für diese Perspektive genannt werden. Sozialstrukturell korreliert diese den Begriff pejorativ wendende Perspektive einerseits mit einer die Grenzen der Schulpädagogik überschreitenden institutionellen Ausweitung des Erziehungssystems in die Felder der Sozial-, Jugend- und Erwachsenenpädagogik[2], andererseits mit einer Diffusion des Pädagogischen in weite Bereiche der Lebenswelt hinein.

(3) Ebenfalls wertbesetzt wird der Pädagogisierungsbegriff in einer dritten Beschreibungsperspektive verwendet. In dieser Perspektive, die vor allem zum Tragen kommt, wenn schulbezogene Themen diskutiert werden, bekommt Pädagogisierung eine positive Konnotation. Mit dem Begriff wird gegen die bürokratisch-institutionelle Seite der Schule und eine rein wissensvermittelnde Unterrichtsgestaltung argumentiert.[3] Pädagogisierung wird als Aktivierung eines pädagogischen Überschusses konzeptualisiert, mit der sich

---

[2] Vgl. für das sozialpädagogische Arbeitsfeld die bereits zitierten Kritiken von Bettmer (1991) und Brunkhorst (1988). Krieger/Mikulla (1994) sowie Griese (1994) plädieren im Feld der (offenen) Jugendarbeit für deren Entpädagogisierung. Eine eher analytische Argumentation basierend auf der Kategorie Pädagogisierung legt Hafeneger (1992) für das Feld Jugendarbeit vor.

[3] So argumentiert Lohrer (1995) für eine pädagogisch angemessene Leistungsbeurteilung in Hauptschulen, die sich von einer rein schulisch-bürokratischen vorgehenden Bewertung abhebt. In der bildungspolitischen Debatte um die organisatorische Reform des Schulwesen versteht Liebau (1993) seine Forderung einer Zweigliedrigkeit des Schulsystem positiv als Pädagogisierung der Schule. Poppe (1993) will mit organisationserneuernden Dezentralisierungsmaßnahmen die sich zu sehr auf Wissensvermittlung konzentrierende Schule pädagogisieren und dadurch reformieren. Ebenfalls der Innovation der Schule haben sich Kasper/Müller-Nändrup (1992) verschrieben, wenn sie mit der Idee der Lernwerkstätten eine Veränderung des Selbst- und Rollenverständnisses der Lehrer anstreben, um so den Primarbereich zu pädagogisieren. Für Hänsel (1989) sind Kindgemäßheit und Pädagogisierung Synonyme einer reformpädagogisch verbesserten Schule. Biller (1988) sieht in der zu starren Reglementierung die Ursache für das kindliche Unbehagen an der Schule und plädoyiert für deren Pädagogisierung. Mit der gleichen Forderung schließt Biller (1986) ebenfalls seine Analyse aktueller Lehrwerke für den Englischunterricht, denen er eine mangelnde pädagogische Fundierung attestiert. Eine ähnliche Argumentation vertritt Sander (1982) bezogen auf den naturwissenschaftlichen Unterricht, dessen technokratisch-immanente Logik er kritisiert.

2. Zum Stand der Pädagogisierungsdiskussion in der Erziehungswissenschaft

der Enge institutioneller Rahmungen und organisatorischer Regelungen entzogen werden soll.[4] Was sind die Leerstellen der bislang referierten Perspektiven des Pädagogisierungsbegriffes? Auf der ersten Ebene beschreibt Pädagogisierung die Entstehung des Erziehungssystems im Zuge der funktionalen Differenzierung von Gesellschaft. Der Begriff fokussiert diese Systembildung historisch mit Blick auf das öffentliche Schulwesen und bestimmt dabei dessen Funktion für die Gesellschaft (Selektion) sowie dessen Leistungen für die anderen Teilsysteme (z.b. Nationbildung, Qualifikationen für den Arbeitsmarkt, politische Partizipationsfähigkeit als Erwartungsanspruch des politischen Systems). Unbeleuchtet bleiben mit der weiteren Systemdifferenzierung zu erwartende oder zumindest nicht auszuschließende neue Formbildungen des Pädagogischen und eine damit einhergehende Modifikationen von Leistungen. Entsprechend sind erziehungswissenschaftliche Kritiken zu lesen, Pädagogik nicht mehr ausschließlich vom öffentlichen Schulwesen aus zu denken (vgl. Krüger/Rauschenbach 1994; Luhmann/Lenzen 1997). Wenn die Pädagogik neue institutionelle Zuständigkeiten (Erwachsenenpädagogik, Sozialpädagogik) reklamiert oder das Pädagogische bislang gültige institutionell-organisatorische Pfade verläßt und sich entgrenzt (vgl. Kade u. a. 1995), dann muß auch die Frage nach der Form und den Leistungen dieses sich weiter ausdifferenzierenden Systems neu gestellt werden. Erst wenn man gegenwärtige Formen des Pädagogischen in der modernen, funktional differenzierten Gesellschaft untersucht, kann der Pädagogisierungsbegriff als Reflektion der Grenze und Grenzverschiebung zwischen Erziehung/Bildung und Gesellschaft analytische Schärfe gewinnen.

In der zweiten Beschreibungsperspektive von Pädagogisierung kommen ausschließlich die angeblich negativen Folgen der Ausweitung von Erziehungsprozessen für Individuen in den Blick. Es dominiert eine handlungstheoretische Sichtweise, in der eine aktive Seite – in der Regel die Professionellen – das als passiv vorgestellte Klientel mit pädagogischen Deutungs- und Handlungszumutungen pädagogisiert. In der dritten Beschreibungsperspektive bleibt sowohl die handlungstheoretische Sichtweise wie auch die Verteilung von Aktivitäts- und Passivitätsrollen bestehen. Nur ändert sich die Wertrichtung des Pädagogisierungsbegriffes. Es sind die reformbereiten Mitglieder des Pädagogischen Establishments oder des für die Praxis denkenden Teils der Erziehungswissenschaft, welche die pädagogischen Adressaten im öffentlichen Schulwesen vor dessen institutionell-bürokratischen bzw. rein wissensvermittelnden Zumutungen mit ihren durchweg als „reformpädago-

---

[4] „Der Bezug auf Organisation erspart es der Pädagogik, sich über sich selbst zu ärgern. Er externalisiert Enttäuschungen (.). Die nicht gewollten, in der Ideologie nicht vorgesehenen Folgen der Selbstverwirklichung des Systems können aufs Konto der Organisation gebucht werden, die in dieser Funktion dann Bürokratie genannt wird" (Luhmann/Schorr 1988, S. 341f).

2. Zum Stand der Pädagogisierungsdiskussion in der Erziehungswissenschaft

gisch" ausgewiesenen Innovationen schützen möchten. Die Schwäche dieser normativ argumentierenden Perspektiven besteht in ihrer schematischen Verteilung von Aktivitäts- und Passivitätsrollen. Beide unterschlagen, daß sich in der Figur des Teilnehmers[5] Aneignungsprozesse pädagogischer Zumutungen (gerade in den beschriebenen Feldern der Erwachsenen-, Jugend- und Sozialpädagogik) längst von den pädagogischen Intentionen der Professionellen und der Organisationen des Erziehungssystem abgelöst haben. Zudem verhindert die normative Auflading des Pädagogisierungsbegriffes, daß er analytische Schärfe gewinnen kann. Sie folgt undistanziert der Selbstbeschreibung pädagogischer Machbarkeit, der zufolge Pädagogisierung auf der Adressatenseite die bruchlose Aneignung intendierter Zwecke sei.

(4) Diese Leerstellen weisen auf eine Perspektive von Pädagogisierung hin, an die in dieser Arbeit angeschlossen wird. Pädagogisierung soll hier die pädagogische Konstruktion sozialer Probleme unter Einschluß einer spezifisch pädagogischen Steuerungsvorstellung zur Bearbeitung des Problems beschreiben. Ausgangspunkt ist die Beobachtung, daß der Pädagogisierungsbegriff auffallend häufig Verwendung findet, wenn „im Gefolge soziokulturellen Wandels und gesellschaftlicher Modernisierung (und Arbeitsteilung) Folgeprobleme auftreten, denen man mit einer Ausweitung des Angebots von und der Nachfrage nach pädagogischen Problembearbeitungen und Lösungsvorschlägen zu begegnen sucht" (Herrmann 1984, S. 35). Der Pädagogisierungsbegriff reflektiert, daß eine pädagogische Kommunikationsform in die Deutung eines Problems Einzug hält und es auf diese Weise pädagogisch konstruiert. Felicitas Thiel begreift in ihrer Untersuchung zum Umweltthematik die „pädagogische Kommunikation über die ökologische Krise (...) als Ausdruck der Pädagogisierung einer gesellschaftlichen Krisenerfahrung" (1986, S. 14). Auch Frank-Olaf Radtke hat in seiner Kritik der Ausländerpädagogik auf die Umdeutung von „Strukturfragen (...) in subjektive Anpassungsprobleme" hingewiesen, welche die Migrationsfrage in eine „Aufgabe pädagogischer Prävention und Integration gerade im Kindes- und Jugendalter" transformiert hat (Radtke 1991, S. 104; ähnlich Scheron/Scheron 1983). In der Diskussion über (rechtsextreme) Jugendgewalt (vgl. Hafeneger 1993; Helsper 1993), über die multikulturelle Gesellschaft (vgl. Frank 1995) oder den Umgang mit polizeilichen Diskriminierungspraktiken (vgl. Proske 1996) fällt ebenfalls immer wieder der Pädagogisierungsbegriff. Er reflektiert, das Verhältnis von sozialen Einheiten bzw. Systemen, vor allem der Politik und Protestbewegungen zu Erziehung und Bildung, wenn soziale Probleme konstruiert und mit Steuerungserwartungen aufgeladen werden. Pädagogisierung stellt darauf ab, daß die Steuerung gesellschaftlicher Probleme erstens durch

---

[5] „Er (der Teilnehmer, M.P.) ist derjenige, der im pädagogischen System anwesend ist und zugleich auf seine Abwesenheit verweist" wie Kade (1997, S. 51) treffend die kategoriale Differenz zwischen pädagogischem System und seinen Adressaten beschreibt (vgl. Kap. 4.4.).

2. Zum Stand der Pädagogisierungsdiskussion in der Erziehungswissenschaft

das Nadelöhr des Individuums und das heißt über das Medium Mensch und zweitens über die Mittel von Aufklärung, Bewußtseinsveränderung und darauf abgestimmten Erziehungs-, Lern- und Bildungsprozessen zu erfolgen habe. In der dieser Untersuchung unterlegten Perspektive beschreibt Pädagogisierung die Codierung eines soziales Problems und dessen Steuerung entlang der Differenz pädagogischer und nichtpädagogischer Unterscheidungen unter Beteiligung von verschiedenen sozialen Systemen. Die pädagogische Konstruktion versieht soziale Probleme mit einer Deutung, die diese Probleme individualisiert und das heißt als Probleme von Bewußtsein und Verhalten konstruiert. Die Individualisierung sozialer Probleme ist die Voraussetzung dafür, daß sie als Erziehungs-, Lern- und Bildungsprobleme reformuliert und als Steuerungserwartungen an die Instanzen des Erziehungssystems adressiert bzw. von diesen in die Form eines pädagogisches Programms gebracht werden können.

Die empirisch bislang am fundiertesten ausgearbeitete Konzeptualisierung von Thiel (1996, S. 13) begreift die Pädagogisierung des Umweltproblems als einen als „Impulskette" beschreibbaren Prozeß, der „von der Artikulation eines gesellschaftlichen Bedarfs an Erziehungs- und Bildungsanstrengungen zur Konzeptualisierung von Erziehungs- und Bildungsprogrammen zur erziehungswissenschaftlichen Unterfütterung dieses Themas" führt. Sie versteht Pädagogisierung als einen linear und kausal zurechenbaren Prozeß, der seinen Ausgang in Beschreibungen des politischen Systems und der Protestbewegung nimmt. Diese definieren das Umweltproblem individualisierend um, damit es der Bearbeitung im Erziehungssystem zugänglich wird (ebd., S. 43). In Abgrenzung zu dieser Konzeptualisierung soll die Fallstudie zur Pädagogisierung des Dritte Welt-Problems offenhalten, inwieweit Pädagogisierung einen linear und kausal zurechenbaren Umdefinierungsprozeß beschreibt. Die Begriffe, Umdeutung, Umdefinition oder Transformation bergen zwei mögliche Mißverständnisse.

(1) Die Begriffe scheinen nahezulegen, daß es sich bei der Pädagogisierung sozialer Probleme um einen strikt intentionalen und finalen Prozeß handelt. Man wird jedoch empirisch zu rekonstruieren haben, inwieweit sich hinter Pädagogisierungen zurechenbare Strategien verbergen oder aber Pädagogisierung die heteronome Ausdifferenzierung pädagogischer Kommunikationsformen in der Gesellschaft ist: „Die Logik der Pädagogisierung ist (...) die gesellschaftlicher Auseinandersetzungen, von denen die Pädagogik ein Teil ist" (Kade/Lüders/Hornstein 1993, S. 59) oder exakter: nur ein Teil ist. Entsprechend kontrovers wird in der zum Thema vorliegenden Literatur diskutiert, von welchen Instanzen Pädagogisierungen initiiert werden. Einerseits können die mit individualisierenden Problemkonstruktionen einhergehenden Bedarfsmeldungen gesellschaftlicher Teilsysteme der Auslöser für den pädagogischen Zugriff sein. Der Motor für den pädagogischen Zugriff läge dann eindeutig in der Umwelt des Erziehungssystems (vgl. Herrmann 1984; Kob

2. Zum Stand der Pädagogisierungsdiskussion in der Erziehungswissenschaft

1976; Thiel 1996; Zedler 1984). In dieser Sichtweise wird die expansive Dynamik des Pädagogischen je nach Bedarf anderer Teilsysteme aktiviert. Andererseits kann Pädagogisierung durch die Interessen der pädagogischen Professionellen sowie durch Bestands- und Expansionsinteressen pädagogischer Institutionen – also systemintern – in Gang gebracht werden (vgl. Giesecke 1985). Quer zu diesen Sichtweisen versteht sich eine Konzeptualisierung, die kausale Zurechnungen kritisiert und davon ausgeht, daß in verschiedenen Instanzen (politisches System, Protestbewegung/Kirchen, Erziehungssystem, erziehungswissenschaftliche Disziplin) je systemeigene Logiken wirkmächtig werden, soziale Probleme pädagogisch zu konstruieren. Pädagogisierung wäre nicht unter dem Aspekt der Finalisierung zu deuten, sondern als ein Universalmedium, das in unterschiedlichen Kontexten emergieren kann und neue Formen der Systembildung des Pädagogischen ausdifferenziert.

(2) Das zweite mögliche Mißverständnis des Pädagogisierungsbegriffs bestünde darin, ihn essentialisierend aufzuladen. Die pädagogische Konstruktion sozialer Probleme bedeutet nicht, daß eine andere Beschreibungsweise als „eigentliche" und damit richtige Codierung abgelöst wird. Soziale Probleme teilen weder eine „eigentliche" Beschreibungsweise noch gibt es einen selbstverständlichen gesellschaftlichen Ort, an dem sie zu thematisieren und zu bearbeiten wären.[6]

Die Verwendung des Pädagogisierungsbegriffs soll den Blick analytisch darauf lenken, wie pädagogische Konstruktionen Eingang in die Beschreibung sozialer Probleme finden und welche je nach Instanz unterschiedlichen Gründe und Logiken, die Attraktivität einer solchen und nicht anderen Problemkonstruktion bedingen können. Die dieser Untersuchung zugrundegelegte Konzeptualisierung wirft damit erkenntnisleitend die Frage auf, wie sich pädagogische Denk- und Handlungsmuster in gesellschaftliche Kommunikationen über das Dritte Welt-Problem einschreiben. Diese Wie-Frage schließt die Frage nach der sozialen Rückbindung von Pädagogisierungen – also die Frage, wann und von wem die pädagogische Konstruktion eines sozialen Problems erfolgt – ebenso mit ein, wie die Warum-Frage nach den Gründen der Attraktivität des pädagogischen Kommunikationsmusters. Mit dieser analytischen Suchstrategie läßt sich über den gegenwärtigen Stand der erziehungswissenschaftlichen Pädagogisierungsdebatte hinaustreten. Dieser mangelt es zum einen an empirischer Fundierung, zum anderen versperrt sie sich mit normativen Prämissen einen analytischen Zugang zur Untersuchung von Grenzverschiebungen im Verhältnis von Pädagogik, Politik und Moral. Die Fallstudie zur Pädagogisierung des Dritte Welt-Problems beabsichtigt, die ideologische Färbung der Pädagogisierungsdebatte in der Erziehungswissen-

---

[6] Vgl. zur systemtheoretisch-konstruktivistischen Begründung dieser These Kap. 3.3. und 4.1.

schaft zu überwinden. Es geht darum, Antworten auf die Frage zu finden, wie pädagogische Kommunikationsformen die Grenzen der modernen, funktional differenzierten Gesellschaften kreuzen und dabei von unterschiedlichsten Instanzen und nicht nur solchen, die dem Erziehungssystem zuzurechnen sind, konstruiert und bei der Bearbeitung sozialer Probleme verwendet werden.

3. Systemtheorie und die gesellschaftliche Konstruktion sozialer Probleme

Die Fallstudie über die Pädagogisierung des Dritte Welt-Problems in der Bundesrepublik weist zwei theoretische Referenzpunkte auf:
(1) die gesellschaftliche Konstruktion sozialer Probleme;
(2) die Ein- und Entgrenzung des Pädagogischen bei Steuerung und Bearbeitung sozialer Probleme in funktional differenzierten Gesellschaften.

Beide Referenzpunkte sollen in den folgenden Kapiteln aus systemtheoretisch-konstruktivistischer Perspektive erschlossen werden. In diesem Kapitel geht es darum, sozialwissenschaftliche Theorieangebote zu sichten, um zu verstehen, was gemeint ist, wenn in modernen Gesellschaften von sozialen Probleme die Rede ist. Zudem wird die der gesamten Untersuchung zugrundeliegende konstruktivistische Theorieperspektive erläutert und begründet.

3.1. Das systemtheoretisch-konstruktivistische Theorieprogramm[1]

Strukturfunktionalistische, interaktionistische und systemtheoretische Theorieangebote zu Erklärung sozialer Probleme unterscheiden sich in ihren Argumenten und Begründungsmustern erheblich. Diese Vielfalt soll in der folgenden theoretischen Vergewisserung nicht per Entscheidung zugunsten eines Ansatzes aufgelöst werden. Vielmehr wird unter Theorie in Anlehnung an konstruktivistische Vorstellungen ein bestimmter Modus der Beobachtung,

---

1   Die Kennzeichnung des Konstruktivismus als systemtheoretisch geht auf Unterscheidungen zwischen unterschiedlichen Varianten dieses Theorieansatzes zurück (ein instruktiver Überblick in kritischer Abgrenzung zur systemtheoretischen Variante findet sich bei Knorr Cetina 1989, 1997). Unterschieden werden können erstens ein Sozialkonstruktivismus, der vor allem mit den Namen Berger/Luckmann (1969) verbunden ist und eine große Nähe zu interaktionistischen Ansätzen aufweist, zweitens ein radikaler Konstruktivismus, der von der operativen Geschlossenheit des Gehirns im kognitiven Erkenntnisprozeß ausgeht (vgl. von Glasersfeld 1981, 1997; Maturana/Varela 1979; Schmidt 1987; Watzlawick 1981), drittens ein empirischer Konstruktivismus, wie ihn Knorr Cetina (1989, 1997) vertritt und viertens die systemtheoretische Lesart des Konstruktivismus, auch unter dem Etikett operativer Konstruktivismus zirkulierend und mit dem Namen Niklas Luhmann verbunden (Luhmann 1990a; die Erläuterungen zur systemtheoretischen Reformulierung des Konstruktivismus finden sich in: Luhmann 1990b, S. 508-531).

der Befragung und der Beantwortung verstanden, der eine bestimmte Version der Welt erzeugt.[2] Theorien organisieren die Bearbeitung der Welt und schränken so die prinzipiell unbegrenzten Möglichkeiten des Beobachtens ein. Ein derart konzipierter Theoriebegriff schließt den Anspruch aus, Theorien könnten Wirklichkeit in „realistischer" Entsprechung zur Welt abbilden. Versteht man Theorien als Beobachtungsweisen wird es möglich, die verschiedenen Ansätze zur Erklärung sozialer Probleme in einem Verhältnis der Komplementarität zu positionieren. Komplementarität meint, daß jede Theorie danach befragt wird, was sie mit ihrer Beobachtungsweise zu erklären vermag, welche Aspekte sie in der Lage ist, zu beleuchten, und welche blinden Flecken sie aufweist, d.h. was sie jeweils unbeleuchtet läßt und ausblendet. Diese pragmatisch-komplementäre Positionierung von Theorien unterscheidet sich einerseits von Bestimmungen, die als Theorienkonkurrenz beschrieben werden können. Andererseits wird auch nicht dem üblichen Theorienpluralismus gefolgt. Letzterer argumentiert in der Regel mit einer nichthintergehbaren Historizität und Kontextualität von Wissen.

Der Konstruktivismus bricht mit den traditionellen Vorstellungen von Erkenntnis. Für ihn referiert Erkenntnis nicht mehr auf „eine objektive, ontologische Wirklichkeit", sondern auf „die Ordnung und Organisation von Erfahrungen in der Welt unseres Erlebens" (von Glasersfeld 1981, S. 23). Traditionelle Auffassungen betrachten das Verhältnis von Wissen und Wirklichkeit „stets als eine mehr oder wenige bildhafte (ikonische) Übereinstimmung oder Korrespondenz" (ebd., S. 19). Gegen diese korrespondenztheoretische Vorstellung setzt der Konstruktivismus die selbstreferentielle Vorstellung, daß „das Erkennen (...) nicht ohne Erkennen zur Außenwelt kommen" kann (Luhmann 1990a, S. 33). Erkennen verweist immer zurück auf den operativen Vollzug der Welterzeugung. Diese Selbstreferentialität ist gemeint, wenn von der operativen Geschlossenheit von Kognitionsprozessen die Rede ist.[3] Ein-

---

[2] Goodman (1990, S. 19) schreibt: „Nachdem die falsche Hoffnung auf eine feste Grundlage verschwunden und die Welt ersetzt ist durch Welten, die nichts als Versionen sind, nachdem die Substanz sich in Funktion aufgelöst und das Gegebene als ein Genommenes erkannt wurde, stehen wir nun vor den Fragen, wie Welten erzeugt, getestet und erkannt werden".

[3] Eine grundlegende Differenz zwischen radikalem und systemtheoretischem Konstruktivismus macht sich an diesem Begriff der Selbstreferentialität fest. Der radikale Konstruktivismus verfrachtet alle Erkenntnis mit dem Verweis auf die kognitive Geschlossenheit des Gehirns auf die Ebene individuellen Bewußtseins. Alle anderen Wissensformen werden als Summe dieser individuellen Bewußtseinsvorgänge betrachtet. Der systemtheoretisch-operative Konstruktivismus hingegen faßt Selbstreferentialität weiter. Für ihn ist die kognitive Geschlossenheit von Bewußtseinsvorgängen nur eine Variante von Selbstreferentialität, die von kommunikativer, d. h. sozialer Selbstreferentialität zu unterscheiden ist. Bewußtseinsgesteuerte Selbstreferentialität weist jedoch für die Fragestellung sozialer Probleme ein Manko auf. Kognition, die sich nur im Erleben von Individuen abspielt, bleibt sozial folgenlos. Sozial relevant werden Kognitionsprozesse ausschließlich dann, wenn sie

3. Systemtheorie und die gesellschaftliche Konstruktion sozialer Probleme

wände gegen die Idee einer operativen Erzeugung von Welt richten sich explizit gegen diese Vorstellung der Selbstreferentialität von Erkenntnis. Sie verneinen, daß selbstreferentielle Operationen als Erkenntnis firmieren können, da sie keinen Zugang zur Außenwelt erlauben.

Luhmanns systemtheoretischer Konstruktivismus hat auf diese Kritik mit der Wahl eines *formalen* Ausgangspunktes reagiert. Er besteht in der Figur der *Beobachtung* (vgl. Luhmann 1990b, S. 72f). Ohne Beobachtung, d.h. ohne Unterscheiden und Bezeichnen, bliebe das Erkennen sozialer Wirklichkeit unmöglich, oder mit den Worten Spencer Browns, auf dessen Überlegungen Luhmann sich stützt: „We take as given the idea of distinction and the idea of indication, and that we cannot make an indication without drawing a distinction" (Spencer Brown 1979, S. 1). Mit der Einführung der formalen Kategorie der Beobachtung ist die Frage, worin das Dritte Welt-Problem bestehe, noch nicht beantwortet. Fest steht die theoretische Eigenschaft möglicher Antworten. Jede Bestimmung des Dritte Welt-Problems verhält sich relativ zu den Unterscheidungen, mit denen diese Bestimmung operiert. Eine letztgültige Definition der Wirklichkeit sozialer Probleme ist nicht zu erwarten. Die Beobachtungsfigur soll vielmehr verdeutlichen, worin die operative Erzeugung von Welt im Erkenntnisprozeß besteht. Beobachtung ist diejenige Operation, welche Welt erzeugt und deren Erkennen ermöglicht.

Als selbstreferentielle Operation des Unterscheidens und Bezeichnens kann eine Beobachtung sich nicht selbst beobachten, denn dafür bedürfte es einer weiteren Unterscheidung. Man hat es an dieser Stelle mit dem paradoxen Sachverhalt zu tun, daß Beobachtungen mit den von ihnen gewählten Unterscheidungen soziale Wirklichkeit bezeichnen können, daß sie aber die soziale Wirklichkeit ihrer eigenen Beobachtungsoperation nicht bezeichnen können. Dieser paradoxe Sachverhalt läßt sich mit Hilfe einer sozialen und zeitlichen Vernetzung auflösen. Diese Vernetzung geschieht über die zentrale Unterscheidung der Systemtheorie: *System und Umwelt* (Luhmann 1984, S. 242ff). Jede Beobachtung der Welt wird durch einen Beobachter bzw. ein beobachtendes System durchgeführt. Dieses verwendet zur Bezeichnung sozialer Wirklichkeit Unterscheidungen (Codes), durch die es sich konstituiert.[4] Die von einem Beobachter verwendeten Unterscheidungen sind weder Abbildungen, Kopien oder Repräsentationen der beobachteten Welt. Sie sind vielmehr systemintern konstituiert. Durch die Codes unterscheidet sich jedes System von seiner Umwelt. Vervielfältigt man diese Perspektive ergibt sich ein Netz von *observing systems* (von Förster 1981). Diese können die jeweils anderen Beobachtungssysteme auf die von ihnen gewählten Unterscheidungen beobachten; sie bleiben sich selbst jedoch undurchsichtig, weil die eigenen

---

[4] kommuniziert werden; und soziale Probleme zeichnen sich gerade dadurch als sozial aus, daß sie kommuniziert werden (vgl. Kap. 3.3.2.).
Dieser Zusammenhang wird in Kap. 4 – bezogen auf die Leitunterscheidungen des Erziehungssystems – expliziert.

Unterscheidungen der blinde Fleck ihrer Erkenntnis von Welt sind. In zeitlicher Hinsicht bedeutet dies, daß eine erste Beobachtung nur operativ eingeführt und nicht ihrerseits vom Beobachter selbst beobachtet und damit unterschieden werden kann: „Entscheidend ist, daß die Beobachtung selbst als die erste Unterscheidung zu gelten hat, die aber nur durch andere Beobachtung (eines anderen Beobachters, aber auch desselben Beobachters zu einem späteren Zeitpunkt) unterschieden und im Moment ihrer Benutzung durch den Benutzer nur ungesehen praktiziert werden kann" (Luhmann 1990b, S. 74). Beobachtung ist nur möglich „als Operation eines von seiner Umwelt abgekoppelten Systems" (Luhmann 1990a, S. 38), das sich über seine Unterscheidungen von seiner Umwelt abschließen und so (und nur so) Welt beobachten kann.

Die Präferenz für das Erkenntnisprogramm des Konstruktivismus ist darin begründet, das es diesen unterscheidungsabhängigen Wirklichkeitszugang zu seinem Ausgangspunkt gemacht hat und somit beobachtend einholt. Dies heißt nicht, daß es ihn aufzulösen vermag. Ausgehend vom konstruktivistischen Theoriebegriff und seinem Imperativ „Beobachte die Beobachter" sollen nun zentrale sozialwissenschaftliche Ansätze auf die Frage hin beobachtet werden, wie sie soziale Probleme erklären. Wie unterscheiden diese Ansätze soziale Probleme? Welche sozialen Bedingungen geben sie für die Konstitution bzw. Konstruktion sozialer Probleme an? Welche Instanzen sehen sie an diesen Konstitutions- und Konstruktionsprozessen beteiligt?

3.2. Theorien sozialer Probleme und ihre Kontroversen

Vor einer dezidiert theoretischen Annäherung fallen drei Ausgangsbeobachtungen bezogen auf die gesellschaftliche Rede von sozialen Problemen auf:
(1) Erstens wird deren *inhaltliche Unbestimmtheit* beobachtet. Diese erlaube es dem Begriff „soziales Problem", sehr heterogene Phänomene zu bezeichnen. Günter Albrecht, der die US-Debatte über soziale Probleme[5] für den deutschsprachigen Raum aufbereitet hat, konstatiert, daß „kein allgemeiner Konsens, weder im Bereich der Wissenschaften, der Praxis noch der Öffentlichkeit darüber besteht, was zu einem gegebenen Zeitpunkt als soziales Problem zu gelten hat" (Albrecht 1977, S. 143).
(2) Zweitens bereite die „Alltagsnähe des Problembegriffs" Schwierigkeiten für theoretische Präzisierungen (vgl. Springer/Stallberg 1983, S. 11f). Diese Alltagsnähe verweise auf die hohe *gesellschaftliche Relevanz* sozialer Probleme. Sie wiederum stehe in Zusammenhang mit der Notwen-

---

[5] Vgl. Fuller/Myers (1941), Merton (1975), Rose (1968), Manis (1974a, 1974b), Horowitz (1968), Blumer (1975), Kitsuse/Spector (1977).

digkeit, für soziale Probleme möglichst schnell und wirksam Steuerungsmedien zu finden. Der Feststellung sozialer Probleme scheint damit die Benennbarkeit von Problemlösungen bereits eingeschrieben zu sein.

(3) Problemträchtigkeit und Offenheit des gesellschaftlichen Problembestandes scheinen drittens ein *spezifisches Kennzeichen moderner Gesellschaften* zu sein. Dieser erklärungsbedürftige Befund läßt sich nun aus zwei Perspektiven analysieren. Entweder schreibt man die Problemanfälligkeit der modernen Gesellschaften selbst zu und versucht dann, spezifische Einzelursachen zu identifizieren. Für diese Perspektive ließe sich die Theorie des Spätkapitalismus Habermas'scher Provenienz ins Feld führen: Soziale Probleme treten in modernen Gesellschaften deshalb so häufig auf, weil „das ökonomische System das erforderliche Maß an konsumierbaren Werten nicht erzeugt, oder das administrative System das erforderliche Maß an rationalen Entscheidungen nicht hervorbringt, oder das legitimatorische System das erforderliche Maß an generalisierten Motivationen nicht beschafft, oder das soziokulturelle System das erforderliche Maß an handlungsmotivierendem Sinn nicht generiert" (Habermas 1973, S. 72). Oder man schreibt die erhöhte Resonanz sozialer Probleme veränderten gesellschaftlichen Wahrnehmungs- und Beschreibungsmustern zu. Ein gesellschaftlich universalisierter Reformoptimismus oder die zunehmende Problematisierung der Diskrepanz zwischen wahrgenommenen gesellschaftlichen Sein und gewünschtem gesellschaftlichen Sollen lassen sich als solche Veränderungen deuten.

Bezogen auf diese Erklärungsperspektiven lassen sich in der Geschichte der Theorie sozialer Probleme zunächst zwei Ansätze unterscheiden, welche die Debatte entscheidend geprägt haben. Auf der einen Seite finden sich strukturfunktionalistische Ansätze, die einen kausalen Zusammenhang zwischen sozialen Situationen und deren Bezeichnung als soziales Problem unterstellen. Auf der anderen Seite können interaktionistische Ansätze identifiziert werden, welche die Bewertung einer sozialen Situation durch soziale Akteure als definitionsrelevanten Faktor betonen.[6] Richard C. Fuller und Richard R. Myers legten schon 1941 eine Definition für soziale Probleme vor, deren Elemente zum Kernbestand der weiteren Debatte gehören:

„A social problem is a condition which is defined by a considerable number of persons as a deviation from some social norm which they cherish. Every social problem thus consists of an objective condition and a subjective definition. The objective condition is a verifiable situation which can be checked as to existence and magnitude (proportions) by impartial and trained observers. (...) The subjective definition is the awareness of certain individuals that the condition is a threat to certain cherished values. The objective condition is necessary but not in itself sufficient to constitute a social problem. (...) Social problems are

---

[6] Albrecht (1990) klassifiziert diese beiden grundlegenden Ansätze als objektivistisch auf der einen und rekonstruktionistisch auf der anderen Seite. Für letzteren sind auch die Bezeichnungen „Definitionsansatz" oder „Konstituierungsansatz" üblich.

what people think they are and if conditions are not defined as social problems by the people involved in them, there are not problems to those people, although they may be problems to outsiders or scientists" (Fuller/Myers 1941, S. 320).

Bereits in dieser Definition tritt die eigentümliche Verknüpfung zu Tage zwischen einem einerseits objektiven Vorhandensein sozialer Probleme (*objective condition*), deren Erkenntnis der Wissenschaft und außenstehenden (Experten) obliege, und dem notwendigen subjektiven Faktor der Benennung sozialer Probleme (*social problems are what people think they are*).

3.2.1. Das strukturfunktionalistische Theorieangebot

Robert K. Merton, als Vertreter der strukturfunktionalistischen Schule dem objektivistischen Ansatz zuzurechnen, fokussiert als grundlegenden Bestandteil eines sozialen Problems die „wesentliche Diskrepanz zwischen sozial akzeptierten Standards und tatsächlich vorherrschenden sozialen Bedingungen" (Merton 1975, S. 114). Die von Merton durchaus erkannte Problematik dieser Definition betrifft die Instanz, die befindet, ob eine solche Diskrepanz besteht (vgl. ebd., S. 118ff). Über die von ihm postulierten „sozial akzeptierten Standards" herrscht in pluralen Gesellschaften außer in Fällen sehr allgemein geteilter Normen kein Konsens, sondern sie unterliegen konfligierenden Urteilen. Merton versucht die mit dieser Unbestimmtheit einhergehende Problematik dadurch aufzulösen, daß er soziale Probleme als „real existierende Zustände" auszeichnet (ebd., S. 121), für deren Erkenntnis „die öffentliche Wahrnehmung (...) kein sicherer Leitfaden" sei (ebd., S. 123). Im Ernstfall konfligierender gesellschaftlicher Werturteile über die Diskrepanz von Sein und Sollen befinde die Definition des Soziologen, ob ein soziales Problem tatsächlich bestehe. Noch schärfer argumentiert Jerome G. Manis (1974a, S. 314) gegen die öffentliche Meinung als Definitionsinstanz: „Social problems are those social conditions identified by scientific inquiry and values as detrimental to the well-being of human societies". Die öffentliche Meinung habe nur nachgeordnete Bedeutung für die Klassifizierung sozialer Probleme. Deren Bestimmung an öffentliche Betroffenheiten zu binden, impliziere die Gefahr eines unhaltbaren Subjektivismus, der mit den Mitteln wissenschaftlichen Analyse begrenzt werden müsse (vgl. Manis 1974b).

3.2.2. Das interaktionistische Theorieangebot

Den objektivistischen Ansätzen wird von interaktionistischer Seite attestiert, daß sie das eigentlich „Problematische" an sozialen Problemen verfehlen, wenn sie diese ausschließlich kausal aus objektiven Bedingungen erklären. Vielmehr legt für Interaktionisten die Beobachtung, daß soziale Probleme aus

3. Systemtheorie und die gesellschaftliche Konstruktion sozialer Probleme

unterschiedlichsten Sachverhalten entstehen, den Schluß nahe, einen genauen Blick auf die „Entstehungsvorgänge" zu werfen, in denen soziale Probleme konstituiert werden. Entsprechend lautet die zentrale These des interaktionistischen Theoriestrangs,

> „daß soziale Probleme auf einem Prozeß kollektiver Definitionen beruhen und dessen Produkte sind. (...) Der Prozeß der kollektiven Definition bestimmt die Geschichte und das Schicksal der sozialen Probleme von dem ersten Augenblick ihrer Entstehung an. Ihre Existenz ist wesentlich in diesem Prozeß der kollektiven Definition begründet, nicht in irgendeinem vermeintlich objektiven Bereich sozialer Pathologie" (Blumer 1975, S. 106).

Die forschungsstrategische Konsequenz liegt in der Fokussierung derjenigen Prozesse, durch die „die Gesellschaft zur Anerkennung ihrer Probleme kommt" (ebd., S. 105). Der Kern sozialer Probleme ist folglich in politischen Aktivitäten zu sehen, mit denen es gelingt, soziale Probleme gesellschaftlich zu etablieren. Diesen Kern greifen John Kitsuse und Malcolm Spector auf, wenn sie Aktivitäten „von unten" (Mißstandsbekundungen, Forderungskataloge, Vorschläge zur Behebung der beklagten Zustände) in den Mittelpunkt ihrer Erklärungen rücken (1983, S. 44). Die Konstitution sozialer Probleme hänge von den unterschiedlichen Akteuren ab, denen es gelingt, „soziale Bedingungen (...) zum formellen Punkt auf der gesellschaftlichen Tagesordnung" zu machen (ebd., S. 45). Ausgehend von diesen in einem weiten Sinne politischen Aktivitäten formulieren Kitsuse/Spector eine Neufassung „der Naturgeschichte sozialer Probleme"[7], mit der sie die „Karriere" eines sozialen Problems rekonstruieren möchten. Hinsichtlich der problemerzeugenden Agenturen führen sie die Unterscheidung zwischen Wert- und Interessengruppen ein, die gerade für die Konstruktion des Dritte Welt-Problems relevant wird. Wertgruppen zeichnen sich dadurch aus, daß sie eine Diskrepanz zwischen gesellschaftlichen Sein und Sollen diagnostizieren, ohne daß sie unmittelbar und selbst von den problematisierten Zuständen betroffen wären. Ihre Kritik ruht entsprechend auf für universal gehaltenen normativen Erwartungen. Von diesen Wertgruppen sind Interessengruppen zu unterschei-

---

[7] Der Titel ihres Aufsatzes scheint in bewußter Anlehnung an den bereits zitierten Vortrag und Aufsatz von Fuller/Myers gewählt zu sein. Letztere begründen den soziologisch provozierenden Terminus 'Naturgeschichte sozialer Probleme' wie folgt: „The specific analytical frame which we have called the 'natural history' is derived form the above conception of what constitutes a social problem. In our concept 'social problem', we have attributed to all social problems certain common characteristics. These common characteristics imply a common order of development through which all social problems pass, consisting of certain temporal sequences in their emergence and maturation. The 'natural history' as we use the term is therefore simply a conceptual tool for the examination of the data which constitute social problems" (1941, S. 321). Zwar muß diese Naturgeschichte nicht linear verlaufen, dennoch meinen Kitsuse/Spector zeigen zu können, daß die Stadien „Bewußtwerdung", „Anregung politischen Handelns" und „Reform" konstitutiver Bestandteil der Karriere sozialer Probleme sind.

den, für die das direkte Betroffensein durch negativ eingeschätzte Zustände Anlaß ihrer Problematisierungsaktivitäten ist. Was die Karriere sozialer Probleme betrifft, entwickeln Kitsuse/Spector ein vierstufiges Verlaufsmodell. Ausgangspunkt (Stufe 1) ist der Versuch, „das Vorhandensein bestimmter Sachverhalte zu behaupten, diese als ärgerniserregend, schädlich oder sonstwie unerwünscht zu definieren, die Behauptungen zu veröffentlichen, Kontroversen darüber anzuregen und einen öffentlichen oder politischen Fall daraus zu machen" (ebd., S. 33). Zentral für die „erfolgreiche" Etablierung eines sozialen Problems seien drei Variablen: „die Macht der fordernden Gruppe, die Art ihrer Forderungen und die Strategien und Mechanismen, Forderungen voranzutreiben" (ebd., S. 34). Nach einer wahrscheinlichen Anerkennung des Problems durch amtliche Instanzen, die selbst beginnen, das Problem auf vielfältigste Weise zu bearbeiten (Stufe 2), stehe in der Regel nicht die Lösung und damit das Ende der Karriere eines sozialen Problems. Stufe 2 kennzeichne vielmehr, daß „Beschwerden über eine gewisse Lage domestiziert und von einer bestimmten Behörde in routinemäßige Bearbeitung genommen worden sind" (ebd., S. 40). Kitsuse/Spector kommen auf der Basis ihrer Fallstudien zu dem Schluß, daß dieser Bearbeitungsphase durch staatlich-administrative Instanzen in der Regel die Wiederaufnahme der Forderungen durch die Protestgruppen folgt, welche die ergriffenen Problemlösungsmaßnahmen kritisieren und umfassendere Reformen verlangen (Stufe 3). Dabei habe eine Problemverlagerung stattgefunden, denn der Protest richte sich weniger gegen die ursprünglich kritisierten Zustände als vielmehr gegen die Art und Weise der Problembearbeitung und vor allem gegen die darin involvierten offiziellen Institutionen. Die abschließende Phase (Stufe 4) bestehe in einer doppelten Entwicklung: die offiziellen Instanzen weisen die Forderungen zurück, worauf die protestierenden Gruppen zur Überzeugung gelangen, „es sei nicht länger möglich, innerhalb des Systems zu arbeiten" (ebd., S. 43) und mit der Gründung entweder alternativer oder konträrer Gegen-Organisationen reagieren. Aufschlußreich für den hier behandelten Fall des Dritte Welt-Problems könnte folgende Beobachtung werden: für wertorientierte Gruppen scheint sich eine Präferenz für die Bildung alternativer Organisationen nachweisen zu lassen, deren Ziele und Aktivitäten sich an die gesamte Gesellschaft adressieren. Im Gegensatz dazu liegt der Schwerpunkt interessenorientierter Gruppen darin, für die spezifisch Betroffenen eine „lebensfähige Lösung" mit der Gründung eigener Strukturen zu schaffen. Wenn also Dritte Welt-Protestgruppen, die sicherlich eher den wertorientierten Gruppen zuzurechnen sind, an der Konstitution des Dritte Welt-Problems beteiligt sind, und dessen Karriere Analogien zu dem Modell von Kitsuse/Spector aufweist, müßte sich besagte Ausdifferenzierung von Alternativorganisationen zeigen lassen. In der Fallstudie wird das Augenmerk darauf zu legen sein, inwieweit an dieser Differenzierungsform pädagogische Kommunikationsmuster beteiligt sind (vgl. Kap. 7.3.3.).

3. Systemtheorie und die gesellschaftliche Konstruktion sozialer Probleme

Michael Schetsche (1996) hat ein modifiziertes Modell der Karriere sozialer Probleme vorgeschlagen. Die öffentliche Anerkennung in Form der Behandlung des Problems in der politischen Arena hänge entscheidend davon ab, inwieweit sich die Art und Weise der Thematisierung in die Form des Deutungsmusters „soziales Problem" einfüge. Die Aufgabe einer solchen „Rahmung" als soziales Problem bestehe darin, die Beschreibung und Wahrnehmung des Problems zu organisieren, d.h. Ursachen und Verursacher zu benennen, Adressaten für die Forderungen zu bestimmen, überzeugende Handlungsziele und Lösungsmaßnahmen zu definieren, Motive bereitzustellen, sich für eine Lösung zu engagieren sowie schließlich die Rolle der problemthematisierenden Instanz zu rechtfertigen. Zentrale Elemente des Deutungsmuster „soziales Problem" seien ein Name, dem Inakzeptanz bereits konnotativ eingeschrieben ist, und eine Problembeschreibung, in der prägnant Aussagen über den moralischen Zusammenhang sowie kausale Ursachen zu finden sind. Die Problembeschreibung müsse objektivierte Feststellungen enthalten, die den gesellschaftlichen Zusammenhang empfundener oder zugeschriebener Leiden belegen, sowie Kausalattribuierungen, die den Blick auf gesellschaftliche Strukturen oder Personengruppen als Ursachen bzw. Verursacher des Problems lenken. Die Personalisierung der Ursachen ermögliche die für die weitere Problemkarriere wichtige Unterscheidung von Opfern, denen Solidarität und Unterstützung gebührt, und Tätern, die für ihre Taten und deren Folgen in die Verantwortung genommen werden müssen. Ein weiteres Element des Deutungsmusters „soziales Problem" sei ein Bewertungsmaßstab, der es ermögliche, den problematisierten Sachverhalt als unvereinbar mit allgemein geteilten Werten auszuweisen. Lösungsvorschläge seien weitere Elemente des Deutungsmusters. Sie beziehen sich einerseits auf die Kausalattribuierungen, andererseits markieren sie den Raum, in dem unterschiedliche Instanzen (soziale Bewegungen, professionelle Experten, staatliche Stellen) um Zuständigkeit und gesellschaftliche Mittel für die Problembearbeitung (v.a. Geld, aber auch Wissen und Recht) konkurrieren.

3.2.3. Aporien in der Theoriegeschichte sozialer Probleme

Vereinfachend läßt sich die referierte Theoriegeschichte sozialer Probleme entlang folgender Gegensätze darstellen: Theorie des Problematischen versus Theorie der Problemerzeugung, strukturfunktionalistische versus interaktionistische Ansätze, objektivistische versus subjektivistische Erklärungen. Den strukturfunktionalistischen Ansätzen wird vorgeworfen, den prinzipiell kontingenten Zusammenhang zwischen dem Zustand und der Interpretation einer Situation zu unterschätzen. Trotz ihres Anspruches, objektive Kriterien für die Entstehung sozialer Probleme zu formulieren, seien ihre empirischen Leistungen vage geblieben. Zum einen falle es schwer, kausale Zusammenhänge zwischen Ursachen und Folgen eines sozialen Phänomens zu bestimmen, zum anderen müsse der Versuch als gescheitert gelten, die objektive Schädlichkeit eines sozialen Sachverhalts durch den Rückgriff auf universelle Werte zu definieren. Die interaktionistischen Ansätze haben dagegen die Aufmerksamkeit auf die Prozesse der Konstituierung von sozialen Problemen gelenkt und so den politischen Gehalt bzw. die politische Konfliktivität dieser Konstitutionsprozesse ins Blickfeld gerückt. Sie haben einsichtig gemacht, daß „problematische objektive Bedingungen nicht notwendig die Dignität eines sozialen Problems" begründen (Albrecht 1977, S. 175). Die Modelle von Kitsuse/Spector und Schetsche zur Beschreibung von Problemkarrieren sowie die Differenzierung involvierter Instanzen (Wert- und Interessenprotestgruppen, staatlich-administrative Organisationen, Professionen) und ihrer Strategien der Problemetablierung und -bearbeitung können als Heuristik genutzt werden, um die Genese des Dritte Welt-Problems empirisch zu rekonstruieren (vgl. Kap. 5.3.1).

Die systemtheoretisch-konstruktivistische Kritik an den interaktionistischen Ansätzen zielt nicht auf diese Modelle und ihren forschungspraktischen Nutzen. Sie weist nur den erkenntnistheoretischen Anspruch einer wirklichkeitsgetreuen Darstellung sozialer Probleme zurück. Soziale Probleme sind der interaktionistischen Lesart folgend abhängig von je spezifischen menschlichen Interpretationen, die wiederum in kausale Relation zu unterschiedlichen sozialen Kontexten gesetzt werden. Wenn jedoch je spezifische Kontexte und die in ihnen je unterschiedlich agierenden Instanzen darüber befinden, was ein soziales Problem auszeichnet, wird es nicht nur schwierig, die erstaunliche Gemeinsamkeit und Regelmäßigkeit der Etablierung sozialer Probleme hinreichend zu erklären, sondern auch den postulierten kollektiven Charakter des Definitionsprozesses theoretisch zu erfassen. Die interaktionistischen Ansätze können kein begründetes Argument dafür liefern, daß die von den involvierten Instanzen verwendeten Unterscheidungen eine Entsprechung in der Außenwelt aufweisen. Es reicht nicht aus, die Kategorie „Intersubjektivität" mit der Absicht einzuführen, durch sie den objektiven Außenweltbezug der kollektiven Definitionsprozesse zu garantieren. Die kollektive Konvergenz von Definitionen läßt keinen Rückschluß auf die Realität ihres Gegenstandes zu, sie beweist nur, daß Akteure mit gleichen Unterscheidungen operieren. Diese konstruktivistische Kritik am Wirklichkeitsanspruch des interaktionistischen Ansatzes fußt auf der These des prinzipiell beobachtungsabhängigen Außenweltbezugs. Soziale Wirklichkeit gibt es nur in Abhängigkeit zu den vom Beobachter verwendeten Unterscheidungen. Wahrnehmungs- und Definitionsprozesse verlaufen selbstreferentiell. Wenn Instanzen in kollektiven Definitionsprozessen bestimmen, was ein soziales Problem ist, geschieht dies im Rückbezug auf die selbst eingeführten Unterscheidungen. Der erkenntnistheoretische Anspruch der interaktionistischen Ansätze, soziale Probleme als Gegenstand der äußeren, „definierten" Wirklichkeit zu postulieren, steht quer zur konstruktivistischen Selbstbezüglichkeit des Beobachtens.

3.3. Eine systemtheoretisch-konstruktivistische Lesart sozialer Probleme

Ergänzend zu den vorgestellten Ansätzen soll abschließend expliziert werden, welche Erkenntnisse über den 'Problemboom' moderner Gesellschaften mit Hilfe eines systemtheoretisch-konstruktivistischen Zugangs gewonnen werden können. Nach den erkenntnistheoretischen Überlegungen soll die Leistung dieses Theorieangebotes bezogen auf den Untersuchungsgegenstand überprüft werden.

3.3.1. Soziale Probleme als Prozessieren einer Unterscheidung

Für die systemtheoretisch-konstruktivistische Lesart ist entscheidend, daß nicht Objekte gemeint sind, sondern Unterscheidungen, wenn von sozialen Problemen die Rede ist (vgl. Luhmann 1997a, S. 60). Unterscheidungen sind keine vorhandenen Sachverhalte im Sinne von Unterschieden, sondern notwendige Beobachtungskategorien. Ausgangspunkt des Konstruktivismus ist folglich die Frage, durch welche Unterscheidungen soziale Probleme konstituiert werden. Begonnen wird nicht mit einer Was-Frage (Was ist ein soziales Problem?), sondern mit einer Wie-Frage (Wie wird ein soziales Problem unterschieden?). Für das Verständnis sozialer Probleme ergeben sich aus dieser Umstellung grundlegende Konsequenzen:
- Beobachter haben es mittels der von ihnen gewählten Unterscheidungen immer mit selbsterzeugten Wirklichkeiten zu tun, niemals mit der „Realität an sich". Das Dritte Welt-Problem ist in diesem Sinne selbsterzeugt.
- Objekte, d.h. das in der Fallstudie zu untersuchende Dritte Welt-Problem, sind keine dem Erkenntnisprozeß vorausliegenden Wirklichkeiten, sondern sind Konstrukte eines wirklichkeitserzeugenden Beobachtungsprozesses.
- Subjekte, d.h. diejenigen Instanzen, welche die Dritte Welt mit ihren Leitunterscheidungen als soziales Problem konstruieren – sind keine ontologischen Einheiten. Sie sind mittels der Unterscheidung von System und Umwelt generierte Konstruktionen.
- das Dritte Welt-Problem ist folglich das Produkt der im Beobachtungsprozeß verwendeten Unterscheidungen und Bezeichnungen.

Das Neue der konstruktivistischen Erkenntnistheorie besteht in einer „Deontologisierung der Realität" (Luhmann 1990a, S. 37). Wenn Erkenntnis die Ordnung und Organisation von Erfahrungen in der Welt unseres Erlebens betrifft (von Glasersfeld 1981, S. 23), dann liefert die Kategorie der Beobachtung den Schlüssel für diesen ent-essentialisierenden Erkenntnisprozeß. Alles was beobachtet wird, ist abhängig von Unterscheidungen, die der Beobachter verwendet (vgl. Luhmann 1990b, S. 82) und die keine Entsprechung in einer wie auch immer gearteten Außenwelt aufweisen. Die Erkenntnis von Wirklichkeit im allgemeinen und sozialen Problemen im besonderen ordnet und organisiert sich entsprechend entlang der vom Beobachter gewählten Unterscheidungen. Soziale Probleme können nur als Differenz beobachtet werden.

3.3.2. Soziale Probleme als kommunikative Ereignisse

Für Luhmann basiert die operative Geschlossenheit sozialer Systeme nicht auf Bewußtseinsvorgängen, sondern auf Kommunikationsprozessen. Er stellt „die Zurechnung von Wissen um von Bewußtsein auf Kommunikation, also von psychischer auf soziale Systemreferenz" (1990b, S. 23). Wenn man das „Soziale" bei der Klärung sozialer Probleme ernstnimmt, kommt man nicht umhin, die Kommunikationsprozesse sozialer Systeme bei der Konstruktion sozialer Probleme in den Mittelpunkt der Analyse zu stellen. Für die Systemtheorie mit ihrer strikten Trennung zwischen psychischen Systemen (Individuen) und sozialen Systemen ist Kommunikation „die einzig genuin soziale Operation" (Luhmann 1997a, S. 81f).[8] Kommunikation ist die basale Operation, aus der soziale Systeme bestehen und mit der sie sich reproduzieren. Einerseits ist damit die bereits explizierte Differenz zu psychischen Systemen bezeichnet, andererseits wird Handlung als soziales Elementarereignis durch Kommunikation ersetzt. Kommunikation läßt sich fassen als das Prozessieren von Unterscheidungen in sozialen Systemen. Die Unterscheidung, auf der Kommunikation selbst basiert, ist die von Mitteilung (kommunikatives Handeln), Information (Thema, Inhalt der Mitteilung) und Verstehen (im Sinne von Anschlußfähigkeit). Diese Konzeptualisierung hebt sich grundlegend ab vom herkömmlichen Verständnis von Kommunikation, welches einen Sinn- und Bedeutungstransfer von einem Bewußtseinssystem zu einem anderen Bewußtseinssystem unterstellt. Wenn die herkömmliche Vorstellung eines Bedeutungstransfers als unzureichend abgewiesen und gleichzeitig von der selbstreferentiellen Geschlossenheit psychischer Systeme ausgegangen wird, dann muß die Systemtheorie erklären, wie Kommunikation

---

[8] Kommunikation setzt zwar Individuen als Bewußtseinssysteme voraus, sie kann jedoch keinem dieser psychischen Systeme zugerechnet werden kann.

dennoch funktioniert. Ihre Antwort liegt wieder auf einer formalen Ebene und lautet: mittels Anschlußfähigkeit. Kommunikation funktioniert, wenn selbsterzeugte Kommunikationen an vorherige Kommunikationen anschließen und sich ein ausdifferenziertes Kommunikationssystem ausbildet. Man verstände die Systemtheorie falsch, wenn man aus der operativen Geschlossenheit solcher Kommunikationssysteme ableiten würde, daß diese generell über keinen Umwelt- und Außenkontakt verfügen. Operative Geschlossenheit heißt nur, daß jede Kommunikation nach Maßgabe der systemspezifischen Anschlußfähigkeiten organisiert ist und die äußere Wirklichkeit ausschließlich anhand der von einem sozialen System verwendeten Unterscheidungen konstruiert wird.

Für die Untersuchung der Pädagogisierung des Dritte Welt-Problems bedeutet dies, daß gesellschaftliche Ereignisse erst in dem Moment zum sozialen Problem werden, in dem sich eine gesellschaftliche Kommunikation etabliert, d.h. soziale Instanzen auf Kommunikationsofferten mit der Formulierung eigener erneut anschlußfähiger Kommunikationen reagieren. Erst wenn die Unterscheidung „problematisch" versus „nicht-problematisch" durch unterschiedliche soziale Instanzen (Protestbewegungen, Sozialagenturen, Kirchen, Ministerien u.ä.m.) prozessiert und zum kommunikativen Ereignis in der Gesellschaft wird, läßt sich von einem sozialen Problem sprechen. Soziale Probleme hängen folglich auf das Engste mit der „intensive(n) und schnell reagierende(n) Empfindlichkeit der gesellschaftlichen *Kommunikation für neue Probleme*" zusammen (Luhmann 1997a, S. 1096).

Damit die Unterscheidung „soziales Problem" zum kommunikativen Ereignis der Gesellschaft wird, ist das Vorhandensein von Selbstbeschreibungen[9] notwendig, die die Empfindlichkeit der Gesellschaft für soziale Probleme möglich und plausibel erscheinen lassen. Obwohl niemand leugnen würde, daß die Gesellschaft weder über eine Adresse verfügt noch eine Organisation darstellt, mit der man kommunizieren könnte, findet die Schlußfolgerung, daß die Gesellschaft durch ihre eigenen Operationen bzw. durch die Operationen gesellschaftlicher Teilsysteme (Politik, Recht, Wirtschaft, Erziehung) unerreichbar bleibt, wenig Zustimmung. Im Gegenteil: es dominiert eine Selbstbeschreibung, die von der Veränder- und Steuerbarkeit der modernen Gesellschaft überzeugt ist. „Die Gesellschaft – so wird angenommen – verfügt über die Rahmenbedingungen (ökonomischer Reichtum, politischer Grundkonsens, militärische Sicherheit), Instrumentarien (Gesetzgebung, Sozialpolitik, Sozialhilfe) und Konzeptionen bzw. Strategien (Integration, Kompensation, Rehabilitation usw.), um sich anfallender Schwierigkeiten stellen und ihnen wirksam begegnen zu können" (Springer/Stallberg 1983, S. 3). In dieser Selbstbeschreibung klingt der Glaube an eine grundsätzliche

---

[9] Unter Selbstbeschreibungen sind Konstruktionen zu verstehen, „die es ermöglichen, in der Gesellschaft (...) über die Gesellschaft zu kommunizieren" (Luhmann 1997a, S. 866f).

Reformierbarkeit von Mängellagen sowie an ein wirkmächtiges Steuerungspotential der Gesellschaft deutlich heraus. Dieser universale Steuerungsanspruch kann als eine zentrale Voraussetzung für das „Ereigniswerden" sozialer Probleme verstanden werden.[10]

3.3.3. Protestbewegungen und Moral

Eine besondere Rolle bei der Konstruktion sozialer Probleme spielen Protestbewegungen. Luhmann hält Protestbewegungen in der modernen Gesellschaft – trotz einer ursprünglichen und nicht nur theorieästhetischen Gründen geschuldeten Skepsis – für so bedeutsam, daß er seine grundlegende Systemtypologie Gesellschaft – Interaktion – Organisation in seinem gesellschaftstheoretischen Hauptwerk überarbeitet und um die Protestbewegungen ergänzt hat (vgl. Luhmann 1997a, S. 847-865). Protestbewegungen verdanken ihren Aufstieg der Umstellung der Gesellschaft auf funktionale Differenzierung (vgl. hierzu ausführlicher Kap. 4.2.). Für Luhmann ist mit dieser Gesellschaftsform die Paradoxie verbunden, daß zwar versucht wird, generalisierte Werte (z.B. Gleichheit oder Gerechtigkeit) zum Einheits- und Integrationsfokus der Gesellschaft zu machen und daß diese Werte auch öffentlich anerkannt werden, daß aber gleichzeitig die funktionale Differenziertheit der Gesellschaft eine Realisierung dieser Werte nur äußerst unzureichend garantieren kann (vgl. Luhmann 1997a, S. 848f). Weder existiert ein gesellschaftliches Zentrum, daß für die Realisierung der symbolischen Grundlagen der Gesellschaft sorgt, noch lassen sich die Teilsysteme der Gesellschaft für die Verwirklichung insbesondere moralischer Ansprüche in die Pflicht nehmen. Protestbewegungen sind die Antwort auf dieses zentrale Problem funktionaler Differenzierung. Gleichzeitig nimmt diese Antwort eine paradoxe Form an, erscheinen die Protestbewegungen doch als Protest der Gesellschaft (und nicht irgendwelcher außerhalb der Gesellschaft stehender Akteure) gegen die Gesellschaft (ebd.). Die Kommunikationsform Protest kennzeichnet, daß sie „zwar in der Gesellschaft (erfolgt), sonst wäre sie keine Kommunikation, aber so, als ob es von außen wäre. Sie äußert sich aus Verantwortung für die Gesellschaft, aber gegen sie" (Luhmann 1996, S. 204).

Protest fungiert für die Protestbewegung als Leitdifferenz, die zwei Seiten aufweist: die Protestierenden auf der einen Seite und das, wogegen – einschließlich jener, gegen die – protestiert wird, auf der anderen (vgl. ebd., S. 205). In diesem Sinn adressiert sich Protest grundsätzlich an andere und mahnt deren Verantwortung an, auf den Protest zu reagieren. Protest unterscheidet sich von politischer Opposition dadurch, daß ihm die Bereitschaft

---

[10] Dieser Steuerungsanspruch und seine Relevanz für die Pädagogisierungsuntersuchung wird aus erziehungswissenschaftlicher und gesellschaftstheoretischer Perspektive in den Kap. 4.2. und 4.4. diskutiert.

fehlt, selbst Verantwortung in Form von politischer Entscheidungsgewalt zu übernehmen. An die Stelle dieser Bereitschaft tritt der Rekurs auf ethisch-moralische Grundsätze. Er ersetzt nicht nur die Frage nach politischen Mehrheiten, sondern repräsentiert den *Re-entry*[11] der sonst in der funktional differenzierten Gesellschaft über keinen festen Ort mehr verfügenden Moral.

Diese Struktur von Protest und Moral erklärt auch den Zusammenhang zwischen der Konstruktion sozialer Probleme und Protestbewegungen. Für letztere ist Protest kein Selbstzweck, sondern Reaktion auf die als unzureichend erachtete Verwirklichung generalisierter Wert- und Normvorstellungen. Ungleichheiten im Geschlechterverhältnis, die Bedrohung von Umwelt und Frieden, Ungerechtigkeit in der globalen Verteilung von Lebenschancen: Alle diese Phänomene können Protestbewegungen als soziale Probleme konstruieren, weil sich weder eine Zentralinstanz, die es in der funktional differenzierten Gesellschaft nicht mehr gibt, noch ein Teilsystem auf der Ebene von Verantwortung, Verursachung und Interessen für die Verwirklichung von Werten und Normen zuständig erklärt. Die Leistungsfähigkeit funktional differenzierter Gesellschaften, die Autonomie der Teilsysteme über konstitutive und exklusive Leitdifferenzen, ist gleichzeitig ihr Problem, da gesellschaftliche Probleme systematisch ignoriert werden (vgl. Hellmann 1996, S. 23). In dieser Perspektive reagieren Protestbewegungen mit ihren auf universalen Moralvorstellungen basierenden Problemkonstruktionen darauf, daß die moderne Gesellschaft sich selbst nicht mehr als Einheit repräsentieren kann.

Die konstitutive Rolle von Moralkommunikationen für die Konstruktion sozialer Probleme wird bei allen sonstigen Unterschieden auch von den strukturfunktionalistischen und interaktionistischen Ansätzen herausgestellt. Strukturfunktionalistisch gerät die Diskrepanz zwischen gesellschaftlichem Sein und Sollen in den Blick, wobei die Sollens-Seite die gesellschaftlichen Werte repräsentiert. Die interaktionistischen Problemtheorien fokussieren moralische Kommunikationen als konstitutives Element der Rahmung sozialer Probleme (Schuldzuweisungen, Unterscheidung von Opfern, denen Solidarität bekundet wird, und Tätern, denen Verantwortung für Mißstände zugeschrieben wird). Auch aus der systemtheoretisch-konstruktivistischer Perspektive ist Moral eine der zentralen Unterscheidungen, mit denen soziale Probleme beobachtet und konstruiert werden.

---

11   Der Begriff Re-entry beschreibt in der Systemtheorie die Wiedereinführung einer Unterscheidung in den Bereich, den sie zu unterscheiden erlaubt. Da soziale Systeme nicht gleichzeitig Unterscheidungen benutzen und beobachten können, ist ein Re-entry nur mit Hilfe zeitlicher und sozialer Vernetzungen möglich (vgl. Luhmann 1990b, S. 83-85).

4. Pädagogisierung: Eine gesellschaftstheoretische und erziehungswissenschaftliche Einordnung

Sollte im voranstehenden Kapitel deutlich werden, welche Bedeutung der Moral für die Genese sozialer Probleme in modernen Gesellschaften beigemessen wird, geht es im folgenden darum, das Pädagogische als zentrale Variable im Pädagogisierungsdreieck von Pädagogik, Politik und Moral gesellschaftstheoretisch und erziehungswissenschaftlich zu erschließen.

Pädagogisierung soll in der hier verfolgten Perspektive auf einen Transformationsprozeß referieren, in dem sich die Kommunikation über ein gesellschaftliches Problem und seine Steuerung entlang der Differenz pädagogischer und nichtpädagogischer Unterscheidungen verändert. Pädagogisierung beschreibt diesen Transformationsprozeß als pädagogische Konstruktion sozialer Probleme. Mit Hilfe dieser Konstruktion soll für die Bearbeitung und Lösung sozialer Probleme das Steuerungsmedium der pädagogischen Einwirkung auf individuelle Dispositionen und Kompetenzen gesellschaftlich etabliert werden. Als Erziehungs-, Lern- und Bildungsprobleme reformuliert und in pädagogische Programme transformiert können soziale Probleme dann entweder dem institutionellen Zugriff des Erziehungssystems zugeführt oder aber im Kontext eines gesellschaftlich entgrenzten pädagogischen Kommunikationsmusters prozessiert werden. Der Pädagogisierungsbegriff reflektiert damit einerseits eine semantische Verschiebungen in der Konstruktion sozialer Probleme. Andererseits wirft er die Frage auf, wie der Zusammenhang zwischen gesellschaftlichen Problemkonstruktionen und der Existenz spezialisierter Teilsysteme unter dem Gesichtspunkt der Steuerung und Lösung sozialer Probleme genauer zu bestimmen ist.

4.1. Funktionale Differenzierung als Etablierung von Leitdifferenzen

Die Analyse einer Pädagogisierung des Dritte Welt-Problems legt einen Rückgriff auf Theorien sozialer Differenzierung im allgemeinen und die Systemtheorie im speziellen nahe (vgl. Luhmann 1985, Schimank 1996). Theorien sozialer Differenzierung liefern mit dem Konzept des funktionalen Teilsystems (vgl. Luhmann 1997a, S. 743ff, Mayntz 1988) nicht nur wichtige Hinweise für die Analyse des Zusammenhangs von gesellschaftlicher Problemkonstruktion und dessen Prozessieren in unterschiedlichen Teilsystemen, sondern sie haben mit der Debatte um die Verselbständigung von Funktionssystemen (vgl. Rosewitz/Schimank 1988) gesellschaftstheoretische Vorarbeiten geleistet, an die sich die Pädagogisierungsuntersuchung erziehungswissenschaftlich anschließen läßt.

„Moderne Gesellschaften sind funktional differenzierte Gesellschaften", so lautet die Kernthese der differenzierungstheoretischen Gesellschaftsanalysen (Schimank 1996, S. 274). Dies bedeutet, daß jedes Teilsystem auf eine bestimmte Funktion gesellschaftlicher Reproduktion spezialisiert ist: das Wirtschaftssystem z.b. auf die materielle Versorgung der Bevölkerung oder das politische System auf die Herstellung kollektiv verbindlicher Entscheidungen (vgl. Luhmann 1997a, S. 758). Ausgangspunkt aller Theorien sozialer Differenzierung ist, daß sich der Charakter der funktional differenzierten Gesellschaft von ihren Teilsystemen her erschließt. Die Systemtheorie begreift soziale Funktionssysteme der Gesellschaft als selbstreferentiell geschlossene, sich selbst reproduzierende (autopoietische) Systeme (vgl. Luhmann 1984). Mit dieser Kennzeichnung können Teilsysteme nicht mehr über ihre gesellschaftliche Funktion definiert werden, denn dieses würde bedeuten, daß sich die Teilsysteme nicht selbstreferentiell, sondern entlang eines Umweltgesichtspunktes formieren. Die Ausdifferenzierung sozialer Systeme erfolgt vielmehr über einen binären Code, der zum einen die gesellschaftliche Funktion systemintern spezifiziert, d.h. die gesellschaftliche Funktion „zum unverwechselbaren Bezugspunkt der Selbstreferenz" macht (Luhmann 1997a, S. 748), und der zum anderen nur in diesem System und in keinem anderen System verwendet wird. Die Codes bilden die *Direction Directrices* (Luhmann 1987a), die Leitdifferenzen, mit denen soziale Systeme gesellschaftliche Kommunikationen als soziale Elementarereignisse produzieren.

Diese Ausrichtung an Leitdifferenzen interpretiert die soziale Differenziertheit der Gesellschaft nicht mehr als Arbeitsteilung wie es die klassischen Differenzierungsansätze (z.B. von Durkheim) getan haben. „Funktionale Differenzierung meint keine Zerlegung des gesellschaftlichen Ganzen in einzelne Teile, etwa so wie man eine Torte in Segmente aufteilt. Vielmehr meint funktionale Differenzierung die Institutionalisierung von Perspektiven, unter denen die ‚Realität' behandelt wird" (Türk 1995, S. 171). Der Code, verstanden als eine solche Perspektive, besteht aus der Unterscheidung, mit der ein soziales System die eigenen Operationen beobachtet und so seine Einheit bestimmt. Mit dem Code zieht ein soziales System die Grenze zwischen Innen und Außen, zwischen dem, was zum System gehört und dem, was in die Umwelt des Systems gehört. Diese Grenze ist nicht als räumliche oder materielle Grenze zu verstehen, die z.B. durch soziale Gebilde gezogen wird, sondern als Sinngrenze, mit der ein soziales System die es betreffenden Kommunikationen selektiert. Bezogen auf die Pädagogisierungsuntersuchung bedeutet diese Konzeptualisierung, daß nicht ein bestimmtes Thema die Diagnose von Pädagogisierungsprozessen rechtfertigt, sondern die Leitunterscheidung, auf deren Grundlage kommuniziert wird.[1] Um von einer Pädagogisierung des Dritte Welt-Problems und der Frage internationaler Gerechtigkeit sprechen zu können, muß deren Konstruktion folglich über einen pädagogischen Code, d.h. eine spezifisch pädagogische Kommunikationsform und Semantik sowie eine entsprechende pädagogische Steuerungsvorstellung erfolgen.

4.2. Funktionale Differenzierung und Steuerung

Diese Arbeit rekonstruiert Pädagogisierung als pädagogisch codierte Steuerung sozialer Probleme. Pädagogisierung wird damit in den Zusammenhang von Steuerungsprozessen in funktional differenzierten Gesellschaften gestellt. Wie kann dieser Zusammenhang aus systemtheoretischer Perspektive beschrieben werden?

Die je nach Teilsystem unterschiedliche Orientierung an Leitdifferenzen impliziert, daß es in der funktional differenzierten Gesellschaft keine Instanz (mehr) gibt, die als übergreifendes Zentrum der Gesellschaft betrachtet werden könnte. In einer solchen Gesellschaft existiert keine „Zentralagentur" für die Behandlung von gesellschaftlichen Problemen (vgl. Luhmann 1997a, S. 801ff). Auch für die Bearbeitung der Dritte Welt-Problematik gibt es keine spezifisch zuständige Instanz in der Gesellschaft. Jedes Teilsystem operiert auf der Basis seiner exklusiven Leitdifferenz und bezogen auf seine einmalige gesellschaftliche Funktion im Unterschied zu allen anderen Sichtweisen und Funktionen. Diese Vielfalt läßt sich nicht auf eine verbindliche Perspektive reduzieren. Dennoch wird in der soziologischen Steuerungsdebatte theorieübergreifend davon ausgegangen (vgl. Bendel 1992, Glagow/Willke 1987, Mayntz/Scharpf 1995, Mayntz 1987), daß es sich bei differenzierten Gesellschaften um „gesteuerte Gesellschaften" handelt (Schimank 1996, S. 274). Aus systemtheoretischer Perspektive muß dies zunächst einmal überraschen. „Soweit soziale Systeme autopoietisch geschlossene Ordnungen darstellen, ist es ihnen unmöglich über ihre Grenzen hinaus in ihre gesellschaftsinterne Umwelt einzugreifen" (Bendel 1992, S. 131). Kausale Wirkungsbeziehungen im Sinne einer handlungstheoretischen Vorstellung absichtsvoller Beeinflussung, die der Steuerungsbegriff vermuten läßt, sind aufgrund der „unbiegsamen Härte" (Luhmann 1987b, S. 313) der System-Umwelt-Differenz ausgeschlossen. Deshalb gebe es „im strengen Sinne keine Selbststeuerung der

---

[1] „Es ist ein allgemeines Merkmal funktionaler Differenzierung auf der Ebene des Gesellschaftssystems, daß sie nicht themenspezifisch erfolgen kann. (...) Es gibt keine Inhalte, die per se notwendig unpolitisch wären, die nicht Gegenstand von Wissenschaft werden könnten oder per se unökonomisch wären" (Luhmann/Schorr 1988, S. 95).

Gesellschaft auf der Ebene des Gesamtsystems" (1988, S. 341). Dennoch verneint auch Luhmann nicht, daß in der Gesellschaft Steuerung stattfindet. Die systemtheoretische Steuerungsvorstellung geht davon aus, daß sich soziale Systeme gegenseitig als Umwelten beobachten. Über das gemeinsame Grundelement der Kommunikation und dadurch hervorrufbare Resonanzen sind soziale Systeme aneinander gekoppelt.[2] Diese Koppelung berücksichtigen sie bei der eigenen Autopoiesis. Steuerung und Koordination findet auf diese Weise systemintern und ohne die Notwendigkeit eines direkten externen Eingriffs statt. Die Systemtheorie unterscheidet zwei Formen von Koppelung: strukturelle und lose Koppelungen. Strukturelle Koppelungen referieren auf Voraussetzungen, die gegeben sein müssen, damit ein System existieren kann. Dies bedeutet jedoch nicht, daß diese Voraussetzungen bestimmen, was im System passiert (vgl. Luhmann 1997a, S. 100). Lose Koppelungen referieren nicht auf Voraussetzungen für soziale Systeme. Der der Organisationstheorie entlehnte Begriff (vgl. Weick 1976, 1985; Luhmann 2000) ist vielmehr ein Gegenbegriff zu Kausalrelationen, die von der Gegenüberstellung fixierbarer Ursachen und Wirkungen ausgehen (vgl. Luhmann 1996c, S. 47). Lose Koppelungen beschreiben Relationen zwischen Systemen oder Semantiken, die unabhängig voneinander operieren, die aber miteinander ko-evoluieren, d.h. systemische oder semantische Umwelten werden als relevant für das eigene Operieren erfahren und nutzbar gemacht.

Kommunikative Steuerungsmedien können als entscheidende Mittel angesehen werden, daß sich soziale Systeme als relevante Umwelten erfahren. Hier ist in erster Linie an Geld und Gesetze zu denken, aber auch die Ausdifferenzierung von Organisationen sowie die Herstellung von Informationen und Wissen werden als gesellschaftliche Steuerungsmedien beschrieben.[3] Der Einsatz der Steuerungsmedien Gesetze und Geld wird üblicherweise dem politischem System im allgemeinen und dem Staat im besonderen zugeschrieben.[4] Die Funktion, kollektiv verbindliche Entscheidungen herzustellen, prädestiniert das politische System für gesellschaftliche Steuerungsleistungen, wenngleich diese, wie erläutert, nicht die Form eines zentralen Eingriffs an-

---

2   „Die Gesellschaft ist ein kommunikativ geschlossenes System. Sie erzeugt Kommunikation durch Kommunikation. Ihre Dynamik besteht im Einwirken von Kommunikationen auf Kommunikationen und in diesem Sinne: in der Transformation jeweils aktueller Unterscheidungen und Bezeichnungen, nie aber in der Umgestaltung der äußeren Umwelt" (Luhmann 1997a, S. 95).
3   Zum Beispiel wird das Wirtschaftssystem nicht unbeeindruckt davon bleiben, inwieweit das Erziehungssystem seine Funktion, Qualifikationen bereitzustellen, erfüllt. Oder wenn es dem Wirtschaftssystem nicht mehr gelänge, das Versorgungsproblem der Gesellschaft befriedigend zu bearbeiten, wären Resonanzen im politischen System wahrscheinlich.
4   „Es sind nach dieser Vorstellung politische Entscheidungen, welche die Gesellschaft strukturieren, die Form ihrer Ordnung bestimmen, ihren Möglichkeitsraum auf das Machbare und zu Machende zurückführen und mithin gesellschaftliche Wirklichkeit definieren" und – wie sich ergänzen ließe – soziale Probleme lösen sollen (Willke 1993, S. 112).

nehmen können. In einer funktional differenzierten Gesellschaft bleibt auch das politische System darauf angewiesen, daß z.b. finanzielle Ressourcen im Wirtschaftssystems produziert, Rechtsfragen im Rechtssystem entschieden oder Informationen vom Mediensystem kommuniziert werden.

Ein gesellschaftliches Steuerungsproblem besonderer Art stellen soziale Probleme dar. Die Konstruktion sozialer Probleme kann als Folge der Ausdifferenzierung der modernen Gesellschaft verstanden werden (vgl. Kap. 3.3.3). Jedes Funktionssystem nimmt an einem sozialen Problem nur das wahr, was es innerhalb seines Codes prozessieren kann. Das Weltwirtschaftssystem z.B. ist ‚blind' gegenüber einer Beschreibung der globalen Verteilung von Gütern und Ressourcen mit Hilfe der Unterscheidung gerecht/ungerecht (vgl. Luhmann 1997a, S. 801), weil die universalen moralischen Codes von Gerechtigkeit und Verantwortung in der Wirtschaft nicht vorkommen. Wenn die Wirtschaft auf die Konstruktion des Dritte Welt-Problems reagiert, reagiert es in der Logik seiner Leitdifferenz, im konkreten Fall z.B. mit Präferenzen bei der Gewährung von Krediten oder mit Umschuldungsverhandlungen. Gleichzeitig ist es aufgrund der Dezentrierung der Gesellschaft unmöglich, Verantwortung und Zuständigkeit für gesellschaftliche Mängellagen einer nichtvorhandenen Zentralinstanz zuzuordnen. Dies legt es nahe, daß man gesellschaftlich über solche Mängellagen „auf der Ebene von ‚Problemen' (kommuniziert), weil es zu schwierig wäre und das Einverständnis sprengen würde, wollte man die Kommunikation auf der Ebene der ‚Interessen' verlagern" (ebd., S. 803).

Das Fehlen einer gesellschaftlichen Zentralinstanz und die operative Geschlossenheit der einzelnen Teilsysteme der Gesellschaft kann als Grund dafür betrachtet werden, daß sich keine gesellschaftliche Instanz auf der Ebene von Verantwortung, Verursachung und Interessen für soziale Probleme zuständig erklärt. Wie bereits erläutert, liegt in dieser Konstellation die Ursache für die Ausdifferenzierung von Protestbewegungen begründet (vgl. Kap. 3.3.3.). Daß zugleich die Fokussierung sozialer Probleme auf der Ebene von Steuerung, Bearbeitung und erhofften Professionsgewinnen (z.B. der Pädagogik) anders aussehen kann, wird im Abschnitt zur Frage der Verselbständigung von Teilsystemen (Kap. 4.7.) zu diskutieren sein.

Ausgehend von der erziehungswissenschaftlichen Pädagogisierungsfragestellung und ungeachtet der soziologischen Details (vgl. Mayntz/Scharpf 1995; Glagow/Willke 1987) interessiert an der beschriebenen Diskussion, daß unter der Steuerung sozialer Probleme der Einsatz von Steuerungsmedien verstanden wird, die aufgrund ihrer Resonanzfähigkeit als Kommunikationsmedien andere soziale Systeme dazu bewegen können, in der Problemsteuerung mitzuwirken. Gesellschaftliche Problemsteuerung bezieht sich immer auf die gesellschaftsinterne Umwelt, d.h. auf Funktionssysteme, Organisationen und Interaktionen. Für die Steuerung sozialer Probleme spielen Individuen und die Veränderung von deren Dispositionen und Kompetenzen keine Rolle. Soziale Probleme als gesellschaftliche Ereignisse, d.h. als Ereignisse im Medium Kommunikation, sind nur durch Kommunikation zu steuern und nicht über die pädagogische Einwirkung im Medium der Verbesserung psychischer Dispositionen von Menschen. Dieser theoretische Befund ist für die Pädagogisierungsdiskussion zentral.

4.3. Die pädagogische Leitdifferenz und die Frage nach der Systembildung des Pädagogischen

Der Pädagogisierungsbegriff wurde zu Beginn eingeführt als Verschiebung der Grenzen zwischen Pädagogik, Politik und Moral im Kontext der Steuerung sozialer Probleme. Diese Formulierung unterstellt die Existenz einer klar umrissenen Vorstellung des Pädagogischen. In der erziehungswissenschaftlichen Diskussion ist jedoch weniges so unklar wie die genuine Bestimmung des Pädagogischen: „Aber es ist unbestimmt, worin der innere Zusammenhang der verschiedenen Praxen der Erziehung und Bildung besteht, durch den sie als pädagogische erkennbar werden. Es fehlt sogar der Konsens über den Begriff, durch welchen das gekennzeichnet werden kann, was sich durchhält." (Fuhr/Schultheis 1999, S. 7). In dieser Arbeit soll die Bestimmung des Pädagogischen und damit von Pädagogisierungsprozessen im Anschluß an Überlegungen zur Systembildung des Pädagogischen versucht werden. Für die Systembildung in funktional differenzierten Gesellschaften sind Leitdifferenzen/Codes das zentrale Differenzierungskriterium (vgl. Kap. 4.1.). Bezogen auf die Untersuchung ist deshalb zu fragen, ob ein pädagogischer Code existiert, der die Diagnose von Pädagogisierungsprozessen erlaubt? Läßt sich ein entlang eines pädagogischen Codes ausdifferenziertes Teilsystem der Gesellschaft beobachten? Daß die Gesellschaft viel Zeit und Aufwand auf Erziehung, Bildung und Lernen verwendet, dürfte kaum zu bestreiten sein. Kann man jedoch von einem einheitlichen Funktionssystem ausgehen, das eine gemeinsame Kommunikationsform auf der Basis einer geteilten Leitdifferenz auszeichnet?
In der systemtheoretischen Diskussion über diese erziehungswissenschaftlich nicht abschließend geklärten Fragen[5] lassen sich gegenwärtig zwei Positionen erkennen. Auf der einen Seite hat Niklas Luhmann in seiner Kritik der pädagogischen Selbstbeschreibung des Erziehungssystems vorgeschlagen, Selektion als Quasi-Leitdifferenz des Erziehungssystems zu betrachten: „Das Erziehungssystem unterscheidet sich von anderen Funktionssystemen durch die Art, wie es die eigenen Programme zur Verteilung besserer und schlechterer Positionen einsetzt" (1986, S. 161). Daß es sich bei dieser Möglichkeit der

---

[5] Vgl. das Vorwort von Luhmann/Lenzen 1997.

Selektion nur um eine Quasi-Leitdifferenz handelt, liegt daran, daß Erziehung auf die Veränderung psychischer Systeme abzielt:

„Unter Erziehung werden Handlungen verstanden, durch die Menschen versuchen, das Gefüge der psychischen Dispositionen anderer Menschen in irgendeiner Hinsicht dauerhaft zu verbessern oder seine als wertvoll beurteilten Komponenten zu erhalten oder die Entstehung von Dispositionen, die als schlecht bewertet werden, zu verhüten (Brezinka 1978, S. 45).

In dieser klassischen Definition von Erziehung werden psychische Dispositionen, d.h. Kenntnisse, Fähigkeiten, Erlebnis- und Verhaltensbereitschaften von Individuen als Ziele der pädagogischen Einwirkung bestimmt. Diese Ziele positioniert die systemtheoretische Differenzierungstheorie jedoch außerhalb der Gesellschaft. Psychische Dispositionen von Individuen sind Elemente von Bewußtseinssystemen. Entsprechend können sie auch nicht codiert werden, denn nur Kommunikationen als gesellschaftliche Elementarereignisse lassen sich codieren. Als Ersatz für die Unmöglichkeit, Erziehung – verstanden als Einwirkung auf Individuen – zu codieren, hat das Erziehungssystem den Selektionscode konstruiert, der Kommunikationen im Erziehungssystem in der binären Struktur von besseren und schlechteren Leistungen unterscheidet und so Karrieren als Zusammenhang von schulischen Zertifikaten und Berufslaufbahn organisiert.[6] Die Quasi-Leitdifferenz Selektion codiert also nicht die eigentlich erzieherische Praxis, sondern referiert nur auf die Bewertung von Schüler/innen, deren Leistung dann gesellschaftlich weiterprozessiert werden kann.

Kritisiert wurde an dieser Position ihre einseitige Orientierung an einem schulzentrierten Systembegriff (vgl. Kade 1997), den auch der Begriff Erziehungssystem widerspiegelt. Gegen die systemtheoretische Differenzierungshypothese, daß nicht soziale Gebilde und damit räumliche Grenzen die Einheit eines sozialen Systems konstituieren, unterstelle die erste Position, daß pädagogische Institutionen und Professionen den „Nukleus der Systembildung" (ebd., S. 30) bilden, und damit eben nicht eine für das System spezifische Leitdifferenz. Jochen Kade hat „vermittelbar/nicht-vermittelbar" als den binären Code des Pädagogischen vorgeschlagen, denn die „Spezifik des pädagogischen Systems" sei „das Vermitteln von Wissen" (ebd., S. 38ff). Wissen erhält durch diese Codierung eine eigene pädagogische Form als Bildungs- und Lerninhalt. Der Vorteil der Leitdifferenz „vermittelbar/nicht-vermittelbar" bestehe in ihrer Formalität: Sie institutionalisiert „die inhaltliche Beliebigkeit des Pädagogischen" und schafft so „die Voraussetzung für die Pädagogisierung der Welt" (ebd., S. 41).

---

[6] Diese Codierung bezieht sich ausschließlich auf Kommunikationen des Erziehungssystems und gerade nicht auf die Absicht der Erziehung, auf Menschen verbessernd einzuwirken. Der Übergang vom sozialen zum psychischen System ist nicht codierbar.

4. Pädagogisierung: Eine gesellschaftstheoretische & erziehungswissenschaftliche Einordnung

Die beiden hier skizzierten Positionen und ihre Konzepte zur Systembildung des Pädagogischen legen es nahe, die Überlegungen zu einer Theorie der Pädagogisierung sozialer Probleme ebenfalls in zwei Richtungen offenzuhalten. Für beide Richtungen gilt zunächst, daß die Steuerung sozialer Problems verbunden wird mit der kommunikativen Absicht, Verhaltensweisen und Einstellungen bei Individuen durch pädagogische Interventionen zu verbessern. Folgt man dann der institutionenorientierten Position, so bedeutet die Pädagogisierung sozialer Probleme die institutionelle Inklusion dieser Probleme, die in pädagogisch zu bearbeitende Herausforderungen für die klassischen Einrichtungen des Erziehungssystems (Schule, Volkshochschule, Jugendbildungseinrichtungen ...) transformiert werden:

„Die wesentliche Reaktion der Pädagogik auf die Krisen der Moderne war daher nicht die Preisgabe, sondern die Erweiterung ihrer Zuständigkeit. Neben den staatlichen Schulen entwickelten sich andere Erziehungsinstitutionen – vom Kindergarten bis zur Volkshochschule –, die ihrerseits die Aspirationen der Pädagogik differenzierten. In diesem *institutionellen* (Herv. M.P.) Sinne generalisiert sich ‚Erziehung' (...) als unterscheidbares System mit eigenen Aufgabenprofilen, Verwaltungen und Anschlüssen (Oelkers 1997b, S. 84).

Die Differenzierung der Aspirationen der Pädagogik als Pädagogisierung sozialer Probleme erfolgt im Erziehungssystem über die thematische Expansion im Sinne einer Zuständigkeitserklärung für soziale Probleme. Diese Pädagogisierungsform wird im folgenden als Eingrenzung bezeichnet.

In der Perspektive der Entgrenzung des Pädagogischen über den Vermittlungscode referiert die Pädagogisierung sozialer Probleme dagegen auf die Herausbildung einer spezifisch pädagogischen Kommunikationsform zur Beschreibung und Steuerung des Problems außerhalb der klassischen Institutionen des Erziehungssystems. Pädagogik wird hier von Instanzen in Anspruch genommen und verbreitet, die dem Erziehungssystem organisatorisch nicht zugerechnet werden können. Die Theorie der Pädagogisierung sozialer Probleme an den formalen Vermittlungs-Code rückzubinden, erlaubt es, Pädagogik als kommunikative Strukturierungsform zu beschreiben. Sie generiert soziale Praxis, indem sie unterschiedlichsten Instanzen ermöglicht, in die Steuerung sozialer Probleme aktiv einzugreifen.

Die beiden theoretischen Konzepte zur Systembildung des Pädagogischen und zu den Formen der Pädagogisierung sozialer Probleme ziehen jeweils unterschiedliche Untersuchungskonzepte nach sich. In der institutionenorientierten Perspektive geht es darum, die Inklusion sozialer Probleme in das Erziehungssystem vor allem auf der Ebene pädagogischer Programme (vgl. Kap. 4.6.) zu rekonstruieren. In der Perspektive einer von den Erziehungsinstitutionen entgrenzten Systembildung des Pädagogischen gewinnen semantische Indikatoren für die Unterscheidung der pädagogischen Kommunikationsform zentrale Bedeutung (vgl. Kap. 4.4./4.5.). Diese spezifisch pädagogische Kommunikationsform ersetzt die Zurechnung auf Institutionen und

Organisationen des Erziehungssystems, die allein – aus der Entgrenzungsperspektive betrachtet – keine hinreichende Gewißheit für die Diagnose von Pädagogisierungen mehr garantiert. Die Indikatorenbildung schließt zunächst an den Vermittlungs-Code an. Dessen begriffliche Extension macht es jedoch für die empirische Rekonstruktion von Pädagogisierungsprozessen notwendig, weitere Indikatoren zu operationalisieren, die eine präzisere Bestimmung pädagogischer Kommunikationen erlauben.

4.4. Die Umwelt des Pädagogischen: Pädagogisierung als individuenorientierte Steuerungsvorstellung

Was die pädagogische Kommunikationsform ausmacht, läßt sich in einem ersten Schritt durch den Bezug auf die grundlegende systemtheoretische Differenz von System und Umwelt präzisieren. Von einem System kann man nicht sprechen, ohne die Differenz zu seiner Umwelt mitzudenken. Kennzeichnend für das Erziehungssystem bzw. das pädagogische System[7] ist der Bezug auf Individuen: „Erziehung hat es immer mit Individuen zu tun" (Luhmann 1997b, S. 26). In der Perspektive der Leitdifferenz Vermittelbar/Nicht-Vermittelbar läßt sich das Pädagogische definieren als „die Praxis des Vermittelns von Wissen an die als Subjekte verstanden Individuen" (Kade 1997, S. 35f). Die pädagogische Kommunikationsform weist entsprechend eine spezifische Adressierung an Individuen auf. Medium pädagogischer Kommunikation ist der Mensch und seine Verbesserung (vgl. Fuchs/Göbel 1994, S. 11).

In der formalen Bestimmung des Individuums als zentraler Umweltbezugspunkt des Erziehungssystems bzw. pädagogischen Systems konvergieren die systemtheoretische Beschreibung und klassische pädagogische Selbstbeschreibungen noch. Dezidierte Unterschiede kommen in den Blick, wenn man fragt, wie die pädagogische Bezugnahme auf Individuen zu verstehen ist. In der systemtheoretischen Lesart besteht die Besonderheit pädagogischer Kommunikationen darin, daß diese mit dem Anspruch, Individuen zu verbessern, Veränderungen in der Umwelt der Gesellschaft bewirken möchten. Die Systemtheorie positioniert Eigenschaften; Kompetenzen und Fähigkeiten von Individuen außerhalb der sozialen Systeme der Gesellschaft. Erzieherische Effekte als Verbesserung individueller Dispositionen geschehen – wenn überhaupt – außerhalb der Gesellschaft in den psychischen Systemen. Die von

---

[7] Der Begriff Erziehungssystem referiert auf die organisatorische Dimension der Systembildung des Pädagogischen, während der Begriff Pädagogisches System die Entgrenzung des Pädagogischen als Strukturierungsmoment gesellschaftlicher Kommunikationen reflektiert. Beide Begriff werden im folgenden möglichst trennscharf verwendet.

pädagogischen Kommunikationen als Personen bezeichneten psychischen Systeme begreift die Systemtheorie nicht als Teil des Erziehungs- bzw. pädagogischen Systems, sondern nur als seine Adressaten. Komplementär zur Vermittlungspraxis des Erziehungs- bzw. pädagogischen Systems finden auf Seiten der Individuen Aneignungsoperationen statt, die pädagogische Formen (Lern- und Selbst-Bildungsprozesse) annehmen können.[8] Pädagogische Vermittlungs- und Aneignungsoperationen referieren folglich auf unterschiedliche Systeme: erstere auf das Erziehungs- bzw. pädagogische System, zweitere auf psychische Systeme. Das Verhältnis des Pädagogischen zu seinen individuellen Adressaten konstituiert sich in der systemtheoretischen Perspektive somit als Differenz. Diese Differenz ist jedoch eine paradoxe, denn immer dann, wenn sich Individuen zu Teilnehmern des Erziehungs- bzw. pädagogischen Systems machen lassen, treten sie in dessen Einflußbereich ein. Der Teilnehmer ist eine pädagogisch erzeugte theoretische Figur, die beide Systeme lose miteinander koppelt, und somit den *Re-entry* des ausgeschlossenen psychischen Systems in das Erziehungs- bzw. pädagogische Systems erlaubt (vgl. Kade 1997, S. 51ff).

Grundannahme pädagogischer Beschreibungen ist dagegen ein mehr oder minder ausgeprägter Erziehungsoptimismus, der von der „Vorstellung einer ‚Machbarkeit des Menschen' durch Erziehung" (Helsper 1995, S. 16) ausgeht. Pädagogischen Absichten entsprechen in dieser Selbstbeschreibung in der Regel pädagogische Wirkungen bei den Adressaten von Erziehungs- und Bildungsmaßnahmen.[9] Der Erziehungsoptimismus, der das „strukturelle Technologiedefizit" von Erziehung (Luhmann/Schorr 1979) ignoriert, wird durch seine pädagogisierende Ausdehnung auf Gesellschaft noch überboten. Ihm ist die gesellschaftsbezogene Steuerungsvorstellung eingeschrieben, „daß es möglich sei, mit Hilfe der richtigen Erziehung das Bewußtsein und die Verhaltensweisen moderner Gesellschaften zu verändern" (Oelkers 1993, S. 213). Pädagogische Selbstbeschreibungen von Erziehung und Bildung gehen davon aus, daß Erziehung, Bildung und Lernen die Veränderung der Gesellschaft selbst erlauben. Zentral an dieser Denkweise ist die Schlüsselstellung, die das Bewußtsein als Hebel der Veränderung zugewiesen bekommt. Mit der Veränderung individuellen Bewußtseins sei eine Veränderung von Verhaltensweisen erreichbar und damit eine Veränderung der Gesellschaft. Diese lineare Verkettung pädagogischer Verbesserungsaspirationen über die Stufen Bewußtsein-Verhalten-Gesellschaft kann als spezifisch pädagogische Steuerungsvorstellung und als ein zentraler Indikator für Pädagogisierungen aufge-

---

[8] Pädagogische Aneignungsprozesse sind nur eine Form, in der sich Individuen auf die Welt beziehen können. Andere Formen sind z.B. Arbeit oder Konsum.
[9] Beispielsweise wird die Aneignungsseite in der bereits zitierten Erziehungsdefinition Brezinkas an keiner Stelle thematisiert (vgl. Brezinka 1978, S. 42-46). Erziehungshandeln kann offenbar nicht auf die Annahme verzichten, daß erzieherische Absichten kausal mit erzieherischen Wirkungen korrespondieren (vgl. Luhmann/Schorr 1982, S. 7).

faßt werden. Als Pädagogisierung läßt sich die „Strategie (bezeichnen, M.P.), zunehmend mehr gesellschaftliche Probleme dem Mechanismus anzuvertrauen, der mit System, Profession und Disziplin der Erziehung bezeichnet wird – dem pädagogischen Mechanismus, der auf Lernen setzt statt auf Recht, Politik oder Gewalt" (Tenorth 1992, S. 135). Unter pädagogischen Mechanismen sind also Steuerungsvorstellungen zu verstehen, die nicht auf gesellschaftsinterne Medien (Gesetze, politische Entscheidungen oder finanzielle Ressourcen) setzen, sondern beabsichtigen, das Dritte Welt-Problem in der Bundesrepublik über die Einwirkung auf Individuen zu bearbeiten.

In pädagogischen Selbstbeschreibungen kommt die Differenz zwischen pädagogischen Kommunikationen und deren Adressaten sowie die Folgen dieser Differenz für die Bearbeitung sozialer Probleme als theoretisches Problem eigener Qualität nicht in den Blick. Pädagogisch wird nicht nur eine prinzipielle Überbrückbarkeit der Differenz zwischen sozialem und psychischem System unterstellt und das Problem als Frage von „subjektgemäßen" Interventionsformen und der richtigen Praxis diskutiert. Es wird sogar behauptet, mittels Erziehung, Lernen und Bildung über besondere Potentiale zur Steuerung gesellschaftlicher Probleme zu verfügen. Mit anderen Worten: an der System-Umwelt-Differenz interessiert bezogen auf die Identifizierung pädagogischer Kommunikationsformen, daß die pädagogische Konstruktion sozialer Probleme eine spezifische Ausrichtung auf Individuen aufweist. Pädagogisierend wird das soziale Problem Dritte Welt immer dann beschrieben, wenn sich dessen Thematisierung primär an Individuen, und nicht an politische oder ökonomische Instanzen oder das Rechtssystem adressiert. Pädagogisierung hängt nicht davon ab, daß auf Adressatenseite Aneignungsoperationen stattfinden, die den Absichten auf Seiten des pädagogischen Systems entsprechen. „Jeder, der auf Pädagogisierung setzt (...), (kann) auch nicht mehr erwarten (...), als die Funktionsmechanismen der Pädagogik und das, was sie nach aller historischen Erfahrung zu vermögen: die Beeinflussung von Dispositionen, nicht die Kontrolle des Handelns, die Formierung von Prämissen für Aktionen, nicht die Aktion (...) Erziehung verleiht keinen Durchgriff auf die Welt, sondern allenfalls auf Menschen" (Tenorth 1992, S. 137f). Doch bereits diese Annahme eines Durchgriffs auf den Menschen ist höchst problematisch. Wenn Vermittlung und Aneignung als Differenz von pädagogischem und psychischem System konzeptualisiert und gleichzeitig die operative Geschlossenheit von Systemen in die Überlegungen einbezogen wird, dann ist bereits die Vorstellung einer direkten pädagogischen Einwirkung auf Individuen problematisch.

4.5. Pädagogische Semantiken

Als zentrale Elemente der pädagogischen Kommunikationsform wurden der Vermittlungs-Code, die Adressierung an Individuen sowie die aus dem pädagogischen Einwirkungsbegriff abgeleitete Steuerungsvorstellung zur Behandlung sozialer Probleme vorgestellt. Diese Elemente bilden das Gerüst einer spezifisch pädagogischen Kommunikationsform, die jedoch auf weitere semantische Elemente zurückgreift. Semantik meint in diesem Zusammenhang den begrifflichen Vorrat einer Gesellschaft, der ihre Kommunikationen orientiert. Diese Orientierungsleistung erfüllt sie, indem sie mit Hilfe von Sinnhorizonten eine gesellschaftliche Empfindlichkeit für bestimmte Kommunikationsinhalte einrichtet und andere ignoriert. Zwischen Semantik und Sozialstruktur einer Gesellschaft existieren in der Form enge Beziehungen, daß erstere an die Differenziertheit der Funktionssysteme anschließt und entsprechend als z.B. politische, ökonomische, rechtliche oder eben pädagogische Semantik auftaucht und so signalisiert, um welche Form der Kommunikation es sich gerade handelt.

Woran nun sind pädagogische Semantiken erkennbar? Wie wird die Vielfalt gesellschaftlicher Kommunikationen so orientiert, daß pädagogische Argumentations-, Beschreibungs- und Wissensformen formal unterscheidbar werden und die pädagogische Vorstellung plausibel wird, soziale Probleme der Gesellschaft durch die Verbesserung von Individuen zu bearbeiten?

Die beschriebene lineare Verkettung von pädagogischen Veränderungsabsichten über die Stufen Bewußtsein – Verhalten – Gesellschaft als Proprium der Pädagogisierung sozialer Probleme basiert darauf, daß pädagogische Kommunikationen die anvisierten Verhaltensweisen als richtig und damit normativ geboten vorstellen:

„Die Wirkung, die der Erzieher im Educanden erreichen will, wird von ihm als wertvoll beurteilt. Wer erzieht, will den Educanden in irgendeiner Hinsicht besser, vollkommener, tüchtiger oder fähiger machen, als er ist. (...) Erziehung (kommt) überhaupt nur unter der Voraussetzung zustande (...), daß der Persönlichkeit eines Menschen, wie sie ist, das Bild einer in irgendeiner Hinsicht vollkommeneren Persönlichkeit gegenübergestellt wird, zu der man ihn machen will (Brezinka 1978, S. 43f).

Damit weisen pädagogische Semantiken eine große Nähe zu moralischen Kommunikationen auf: „Pädagogisches Wissen konstituiert sich unter Verweis auf Moral, also nach dem Schema von ‚gut' und ‚böse'" (Oelkers 1993, S. 213). Die Relationierung von notwendigen Bewußtseinsveränderungen, richtigen Verhaltensweisen und daraus abgeleiteten Gesellschaftsveränderungen entwickelt sich darüber hinaus in einer spezifischen zeitlichen Konstellation, die zwischen einer als defizitär diagnostizierten Gegenwart und einer zukünftig erwarteten Verbesserung unterscheidet. Situationen werden „dadurch pädagogisch, daß das Verhalten jetzt sub specie futuri gesehen wird"

(Paschen 1988, S. 55). Harm Paschen hat darauf hingewiesen, wie das Zusammenspiel von Defizit-, Ursachen- und Praxisprämissen den Kern pädagogischer Argumentationsmuster bilden (ebd., S. 24ff). Defizitprämisse meint, daß als Ausgangspunkt die Feststellung bzw. Zuschreibung eines gegenwärtigen Mangels gewählt wird. Ursachenprämisse meint, daß dieser Mangel defizitären individuellen Dispositionen zugerechnet wird. Diese dem Individuum zugeschriebenen Defizite mittels Erziehung und Lernen als prinzipiell überwindbar zu denken, bildet die Praxisprämisse pädagogischen Argumentierens. Im Anschluß an Paschen definiert Jürgen Oelkers die „Struktur pädagogischen Denkens" wie folgt:

„Die Erziehungsreflexion reagiert positiv auf Defizite, die sie bearbeiten und moralisch codieren kann. Jedes Übel kann zum Defizit erklärt und Objekt von Erziehungsreformen werden (1996, S. 15)

Zusammengehalten werden Defizitzuschreibung und dessen pädagogische Überwindbarkeit einerseits durch eine pädagogische Fortschrittssemantik. Darin repräsentiert sich die Pädagogik als Ermöglichungsgrund sozialhumaner Perfektion.[10] Andererseits greift die Pädagogik auf starke Kausalannahmen zurück, denn sonst gäbe es keine Möglichkeit „die eigenen Zielsetzungen als künftige Wirklichkeit zu konzipieren". Erziehung, Lernen und Bildung müssen „als Mittel erscheinen, als wirksame Kraft, die Veränderungen auch tatsächlich durchführen" zu können (Oelkers 1993, S. 224). Daß sich diese Kausalannahmen in der Regel als unzutreffend erweisen und Wirkungen pädagogischer Maßnahmen nur selten so eintreffen, wie sie beabsichtigt waren, bleibt in der öffentlichen Verwendung pädagogischer Denkfiguren ebenso nachrangig wie in den pädagogischen Selbstbeschreibungen (vgl. ebd., S. 228). Es entwickelt sich vielmehr auf Seiten pädagogisch Kommunizierender ein fester Habitus der Sorge (vgl. Oelkers 1993). Dieser weiß zwar um die Brüchigkeit des Fortschrittsglaubens und um das Scheitern von Erziehungshoffnungen. Der Habitus der Sorge kann aber als Reaktion auf Defizitfeststellungen immer wieder aktiviert werden. Er erlaubt, pädagogisches Handeln in der Zeitdimension auf Dauer zu stellen und in der Sozialdimension auf nahezu jede Art gesellschaftlichen Mißstandes auszudehnen. In der gesellschaftlichen Ausdehnung des pädagogischen Sorgehabitus läßt sich ein weiteres semantisches Merkmal von Pädagogisierungsprozessen erkennen.

Auf eine Verbindung sei abschließend hingewiesen: Pädagogische Defizitdiagnosen referieren wie soziale Probleme auf Mängellagen und erweisen sich als semantisch anschlußfähig für die Frage der Steuerung sozialer Pro-

---

[10] „Die Formel Perfektion hypostasiert damit die Erziehung als Geschäft der Menschheitsentwicklung (...) Fortschreitende Vervollkommnung des Menschengeschlechts bleibt eine allgemeine, auf die gesamte Gesellschaft und alle ihre Einrichtungen bezogene Formel, die es aber zugleich nahelegt, mit besonderem Nachdruck Einrichtungen und Methoden der Erziehung hierfür einzusetzen" (Luhmann/Schorr 1988, S. 64f).

bleme. Den Anschluß konkretisieren pädagogische Beschreibungsmuster dadurch, daß sie gesellschaftliche Mängellagen individualisieren und damit dem pädagogischen Steuerungszugriff zugänglich machen. Die Individualisierung gesellschaftlicher Defizite bzw. sozialer Probleme ist die Voraussetzung dafür, daß die Veränderungskette Bewußtsein-Verhalten-Gesellschaft auf die Bearbeitung sozialer Probleme übertragbar wird. Daß soziale Probleme pädagogisiert werden können, hängt folglich konstitutiv mit dem semantischen Apparat der Pädagogik zusammen. Dieser vermag mittels individualisierenden Defizitzuschreibungen, einem weitgehend ungebrochenen Erziehungsoptimismus, starken Wirkungsannahmen und der linearen Veränderungskette Bewußtsein-Verhalten-Gesellschaft der Rede von der pädagogischen Gestaltbarkeit sozialer Verhältnisse ausreichend festen Grund zu vermitteln.

4.6. Pädagogische Programme als Pädagogisierungsform im Erziehungssystem

Die systemtheoretische Konzeptualisierung von funktionaler Differenzierung ist mit dem Hinweis darauf, daß externe Umweltaspekte Systemkommunikationen beeinflussen, wenn nicht partiell konditionieren, immer wieder kritisiert worden. Münch sprach diesbezüglich vom „Mythos der funktionalen Differenzierung". Die strikte Trennung der verschiedenen Codierungen und eine entsprechende Geschlossenheit von sozialen Systemen entspreche nicht den empirischen Gegebenheiten (Münch 1991). Die Systemtheorie hat auf diese Kritik – neben der Einführung des angesprochenen Resonanzbegriffes und der Vorstellung interner Steuerung – mit der Differenzierung von Codierung und Programmierung geantwortet (vgl. Luhmann 1986). Auf der Programmebene sind soziale Systeme offen für Einflüsse aus ihrer Umwelt. Während der Code das Unterscheidungskriterium eines soziales Systems darstellt und seine autopoietische Reproduktion garantiert, begründen Programme das, „was im System unter der Bedingung seines Codes als richtiges Verhalten akzeptiert werden kann" (ebd., S. 167). Programme können als Regeln begriffen werden, welche die Zuordnung der binären Codes festlegen. Im Erziehungs- bzw. pädagogischen System entscheiden Programme über das, was als vermittelbar gilt und somit pädagogisch kommuniziert werden soll. Gerade weil funktionale Differenzierung vielfältige Überschneidungen und kein bloßes Nebeneinander von Perspektiven produziert (vgl. Schimank 1996, S. 165), ist damit zu rechnen, daß Ausdifferenzierung immer auch eine Übergriffigkeit impliziert, die sich aufgrund der Offenheit der Programme auf genau dieser Systemebene nachweisen läßt. Pädagogische Programme organisieren die Transformation gesellschaftlich zirkulierender Themen in vermittelbare

Lern- und Bildungsinhalte. Gesellschaftstheoretisch können sie aus diesem Grund als der prädestinierte Ausdruck von Pädagogisierungen begriffen werden. In ihnen verdichtet sich die Vorstellung, Gesellschaft mit Erziehung, Unterricht und Bildung steuern zu können, im Erziehungssystem selbst. Die Vielzahl der in den letzten Jahrzehnten entstandenen Bindestrich-Pädagogiken (Umweltpädagogik, Friedenspädagogik, Ausländerpädagogik) sind hierfür der beredte Ausdruck.

4.7. Pädagogisierung als Verselbständigung gesellschaftlicher Teilsysteme

Die potentielle Einschließung jedes gesellschaftlichen Ereignisses und Themas ist die Kehrseite der Spezialisierung der Funktionssysteme, die ausschließlich für einen Aspekt gesellschaftlicher Reproduktion zuständig sind.[11] Diese universelle Einschließung erklärt sich daraus, daß jedes Thema und Ereignis im Code und der dazugehörigen Semantik eines Teilsystems repräsentiert und folglich für dessen Autopoiesis relevant werden kann. Exakt dieses Relevantwerden bzw. Relevantmachen drückt die Endung „sierung" im Pädagogisierungsbegriff und dessen Äquivalenten aus (Ökonomisierung, Politisierung, Verwissenschaftlichung, Verrechtlichung, Psychologisierung) aus. Folglich spielen Konstruktionsprozesse eine entscheidende Rolle bei der Ausdifferenzierung und Verselbständigung von Funktionssystemen und deren Codes. Dies ist wenig überraschend, ist doch einerseits ein spezieller Sinn „Konstitutionskriterium gesellschaftlicher Funktionssysteme" (Mayntz 1988, S. 27), und läßt sich andererseits mit Hilfe der aneinander gekoppelter Kommunikationen Einfluß darauf nehmen, wie ein soziales System sinnvolles für sich bestimmt. Mit welchen Unterscheidungen und Erwartungen ein Thema beschrieben wird und damit Sinn für ein spezifisches Teilsystem gewinnt, ist nicht apriori bereits vorgegeben, sondern wird in sozialen Konstruktionsprozessen festgelegt. Funktional differenzierte Gesellschaften lassen sich gegenüber primär anders strukturierten Gesellschaften (segmentär, stratifikatorisch) dadurch kennzeichnen, daß sich sozialstrukturell definierte Grenzen der Systemzugehörigkeit nicht exakt ziehen lassen, sondern daß diese Grenzen permanenten Prozessen der Definition und Umdefinition ausgesetzt sind.[12] „Dies zwingt die Funktionssysteme dazu, gewissermaßen den gesamten Raum möglicher Ereignisse kontinuierlich abzulesen und auf spezifische Relevanz hin

---

[11] Willke hat dies als Dialektik von Inklusion und Exklusion beschrieben (1993, S. 113).
[12] Selbst Luhmann, dem man selten Unschärfe nachweisen kann, setzt für die Beantwortung der Frage, woran eine Kommunikation erkenne, welchem Teilsystem sie zugehöre, auf eine etwas blaß bleibende „Sensibilität" der Gesellschaft (vgl. Luhmann 1997a, S. 775).

abzusuchen" (vgl. Willke 1993, S. 112). Was Willke hier als äußeren Zwang für die Funktionssysteme beschreibt, läßt sich aus deren interner Perspektive auch anders formulieren: Funktionssysteme haben dann ein erhöhtes Interesse, gesellschaftliche Probleme einzuschließen, wenn sie sich mit ihren behaupteten Steuerungspotentialen auf semantischer, organisatorischer sowie professioneller Ebene als deren Lösung darstellen können.[13]

Verselbständigungstendenzen von Teilsystemen sind in funktional differenzierten Gesellschaften nichts außergewöhnliches. Weder sind den Codes immanente Stopregeln eingeschrieben noch verfügen sie über Kriterien, die es erlauben, an sie gerichtete Ansprüche zu begrenzen. Im Gegenteil: in fast allen Teilsystemen lassen sich Mechanismen der selbstinitiierten Nachfrageerzeugung systemspezifischer Leistungen nachweisen, deren Generalisierung zur strukturellen Voraussetzung für Verselbständigungsprozesse von Teilsystemen wird (vgl. Mayntz 1988, S. 37). Die Pädagogisierbarkeit sozialer Probleme steht folglich in einem engen Zusammenhang mit der Möglichkeit des Erziehungs- bzw. pädagogischen Systems, sich weitgehend von der Nachfrage begrenzter Abnehmergruppen entkoppeln zu können. Gleichwohl greift die Mechanismus der Nachfrageerzeugung um so besser, je mehr die Leitdifferenz eines Teilsystems gesellschaftsweite Anerkennung findet. Diesbezüglich kann das Erziehungs- bzw. pädagogische System durchaus Erfolge vorweisen. Seine Adressaten müssen heute weniger denn je von der Sinnhaftigkeit von Lernen und Bildung überzeugt werden. Die Bereitschaft zum lebenslangen Lernen ist weitgehend Grundbestandteil individueller Selbstbeschreibungen geworden.[14] Und auch für die Gesellschaft erfüllt das Erziehungsbzw. pädagogischen System mit seinen Vermittlungsangeboten offenbar unverzichtbare Dienste. Die Vermittlung von Wissen und das Lernen des Lernens scheinen zur Grundvoraussetzung in einer sich als dynamisch und flexibel beschreibenden Wissens-Gesellschaft geworden zu sein.[15] Die Nachfrage nach pädagogischen Leistungen ist ebenso universal geworden wie das Pädagogische zur „Basis einer universalen Bildungsgesellschaft" (Ka-

---

[13] Auf der Ebene von Verursachung und Verantwortung vermeiden gesellschaftliche Teilsysteme Zuständigkeit für soziale Probleme, während sie diese auf der Ebene von Steuerungsfähigkeit und Kompetenzen reklamieren.

[14] Daran ändern in jüngster Zeit zu vernehmende Gegenstimmen wenig. Wenn z.B. eine Verkürzung der Ausbildungszeiten gefordert wird, geht es entweder um ihre effizientere Gestaltung in bezug auf die vom Erziehungssystem zu erbringenden Leistungen für das Wirtschaftssystem oder um Finanzknappheiten, die als Sachzwänge dem Erziehungssystem Grenzen auferlegen.

[15] Vor allem in der Diskussion über Organisationslernen wird der Zusammenhang zwischen einem sich beschleunigenden gesellschaftlichen Wandel und der Ausbildung flexibler Reaktionsmuster mit dem Begriff des „reflexiven Lernens" oder „Prozeßlernens" beschrieben, der sich von niederen Formen des Lernens (Anpassungs- und Veränderungslernen) dadurch unterscheidet, daß er das Lernen des Lernens selbst zum Gegenstand macht (vgl. Argyris/Schön 1978, Probst 1995, Wiesenthal 1995).

de/Lüders/Horstein 1993, S. 59). Hinzukommt, daß mit dem Bildungsbegriff eine semantische Ressource zur Verfügung steht, die verspricht, die funktionale Differenzierung und damit Differenziertheit der Gesellschaft wieder aufzuheben, also die Moderne und deren Grenzziehungen – z.B. zwischen Gesellschaft und Moral – selbst pädagogisch zu überwinden.[16] Der Bildungsbegriff transportiert eine Einheitsvorstellung, die es der Pädagogik erlaubt – ungeachtet der Frage der Realisierbarkeit – Bedürfnisse zu bedienen, die der humanistischen Sehnsucht nach dem „Menschen" als Einheitspunkt der geschichtlichen und gesellschaftlichen Entwicklung entstammen. Die Bildung des „Menschen" verspricht, die unübersehbaren Widersprüche und Probleme der funktional differenzierten, nichtintegrierten und anomischen Gesellschaft zu heilen und zu versöhnen. Die Pädagogik erscheint über den Bildungsbegriff als die versöhnende Instanz in den Antagonismen der gesellschaftlichen Verhältnisse.

Im Zusammenhang der (Aus-) Differenzierung der modernen Gesellschaft meint Pädagogisierung zusammengefaßt die Verselbständigung des Pädagogischen, dem es gelingt, seinen Code (bezogen auf die Vermittlung von Wissen), eine spezifische Semantik (individuelle Adressierung, Vorstellung richtiger und gewünschter Verhaltensweisen etc.) sowie vor allem seine Vorstellung der Steuerung sozialer Probleme (Bewußtsein-Verhalten-Gesellschaft) gesellschaftsweit zu etablieren und auf beliebige Probleme in Form von pädagogischen Programmen anwendbar zu machen. Pädagogisierungsprozesse, sei es in der Form der gesellschaftlichen Entgrenzung des Pädagogischen, sei es in der Form der Eingrenzung sozialer Probleme in den Zuständigkeitsbereich des Erziehungssystems, sind im Kontext der symbolischen Veränderung gesellschaftlicher Semantiken sowie der sozialstruktureller Expansion von sozialen Systemen gesellschaftstheoretisch zu verorten. Sie können selbst als Teil gesellschaftlicher Ausdifferenzierung und Verselbständigung konzeptualisiert werden.

---

[16] Bollenbeck macht auf die eigentümlich Verknüpfung zwischen Individualisierung und gesellschaftlicher Universalisierung des Bildungsideals aufmerksam: „Konzeptuell ist das Bildungsideal hochgradig individualistisch. Zugleich bezieht es sich (...) auf universellere Zusammenhänge: auf Menschheit, Nation und Staat" (Bollenbeck 1996, S. 192).

5. Die Fallstudie zur Pädagogisierung des Dritte Welt-Problems: Überlegungen zu Methodologie, Untersuchungsdesign, Fragestellung und Methode

Die folgende Fallstudie über die Pädagogisierung des Dritte Welt-Problems steht vor der Aufgabe, den Schritt „von der Theorie zum Text" zu vollziehen (vgl. Flick 1995a). Theorie auf Empirie zu beziehen, ist kein unproblematisches Unterfangen, sondern läßt es geboten erscheinen, mit methodologischen Überlegungen zu beginnen.

5.1. Methodologie: Von der (System-) Theorie zum Text

Forschungsdesigns werden danach unterschieden, ob sie sich an linearen oder an zirkulären Ansätzen orientieren. Lineare Ansätze organisieren Forschungsprozesse entlang der einander folgenden Schritte: Theorie – Hypothese – Operationalisierung – Datenerhebung – Interpretation – Überprüfung. Zirkuläre Ansätze, wie sie vor allem von den *Grounded-Theory-Approaches* (vgl. Glaser/Strauss 1967, 1979; Strauss 1991) entwickelt wurden, messen dagegen dem Untersuchungsgegenstand Priorität zu. Dieser habe Vorrang gegenüber am Anfang stehenden, per theoretischem Input entwickelten Hypothesen. Der Untersuchungsgegenstand selbst solle „sprechen". Dem linearen Vorgehen wird entsprechend vorgehalten, daß es aufgrund seiner starken theoretischen Vorannahmen blind gegenüber dem Untersuchungsfeld bleibe und sich so um die Entdeckung von tatsächlich Neuem bringe.

Der gewählte systemtheoretische Zugang beschreibt sich quer zur Kontroverse Linearität versus Zirkularität bzw. Erfindung versus Entdeckung von Erkenntnis. Die Rekonstruktion der Pädagogisierung des Dritte Welt-Problems ist Resultat einer Beobachtung. Diese kann – wie bereits im dritten Kapitel erläutert – ohne die Verwendung von Unterscheidungen nicht auskommen. Die Unterscheidungsabhängigkeit von Beobachtungen suspendiert auf erkenntnistheoretischer Ebene die Frage, ob Pädagogisierung eine bloße Konstruktion des Forschers sei oder ob sie in der sozialen Welt existiere und mit Hilfe einer angemessenen *Grounded Theory* entdeckt werden kann. Denn den Untersuchungsgegenstand „an sich", d.h. ohne die Unterscheidungen des Forschers, kann es nicht geben. Jedes Untersuchungsfeld wird durch diese Unterscheidungen konstituiert. Ohne sie wäre die Rekonstruktion der Pädagogisierung des Dritte Welt-Problems nicht denkbar.

5. Überlegungen zu Methodologie, Untersuchungsdesign, Fragestellungen und Methode

Die systemtheoretisch-konstruktivistische Theorieperspektive und der gleichzeitige Anspruch, Empirie rekonstruieren zu wollen, führt die geplante Fallstudie dennoch in eine Paradoxie. Wenn Pädagogisierung eine Beobachtungskategorie ist, worin besteht dann noch die Notwendigkeit des Rekurses auf Empirie?[1] Was gewinnt man, wenn man sich auf Empirie einläßt? Die Paradoxie von Pädagogisierung als Beobachtungskategorie (Theorie) und Pädagogisierung als in der sozialen Wirklichkeit zu untersuchender Transformationsprozeß (Empirie) läßt sich nicht auflösen. Sie läßt sich nur weiter prozessieren, indem der *Re-entry* der Beobachtungskategorie Pädagogisierung in die konstruierte Wirklichkeit selbst beobachtet wird. Dies bedeutet, daß man sich im Forschungsprozeß erstens permanent zu vergegenwärtigen hat, auf welcher Seite der Unterscheidung von Pädagogisierung man sich gerade befindet: auf der theoretischen oder auf der empirischen. Befindet man sich auf der Seite der Empirie, ist es unvermeidlich, den mit der Unterscheidung Pädagogisierung beobachteten sozialen Prozeß zumindest im Moment der Beobachtung für die „wirkliche" Wirklichkeit zu halten. Das Paradox zu prozessieren meint dann zweitens, blinde Flecken des eigenen Zugangs weiteren Beobachtungen zugänglich zu halten. Blind ist das Vorgehen in dem Sinne, daß alle Aussagen über die pädagogische Konstruktion des Dritte Welt-Problems von der verwendeten Unterscheidung Pädagogisierung abhängig bleiben. Über Vergleiche, Gegenbeobachtungen, Beobachtungen zweiter Ordnung kann jedoch weiter untersucht werden, inwieweit sich die einmal gewählte Unterscheidung als angemessen für die Rekonstruktion erweist, inwieweit sie weiter zu differenzieren ist oder inwieweit angenommene Grenzen zu anderen Unterscheidungen neu zu vermessen sind, weil sich die bisherige Grenzziehung als zu undifferenziert für die Beschreibung von Empirie erweist. Auf diese Weise wird die von den *Grounded Theories* eingeforderte Zirkularität einlösbar, die jede Hypothese in den Status einer vorläufig gültigen „Version" sozialer Wirklichkeit versetzt (Goodman 1990). Diese Vorläufigkeit teilt die systemtheoretisch-konstruktivistische Pädagogisierungshypothese. Sie wird am „Text" zu differenzieren sein und bleibt offen für Reformulierungen und Präzisierungen. In diesem Sinne steht Empirie in Funktion von Theorie[2], sie kann Theorien nicht widerlegen. Die Beobachtung von Empirie basiert immer auf Konstruktionen, der nur andere Konstruktionen eines anderen Beobachters entgegengesetzt werden können.[3]

---

[1] Es gibt gute Gründe anzunehmen, daß sich die Präzision der systemtheoretischen Begrifflichkeit in hohem Maße ihrem radikalen Absehen von Empirie verdankt. Diese Abstinenz scheint es ihr zu erlauben, Empirie gegen eingefahrene Gewohnheiten beschreiben zu können.

[2] In diesem interpretativen Verfahren "stellt (Theorie) den Ausgangspunkt und – im Rahmen ihrer Anwendung auf bestimmtes Material, aber auch ihrer Überprüfung – den Anlaß der Forschung dar" (Flick 1995b, S. 165).

[3] Der gegenwärtig prominenteste Versuch der ontologischen Rekonstituierung sozialer Tatsachen durch Searle (1997), der sich auf die Leitunterscheidung von beobachterrelati-

5.2. Der Untersuchungsgegenstand der Fallstudie: Die gesellschaftliche Konstruktion des Dritte Welt-Problems

Die gesellschaftliche Konstruktion des Dritte Welt-Problems wird im folgenden zum empirischen Fall für die Pädagogisierungsfragestellung. Fallstudien stellen in der empirischen Sozialforschung einen eigenen Forschungsansatz dar (vgl. Lamnek 1989, S. 4ff, Baacke 1995, Hildenbrand 1995). Sie wurden in der Erziehungswissenschaft meist handlungstheoretisch konzeptualisiert (vgl. die Typologie bei Lamnek 1989, S. 28ff) und auf individuelle Personen und ihre Bildungs- und Erziehungsbiographien bezogen (vgl. Fatke 1997, S. 61). Dieser individuellen Fokussierung wird hier nicht gefolgt. Die Fallstudie referiert vielmehr auf gesellschaftliche Kommunikationen. Damit soll an die Systemtheorie angeschlossen werden, die Gesellschaft, soziale Probleme und deren Pädagogisierung als kommunikative Ereignisse beschreibt (vgl. Kap. 3.3.2.). Um die anvisierte Differenzierung und Präzisierung der Pädagogisierungshypothese zu gewährleisten, d.h. um im einzelnen Fall allgemeine, theoretische Strukturen zu erkennen (vgl. Baacke 1995, S. 45; Terhart 1985), werden in der Fallstudie gesellschaftliche Kommunikationen zum Dritte Welt-Problem methodisch kontrolliert mit den theoretischen Überlegungen zur Pädagogisierung sozialer Probleme in Beziehung gesetzt.

Die erste Entscheidung zur Festlegung des Untersuchungsdesigns der Fallstudie betrifft die Frage, worin der „Text" der Untersuchung besteht. Den Untersuchungsgegenstand als „Text" zu begreifen, macht darauf aufmerksam, daß die Pädagogisierung des Dritte Welt-Problems nicht in einem direkten Durchgriff auf Empirie, sondern vermittelt über Texte als Repräsentation von Kommunikation rekonstruiert wird. Ihre Eingrenzung erfolgt entlang sozialstruktureller und formaler Kriterien.

5.2.1. Ein Instanzenmodell als Folie für Pädagogisierungsprozesse

Für die Operationalisierung der Pädagogisierungsfragestellung ist auf der sozialstrukturellen Ebene die Unterscheidung von Systemreferenzen zentral. Pädagogische Kommunikationen sind in einer funktional differenzierten Ge-

---

ven und immanenten Eigenschaften der Welt stützt, geht m.E. am Problem des wissenssoziologischen Theorie-Empirie-Verhältnisses vorbei. Auch die immanenten Eigenschaften der Welt sind – falls sie wissensrelevant werden – systemtheoretisch gesprochen immer kommunikationsvermittelt. Desweiteren ist gegen Searle zu diskutieren, inwieweit sein Schlüsselbegriff der kollektiven Intentionalität – entgegen eigener Absichten – nicht doch auf einem substanziellen Begriff von Gemeinsamkeit und Konsens gründet, während der systemtheoretisch-konstruktivistische Kommunikationsbegriff rein formal bleibt.

5. Überlegungen zu Methodologie, Untersuchungsdesign, Fragestellungen und Methode

sellschaft – wie bereits erläutert – nicht zwingend an organisatorische Grenzen gebunden, sondern können in und zwischen unterschiedlichen Teilsystemen hin und her prozessiert werden. Den Teilsystemen – besonders ist an das Politische System, die Protestbewegungen und Kirchen, das Erziehungssystem sowie die Erziehungswissenschaftliche Disziplin zu denken – sollen Instanzen zugeordnet werden, die für die empirische Rekonstruktion der Pädagogisierung des Dritte Welt-Problems in Frage kommen. Das Instanzenmodell wird auf den Fall hin mit Hilfe einer *dimensionalen Analyse* operationalisiert (vgl. Kromrey 1998, S. 109ff). Dimensionale Analyse meint die inhaltlich begründete Selektion der für das Dritte Welt-Problem relevanten Instanzen: Wem gelingt es mit welchen Beschreibungen, die Dritte Welt als ein soziales Problem in der Bundesrepublik zu konstruieren und zu pädagogisieren? Im Fall des Dritte-Welt-Problems ist im Kontext des politischen Systems und der Protestbewegungen an drei Instanzen zu denken:

(1) an die *internationalen politischen Organisationen*. Hiermit sind vor allem die Vereinten Nationen gemeint, die im Zuge der Entkolonialisierung und als Reaktion auf politischen Druck der Interessenorganisationen der sogenannten Dritten Welt die Probleme um Entwicklung und wirtschaftliche Gerechtigkeit auf die Tagesordnung internationaler Politik setzen;

(2) an das zuständige *Ministerium für wirtschaftliche Zusammenarbeit (BMZ)*, dessen Gründung zeitlich mit der Etablierung der Fragen von Entwicklung und Gerechtigkeit als Problem im internationalen politischen System koinzidiert. Es liegt nahe, diese Gründung als Reaktion darauf zu lesen, daß die Dritte Welt durch die politischen Vorgaben im internationalen Kontext auch zum sozialen Problem für die Politik der Bundesrepublik geworden ist, zumal die Ausdifferenzierung von neuen Organisationen ein bewährter Mechanismus der Steuerung sozialer Probleme in funktional differenzierten Gesellschaften ist (vgl. Kap. 4.2.);

(3) an die *Dritte Welt-Protestbewegung* und die *Kirchen*. Erstere hat sich als soziale Bewegung über Fragen von Solidarität, Internationalismus und Entwicklungspolitik im Protest gegen globale Verteilungsungerechtigkeiten formiert. Es ist zu erwarten, daß ihre Beschreibungen und Aktionen mitentscheidend für die Etablierung des Problems in der Bundesrepublik gewesen sind (vgl. Kap. 3.3.3.). Das Selbstverständnis der beiden großen Kirchen als universell ausgerichtete Institutionen läßt ebenfalls erwarten, daß sie sich in den öffentlichen Diskurs über Fragen von weltweiter Gerechtigkeit und Solidarität in der Bundesrepublik einschalten.[4]

Für die Beantwortung der Frage, ob die Kommunikationen dieser drei Instanzen Teil einer Pädagogisierung des Dritte Welt Problems sind, werden Kate-

---

[4] Daß andere Träger des öffentlichen Diskurses (z.B. Gewerkschaften) vernachlässigt werden, erklärt sich aus ihrer weitgehenden Abstinenz in Fragen des Dritte Welt-Problems (vgl. Krämer 1980, S. 12).

5. Überlegungen zu Methodologie, Untersuchungsdesign, Fragestellungen und Methode

gorien relevant, welche die pädagogische Kommunikationsform auch außerhalb eines organisatorisch und professionell definierten Erziehungssystems markieren. Die Entgrenzung des Pädagogischen und seine Diffusion in unterschiedliche Teilsysteme soll mit Bezug auf diese drei Instanzen untersucht werden. Die Pädagogisierungshypothese geht weiter von der Annahme aus, daß die im öffentlichen Diskurs zirkulierende pädagogische Konstruktion des Dritte Welt-Problems sowohl im Erziehungssystem wie auch in der erziehungswissenschaftlichen Disziplin Resonanz erzeugen kann. Erziehungssystem und Erziehungswissenschaft sind daraufhin zu durchleuchten, ob sie das Dritte Welt-Problem aufgreifen und in ein pädagogisches Programm bzw. eine spezielle Pädagogik übersetzen.

(4) Im *Erziehungssystem* ist zunächst an Schulen oder Einrichtungen der Erwachsenen- bzw. Politischen Bildung oder der Jugendbildungsarbeit zu denken. Sie adressieren sich mit programmatischen Erziehungs-, Lern- und Bildungsmaßnahmen an Individuen, um Einfluß auf deren Kompetenzen und Dispositionen zu nehmen. Die Instanz, der im Erziehungssystem die Funktion der Konzeptualisierung neuer pädagogischer Programme zugeschrieben wird und damit für die empirische Analyse der Pädagogisierungshypothese besondere Bedeutung zukommt, ist das *Pädagogische Establishment* (vgl. Schorr 1979, Luhmann/Schorr 1988, S. 343ff). Es bezeichnet „alles, was im Erziehungssystem für das Erziehungssystem arbeitet, aber nicht selbst erzieht oder unterrichtet: also Lehrerinteressen vertritt, Lehrer ausbildet (...), administriert (mit Pädagogen besetzte Dezernate, Referate oder Abteilungen kommunaler und staatlicher Verwaltungen), Spezialisten in politischen Parteien oder kirchlichen Organisationen, und (...) forscht" (Schorr 1979, S. 887). Die Kommunikationen des Pädagogischen Establishments zentrieren sich in kritischer Perspektive um die Verwirklichung von Reformaspirationen und die Verbesserung des realen Unterrichts- und Lehr-Lern-Geschehens. Der defizitär erscheinenden Erziehungswirklichkeit können nahezu unbegrenzt pädagogische Utopien und Verbesserungsaspirationen gegenübergestellt werden, so daß diese Establishments „eine Dauertendenz zur Reform" kennzeichnet (Schorr 1979, S. 888). Verbesserungen können entweder als organisatorische oder als thematische Reformen konzeptualisiert werden. Mit der ersten Strategie ist der Zugriff auf Strukturen des Erziehungssystems (Schulen, Volkshochschulen, freie Bildungsträger) verbunden. Während organisatorische Reformen immer mit dem Beharrungsvermögen des Bestehenden konfrontiert sind, scheint die thematische Reformstrategie, d.h. die Erweiterung und Ausdifferenzierung des Kanons von Unterrichts-, Lern- und Bildungsinhalten, leichter durchzusetzen sein. Diese Durchsetzbarkeit begründet die Attraktivität von Themen, denen das pädagogische Establishment Innovationspotentiale zuschreiben kann. Sie sind geeignet, sich in die beschriebenen *pädagogische Programme*

übersetzen zu lassen (vgl. Kap. 4.6.). Innovationserwartungen wiederum können vorliegen, wenn soziale Probleme in der Öffentlichkeit mit Aufmerksamkeit und Steuerungsdruck aufgeladen werden und ihre Beschreibung als Aufforderung zur pädagogischen Bearbeitung des Problems interpretiert werden kann. Ausgehend von diesen Überlegungen bietet es sich an, das Pädagogische Establishment als diejenige Instanz im Erziehungssystem anzusehen, die gesellschaftlich zirkulierende Themen und Probleme in vermittelbare Erziehungs-, Lern- und Bildungsinhalte transformiert.

(5) Die fünfte Instanz, die für die Pädagogisierung sozialer Probleme relevant wird, ist die *erziehungswissenschaftliche Disziplin* als Teil des gesellschaftlichen Subsystems Wissenschaft. Der Disziplinbegriff kennzeichnet eine auf Dauer existierende Kommunikationsgemeinschaft, deren Mitglieder ein Thema und Annahmen über seine Bearbeitung teilen. Er verweist darauf, daß Theorien und Methoden zur Bearbeitung von Themen einen systematischen Verweisungszusammenhang konstituieren, der sich von anderen Zugängen unterscheiden läßt (vgl. Tenorth 1997, S. 113). Die Ausdifferenzierung einer *speziellen Pädagogik* als Subdisziplin oder Fachrichtung[5] kann als offenkundigster Indikator dafür gelten, daß ein Thema Resonanz innerhalb der Erziehungswissenschaft erzeugt hat und von dieser als relevant beglaubigt wird. Mit ihr wäre eine spezifische pädagogische Forschungs- und Lehrkommunikation über die Dritte Welt verbunden, die an unterschiedlichen Orten zu identifizieren wäre. Ein Indiz, daß ein Thema Eingang in die Disziplin gefunden hat, ist seine Institutionalisierung über die Einrichtung von Lehrstühlen und Instituten, die auch in entsprechenden (Aufbau-, Schwerpunkt-) Studiengängen münden kann. Ein weiterer Hinweis für die Inklusion des Dritte Welt-Problems in die Disziplin wäre dessen Präsenz in zentralen Publikationsorganen, die als der wichtigste Ort der Autopoiesis einer wissenschaftlichen Disziplin gelten, sowie in einschlägigen Handbüchern, Enzyklopädien und Nachschlagewerken. Ebenfalls müßte untersucht werden, ob das Dritte Welt-Problem in den Kommunikationen der Deutschen Gesellschaft für Erziehungswissenschaft (DGfE) sowie in Qualifikationsarbeiten zur Rekrutierung des wissenschaftlichen Nachwuchses Resonanz erzeugt hat.

Das Resonieren des Dritte Welt-Problems im Erziehungssystem und in der Erziehungswissenschaft würde es erlauben, von einem „Vollbild" der Pädagogisierung zu sprechen. Dieses Vollbild setzte sich zusammen aus der pädagogischen Konstruktion des Dritte Welt-Problems durch Instanzen, die nicht dem Erziehungssystem zurechenbar sind. Das zweite Element bestünde in der

---

[5] Lenzen kennzeichnet Fachrichtungen als über Themen sich formierende Teilbereiche der Erziehungswissenschaft, die "auf länger anhaltende gesellschaftliche Probleme zu reagieren versuchen" und als mögliche Vorstufen einer eigenständigen Subdisziplin betrachtet werden können (1994, S. 38).

5. Überlegungen zu Methodologie, Untersuchungsdesign, Fragestellungen und Methode

Entwicklung eines pädagogischen Programms zur Thematisierung und Bearbeitung des Problems in den Institutionen des Erziehungssystems. Abgerundet würde das Vollbild durch die erziehungswissenschaftliche Konstruktion einer speziellen Dritte Welt-Pädagogik. Die Dynamik innerhalb und zwischen diesen verschiedenen Erscheinungsformen von Pädagogisierung; die auf unterschiedliche Formen der Systembildung des Pädagogischen verweisen, bleibt eine eigenständige Untersuchungsfrage, für deren Beantwortung gerade von der Fallstudie empirische Differenzierungen zu erwarten sind.

5.2.2. Die Form: Dokumentenanalyse

Nach der sozialstrukturellen Eingrenzung des „Textes" gilt es zu klären, worin dieser in *formaler* Hinsicht besteht. Die Rekonstruktion des in Frage stehenden Pädagogisierungsprozesses verläuft in drei Schritten entlang der beschriebenen Systemreferenzen Politisches System/Protestbewegungen/ Kirchen (Kap. 6/7), Erziehungssystem (Kap. 8) und Erziehungswissenschaftliche Disziplin (Kap. 9).

Bezogen auf den ersten Schritt – die mögliche Pädagogisierung des Dritte Welt-Problems durch die Instanzen des (internationalen) politischen Systems, der Dritte Welt-Protestbewegung und den Kirchen – besteht die materielle Basis der Fallstudie aus schriftlich fixierten Dokumenten, in denen diese Instanzen das Problem kommunizieren. Es handelt sich in der Regel um offizielle Dokumente, d.h. um Dokumente, die für den öffentlichen Gebrauch formuliert wurden und den öffentlichen Diskurs beeinflussen sollen. In diesen Dokumenten artikuliert sich die offizielle Sprechweise über das Dritte Welt-Problem. Sie manifestieren in wahrscheinlich konfliktiver Weise, ob und wie das Thema als ein soziales Problem der Gesellschaft mit entsprechenden Konsequenzen (Maßnahmen zur Steuerung und Lösung) zu behandeln ist. Zudem wird auf Sekundärdarstellungen zu den jeweiligen Instanzen zurückgegriffen.[6]

---

[6] Quellenkritisch läßt sich der Dokumentenkorpus in bezug auf die Instanzen, die nicht dem Erziehungssystem zuzurechnen sind, wie folgt klassifizieren: Die infragestehende Pädagogisierung des Dritte Welt-Problems auf internationaler Ebene wird untersucht anhand von zwölf Dokumenten der Vereinten Nationen und ihrer Unterorganisationen Hierzu zählen: UNCTAD (1973); Vereinte Nationen (1945, 1960, 1961, 1970, 1973, 1974a, 1974b, 1974c, 1980, 1991); Welternährungskonferenz (1970). Bei den Dokumenten der Vereinten Nationen handelt es sich hauptsächlich um Schlüsseltexte der Organisation wie die UNO-Charta, die Erklärung zur Gewährung der Unabhängigkeit an koloniale Länder und Völker, die vier Dokumente zu den Entwicklungsdekaden sowie um die Dokumente über die Neue Weltwirtschaftsordnung als zentrale Forderung der Länder des Südens. Hinzu kommen vier Berichten internationaler Kommissionen: Bericht der Kommission für internationale Entwicklung (1969), Bericht der Nord-Süd-Kommission (1980), Der Bericht der Weltkommission für Umwelt und Entwicklung (1987), The Commission on Global Governance (1995), sowie ein Dokument und drei Darstellungen der Blockfreienbewegung bzw. Grup-

5. Überlegungen zu Methodologie, Untersuchungsdesign, Fragestellungen und Methode

Die Pädagogisierung des Dritte Welt-Problems auf der Ebene bundesrepublikanischer Politik wird untersucht anhand der offiziellen entwicklungspolitischen Konzeptpapiere der Bundesregierung und des zuständigen Fachministerium für wirtschaftliche Zusammenarbeit (BMZ)[7] sowie Dokumenten (Programmpapiere, Reden, Zeitschriften- oder andere Fachbeiträge) aus dem BMZ oder anderen Ministerien, in denen sich das Ministerium, die jeweils amtierenden Minister oder Referenten programmatisch zum Dritte Welt Problem und dessen Steuerung äußern.[8] Hinzu kommen einige wenige Dokumente von Parteien, Entwicklungspolitikern in den Parteien sowie von anderen mit der staatlichen Entwicklungspolitik befaßten Einrichtungen.[9]

Für die Referenzinstanz Dritte Welt-Protestbewegung werden einerseits Originaldokumente untersucht[10], andererseits wird auf Beschreibungen zurückgegriffen, die bewegungsnah entstanden sind.[11] Bezogen auf die Kirchen bzw. die kirchlich engagierten Aktionsgruppen und Jugendverbände werden ebenfalls programmatische Dokumente (Beschlüsse/Erklärungen) analysiert.[12]

---

pe der 77 als Interessenorganisationen des Südens: Nyerere (1970), Khan/Matthies (1978) und Sauvant (1981a, 1981b).

[7] Hierzu zählen: Bundesministerium für wirtschaftliche Zusammenarbeit (1971a, 1980, 1986); Bundesregierung (1961).

[8] Hierzu zählen: Böll (1970, 1972, 1973); Brandt (1972); Bundesministerium für wirtschaftliche Zusammenarbeit (1970, 1971b, 1971c, 1972, 1987, 1993); Eppler (1969, 1971, 1972a, 1972b); Genscher (1975); Presse- und Informationsamt der Bundesregierung (1969); Repnik (1992); Schade (1969, 1970a, 1970b, 1970c); Scheel (1966); Vialon (1966).

[9] Hierzu zählen: Christlich Demokratische Union (1965); Kalbitzer (1961); Klengel (1983); Wissenschaftlicher Beirat beim Bundesministerium für Wirtschaftliche Zusammenarbeit (1978).

[10] Zu diesem Typ von Dokumenten, die teilweise der sogenannten "grauen" Literatur zuzurechnen sind, zählen: Action 365 u.a. (1970); Aktion Dritte Welt Freiburg (1981); Aktion Dritte Welt Handel (1972); Arbeitsgemeinschaft der Dritte Welt Läden (1989); Arbeitskreis Dritte Welt Reutlingen (1976, 1979, 1980); Bräuer (1984); Bundeskongreß Entwicklungspolitischer Aktionsgruppen (1986, 1992); Dritte Welt Haus Bielefeld (1990); Dritte Welt Haus Bielefeld/Krämer (1986, 1990); Eine Welt Werkstatt (1986); Enzensberger (1961); Gemeinsame Erklärung der Aktionsgruppen (1972); Gesellschaft zur Partnerschaft mit der Dritten Welt (1983); Informationszentrum Solidarische Welt Münster (1986); Initiative Eine Welt (o.J.); Krämer (1990), Pädagogischer Ausschuß der Aktion Dritte Welt Handel (1978); UNCTAD-Kampagne (1972); Wirtz (1985a, 1985b).

[11] Dies bedeutet, daß die Dokumente erstens von Autoren stammen, die sich selbst der Protestbewegung zurechnen und zweitens in der Absicht geschrieben wurden, eine "Verbesserung der Solidaritätsarbeit" anzuregen, wie es exemplarisch bei den wichtigsten Chronisten der Dritte Welt-Protestbewegung Werner Balsen und Karl Rössel (1986, S. 15) heißt. Hierzu zählen: Balsen/Rössel (1986); Beer (1984); Holzbrecher (1978); Krämer (1980); Kunz (1987), Schwarz (1981); Seitz (1980); Stelck (1977, 1980).

[12] Hierzu zählen: Arbeitsgemeinschaft der Evangelischen Jugend (1970, 1978a, 1978b); Arbeitsgemeinschaft der Evangelischen Jugend/Bund der Deutschen Katholischen Jugend (1979, 1983, 1986, 1988); Botschaft von 17 Bischöfen aus der Dritten Welt (o.J.); Bund der Deutschen Katholischen Jugend (1973, 1981a, 1981b); Bund der Deutschen Katholischen Jugend/Misereor (1969); Deutsche Bischofskonferenz/Rat der Evangelischen Kirche

5. Überlegungen zu Methodologie, Untersuchungsdesign, Fragestellungen und Methode

Für den zweiten Untersuchungsschritt – die Übersetzung des Dritte Welt-Problems in ein pädagogisches Programm des Erziehungssystems – wird zunächst eine Sekundäranalyse derjenigen Forschungsarbeiten vorgenommen, welche die Resonanz des Problems in Lehrplänen/Curricula, Schulbüchern und Unterrichtsmaterialien untersucht haben. Ebenfalls durch eine Sekundäranalyse wird die Frage bearbeitet, inwieweit die Dritte Welt zum Gegenstand politischer Bildung mit Jugendlichen und Erwachsenen geworden ist. Dieser Wechsel in der methodischen Form ist in erster Linie forschungspraktisch begründet: Die große Anzahl von thematisch einschlägigen Lehrplänen, Schulbüchern und Unterrichtsmaterialien ist durch erziehungswissenschaftliche Forschung weitgehend aufbereitet worden.[13] Anschließend werden Dokumente beleuchtet, die dem Pädagogischen Establishment zuzurechnen sind und für Unterrichts- und Bildungsprozesse als Orientierungsrahmen fungieren. Dabei wird auch untersucht, inwieweit BMZ und Dritte Welt-Bewegung Leistungen des Pädagogischen Establishments übernommen haben.[14]

---

[13] in Deutschland (1972); Gemeinsame Konferenz der Kirchen zu Entwicklungsfragen (1976); Gemeinsame Synode der Bistümer in der Bundesrepublik (1975); Papst Paul VI. (1967), Rat der Evangelischen Kirche in Deutschlands (1973); Römische Bischofssynode (1971).
In dieser Sekundäranalyse wird vor allem auf die Ergebnisse eines Projektes der Deutschen Forschungsgemeinschaft (DFG) zur Geschichte der entwicklungspolitischen Bildung zurückgegriffen (vgl. Scheunpflug/Seitz 1995a, 1995b, 1995c); Treml (1995). Darüberhinaus kann für die Sekundäranalyse des Schulbereichs auf folgende Untersuchungen zurückgegriffen werden: Becker (1987); Breitenbach (1979), Bodemer (1974); Bülow/Decker-Horz (1984); Fohrbeck u.a. (1971); Grohs (1961); Institut für Sozialforschung 1970a, 1970b); Müller/Schlausch (1986). Für den Bereich der Erwachsenen- und Jugendbildung stehen neben den Untersuchungen von Scheunpflug/Seitz (1995c) folgende Dokumente zur Verfügung: Deutscher Volkshochschulverband (1977, 1987); Dürste/Fenner (1987); Grewe (1960); Hinzen (1977); Institut für Internationale Zusammenarbeit des Deutschen Volkshochschul-Verbandes (1995, 1998); Orth (1989); Raape (1987, 1994); Raape/Frieling (1995); Tietgens (1962).

[14] In diesem Untersuchungsabschnitt werden Dokumente der UNESCO (1970), des UNESCO-Institut für Pädagogik Hamburg (Hausmann 1962, 1969, 1970, Hug/UNESCO-Institut für Pädagogik 1962, Hug 1962, 1968, 1969a, 1969b, 1971a, 1971b; Robinsohn 1962), des Wiener Instituts für Entwicklungsfragen (1970), Dokumente aus dem Umfeld der Kultusadministration (Sekretariat der Konferenz der Kultusminister der Länder in der Bundesrepublik 1969, 1981, 1983, 1988, 1997; Tidick 1991; Kultusministerium Nordrhein-Westfalen 1987; Ministerium für Bildung, Wissenschaft, Jugend und Kultur des Landes Schleswig-Holstein 1990; Ministerium für Bundesangelegenheiten des Landes Schleswig-Holstein 1992) und weitere einschlägige Beiträge einbezogen: Bahr/Gronemeyer (1977); Bahr (1977, 1980); Benedict (1977); Bülow (1970); Dias/Schmidt (1982); Freise (1982); Jakob/Siebert (1990); Meueler (1971, 1974, 1978); Offene Welt (1969); von Pufendorf (1969); Rumpf (1977); Schmidt (1987b); Schmied (1981); Schnurer (1993); Siebert (1993); Treml (1979, 1980b, 1980c, 1982b); Weißhaar (1976); World University Service (1991). Ein eigenständiges Untersuchungsfeld ist der Primarbereich, an dem exemplarisch die Programmierung der Dritte Welt-Pädagogik durch das Pädagogische Establishment rekonstruiert werden soll. Hierfür werden folgende Dokumente herangezogen: Schmitt (1975, 1979, 1980, 1991, 1997); Schmitt/Bartolomäus u.a. (1976); Schmitt/Ehlers

Die dritte Etappe der Rekonstruktion nimmt die erziehungswissenschaftliche Disziplin in den Blick. In dieser Systemreferenz werden Publikationen wie Fachzeitschriften, Handbücher, Enzyklopädien und Qualifikationsarbeiten sowie programmatische Texte betrachtet.[15]

5.3. Die Fragestellungen der qualitativen Inhaltsanalyse

Die Fallstudie ist als *qualitative Untersuchung* angelegt, die Aussagen über die Bedeutungsgehalte von Kommunikationen trifft, indem sie von sprachlichem Material auf gesellschaftliche Phänomene schließt (vgl. Mayntz/Holm/ Hübner 1971). Qualitative Ansätze gehen davon aus, daß soziale Wirklichkeit durch Interaktionen – systemtheoretisch gesprochen: durch Kommunikation – konstituiert wird (vgl. auch Lamnek 1989, S. 19). Diese Prämisse legt es nahe, mit Methoden zu arbeiten, die einen kommunikationstheoretischen Zugang teilen. Dies ist bei der *qualitativen Inhaltsanalyse* der Fall, deren Kern in der „systematischen Bearbeitung von Material aus Kommunikationen" besteht (Mayring 1995, S. 209). Die meisten inhaltsanalytischen Ansätze gehen jedoch von einem klassischen Modell aus, das Kommunikation als Zeichenverkehr zwischen ‚Sender' und ‚Empfänger' begreift, bei der via Übertragungsmedium eine Nachricht eines Senders vom Empfänger als Information aufgenommen wird (vgl. Kromrey 1998, S. 303ff). In der theoretischen Vergewisserung wurde dieses Modell kritisiert und durch den systemtheoretischen Kommunikationsbegriff ersetzt, der für die empirische Rekonstruktion der Pädagogisierung des Dritte Welt-Problems eine Schlüsselrolle spielt (vgl. Kap. 3.3.2.).

---

[15] (1989); Zahn (1993); Zentrum für Entwicklungsbezogene Bildung Stuttgart (1985); Landesarbeitskreis Dritte Welt in der Grundschule/Horlemann (1993).
Für die Frage, in welchem Maße sich eine spezielle Dritte Welt-Pädagogik in der erziehungswissenschaftlichen Disziplin ausdifferenziert hat, werden quantitative Aspekte berücksichtigt (vgl. Kap. 9.1.). Die untersuchten Enzyklopädien finden sich im Anhang 1. Der Dokumentenkorpus bezogen auf die erziehungswissenschaftlichen Qualifikationsarbeiten und Fachzeitschriften wird in den jeweiligen Untersuchungsabschnitten erklärt (vgl. Kap. 9.1.1.). Berücksichtigt werden in diesem Kapitel zudem die Verzeichnisse der Deutschen Gesellschaft für Erziehungswissenschaft (1983, 1994, 1998) über die Institutionen erziehungswissenschaftlicher Forschung und Lehre sowie der Deutschen Stiftung für internationale Entwicklung (1995, 1999) über Aufbaustudien Dritte Welt. Analysiert werden zudem Dokumente aus dem Umfeld der Kommission "Bildungsforschung mit der Dritten Welt" in der Deutschen Gesellschaft für Erziehungswissenschaft: Goldschmidt (1981); Karcher (1994) Lenhart u.a. (1984); Mergner (1990); Mergner/Vermooij (1997); Nestvogel/Scheunpflug (1994) sowie weitere programmatische Texte: Böhme (1978); Dias (1981, o.J.); Dias/Jouhy (1981); Jouhy (1978); Meueler (1993), Pöggeler (1993); Scheunpflug/Treml (1993b); Treml (1980b, 1980c, 1982b).

5. Überlegungen zu Methodologie, Untersuchungsdesign, Fragestellungen und Methode

Im Kontext unterschiedlicher Ansätze schließt diese Fallstudie an das Modell der strukturierenden Inhaltsanalyse (vgl. Mayring 1995, S. 212f). Strukturierende Inhaltsanalysen erlauben es, festgelegte Aspekte aus der Komplexität des Dokumentenkorpus herauszufiltern und das Material entlang der Fragestellung und Untersuchungshypothese selektiv zu analysieren. Dazu verwenden sie einen Codierleitfaden auf der Basis eines anhand theoretischer Überlegungen festgelegten Kategorienschemas.[16] Dieses muß derart beschaffen sein, daß es die Zuordnung von schlußfolgernden Interpretationen zu Fragestellungen, Kategorien und konkreten Dokumentenpassagen nachzuvollziehen erlaubt. Die Codierung verläuft dabei als Subsumption, in denen Dokumentenpassagen den theoretisch mitgebrachten Kategorien zugeordnet werden. In Rechnung zu stellen ist, daß es Inhaltsanalysen nicht um das textimmanente Verstehen von Aussagen im streng hermeneutischen Sinne, d.h. bezogen auf den einzelnen Text, seinen Autor und dessen Absichten geht (vgl. Hitzler/Honer 1997, S. 23f), sondern „um die systematische Identifizierung von Aussageelementen und deren Zuordnung zu vorher festgelegten Kategorien" (Kromrey 1998, S. 300). Verallgemeinerbare Schlußfolgerungen sind erst aus der Gesamtheit der Dokumente zu gewinnen.

In den theoretischen Überlegungen wurde unterschieden zwischen einer sich von den Erziehungseinrichtungen entgrenzenden Pädagogisierungsform, die soziale Praxis speziell bei der Steuerung sozialer Probleme kommunikativ zu strukturieren vermag, und der Eingrenzung sozialer Probleme durch Erziehungssystem und Erziehungswissenschaft (vgl. Kap. 4). Diese Unterscheidung findet sich auch im Untersuchungsdesign wieder. Sie stellt sich dort als Verschränkung von sozialstrukturellem Instanzenmodell (Pädagogisierung als Zurechnung auf organisatorisch verfaßte Instanzen des Erziehungssystems) und einem systemtheoretisch-konstruktivistischen Kommunikationsbegriff (Pädagogisierung als Zurechnung auf eine von den Erziehungsorganisationen entgrenzte Kommunikationsform auf der Basis des Vermittlungscodes und dazugehöriger Semantiken) dar.

---

16 Für Lamnek existieren zwei Typen qualitativer Inhaltsanalysen: Solche, die eigentlich quantitativ vorgehen, d.h. mit vorgängig entwickelten Kategorien operieren und diese auf nicht zum Zwecke der Analyse hervorgebrachtes Material anwenden. Qualitative Inhaltsanalysen sind nur solche, die "ohne apriori formulierte theoretische Analysekriterien" (Lamnek 1989, S. 192) operieren. Dagegen ist mit Radtke einzuwenden, daß "auch noch so ,offene' Interviews und eine noch so flexible Interviewtechnik (...) Prämissen über die Relevanz des Forschungsgegenstandes (enthalten) und (...) damit Wirklichkeitsperspektiven aus(schließen)" (Radtke 1995, S. 393). Offenkundig liegt der Kritik von Lamnek die Einschätzung zugrunde, daß es sich um qualitative Forschung nur dann handelt, wenn sie den Imperativen der *Grounded Theory Approaches* folgt. Diese Einschätzung wird hier nicht geteilt, wie bereits in den methodologischen Überlegungen erläutert. Als zentrales Kennzeichen des qualitativen Paradigma firmiert im Anschluß an die systemtheoretisch-konstruktivistischen Überlegungen, daß soziale Wirklichkeit durch Kommunikation, und das heißt Unterscheidungen, konstituiert ist, die wiederum mit anderen Unterscheidungen (z.B. denen des qualitativ verfahrenden Forschers) zu beobachten sind.

5. Überlegungen zu Methodologie, Untersuchungsdesign, Fragestellungen und Methode

Das Kategorienschema für die Fallstudie beginnt mit der thematischen Eingrenzung der Problemkonstruktion Dritte Welt. In der theoretischen Vergewisserung wurde auf die zentrale Bedeutung eines einprägsamen Problemnamens hingewiesen, dem Inakzeptanz bereits konnotativ eingeschrieben ist (vgl. Kap. 3). „Dritte Welt" wird in dieser Fallstudie heuristisch als ein solches *Problemlabel* betrachtet, das ein weites Themenfeld einkreist, ohne es exakt zu definieren. Dies Problemlabel ist anhand von inhaltsanalytischen Suchkategorien zu präzisieren.

Das die Pädagogisierungsuntersuchung operationalisierende Schema setzt mit der Kategorie *pädagogisierende Kommunikationsform* an. Mit ihr soll die pädagogischen Konstruktion des Dritte Welt-Problems durch das politische System, die Dritte Welt-Protestbewegung und die Kirchen erfaßt werden. Diese Kategorie argumentiert aus der Perspektive einer möglichen Entgrenzung des Pädagogischen. Sie rechnet damit, daß Instanzen pädagogisch kommunizieren, die nicht dem Erziehungssystem zurechenbar sind.

Die bei allen Entgrenzungstendenzen weiterbestehende Ausrichtung des Pädagogischen auf die Einrichtungen des Erziehungssystems wird an der zweiten Kategorie zur Operationalisierung von Pädagogisierung ablesbar. Dabei handelt es sich um im öffentlichen Raum formulierte *Erwartungsadressierungen an das Erziehungssystem*. Dieser Adressierungsvorgang, der das Erziehungssystem zum geeigneten Empfänger für Steuerungserwartungen in bezug auf das Dritte Welt-Problem macht, kann als Zwischenstufe im Pädagogisierungsprozeß betrachtet werden. Inhaltsanalytisch erkennbar wird er durch die explizite Nennung der organisatorisch und professionell begriffenen Adresse Erziehungssystem und seiner Formen (z.B. Unterricht, Fächer)

Die dritte Kategorie *pädagogische Programmierung* trägt der Beobachtung Rechnung, daß sich das Erziehungssystem als Instanz der pädagogischen Bearbeitung sozialer Probleme vorstellt, indem es Programme wie die Dritte Welt-Pädagogik oder Entwicklungspolitische Bildung entwickelt.

Die vierte Kategorie zur Operationalisierung des Pädagogisierungsbegriffs schließt an die *Ausdifferenzierung einer Dritte Welt-Pädagogik als spezielle Pädagogik* der erziehungswissenschaftlichen Disziplin an.

Es läßt sich vermuten, daß primär die Kategorie „pädagogisierende Kommunikationsform" als Operationalisierung eines sich institutionell entgrenzenden Begriffs des Pädagogischen empirische Zuordnungsschwierigkeiten aufwirft. Einzelne Merkmale der im vierten Kapitel theoretisch ausgewiesenen pädagogischen Semantik wie die Adressierung an Individuen, Defizitdiagnosen und Verbesserungsaspirationen finden sich auch in Semantiken der Moral oder Aufklärung, die dem Pädagogischen zwar nahestehen, jedoch nicht in diesem aufgehen. Die empirische Analyse der Konstruktion des Dritte Welt-Problems soll solche Schnittstellen in den Blick nehmen, da zu vermuten ist, daß sie genauer Auskunft darüber geben, in welchen Konstellationen und unter welchen Bedingungen das Pädagogische zum Generator und Strukturierungsmoment gesellschaftlicher Kommunikationen wird.

Gleichzeitig ist zu betonen, daß es sich bei dem Verhältnis der beiden Unterscheidungen „pädagogisierende Kommunikationsform" außerhalb und „pädagogische Programmierung" innerhalb des Erziehungssystems um kein additives handelt. Die pädagogische Konstruktion des Dritte Welt-Problems – gerade durch eigentlich nicht-pädagogische Instanzen – erhöht die Wahrscheinlichkeit der Entwicklung einer Dritte Welt-Pädagogik durch das Pädagogische Establishment und die erziehungswissenschaftliche Disziplin, ohne daß Kausalitäten unterstellt werden müssen. Sowohl im Erziehungssystem wie auch in der Erziehungswissenschaft können Verselbständigungsprozesse vermutet werden, welche die Pädagogisierung sozialer Probleme unabhängig der Konstruktionsleistungen anderer ermöglichen.

Die erste Aufgabe der strukturierenden Inhaltsanalyse besteht darin zu untersuchen, wie die Dritte Welt im öffentlichen Raum als soziales Problem konstruiert worden ist (Kap. 6). Anschließend ist zu fragen, ob und wie in diese Problemkonstruktionen die pädagogische Kommunikationsform Eingang gefunden hat und ob Adressierungen an das Erziehungssystem erkennbar werden, die unter Erziehung, Unterricht und Bildung subsumierbare Steuerungsmaßnahmen favorisieren (Kap. 7). In den Systemreferenzen Erziehungssystem (Kap 8) und erziehungswissenschaftliche Disziplin (Kap. 9) vereinfacht sich die Fragestellung. Für beide Instanzen ist davon auszugehen, daß sie ihre Themen pädagogisch bzw. erziehungswissenschaftlich kommunizieren. Von Interesse ist deshalb, wie das Dritte Welt-Problem von diesen Instanzen als Herausforderung interpretiert und mittels programmatischer Reaktionen in den eigenen Zuständigkeitsbereich inkludiert wird.

5.4. Das Kategorienschema

5.4.1. Das Problemlabel Dritte Welt

Die inhaltsanalytische Operationalisierung der Kategorie Dritte Welt zielt auf Suchbegriffe, die geeignet erscheinen, das Problemlabel in einer angemessenen Differenziertheit zu repräsentieren und in der Vielfalt gesellschaftlicher Kommunikationen thematisch unterscheidbar zu halten. Als Suchbegriffe lassen sich folgende Kategorien einführen[17]:

---

[17] Die Suchkategorien sind einerseits aus Dokumenten gewonnen, in denen sich die für Untersuchung relevanten Instanzen zum Themenfeld Dritte Welt äußern (vgl. Kap. 5.2.1). Ein ähnliches Schema verwendet z.B. die inhaltsanalytische Lehrplanuntersuchung von Müller/Schlausch (1986, S. 358f). Andererseits sind die Suchkategorien in einem Pretest der

5. Überlegungen zu Methodologie, Untersuchungsdesign, Fragestellungen und Methode

- Dritte Welt
- Eine Welt
- Entwicklung
- international
- transnational
- global
- Armut
- Völkerverständigung
- Ländernamen oder -attribute wie z.b. Brasilien oder brasilianisch
- Nord-Süd-Konflikt
- soziale Gerechtigkeit
- Solidarität

5.4.2. Pädagogisierung

Die Hypothese von der Pädagogisierung des Dritte Welt-Problems kann nur dann plausibilisiert werden, wenn es gelingt, ihre verschiedenen Erscheinungsformen zu identifizieren. Pädagogisierung als Oberbegriff grenzt sich einerseits ab von anderen Kommunikationsformen (z.b. politischen, wissenschaftlichen, juristischen, ökonomischen oder medialen). Andererseits ist der Begriff soweit zu differenzieren, daß die oben genannten Kategorien (1) pädagogisierende Kommunikationsform, (2) Adressierungen an das Erziehungssystem, (3) pädagogische Programmierung und (4) erziehungswissenschaftliche Ausdifferenzierung einer speziellen Dritte Welt-Pädagogik identifizierbar werden. Um die Pädagogisierung des Dritte Welt-Problems inhaltsanalytisch zu erfassen, ist es notwendig, Unterkategorien zu bestimmen, die als sprachliche Realisationen diese vier untersuchungsrelevanten Kategorien repräsentieren und damit über das konkrete Dokument hinausgehende Aussagen zur Fragestellung der Fallstudie erlauben. Für die vier untersuchungsrelevanten Kategorien lassen im Rückgriff auf die systemtheoretische Konzeptualisierung von Pädagogisierungsprozessen die nachfolgenden Unterkategorien hohe Validität vermuten. Damit sie ihre Codierfunktion erfüllen, bedürfen sie in der Regel einer eingehenderen Interpretation. Die Notwendigkeit dieser interpretativen Kontextualisierung erklärt, warum bei einer dem qualitativen Paradigma folgenden Methode alleinstehende Deskriptoren fehlen. Es geht in der qualitativen Inhaltsanalyse nicht um das Auszählen von Wörtern, sondern um die systematische Erschließung von Kommunikationsinhalten.

---

computergestützten Titelanalyse erziehungswissenschaftlicher Fachzeitschriften entwickelt und verfeinert worden (vgl. Kap. 9.1.1.).

5. Überlegungen zu Methodologie, Untersuchungsdesign, Fragestellungen und Methode

(1) Pädagogisierende Kommunikationsform

- In pädagogisierenden Kommunikationen findet sich eine ausgeprägte *Individualisierung* sozialer Probleme. Problembeschreibung wie Problemsteuerung werden auf Individuen und deren *Bewußtsein* zugerechnet, wenn z.b. davon die Rede ist, daß die Bearbeitung der globalen Probleme von Unterentwicklung und Ungerechtigkeit ein gewandeltes Bewußtsein in den Industrieländern voraussetzt.
- Pädagogisierende Kommunikationen operieren in ihrer Problembeschreibung mit dem Code der *Vermittlung*. Der Vermittlungscode kann einerseits explizit kommuniziert werden, wenn z.b. die Aktion Dritte Welt Handel erklärt, sie sei darauf angewiesen, ihre Auffassung pädagogisch zu vermitteln. Andererseits kann das Pädagogische selbst zum Ort der Vermittlung werden, z.b. für die Dritte Welt-Bewegung, die ihre Strategien zwischen lokalen Handlungsmöglichkeiten und globalen Problemen entwickeln muß.
- Ein besonderer Grenzfall der Zuordnung liegt vor in *Mobilisierungskampagnen zur Veränderung der öffentlichen Meinung*. Dieses Steuerungskonzept liegt an der Schnittstelle zwischen pädagogischen und anderen (v.a. politischen) Kommunikationsformen. In der systemtheoretischen Konzeptualisierung wurde als Spezifik pädagogischer Kommunikationen die besondere Adressierung an Individuen betont. Politische Kommunikationen kennzeichnet dagegen, daß sie kollektiv verbindliche Entscheidungen als gesellschaftliche Funktion zu spezifizieren haben (vgl. Baraldi u.a. 1997, S. 135ff). Öffentliche Meinung dient dem politischen System als Legitimationsressource, auf die es in demokratisch verfaßten Gesellschaften in einem bestimmten Maße nicht verzichten kann. Um über die Legitimationsressource „öffentliche Meinung" Machtrelationen zu (de-)stabilisieren, können das politische System und die Protestbewegungen auf unterschiedliche Mobilisierungskampagnen zurückgreifen: Medienkampagnen sind ein bevorzugtes Mittel, aber auch Demonstrationen, die von Protestbewegungen präferiert werden. Mobilisierungskampagnen zur Beeinflussung öffentlicher Meinung können nur dann der pädagogischen Kommunikationsform zugerechnet werden, wenn sie sich direkt durch das *„Nadelöhr des Individuums"* zwängen und dabei mit pädagogischen Mitteln auf die *Veränderung von Bewußtsein bzw. Einstellungen* abzielen. Wenn in den zu untersuchenden Dokumenten das Stichwort Mobilisierung der öffentlichen Meinung fällt, muß genau diese individuelle Ausrichtung auf die Veränderung von Bewußtseinsformen und Einstellungen erkennbar sein, um von pädagogisierenden Mobilisierungskampagnen sprechen zu können.

- Kennzeichen pädagogisierender Kommunikation ist eine spezifische *Sorgekommunikation*, die in bezug auf soziale Probleme Handlungsbedarf signalisiert.
- Zudem findet sich in der Regel eine spezifische pädagogische Konstruktion von *Kindern und Jugendlichen*. Sie operiert in einer spezifischen Zeitdimension und verknüpft mit den Medien Kind/Jugendliche Verbesserungsaspirationen (vgl. Scholz 1994). Kinder oder Jugendliche werden als Mittler zwischen Gegenwart und Zukunft und zwischen Problem und Lösung vorgestellt. Ihnen kommt aufgrund zugeschriebener Eigenschaften und Dispositionen die Rolle des „Heilsbringers" in der Problemlösung zu.
- Pädagogisierende Kommunikationen greifen häufig auf eine spezifisch pädagogische Argumentationslogik zurück. Diese verknüpft Defizitzuschreibungen, individualisierte Ursachenprämissen sowie pädagogische Verbesserungsaspirationen miteinander, woraus dann die Forderung nach möglichst früh einsetzenden Erziehungs- und Bildungsmaßnahmen abgeleitet wird. Diese Argumentationslogik ist von Paschen (1988) beschrieben und als „Hänschen-Argument" bezeichnet worden.[18]
- Pädagogisierende Kommunikationen konstruieren im Kontext ihrer Steuerungskonzepte *pädagogische Erzieher-Zögling-Verhältnisse*. Diese zeichnet aus, daß Steuerungsinstanzen Ansprüche erheben auf die *Zuschreibung und Benennung von Defiziten* (mangelnde(s) Kenntnis, Einsicht, Verantwortung, Wissen, Verständnis etc. zum Problemkomplex Dritte Welt). Diese Ansprüche werden zur Basis eines professionellen *Korrekturanspruches*.

(2) Adressierung von Erwartungen an das Erziehungssystem

- Solche Adressierungskommunikationen verwenden eine explizit pädagogischen Steuerungsvorstellung. Sie wird im Erwartungsmodus vorgetragen und schlägt *Erziehung, Lernen, Bildung und Unterricht* als Medien zur Bearbeitung des Dritte Welt-Problems in Deutschland vor.
- In diesen Erwartungskommunikationen wird die Dritte Welt-Thematik explizit als *Unterrichts-, Erziehung-, Lern- und Bildungsinhalt* oder als *Unterrichts-, Bildungs-, Erziehungsaufgabe* im Sinne eines pädagogischen Programms dargestellt, die als Herausforderung an das Erziehungssystems adressiert werden kann.

---

[18] Es referiert auf die Alltagsweisheit "Was Hänschen nicht lernt, lernt Hans nimmermehr". Das selten explizit verwendete Diktum ist vielen pädagogischen Argumentationen unterlegt.

- Sie spezifizieren schließlich die Funktion des pädagogischen Systems entlang des pädagogischen Codes als *Vermittlung* der Dritte Welt-Thematik unter Einbeziehung einer methodisch-didaktischen Perspektive.

(3)/(4) Programmierung des Dritte Welt-Problems im Erziehungssystem/ Ausdifferenzierung einer speziellen Pädagogik

Um die Transformation des Dritte Welt-Problems in ein pädagogisches Programm des Erziehungssystems sowie in eine spezielle Pädagogik der erziehungswissenschaftlichen Disziplin inhaltsanalytisch zu identifizieren, ist zunächst auf die basale Kategorie Dritte Welt und ihre Indikatoren zurückzugreifen (vgl. Kap. 5.5.1.). Die thematische Eingrenzung wird dann mit dem Instanzenmodell verknüpft, um zu prüfen, ob das Erziehungssystem und speziell das Pädagogische Establishment auf der einen und die erziehungswissenschaftliche Disziplin auf der anderen Seite das Dritte Welt-Problem in ein pädagogisches Programm bzw. zu einer speziellen Pädagogik verdichten. Gemeinsam ist diesen der Referenzpunkt der Problemkonstruktion Dritte Welt und die Adressierung an Menschen in der Bundesrepublik. Die infragekommenden pädagogischen Programme müssen in den Industrieländern für die Industrieländer entwickelt worden sein. Als Namen für derartige Verdichtungen existieren verschiedene nicht allgemein anerkannte Bezeichnungen: Dritte bzw. Eine Welt-Pädagogik, Entwicklungspädagogik, Befreiungspädagogik, Entwicklungspolitische Bildung, Globales Lernen, Lernen im Kontext der Weltgesellschaft, Erziehung zu internationaler Verständigung, weltbürgerliche Erziehung. Wie bei der Kategorie Dritte Welt und ihren Indikatoren wird im inhaltsanalytischen Kategorienschema Dritte Welt-Pädagogik als Oberbegriff für alle genannten Pädagogiken verwendet. Damit ist keineswegs die Annahme einer systematischen Identität dieser Pädagogiken verbunden.[19]

Ein Abgrenzungsproblem eigener Art könnte die doppelte Referenz einiger dieser Pädagogiken aufwerfen: Während sich Entwicklungspolitische *Bildung*, Globales *Lernen*, *Lernen* im Kontext der Weltgesellschaft, weltbürgerliche *Erziehung* sowie *Erziehung* zu internationaler Verständigung bereits aufgrund der Verwendung der Indikatoren Bildung, Lernen und Erziehung semantisch relativ eindeutig als pädagogische Programme des Erziehungssystems bestimmen lassen, können Dritte Welt-*Pädagogik*, Eine Welt-*Pädagogik*, Entwicklungs*pädagogik* und Befreiungs*pädagogik* in ihrer refle-

---

[19] Die Kontingenz der Begriffe durchzieht auch andere mit dem Problem befaßte Diskussionen. So hält 1994 die Kommission "Bildungsforschung mit der Dritten Welt" der DGfE "die Suche nach einem treffenderen und allgemein verständlichen Begriff (für Dritte Welt-Pädagogik, M.P.) für notwendig" (vgl. Karcher 1994, S. 6f). Bis heute zeitigt die Suche kaum Erfolge. Dies sollte nicht dem Unvermögen der Suchenden zugerechnet werden, sondern der Kontingenz des Gegenstandes.

5. Überlegungen zu Methodologie, Untersuchungsdesign, Fragestellungen und Methode

xiven Aufnahme des Begriffes Pädagogik sowohl pädagogische Programme wie auch spezielle Pädagogiken der Erziehungswissenschaft bezeichnen. Die Bedeutung möglicher doppelter Referenzen für die Pädagogisierungsfragestellung wird eigens zu diskutieren sein. Im Kontext der speziellen Pädagogiken ist Dritte Welt-Pädagogik zudem abzugrenzen von Pädagogiken, die zwar auch mit der Unterscheidung Dritte Welt operieren, diese jedoch an Menschen oder pädagogische Prozesse *in* der Dritten Welt koppeln. Für sie finden sich Bezeichnungen wie Pädagogik in der Dritten Welt, Pädagogik Dritte Welt, Pädagogik der Entwicklungsländer oder Bildungsforschung mit der Dritten Welt.

Die Codierung des Oberbegriffs Pädagogisierung entlang der Kategorien (1) pädagogisierende Kommunikationsform, (2) Adressierungen an das Erziehungssystem, (3) pädagogische Programmierung und (4) erziehungswissenschaftliche Ausdifferenzierung einer speziellen Dritte Welt-Pädagogik sowie der ihnen zugeordneten Indikatoren ist aufgrund der gesamten Untersuchungsanlage als Heuristik zu begreifen, d.h. es handelt sich explizit nicht um ein geschlossenes Kategorienschema. Dennoch codieren die aufgelisteten Unterkategorien in ihrer Gesamtheit ausschließlich die Pädagogisierung des Dritte Welt-Problems. Das für Kategorienschemata geforderte Prinzip der Klassifizierbarkeit (vgl. Kromrey 1998, S. 312ff) gilt nur gegenüber potentiell anderen Oberbegriffen. Eine einzelne Unterkategorie aus dem Kategorienschema gewährleistet noch keine hinreichende Sicherheit für den Rückschluß auf den Oberbegriff Pädagogisierung. Erst mit der interpretativen Einordnung in den Gesamtaussagegehalt der Dokumente wird eine Zuordnung zum Oberbegriff Pädagogisierung plausibilisierbar. In Anlehnung an die Prämissen des qualitativen Paradigmas bleibt die „Kunst und Politik der Interpretation" (Denzin 1994) unhintergehbarer Bestandteil der Fallstudie.

6. Die gesellschaftliche Konstruktion des Dritte Welt-Problems

In dieser Fallstudie wird der Pädagogisierungsbegriff im Kontext der gesellschaftlichen Konstruktion sozialer Probleme ein- und auf die Frage enggeführt, wie pädagogische Kommunikationen Eingang in die Beschreibung und Steuerung des Dritte Welt-Problems gefunden haben. Vor dem Hintergrund der erläuterten Theoriefolie zur Konstruktion sozialer Probleme (vgl. Kap. 3) geht es in diesem vorbereitenden Kapitel ausschließlich um die Rekonstruktion der „Karriere" des als Pädagogisierungsfall ausgesuchten Dritte Welt-Problems. Sie verfolgt das Ziel, Einfallstore der Pädagogisierung zu entdecken. Dazu soll erstens gefragt werden, ob in der Konstruktion des Dritte Welt-Problems Kommunikationsformen Verwendung finden, die eine Pädagogisierung des Problems ermöglichen. Zweitens gilt es strukturelle Kontexte der Problemkonstruktion zu identifizieren, die für die Pädagogisierung des Dritte Welt-Problems relevant werden könnten. Wie lassen sich die Problemkonstruktion Dritte Welt und die Fragen weltweiter Gerechtigkeit und Entwicklung zunächst theoretisch verstehen?

Konstruktivistisch formuliert kommunizieren die Begriffe Dritte Welt, Entwicklung und Gerechtigkeit Unterscheidungen. Beschreibt der Begriff Dritte Welt eine *räumliche* Differenz, die mindestens binär zu anderen Welten codiert ist, so reflektiert der Entwicklungsgedanke eine *zeitliche* Unterscheidung. Diese markiert eine zu überwindende Differenz zwischen einem aktuellen und einem zukünftigen Zustand. Die im Entwicklungsbegriff enthaltene Differenz kann auf soziale, politische und ökonomische Aspekte referieren. Der Gerechtigkeitsbegriff schließlich codiert soziale Phänomene hinsichtlich der ihnen gegenüber gehegten *moralischen Erwartungen*.

Im Sinne dieser Unterscheidungen sind die Dritte Welt und die Fragen globaler Gerechtigkeit und Entwicklung nicht immer Bestandteil gesellschaftlicher Kommunikationen gewesen.[1] In den frühen fünfziger Jahren findet der aus dem Französischen stammende Begriff Dritte Welt zum ersten Mal Erwähnung (vgl. Wolf-Philips 1987, Worsley 1979).[2] In den sechziger Jahren

---

[1] Im Brandt-Bericht z.B. heißt es einleitend: „Wir waren uns der Tatsache bewußt, daß das Konzept einer globalen Verantwortlichkeit für wirtschaftliche und soziale Entwicklung vergleichsweise neu ist und im Verhältnis der Staaten zueinander nicht viel mehr als eine Generation zurückreicht. Es war das Konzept der Vereinten Nationen, das (...) Hoffnungen (und Illusionen) auf eine internationale Gemeinschaft weckte, die durch Ausgleich und Gerechtigkeit geprägt sein sollte" (Bericht der Nord-Süd-Kommission 1980, S. 12).

[2] Bedeutungsgeschichtlich ist der Begriff Dritte Welt zunächst in den Kontext des Ost-West-Konfliktes einzuordnen. Er verwies auf die Blockfreiheit der zugerechneten Staaten, die sich im Zuge der fortschreitenden Entkolonialisierung nach der Bandung-Konferenz im

6. Die gesellschaftliche Konstruktion des Dritte Welt-Problems

erfährt die soziale Konstruktion Dritte Welt auf internationaler Ebene einen enormen Bedeutungsaufschwung und -wandel. Der *Wandel* zeigt sich v.a. in der beginnenden Thematisierung des *wirtschaftlichen Ungleichgewichts* zwischen Ländern des Nordens und Südens im moralischen Horizont der Frage weltweiter Gerechtigkeit.³ Der Bedeutungs*zuwachs* des Dritte Welt-Begriffes hingegen korrespondiert mit der wachsenden *Einflußnahme der Länder des Südens* und ihrer politischen Zusammenschlüsse auf die internationalen Organisationen und deren Debatten.

Ausgangspunkt der Fallstudie ist die Beobachtung, daß die Dritte Welt zu einem bestimmten Zeitpunkt anfängt, als Problem im öffentlichen Diskurs kommuniziert zu werden. Das Dritte Welt-Problem erzeugt gesellschaftliche Resonanz und etabliert sich im Diskurs unterschiedlicher Instanzen der Gesellschaft als kommunikatives Ereignis. Dieser selbstreferentielle Prozeß ist in der These angesprochen, die (Welt-) Gesellschaft konstruiere ihre Probleme selbst. Die Rekonstruktion der Art und Weise, wie diese Problemkonstruktion historisch verlaufen ist, ist Gegenstand des folgenden Kapitels. Es geht dabei um die Frage, wie die Dritte Welt von den beteiligten Instanzen des politischen Systems auf internationaler Ebene (6.1.), im nationalen Ressort Bundesministerium für wirtschaftliche Zusammenarbeit (6.2.) sowie von der Dritte Welt-Protestbewegung und den Kirchen (6.3.) als *soziales Problem* beschrieben und gesellschaftlich etabliert worden ist.

6.1. Das Dritte Welt-Problem: Zur Entstehung einer neuen Thematik internationaler Politik

Die Debatte um Entwicklung und Gerechtigkeit im internationalen politischen Systems läßt sich in drei Phasen einteilen:
(1) In einer ersten Phase von Ende der fünfziger bis Ende der sechziger Jahre emanzipieren sich die ehemaligen Kolonien von ihren „Mutterländern". Sie konstituieren sich über ihre Selbstorganisationen als Dritte Welt und beginnen die Entwicklungsproblematik auf der Agenda internationaler Politik zu plazieren.

---

3 Jahre 1955 formierten und für einen dritten Weg zwischen Ost und West optierten (vgl. Khan 1978, S. 3). Schon schnell verlor diese blockpolitische Ausrichtung des Begriffs an Bedeutung. Sie wurde vor allem durch den in den sechziger Jahren stetig wachsenden Einfluß ökonomischer Fragen und dem damit korrespondierenden Entwicklungsgedanken in den Hintergrund gedrängt (vgl. auch Nuscheler 1985, S. 364ff).
Bereits der Bedeutungswandel verweist darauf, daß der Begriff Dritte Welt nicht auf eindeutigen Kriterien ökonomischer, sozialer oder kultureller Art beruht, sondern daß es sich um einen politisch, d.h. durch die Auseinandersetzungen in öffentlichen Debatten bestimmten Begriff handelt (vgl. auch Nohlen/Nuscheler 1992, S. 14ff).

6. Die gesellschaftliche Konstruktion des Dritte Welt-Problems

(2) In einer kurzen zweiten Phase von Ende der sechziger bis Mitte der siebziger Jahre gelingt es Dritte Welt-Ländern im Dissens gegen die westlichen Industrieländer, ihre Problembeschreibung und -steuerungsidee einer Neuen Weltwirtschaftsordnung programmatisch im Entwicklungsdiskurs und in den Resolutionen der Vereinten Nationen festzuschreiben

(3) Dieser „Aufstand der Worte" endet in der zweiten Hälfte der siebziger Jahre und leitet eine Phase ein, in der die Problembeschreibungen und Lösungsvorschläge der Dritten Welt zunehmend an Einfluß verlieren.

(1) Die Selbstkonstitution der Dritten Welt

„Die Dritte Welt steht heute als eine kolossale Masse Europa gegenüber; ihr Ziel muß es sein, die Probleme zu lösen, die dieses Europa nicht hat lösen können. (...) Für die Dritte Welt geht es darum, eine Geschichte des Menschen zu beginnen, die den von Europa einst vertretenen großartigen Lehren, aber zugleich auch den Verbrechen Europas Rechnung trägt, von denen das verabscheuenswürdigste gewesen sein wird: beim Menschen die pathologische Zerstückelung seiner Funktionen und die Zerstörung seiner Einheit; beim Kollektiv der Bruch, die Spaltungen; und schließlich auf der unermeßlichen Ebene des Menschheit der Rassenhaß, die Versklavung, die Ausbeutung und vor allem der unblutige Völkermord, nämlich das Beiseiteschieben von anderthalb Milliarden Menschen" (Fanon 1966, S. 241f).

Franz Fanon und dessen Manifest „Die Verdammten dieser Erde" aus dem Jahre 1961 kann als Belegquelle für die „Geburt" einer neuen Thematik gelesen werden: Die Unterscheidung Dritte Welt betritt die Weltbühne (vgl. Horowitz 1966). Sie findet Eingang in die internationalen Debatten und erregt öffentliche Aufmerksamkeit. Fanons Manifest verweist auf einen historisch-politischen Kontext, dem für die Konstruktion des Dritte Welt-Problems zentrale Bedeutung zukommt: das Unabhängigwerden ehemaliger Kolonien vor allem in Afrika und Asien. Die Entkolonialisierung verändert die globale politische Tagesordnung und hat vor allem für die Vereinten Nationen (UNO) nachhaltige Auswirkungen. Hat die Mitgliederzahl bei der Gründung der UNO 1945 nur 51 Staaten betragen, so erhöht sie sich ein Jahrzehnt später auf 76 und beträgt 1965 bereits 118. Auch die geographische Lage der Mitgliedsstaaten verändert sich: Während sich der Anteil europäischer Mitgliedsstaaten zwischen 1945 und 1985 nur verdoppelt, vervierfacht sich der Anteil asiatischer und verzwölffacht sich der Anteil afrikanischer Staaten (vgl. Opitz 1986, S. 61ff). Diese Veränderung der Mitgliederstruktur der UNO impliziert einen – zumindest nominellen – Einflußverlust der europäischen und nordamerikanischen Staaten.

Ein zentraler Faktor in der Karriere des Dritte Welt-Problems ist die Selbstorganisierung der Dritten Welt. Ihre Zusammenschlüsse, die Blockfreienbewegung und die Gruppe der 77[4], können als „Gewerkschaft der Dritten Welt" verstanden werden, die sich im Rahmen eines *Tiersmondisme* als politische Interessenvertretung der Dritten Welt konstituieren (vgl. Sauvant 1979, S. 49; 1981b; Opitz 1986, S. 66). Sie legen eine Beschreibung vor, welche die Problemkonstruktion Dritte Welt auf die Tagesordnung internationaler Politik setzt.[5] Hierfür ist die Debatte um die Entkolonialisierung Ende der fünfziger Jahre ein erster Beleg. Die Relevanz der Dritte Welt-Problematik verdichtet sich dann in der Ausrufung der Ersten Entwicklungsdekade 1961.[6]

Der UNO wird im Entkolonialisierungsprozeß die Rolle einer Arena zuteil, in der die Dritte Welt- und die Industrieländer ihre Konflikte austragen. Erstere versuchen, die Weltorganisation für ihre Interessen wie als Legitimitätsressource zu gewinnen (vgl. Scheuner 1975). Dabei gelingt es vor allem der Blockfreienbewegung, das in der UN-Charta eher beiläufig als Ordnungsfaktor genannte Selbstbestimmungsprinzip (Vereinte Nationen 1945, Art. 1 und 55) in ein verbrieftes, die politischen Auseinandersetzungen regulierendes Recht umzuwandeln (vgl. Vereinten Nationen 1960). Die Dritte Welt-Staaten erhalten mit der Entkolonialisierung zwar die politische Unabhängigkeit, sie betrachten diese jedoch als unzureichend. Damit wirkliche Unabhängigkeit entstehe, so ihre Argumentation, müsse auch ein Mindestmaß an wirtschaftlicher Unabhängigkeit erreicht werden. Für dieses Ziel umfassender Entwicklung, das bereits in der Entkolonialisierungsresolution angesprochen ist[7], mobilisiert vor allem die Gruppe der 77 die UNO. Kern der Argumentation ist die These, daß die internationale Wirtschaftsordnung die Unterentwicklung des Südens verursache und freier Handel Entwicklung verunmögliche. Die Dritte Welt-Länder folgern daraus die rechtliche Verpflichtung zur Einrichtung einer Neuen Weltwirtschaftsordnung (NWWO), die vor allem durch die Gründung einer neuen Spezialorganisation für Entwicklungsfragen auf UNO-Ebene[8] forciert werden soll.

---

[4] Die Blockfreienbewegung hat ihre Ursprünge in der Konferenz von Bandung im Jahre 1955, auf der die Entwicklungsländer versuchten, ihre politische Unabhängigkeit durch Zusammenarbeit zu konsolidieren. Sie wurde 1961 offiziell gegründet (vgl. Matthies 1985). Die Gruppe der 77 gründete sich 1964 anläßlich der ersten Welthandels- und Entwicklungskonferenz in Genf und hatte vor allem die Vertretung der wirtschaftlichen Belange der Dritten Welt zum Ziel (vgl. Sauvant 1981a; 1981b).

[5] Zur Frage der durch diesen Selbstorganisationsprozeß gewonnenen Macht der Entwicklungsländer in den internationalen Auseinandersetzungen vgl. Matthies (1978, S. 39-43).

[6] Entkolonialisierung und Entwicklung lassen sich entsprechend als „einander bedingende Aspekte ein und desselben Prozesses – nämlich der politischen und der wirtschaftlich-sozialen Emanzipation der sog. Dritten Welt" begreifen (vgl. Opitz 1986, S. 47).

[7] „Alle Völker haben das Recht auf Selbstbestimmung; kraft dieses Rechtes bestimmen sie frei ihre politische Gestalt und streben frei nach wirtschaftlicher, sozialer und kultureller Entwicklung" (Vereinte Nationen 1960, S. 299f).

[8] Die bestehenden Organisationen für Wirtschafts- und Entwicklungsfragen, der Internationale Währungsfonds (IWF) oder das Allgemeine Zoll- und Handelsabkommen (GATT), begünstigen in den Augen der Entwicklungsländer einseitig die Interessen der reichen Län-

(2) Die Verschärfung des Dritte Welt-Problems in der Auseinandersetzung um die Neue Weltwirtschaftsordnung

Die internationalen Entwicklungsanstrengungen der sechziger Jahre zur Lösung des Dritte Welt-Problems werden von verschiedenen Seiten und nicht mehr nur von den Länder des Südens als ungenügend bewertet.[9] Die UNO-Erklärung zur Zweiten Entwicklungsdekade wiederholt zwar im Namen einer „gemeinsamen Verantwortung für den Fortschritt" noch einmal die Überzeugung, daß „Entwicklungspolitik zu Gerechtigkeit und Frieden führt" und daß „die bestehenden Ungleichheiten zu beseitigen" sind (Vereinte Nationen 1970, S. 34). Eine UNO-Zwischenbilanzierung spricht jedoch bereits offen von „Rückschlägen" bei der Lösung der Entwicklungsprobleme (Vereinte Nationen 1973, S. 134-136). Dabei wird den Industrieländern von der UNO nicht nur die fehlende Reichweite ihrer Anstrengungen vorgehalten (vgl. ebd., S. 154). In die Kritik gerät vor allem, „die Haltung einiger entwickelter Länder wie auch die nichtakzeptablen Praktiken jener transnationaler Gesellschaften, welche die Prinzipien der Souveränität der Entwicklungsländer verletzen" (ebd., 168). In dieser Kritik ist der Ton angeschlagen, der die Debatte um grundlegende Reformen der Weltwirtschaft wie auch der internationalen Beziehungen in der ersten Hälfte der siebziger Jahre prägen wird.

In den sechziger Jahren hatte die Angst vor weiteren kommunistischen Machtübernahmen und das Wissen um die strukturelle Mehrheit in den entscheidenden Wirtschaftsgremien (IWF, Weltbank) bei den Industrieländern zwar die Bereitschaft geschaffen, Entwicklungsanstrengungen (u.a. Steigerung der öffentlichen Entwicklungshilfe) für die Dritte Welt einzuleiten. Doch jetzt geht es den Dritte Welt-Ländern nicht mehr nur darum, Symptome der Unterentwicklung zu kurieren, sondern die internationalen Wirtschaftsbeziehungen, die sie als die Hauptursache ihrer Unterentwicklung erachten, mit dem Konzept eines „globalen Entwicklungskeynesianismus" (Menzel 1992a, S. 142ff) strukturell und tiefgreifend zu reformieren. Das Dritte Welt-Problem wird in dieser Phase „*High Politics*", wie der renommierte Kenner der Debatte Sauvant resümiert (1979, S. 51). Den Dritte Welt-Ländern gelingt es Anfang der siebziger Jahre, ihre Beschreibungen und Lösungsvorschläge in die

---

der. Der 1944 auf der Konferenz von Bretton Woods gegründete Internationale Währungsfonds ist nicht wie die meisten UNO-Organisationen nach dem Prinzip „ein Land – eine Stimme" organisiert, sondern quasi als Unternehmen, bei dem die Anteile ("Sonderziehungsrechte") bestimmen, welchen Einfluß ein Land besitzt.

[9] „Haben sich also schon die in dem UNO-Beschluß von 1961 (d.h. zur Ersten Entwicklungsdekade, M.P.) begründeten Hoffnungen der Entwicklungsländer, mit Hilfe der Industrienationen auf den Weltmärkten stärker Fuß zu fassen, als Illusion erwiesen, so haben die Industrieländer die in sie gesetzten Erwartungen hinsichtlich der Kapitalbereitstellung auch nicht erfüllt" (Donges 1970, S. 8).

Problemkonstruktion einzuschreiben und diese auf der Ebene des internationalen Entwicklungsdiskurses durchzusetzen.[10]

Die Verschiebung der Problemkonstruktion Dritte Welt in den frühen siebziger Jahren läßt sich u.a. daran ablesen, daß im Entwicklungsdiskurs und speziell in Beschreibungen, die nicht den Dritte Welt-Ländern selbst zugerechnet werden können, moralische Kommunikationen Verwendung finden. In einer vielbeachteten Rede vor den internationalen Finanzministern und Notenbankpräsidenten prägt der Weltbankpräsident Robert McNamara in Nairobi 1973 nicht nur den Begriff der „absoluten Armut". Zum ersten Mal räumt dort eine durch die Industriestaaten dominierte Organisation ein, die von westlicher Seite forcierte Wachstumspolitik sei für den Zustand der Dritten Welt mitverantwortlich und durch eine Umverteilungspolitik zu korrigieren (vgl. Nuscheler 1987, S. 25f). Der Weltbankpräsident schließt mit der Mitverantwortungsformel an den Pearson-Bericht (vgl. Kommission für internationale Entwicklung 1969), in dem eine mit hochrangigen Experten und Politikern besetzte Kommission unter Vorsitz des kanadischen Ministerpräsidenten Lester Pearson die Fehlentwicklung bisheriger Lösungsstrategien ebenfalls erstmals offiziell beglaubigt und eine Mitverantwortung der westlichen Welt für die Entwicklung in der Dritten Welt anerkennt (vgl. Schmied 1981, S. 11). Die Kategorie Mitverantwortung kommuniziert die neuartige moralische Anerkennung des Dritte Welt-Problems. Sie schlägt eine Brücke zu dem bereits in den UNO-Resolutionen verankerten Ziel der Entwicklungsanstrengungen: Gerechtigkeit (vgl. Vereinte Nationen 1970, S. 34).

---

[10] Zwei Faktoren werden für die zum ersten Mal nicht nur nominelle Verschiebung des internationalen Kräfteverhältnisses zugunsten der Dritte Welt-Länder verantwortlich gemacht: Erstens die sogenannte Erdölkrise. Daß die Rohstoffe in dieser Phase eine entscheidende Rolle für die Verhandlungsmacht der Dritte Welt-Länder spielen, ist wesentlich auf die Erfahrungen der Organisation der erdölexportierenden Länder (OPEC) zurückzuführen. Sie erlangte durch Nationalisierungen die Kontrolle über die Förderunternehmen, bildete ein Kartell, das 80% des weltweiten Ölexportes bestritt und erreichte so eine Verfünffachung der Richtpreise innerhalb von sechs Monaten (vgl. Kaiser/Wagner 1988, S. 201ff). Geschwächt wurde die Verhandlungsposition der westlichen Industrieländer zudem durch den Zusammenbruch des Bretton Woods-Systems, d.h. der fixen Goldbindung des US-Dollars im August 1971 sowie die Freigabe der Wechselkurse Anfang 1973. Als zweiter Faktor wird die demonstrative Einheit und Entschlossenheit der Dritte Welt-Länder in dieser Phase genannt. Sie wird exemplarisch durch eine Rede des damaligen tansanischen Präsidenten Nyerere vor der Blockfreienkonferenz im Jahre 1970 illustriert: „Getrennt sieht unsere Lage so aus, und wird auch weiterhin so aussehen. Wir wenden uns hier an die höflichen Entwicklung, dort eine kleine Investition erbetteln und erschwarzen, – alles zu Bedingungen, die von anderen bestimmt werden. Aber zusammen oder auch nur in Gruppen sind wir viel weniger schwach. (...) Und als geschlossene Gruppe können wir den wohlhabenden Nationen unter ganz anderen Bedingungen entgegentreten; (...). Eine derartige Veränderung liegt in unserer Macht. Sie verlangt keine wirtschaftliche Stärke, die wir nicht haben. Sie erfordert nur politisches Bewußtsein und politischen Willen. Und diese hängen von unserem Mut und der Intensität unseres Wunsches nach echter Unabhängigkeit ab" (Nyerere 1970, S. 75).

Auf der Ebene der Vereinten Nationen wird die Verschiebung des Kräfteverhältnisses offenkundig an drei Resolutionen[11], die sich als Problemlösungsstrategie die von den *Pressure Groups* der Dritte Welt-Länder seit langem geforderte Neue Weltwirtschaftsordnung zu eigen machen. Der wirtschaftliche Dirigismus und die Möglichkeit der Nationalisierung von Ressourcen bei gleichzeitiger Enteignung transnationaler Konzerne stoßen jedoch auf heftige Kritik der westlichen Industrieländer. Dies hindert die Dritte Welt-Länder jedoch nicht daran, aus der aktuellen Position der Stärke heraus, ihre Positionen in den Resolutionen der Vereinten Nationen offiziell zu verankern. Dennoch bleiben ihre Positionsgewinne nur eine zeitlich befristete Episode in der internationalen Debatte. Sie beschränken sich zudem auf die Annahme programmatischer Resolutionen. Von einer Umsetzung der Forderungen kann nicht die Rede sein. Die Dritte Welt macht die Erfahrung, daß der Einfluß, die Unterscheidung Dritte Welt universal als soziales Problem zu etablieren, nicht zu verwechseln ist mit der Fähigkeit, die westlichen Industrieländer zu einer Reform ihrer Wirtschaftspolitik zu zwingen. Die Dritte Welt kann in der ersten Hälfte der siebziger Jahre beweisen, daß sie die „Entschließungsmacht" zur Durchsetzung nahezu jeder Resolution besitzt. Die Industrieländer behalten jedoch die „Verweigerungsmacht", die Umsetzung dieser Resolutionen zu verhindern (vgl. Kaiser/Wagner 1988, S. 208).

Vorrangig ist der Nord-Süd-Konflikt aus der Perspektive der nach grundlegenden Veränderungen strebenden Dritte Welt-Länder ein „Konflikt der Worte" geblieben (Nuscheler 1987, S. 59). Die vom Weltbankpräsidenten McNamara als Bedrohungsszenario angekündigte „Revolution der armen gegen die reichen Völker" (zitiert nach: Donges 1970, S. 11) findet nicht statt, wie nahezu einhellig konstatiert wird (vgl. Nuscheler 1987, S. 29ff; Opitz 1984). Es zeigt sich vielmehr ein fundamentaler Dissens zwischen Dritte Welt- und Industrieländern sowohl über die Problemverursachung als auch über Problemlösungsstrategien.

(3) Der Resonanzverlust der Problemkonstruktion Dritte Welt

Die programmatische Offensive der Dritte Welt-Länder gerät ab Mitte der siebziger Jahre in die Turbulenzen weltwirtschaftlichen Krisenphänomene. Zum einen fallen die Preise für Rohstoffe, was vor allem die Entwicklungsländer trifft. Zum anderen nimmt der Anteil der Entwicklungsländer am Welthandel kontinuierlich ab. Diese beide Faktoren kulminieren schließlich in der Verschuldungskrise der frühen achtziger Jahre. Ab 1984 muß die Dritte Welt mehr Mittel für den Schuldendienst aufbringen als ihr aus dem Norden in Form von Entwicklungshilfe, Krediten und Investitionen zufließt. Die Kri-

---

11 Vgl. Vereinte Nationen (1974a, 1974b, 1974c).

6. Die gesellschaftliche Konstruktion des Dritte Welt-Problems

se ist vor allem eine Krise für die Dritte Welt, denn mit der ökonomischen Abhängigkeit ist ein politischer Autonomieverlust verbunden, weil sich die Schuldnerländer kaum gegen die Sanierungsauflagen des IWF sowie die politische Wohlverhaltenserwartungen von bilateralen Kreditgebern wehren können. Ein neues Maß einseitiger Abhängigkeit prägt das Verhältnis zu den westlichen Industrieländern. Als verschärfender endogener Faktor kommt spätestens zu diesem Zeitpunkt das Zerbröckeln der Einheit der Dritten Welt hinzu. Die Rede von gemeinsamen Interessen erweist sich als rhetorische Floskel, welche tiefgreifende Unterschiede in den politischen Zielsetzungen (Zugang zu Märkten und handelspolitische Konzessionen vs. Überlebenshilfe) unterschiedlicher Dritte Welt-Länder nicht mehr verdecken kann.

Zu Beginn der achtziger Jahre kann noch einmal ein mit Hoffnungen verbundener Begriff die Debatte prägen: der „Nord-Süd-Dialog". Seinen Ursprung hat der Dialoggedanke in einem Bericht der Nord-Süd-Kommission unter Vorsitz des Altbundeskanzlers und Friedensnobelpreisträgers Willy Brandt. Der Bericht wiederholt in moralischer Absicht die These, „daß die Neugestaltung der weltweiten Nord-Süd-Beziehungen für die Zukunft der Menschheit zu einer Frage von schicksalsschwerer Bedeutung geworden sei" (Bericht der Nord-Süd-Kommission 1980, S. 12). Trotz des offenkundigen Dissenses zwischen Dritte Welt- und Industrieländern in der Auseinandersetzung um die Neue Weltwirtschaftsordnung postuliert der Bericht „in steigendem Maße gemeinsame Interessen" zwischen Norden und Süden (ebd., S. 29). Er baut darauf, „daß Probleme, die von Menschen geschaffen werden, auch durch Menschen gelöst werden können" (ebd., S. 15) und behauptet „Zeichen für ein neues Bewußtsein, daß die Menschheit eine Gemeinschaft wird", zu erkennen (ebd., S. 18). Trotz dieser optimistischen Beschreibung kann der Bericht nicht darüber hinwegtäuschen, daß der Nord-Süd-Dialog in unverbindlichen Absichtserklärungen endet, daß er eher diplomatische Konferenzroutine als politische Steuerung der Probleme der Dritten Welt symbolisiert. Insgesamt werden die achtziger Jahre sowohl von internationalen Organisationen als auch von Entwicklungsexperten als „verlorenes Jahrzehnt" bezeichnet, das „für die meisten (Entwicklungsländer, M.P.) (...) rückläufige Wachstumsraten, einen sinkenden Lebensstandard und noch tiefere Armut" brachte (Vereinte Nationen 1991, S. 108).

Blickt man abschließend kurz auf die neunziger Jahre, zeigt sich, daß das Ende des Ost-West-Konfliktes den Blick freigibt auf neue Konstellationen im Verhältnis der westlichen Industrieländern zu den Ländern des Südens. Zum einen ist die fortschreitende weltwirtschaftliche und politische Marginalisierung der großen Mehrheit der Dritte Welt-Länder zu nennen. Sie ist auch daran zu erkennen, daß Konfliktform und -schärfe der siebziger Jahre fast gänzlich verschwunden sind. Komplementär zur Marginalisierung der Dritten Welt hat sich in der westlichen Welt eine Sprechweise eingestellt, die, ausgelöst durch den zweiten Golfkrieg, die Dritte Welt zunehmend als Bedrohung und Gefahr thematisiert, sei es militärisch oder in Form von Migrationsbewegungen.[12] Von einer moralisch codierten Mitverantwortung des Nordens an der Marginalisierung des Südens ist nirgendwo mehr die Rede. Scheinbar entgegensetzt zu diesem Bedrohungsalarmismus kann in den neunziger Jahren die Erfindung von Weltkonferenzen beobachtet werden, die einen neuen Typus von Weltinnenpolitik repräsentieren sollen: *Global Governance*[13] (vgl. Messner/Nuscheler 1996). Doch weder *Global Governance* noch das Konzept *Sustainable Development* (vgl. Bericht der Weltkommission für Umwelt und Entwicklung 1987; Schmitz 1996) können darüber hinwegtäuschen, daß die Konstruktion Dritte Welt nach einer fast vierzigjährigen Problemgeschichte einen ambivalenten Wendepunkt erreicht zu haben scheint. Der Bedeutungsverlust des Dritte Welt-Problems nach dem Wegfall der Systemkonkurrenz ist augenfällig. Die Dritte Welt und die Brisanz der Frage von Entwicklung und Gerechtigkeit scheinen auf der Tagesordnung internationaler Politik – wenn überhaupt – nur noch in der Rhetorik von Bedrohung und Gefahr vorzukommen.

Zusammenfassung

Wie läßt sich diese Skizze der Karriere des Dritte Welt-Problems vor dem Hintergrund der Pädagogisierungsfrage zusammenfassen?

Als erstes fällt auf, wie es der Dritten Welt einschneidend gelingt, sich selbst zum „kommunikativen Ereignis" zu machen. Die Kategorie Dritte Welt läßt sich in der Tat als eine Unterscheidung lesen, die im Kontext unterschiedlicher (welt-) gesellschaftlicher Instanzen Kommunikationen um Fragen von Problembeschreibung und -steuerung anregt. Die Prämisse, daß soziale Probleme auf einem Prozeß kollektiver Definitionen beruhen (Blumer), gewinnt Plausibilität, wenn man sich die kommunikativen Aktivitäten von Akteuren wie der Gruppe der 77 oder der Blockfreienbewegung vor Augen führt. Innerhalb eines historisch vergleichsweise kurzen Zeitraums gelingt es der Dritten Welt, Teil der formellen Agenda internationaler Politik zu werden und kommunikative Resonanz zu erzeugen (z.B. in den Vereinten Nationen, in internationalen Kommissionen sowie in nationalen Politiken).

Dieses Gelingen beruht nicht zuletzt darauf, daß sich die Unterscheidung Dritte Welt in die Rahmung des Deutungsmusters „soziales Problem" einfügt.

---

[12] Buchtitel wie „Der Untergang der Dritten Welt. Der Krieg zwischen Norden und Süden hat begonnen" (Peter Grubbe) belegen dies ebenso wie die Konstruktion der theoretischen Kategorie „Chaosmacht" in der Entwicklungsdebatte (vgl. Senghaas 1988, S. 170ff). Weitere Hinweise für den westlichen Alarmismus gegenüber der Dritten Welt finden sich bei Matthies (1991) und Wöhlcke (1991).

[13] *Global Governance* soll die gemeinsame Überlebenssicherung in der „Einen Welt" sichern und der mit Globalisierung einhergehenden Unterminierung nationalstaatlich organisierter Steuerung entgegenwirken (vgl. Commission on Global Governance 1995).

6. Die gesellschaftliche Konstruktion des Dritte Welt-Problems

Mit der Bezeichnung Dritte Welt hat das Problem einen *Namen* gefunden, dem Inakzeptanz durch Differenz bereits eingeschrieben ist. Dritte Welt ist eine Unterscheidung, die einen Unterschied in einer Welt macht, die für sich selbst den humanistischen Maßstab gleicher Lebensrechte proklamiert.[14] In der von den Dritte Welt-Staaten propagierten Problembeschreibung finden sich nahezu alle Bestandteile, die zum Deutungsmuster „soziales Problem" gezählt werden: Die Problembeschreibung der Dritte Welt-Länder definiert die gegenwärtige Wirtschaftsordnung als *kausale Ursache* für ihre Unterentwicklung. Sie benennt mit dem Internationalen Währungsfonds, der Weltbank, transnationalen Unternehmen sowie den Regierungen der Industrieländer die *Verantwortlichen* für die Ungerechtigkeit der bestehenden Situation. Dabei stellt sie einen *moralischen Zusammenhang* her zwischen den Praktiken dieser Organisationen und ihren (z.B. in der UNO-Charta oder in den Entwicklungsdekaden) proklamierten Wertvorstellungen, die gleichzeitig als Maßstab zur Bewertung der Situation der Dritte Welt-Länder dienen. Schließlich formulieren die Dritte Welt-Staaten mit der Neuen Weltwirtschaftsordnung und den darin enthaltenen *Forderungen* einen aus ihrer Sicht geeigneten Maßnahmenkatalog zur Lösung ihrer Probleme. Bei diesem Katalog handelt es sich deutlich um Maßnahmen, die sich als politisch-ökonomische Steuerungsvorstellungen klassifizieren lassen.

Die interaktionistischen Problemtheorien (vgl. Kap. 3.2.2.) würden mit Bezug auf die beschriebene Veränderung der Debatte ab Ende der siebziger Jahre von einer Problemverlagerung sprechen. In dieser gelingt es den westlichen Industrieländern sowohl die eigene Problembeschreibung wie Steuerungsvorstellung durchzusetzen. Nicht mehr externe Verursachungsfaktoren gelten als Ursache des Problems, sondern das endogene Politikversagen in den Entwicklungsländern wird von den westlichen Industrieländern als prima causa des Problems ausgemacht. Konsequenterweise steht auch nicht mehr die Veränderung der Weltwirtschaftsordnung auf der Tagesordnung, sondern Strukturanpassungsprogramme, welche die Marktfähigkeit der Dritten Welt unter dem „Sachzwang Weltmarkt" (Altvater 1987) wiederherstellen sollen.

Diese Verschiebung in der international dominierenden Problembeschreibung geht zudem mit einem grundsätzlichen Entwicklungspessimismus

---

[14] In der UNO-Charta (1945, S. 245f) heißt es: „Wir, die Völker der Vereinten Nationen – fest entschlossen, (...) unseren Glauben an die Grundrechte des Menschen, an Würde und Wert der menschlichen Persönlichkeit, an die Gleichberechtigung (...) von allen Nationen, ob groß oder klein, erneut zu bekräftigen; Bedingungen zu schaffen, unter denen Gerechtigkeit (...) gewahrt werden können; den sozialen Fortschritt und einen besseren Lebensstandard in größerer Freiheit zu fördern – haben beschlossen, in unserem Bemühen um die Erreichung dieser Ziele zusammenzuwirken. (...) Die Vereinten Nationen setzen sich folgende Ziele: (...) Eine internationale Zusammenarbeit herbeizuführen, um internationale Probleme wirtschaftlicher, sozialer, kultureller und humanitärer Art zu lösen und die Achtung vor den Menschenrechten und Grundfreiheiten für alle ohne Unterschied der Rasse, des Geschlechts, der Sprache oder der Religion zu fördern und zu festigen".

einher. Die bislang sowohl im Süden wie im Norden geteilte Prämisse von Entwicklung, d.h. die Überzeugung, mit Hilfe entsprechender Maßnahmen das Dritte Welt-Problem lösen zu können, wird brüchig. Vor allem die Industrieländer verabschieden sukzessive den Glauben an die grundsätzliche Steuerbarkeit des Dritte Welt-Problems. Man kann sich nicht des Eindrucks erwehren, daß die Dritte Welt-Semantik als soziale Konstruktion des Raumes mit dem Abschied vom Entwicklungsgedanken als soziale Konstruktion der Zeit ebenfalls ihren Zenit überschritten hat. Hierfür wäre die Erfindung der Rede von der „Einen Welt" in der „gemeinsamen Zukunft", die in den neunziger Jahren inflationär wird, das raum-zeitliche Korrelat.[15]

6.2. Entwicklungspolitik als Antwort auf das Dritte Welt-Problem

Welche kommunikative Resonanz hat die im internationalen Kontext etablierte Problemunterscheidung Dritte Welt im politischen System der Bundesrepublik Deutschland erzeugt? Diese Frage ist für die Fallstudie von Bedeutung, da die Untersuchung zur Pädagogisierung des Dritte Welt-Problems räumlich auf die Bundesrepublik eingegrenzt wird und die Frage zur Rolle von Erziehung und Bildung im Entwicklungsprozeß von Dritte Welt-Ländern ausgeklammert bleibt.

Die gängige Antwort der Bundesrepublik wie auch anderer westlicher Industrieländer auf das Dritte Welt-Problem heißt Entwicklungspolitik. Der diesem Politikfeld zugrundeliegende Begriff Entwicklung stellt eine vielseitig, d.h. für unterschiedlichste Interessen und Politiken verwendbare Legitimationsressource dar, was auch seine durchgehend positive Konnotierung erklärt. Wer Entwicklung befürwortet, „benennt gar nichts, doch nimmt für sich alle guten Absichten dieser Welt in Anspruch" (Willems 1998, S. 177). Die charakteristische Besonderheit der (entwicklungs-) politischen Bezugnahme auf die Dritte Welt liegt für Willems darin, „daß in grundsätzlicher Weise zur Disposition steht, in wessen Interesse eine solche Politik verfolgt werden soll" (ebd., S. 179). Der Grundkonflikt des Politikfeldes Entwicklungspolitik besteht in der Frage, ob mit den Interessen der Dritten Welt auch solche Interessen Berücksichtigung finden sollen, die in Wohlfahrtsstaaten normalerweise keine Anerkennung erfahren. Denn als Anerkennungskriterium von Interessen fungiert in Wohlfahrtsstaaten das Prinzip der Zugehörigkeit

---

[15] Erinnert sei an die beiden bereits erwähnten zentralen Dokumente dieser Dekade: Der Brundtland-Bericht ist mit dem Titel „Unsere gemeinsame Zukunft" (Kategorie Zeit) überschrieben, der Bericht der „Commission on Global Governance" mit „Nachbarn in der Einen Welt" (Kategorie Raum).

6. Die gesellschaftliche Konstruktion des Dritte Welt-Problems

und damit die Unterscheidung zwischen anerkennbaren „eigenen" und übergehbaren „fremden" Interessen. Mit anderen Worten: Die Berücksichtigung der Interessen der Dritten Welt ist nicht vorgesehen, weil die Dritte Welt in einem Erste Welt-Land nicht als Instanz anerkannt ist, die berechtigt wäre, Interessen zu reklamieren. Anerkennung finden in der Regel nur die gesellschaftlichen Gruppen, denen über das Zugehörigkeitskriterium zumindest prinzipiell das Recht zugesprochen wurde, Interessen anzumelden.

Jedoch sollte nicht übersehen werden, daß die semantische Offenheit des Entwicklungsbegriffs keineswegs ausschließt, „eigene" Interessen für Entwicklung zu mobilisieren (z.b. wirtschaftliche, geostrategische, außen- und sicherheitspolitische). Konfliktiv wird die beschriebene Konstellation erst, wenn „eigene" und „fremde" Interessen konkurrieren und sich als inkompatibel erweisen, d.h. wenn die Berücksichtigung der Interessen der Dritten Welt nur auf Kosten der Zurückstellung „eigener" Interessen zu realisieren ist. In diesem Fall müssen für die Anerkennung „fremder" Interessen zusätzliche Ressourcen wie z.B. Moral in Anschlag gebracht werden.

Versucht man die offizielle bundesdeutsche Entwicklungspolitik vor dem Hintergrund dieses Grundkonfliktes und der Frage zu rekonstruieren, welche Beschreibung des Dritte Welt-Problems ihr zugrundeliegt, so lassen sich für den Untersuchungszeitraum vier Phasen erkennen[16], in denen sich jeweils eine spezifische Konstellation der Berücksichtigung „eigener" und „fremder" Interessen etabliert:

I. eine Entstehungsphase, die von den Anfängen der Entwicklungspolitik Ende der fünfziger Jahre über die Einrichtung des Bundesministeriums für wirtschaftliche Zusammenarbeit (BMZ) im Jahre 1961 bis zur Amtsübernahme durch den Minister Erhard Eppler 1968 und dem Beginn der sozialliberalen Koalition 1969 reicht;

II. eine Innovations- und Reformphase unter dem Stichwort „Aktive Entwicklungspolitik", die sich über den Zeitraum von 1968 bis zum Ende der Amtszeit Epplers 1974 erstreckt;

III. eine pragmatische Phase, die nach der Ölkrise von 1973/74 einsetzt und bis zum Ende der sozialliberalen Koalition 1982 fortdauert;

IV. eine Phase der erneuten Ausrichtung an ordnungs- und außenpolitischen Interessen ab dem Regierungswechsel 1982.

ad I.

Über den exakten Beginn der Geschichte der deutschen Entwicklungspolitik läßt sich streiten. Es bietet sich an, das Jahr 1961 als Ausgangspunkt zu betrachten, gerät Entwicklungspolitik mit der Gründung des Bundesministerium für wirtschaftliche Zusammenarbeit (BMZ) zum ersten Mal auch innenpoli-

---

[16] Diese Periodisierung erfolgt in Anlehnung an Bodemer (1985).

tisch in das Blickfeld öffentlicher Aufmerksamkeit. Aus der Perspektive der Theorie funktionaler Differenzierung stellt die Ausdifferenzierung von Organisationen einen typischen Modus der Bearbeitung neuer Problemlagen dar. Jedoch zeigt die Entstehungsgeschichte des BMZ, daß die Problemlage, auf die reagiert wird, komplexer ist, als es zunächst scheint. Bereits der Name des Ministeriums für Wirtschaftliche Zusammenarbeit deutet an, daß die Bundesregierung das BMZ nicht als humanitäres Erfüllungsorgan der im vorherigen Abschnitt beschriebenen Forderungen der Dritten Welt versteht.

Das Auftauchen der Dritten Welt im Kontext bundesrepublikanischer Politik hat dann auch weniger mit einer moralisch legitimierten Entkolonialisierungs- und Wiedergutmachungspolitik zu tun, die auf der beschriebenen Anerkennung der Interessen der Dritten Welt beruht, als mit der Erkenntnis, welche „Gefahr" sich im „sozialen Protest der Dritten Welt" (Behrendt 1966) verbirgt. Die Warnung des ersten Staatssekretärs im BMZ Vialon, daß „die Armen (...) gegen die Reichen agieren (werden), bis die Verteilung der Wirtschaftsgüter dieser Welt etwas ausgeglichener ist" (1966, S. 50), belegt dieses Eigeninteresse. So verstanden ist Entwicklungshilfe für die Bundesregierung „auf weite Sicht eine billigere Verteidigung" und „mögen die übrigen Motive noch so edel sein, in erster Linie auch ein Akt klarer politischer Vernunft" (ebd.). Das politische System der Bundesrepublik hat nicht nur die Brisanz der Dritten Welt erkannt. Sie hat mit dem Modus Entwicklungspolitik eine Antwort gefunden, die es erlauben soll, ihre block- und ordnungspolitischen Interessen mit dem humanitären Entwicklungsgedanken zu verbinden. Neben außenpolitischen Interessen (Einbindung der Dritten Welt in die westliche Welt über Entwicklungspolitik) fungieren wirtschaftspolitische Argumente als Legitimationsressource. „Entwicklungspolitik dient dem wirtschaftlichen Aufbau der Nehmerländer" heißt es beim ersten „Entwicklungshilfeminister" Scheel (1966, S. 6). Entwicklungshilfe als Wirtschaftspolitik für die eigene Ökonomie zu präsentieren, stellt eine konstitutive Grundfigur im entwicklungspolitischen Diskurs dar.[17] Wenngleich nahezu alle Dokumente des politischen Systems die Trias einer außenpolitischen, wirtschaftlichen sowie humanitären Legitimierung von Entwicklungspolitik variieren, so sind sich die Beobachter einig, daß in deren Entstehungsphase faktisch nur die außenpolitischen und wirtschaftlichen Interessen dominiert haben (vgl. Bodemer 1985, S. 284; Nuscheler 1987, S. 244f).

ad 2.

Ein deutlicher Wandel der Selbstbeschreibung bundesdeutscher Entwicklungspolitik markiert die unter dem Minister Eppler 1968 eingeleitete „Aktive

---

[17] Der zuständige Staatssekretär bringt diese Grundfigur prägnant auf den Punkt: „Wir wissen, daß auf die Dauer der Nutzen des einen nicht möglich ist ohne den Vorteil des anderen" (Vialon 1966, S. 47).

Entwicklungspolitik" (Bodemer 1985, S. 287). Aus der Perspektive der Theorie sozialer Probleme erreicht unter Eppler eine Auseinandersetzung ihren Höhepunkt, die um die Frage kreist, wie die angemessene politische Reaktion gegenüber der gesellschaftlichen Etablierung des Dritten Welt-Problems auszusehen habe. Die „kopernikanische Wende" dieser Reformphase (Nuscheler 1987, S. 245) läßt sich vor allem an der Antwort auf die Frage dokumentieren, wie sich die Interessen der „eigenen" Gesellschaft zu denen der Dritten Welt verhalten. In der neuen Entwicklungspolitik Epplers haben sich in den Worten des zuständigen BMZ-Ministerialdirektors die „kurzfristigen Eigeninteressen für lange Zeit den berechtigten Interessen anderer Gesellschaften in den Entwicklungsländern unter(zu)ordnen" (Böll 1970, S. 18). Entwicklungspolitik ist in dieser Reformphase die moralische Anerkennung der „fremden" Interessen der Entwicklungsländer nach Gerechtigkeit und Entwicklung.

Eppler betont die Bedürfnisse der Entwicklungsländer und begreift die langfristige Überwindung von Unterentwicklung als angemessenes Instrument einer vorausschauenden Weltinnenpolitik (vgl. Eppler 1972a, S. 96ff). Die in seine Amtszeit fallende erste umfangreiche Programmentwicklung bundesdeutscher Entwicklungspolitik formuliert die Form partnerschaftlicher Kooperation als Maßstab der Beziehungen zur Dritten Welt.[18] Sein Reformprogramm, das sich vor allem aus moralischen Argumenten speist, soll sich in der vorrangigen Bekämpfung der „absoluten Armut" und im Streben nach weltweiter Gerechtigkeit konkretisieren.

Eine der mit dieser Wende verbundenen Neuerungen ist, daß entwicklungspolitische Aktivitäten in der Bundesrepublik erstmals ein eigenständiges Gewicht bekommen (vgl. BMZ 1971a, S. 28-30). Unter diese werden einerseits Maßnahmen zur „Strukturanpassung" subsumiert, die den notwendigen Strukturwandel in den Industrieländern betreffen (ebd., S. 28-29). Andererseits fällt zum ersten Mal die Begriffsfigur „Mobilisierung der öffentlichen Meinung" (ebd., S. 29). Eppler baut zur Umsetzung seines Reformprojektes auf die Unterstützung bzw. Einbindung von Kirchen, Intellektuellen und Solidaritätsgruppen, die der bisherigen Entwicklungspolitik teilweise kritisch bis ablehnend gegenüberstanden. Mit ihrer Hilfe und in Zusammenarbeit mit dem Ministerium soll es gelingen, die Öffentlichkeit in Deutschland für die Anerkennung der „fremden" Bedürfnisse und Interessen der Dritten Welt zu mobilisieren. So progressiv sich Epplers Entwicklungspolitik von der bisherigen

---

[18] Entsprechend zurückhaltend gegenüber dem Pathos der Rede von der freien Welt, wie sie vorher üblich war, heißt es in der „Entwicklungspolitischen Konzeption der Bundesrepublik Deutschland für die zweite Entwicklungsdekade": „Die Bundesregierung versucht nicht, den Partnerländern politische sowie gesellschaftliche Vorstellungen aufzudrängen. Sie entscheidet in enger Kooperation mit dem jeweiligen Entwicklungsland und anderen Partnern, welche Maßnahmen sie entsprechend ihren Möglichkeiten, ihren Vorstellungen und ihrem Instrumentarium unterstützen will. (...) Die entwicklungspolitische Zusammenarbeit wird in wachsendem Umfang in der Form partnerschaftlicher Kooperation durchzuführen sein" (BMZ 1971a, S. 11).

Praxis abhebt, so wenig ist zu übersehen, daß sein Reformprogramm weder die ungeteilte Zustimmung der gesamten Bundesregierung erhält noch langfristig die Entwicklungspolitik der Bundesrepublik bestimmt (vgl. Nuscheler 1987, S. 245f).

ad 3.

Kennzeichen der nach-epplerschen Wende ist die erneute Priorisierung der vor allem wirtschaftlichen Eigeninteressen der Bundesrepublik.[19] Die Revision der Entwicklungspolitik holt den moralisch gefärbten Entwicklungsdiskurs Epplers auf den Boden einer eigeninteressenorientierten Politik zurück.

Die Bundesregierung betont zu Beginn der verschärften Nord-Süd-Auseinandersetzungen[20], daß sie zwar eine Politik der Kooperation mit der Dritten Welt unterstütze und auf einen Ausgleich zwischen armen und reichen Ländern hinarbeite (vgl. Genscher 1975; Betz 1982, S. 176). Diese Bereitschaft ist jedoch konditioniert: Eine Lösung für das Dritte Welt-Problem sei nur „in der Verbesserung des Wirkens der Marktmechanismen, nicht in der Flucht in einen weltweiten bürokratischen Dirigismus" zu suchen. Die Lösung des Dritte Welt-Problems lasse sich in den Augen der Bundesrepublik „allein mit Hilfe des marktwirtschaftlichen Lenkungsprinzips lösen. Es wäre eine gefährliche Utopie, sie durch internationalen Dirigismus lösen zu wollen" (Genscher 1975, S. 130). Damit erteilt die Bundesregierung den Forderungen der Dritte Welt-Länder nach einer Neuen Weltwirtschaftsordnung eine klare Absage. Sie demonstriert mit dieser Position die „rigideste Haltung aller Industrieländer" (vgl. Betz 1982, S. 193).

ad 4.

Die Zäsur in der Entwicklungspolitik fällt nach der Regierungsübernahme durch die christlich-liberale Koalition 1982 weniger abrupt aus als erwartet. Dies liegt vor allem in dem parteiübergreifenden Konsens begründet, mit dem bereits 1980 die „Entwicklungspolitischen Grundlinien der Bundesregierung" verabschiedet worden waren (vgl. BMZ 1980). Dies BMZ-Dokument kommuniziert die parteiübergreifend geteilte Prämisse, daß Entwicklung über „die

---

[19] Der Regierungssprecher wird in diesem Zusammenhang in der Frankfurter Rundschau vom 24. 1. 1975 wie folgt zitiert: „Zur allgemeinen Überraschung mußte der Regierungssprecher Klaus Bölling am Mittwoch in Bonn verkünden, das Kabinett sei sich darüber einig geworden, Entwicklungshilfe müsse wieder stärker ‚deutschen Interessen' dienen".

[20] Daß die skizzierte Verschiebung der globalen Kräfteverhältnisse auch in Bonn wahrgenommen wird, belegt eine Stellungnahme des Wissenschaftlichen Beirats beim BMZ (1978, S. 12-13): „Die Entwicklungsländer rücken zusammen, um eine schnellere Anpassung der Weltwirtschaft an ihre Bedürfnisse zu erzwingen. (...) Der Wandel der internationalen politischen Machtstruktur ist unverkennbar. Die Verschiebungen auf dem internationalen Kräftefeld basieren nicht zuletzt auf der Herausbildung eines vor allem ‚ideologisch' fundierten Zusammenschlusses der Entwicklungsländer".

verstärkte Integration der Entwicklungsländer in die Weltwirtschaft" (BMZ 1980, S. 12) zu erreichen sei. Von der Neuen Weltwirtschaftsordnung ist schon 1980 nicht mehr die Rede, vielmehr sei die bestehende Weltwirtschaftsordnung weiterzuentwickeln und zu verbessern (ebd., S. 31). Was sich jedoch nach 1982 abzeichnet, ist eine Re-ideologisierung der Entwicklungspolitik. An zwei Schlüsselbegriffen, die in den neuen „Grundlinien der Entwicklungspolitik der Bundesregierung" (BMZ 1986) Verwendung finden, läßt sich diese Verschiebung festmachen: Die Überwindung von Unterentwicklung wird erstens in Abhängigkeit gesehen von den von den Entwicklungsländern selbst zu verantwortenden inneren „Rahmenbedingungen" (ebd., S. 20). Die moralische Kategorie der Verantwortung wird nicht mehr wie unter Eppler den Industrieländern zugeordnet, sondern den Entwicklungsländern. Zweitens werden die außen- wie wirtschaftspolitischen Eigeninteressen der Bundesrepublik aufgewertet, denn „die Entwicklungspolitik der Bundesregierung unterliegt (...) dem grundgesetzlichen Auftrag, dem deutschen Volk zu nützen und Schaden von ihm zu wenden" (ebd., S. 21).

Zusammenfassung

Macht man abschließend den Versuch, diese Skizze bundesdeutscher Entwicklungspolitik mit der Theorie sozialer Probleme zu verschränken, so läßt sich einerseits die „Erfindung" des Steuerungsmediums Entwicklungspolitik als Reaktion auf die Etablierung des Dritte Welt-Problems im internationalen politischen System deuten. Das politische System der Bundesrepublik versteht sich als Adresse für die Forderung der Dritten Welt nach Entwicklung und Gerechtigkeit. Andererseits ist ebensowenig zu übersehen, daß die Problembearbeitung im Medium Entwicklungspolitik eigene Formbildungen schafft, die vor allem durch die außenpolitischen, geostrategischen oder ökonomischen Eigeninteressen der Bundesrepublik konditioniert sind. In der Legitimierung und Gestaltung von Entwicklungspolitik sind sie es, die für Bundesregierung und BMZ Priorität genießen (vgl. Bodemer 1985).

Deutlich treten in der entwicklungspolitischen Debatte damit die von Kitsuse/Spector für die Karriere sozialer Probleme als typische Bestandteile prognostizierten Konflikte um dessen „richtige" Beschreibung und Bearbeitung zutage (vgl. Kap. 3). Zwar spricht die Einrichtung eines Ministerium dafür, daß die Dritte Welt als soziales Problem offizielle Anerkennung gefunden hat (vgl. auch Glagow/Stucke 1989, S. 22ff). Diese Anerkennung transformiert jedoch das zu bearbeitende Problem. Das Problemlabel Dritte Welt und das Entwicklungsziel bleiben bestehen, in deren Bedeutung haben sich jedoch Inhalte eingeschrieben, die sich aus den Eigeninteressen der Bundesrepublik ableiten. Die Anerkennung der Unterscheidung Dritte Welt als soziales Problem referiert primär auf diese. Die bundesrepublikanische Politik inkludiert die „fremden" Interessen der Dritten Welt nur in dem Maße, wie keine Konkurrenzen zu Eigeninteressen auftreten oder sich zusätzliche Motive einstellen, die eine Anerkennung notwendig erscheinen lassen.

Von diesem Grundmuster deutscher Entwicklungspolitik weicht nur die Reformphase unter Eppler ab. Epplers Konzept setzte Reformakzente, die von dem Ziel geleitet sind, die „fremden" Interessen der Dritten Welt in der eigenen Problemkonstruktion und -steuerung zu berücksichtigen. Besondere Aufmerksamkeit an dieser Reformstrategie verdienen im Hinblick auf die Pädagogisierungsfragestellung dabei einerseits die vorgeschlagenen (Steuerungs-)Medien, mit denen versucht wird, die Vermittlung des Grundkonfliktes zwischen anerkannten „eigenen" und problematischen „fremden" Interessen in der bundesrepublikanischen Öffentlichkeit zu bewerkstelligen. Genannt wurde bereits das Stichwort „Mobilisierung der öffentlichen Meinung", das auf seine pädagogischen Implikationen zu befragen sein wird. Andererseits gilt es den Rekurs Epplers auf Moral festzuhalten. Sie wird als zusätzliche Ressource konstruiert, die der Anerkennung der Interessen der Entwicklungsländer und der daraus abgeleiteten „Aktiven Entwicklungspolitik" den Weg bereiten soll.

6.3. Dritte Welt-Protestbewegung und Kirchen: Zwischen Moral, Protest und advokatorischer Politik

Die Konstruktion des Dritte Welt-Problems wurde bislang als ein Oszillieren von Kommunikationen zwischen Instanzen des politischen Systems auf internationaler (UNO, Interessenorganisationen der Dritte Welt-Länder) und nationaler Ebene (Bundesregierung/BMZ) beschrieben. Semantischer Kern dieser Konstruktion ist die moralisch codierte Forderung der Dritten Welt nach Gerechtigkeit und nach Anerkennung der Mitverantwortung der Industrieländer für die Unterentwicklung des Südens. Aus dieser Problembeschreibung leiten die Dritte Welt-Länder die ökonomisch codierte Lösungsstrategie einer Neuen Weltwirtschaftsordnung ab. Die Karriere des Dritte Welt-Problems zeigt jedoch, daß in der Frage der Problemlösung ein grundsätzlicher Dissens zwischen Industrie- und Entwicklungsländern besteht. Während auf der Ebene der Problembeschreibung zu erkennen ist, daß die Industrieländer partiell zu einer Anerkennung ihrer Mitverantwortung an der Entwicklung der Dritten Welt bereit sind, ist eine solche Annäherung auf der Ebene der Problemlösung nicht zu erkennen. Die Zustimmung der Bundesrepublik zum Entwicklungsziel ist bis auf die Ausnahme der entwicklungspolitischen Reformphase unter Eppler unter den Vorbehalt „eigener" wirtschaftlicher oder außenpolitischer Interessen gestellt.

6. Die gesellschaftliche Konstruktion des Dritte Welt-Problems

Im folgenden soll rekonstruiert werden, welche Bedeutung der Dritte Welt-Protestbewegung (DWB) und den Kirchen bei der Konstruktion des Dritte Welt-Problems zukommt. Theoretischer Anknüpfungspunkt sind die Überlegungen zur Form Protest und zur Rolle von Protestbewegungen bei der Konstruktion und Etablierung sozialer Probleme (vgl. Kap. 3.3.3). Daß die Kirchen und kirchlich engagierten Dritte Welt Gruppen in diesem Abschnitt thematisiert werden, ist ihrer Zurechnung zur „entwicklungspolitischen Arena" geschuldet (vgl. Bommes/Heuer 1994, S. 67-72). Die Kirchen verstehen sich als *Public Interest Groups*, die einen (selbstgewählten) Öffentlichkeitsauftrag wahrnehmen (vgl. Abromeit 1989). Aus diesem Selbstverständnis heraus sind sie maßgeblich an der Konstruktion des Dritte Welt-Problems beteiligt. Die DWB ihrerseits kann als typische Repräsentantin der Protestbewegungen verstanden werden. Sie hat „als Thema das Verhältnis Erste/Dritte Welt" und kommuniziert „ihren Protest gegen die Erste Welt mittels der Forderung nach weltweiter ‚Gleichheit und Gerechtigkeit'" (Bommes/Scherr 1994, S. 99). Wenn man sich die Frage stellt, wie die Kirchen mit der Unterscheidung Dritte Welt operieren bzw. wie sich eine Protestbewegung über diese Konstruktion konstituiert, kommt man nur unschwer daran vorbei, angesichts des beschriebenen Anerkennungskonfliktes von „fremden" Interessen eine besondere Begründungs- und Politikform der Kirchen und DWB zu vermuten. Wie bereits in der Rekonstruktion der staatlichen Entwicklungspolitik sichtbar wurde, stellt der Begriff Entwicklung eine für „eigene" Interessen und Politiken offene Legitimationsressource dar. Charakteristisch für die Bezugnahme der Kirchen und der DWB auf die Dritte Welt ist jedoch, daß sie die Interessen der Dritten Welt in der Politik der Bundesrepublik prinzipiell berücksichtigt sehen möchte. Das Zugehörigkeitskriterium als Voraussetzung der Anmeldung von Interessen im Wohlfahrtsstaat ist für die Kirchen und die DWB im Kontext des Dritte Welt-Problems aufzuheben. Dieses Vorgehen wirft zwei zentrale Fragen auf:
(1) Welche Ressourcen können Verwendung finden, um den Interessen der Dritten Welt in der Bundesrepublik Rückhalt zu verschaffen?
(2) Welche Formen werden konstruiert, um eine affirmative Bezugnahme auf die Dritte Welt in der Bundesrepublik durchzusetzen?

ad (1)

Im Unterschied zu Problemthemen wie Umwelt oder Frieden läßt sich die affirmative Bezugnahme der Kirchen und der DWB auf die Dritte Welt nicht im Medium persönlicher Betroffenheit begründen. Prämisse der Problemkonstruktion Dritte Welt ist vielmehr die Überzeugung, daß die Menschen in den Industriestaaten von der Ausbeutung der Dritten Welt profitieren. Folglich kann die Mobilisierung für die Dritte Welt in der Bundesrepublik nicht auf der Basis von Eigeninteressen und Nutzenkalkülen organisiert werden. Ausgangspunkt ist die paradoxe Situation, daß sich diejenigen, die für die Dritte

Welt mobilisiert werden sollen, gleichzeitig gegen Verhältnisse einsetzen sollen, aus denen sie selbst Nutzen ziehen. Der Ausweg aus dieser Paradoxie ist für die Kirchen und DWB der Rekurs auf Moral (vgl. Bommes/Scherr 1994, S. 99). Dieser Rekurs kennzeichnet die Kirchen und die DWB als Wertgruppen im Sinne von Kitsuse/Spector (vgl. Kap. 3.2.). Ihre Kritik ruht auf für universal gehaltenen normativen Erwartungen. Übersetzt wird die Ressource Moral bewegungsintern in die Formel ‚*Gleichheit und Gerechtigkeit weltweit*'. Diese Formel ist systemtheoretisch gesprochen die *Kontingenzformel* der Kirchen und DWB zum Thema Dritte Welt, d.h. sie ist all ihren Kommunikationen grundsätzlich unterlegt. Die Strategie für die breitenwirksame Durchsetzung einer affirmative Bezugnahme auf die Dritte Welt in der Ersten Welt besteht dabei im Nachweis, „daß und wie von politischen Akteuren und ökonomischen Akteuren und Strukturen allgemein geteilte moralisch ethische Prinzipien von Gerechtigkeit und Gleichheit außer Kraft gesetzt werden" (Bommes/Scherr 1994, S. 99). Die Aktivierung der Ressource Moral verfolgt neben der mahnenden Anklage einen weiteren Zweck. Die Prämisse, daß die Menschen in den reichen Industrieländern als Konsumenten, Arbeitskräfte oder Staatsbürger von der Ausbeutung der Dritten Welt profitieren, wird durch den Rekurs auf Moral in Betroffenheit transformiert. Betroffenheit meint das Einsehen, selbst für weltweite Ungerechtigkeit und Ungleichheit verantwortlich zu sein. Da es sich bei dieser Form von Betroffenheit um eine kognitive handelt, die im Gegensatz zu „sterbenden Wäldern" oder den Folgen des „Ozonloches" kaum „erlebt" werden kann[21], muß sie immer wieder massenmedial hergestellt oder durch sich an die Bevölkerung direkt adressierende Kampagnen „einsichtig" gemacht werden.[22]

ad (2)

Während Moral die konstitutive Ressource der kirchlichen und bewegungsorientierten Mobilisierung für die Dritte Welt darstellt, repräsentieren Protest und advokatorische Politik deren zentrale Kommunikationsformen. Die *Protestkommunikation* kennzeichnet, daß sie „zwar *in* der Gesellschaft (erfolgt), sonst wäre sie keine Kommunikation, aber so, *als ob es von außen wäre*. Sie

---

[21] Die unterstellte Unmittelbarkeit eines solchen Erlebens von „kranken Wäldern", „Ozonlöchern" und dergleichen basiert selbst auf einer höchst problematischen Konstruktion. Es kann kaum übersehen werden, daß auch diese „persönliche Betroffenheit" hochgradig massenmedial vermittelt ist.

[22] Ein typisches Beispiel für den Rekurs auf Moral ("Gewissen") ist die Erklärung der Aktionsgruppen auf der Welthandelskonferenz in Santiago de Chile 1972: „Wir, die Unterzeichner erklären als Vertreter von Aktionsgruppen und Kirchen in einigen der reichsten Länder der Welt, daß eine sogenannte Entwicklungswelt (...) eine Herausforderung an das Gewissen der Menschheit und Situation darstellt, deren Fortbestehen nicht zugelassen werden darf. (...). Diese Situation läßt sich weder moralisch noch, auf lange Sicht, wirtschaftlich und politisch rechtfertigen" (Gemeinsame Erklärung 1972, S. 4f).

äußert sich aus Verantwortung *für* die Gesellschaft, aber *gegen* sie" (Luhmann 1996a, S. 204). Protestkommunikationen weisen immer zwei Seiten auf: die Protestierenden auf der einen und das, wogegen protestiert wird einschließlich jener, gegen die protestiert wird, auf der anderen Seite (vgl. ebd., S. 205). In der Problemkonstruktion der Kirchen und der DWB ist die andere Seite des Protests einerseits die Entwicklungspolitik der Bundesregierung, andererseits adressiert sich der Protest an die gesamte Bevölkerung.

Der von der DWB und den Kirchen kommunizierte Protest ist im Politikfeld Entwicklungspolitik und Dritte Welt eng mit der Form *advokatorischer Politik* verbunden. Advokatorischer Politik geht es darum, „den Interessen der Bevölkerungsmehrheiten im Süden stellvertretend im politischen Prozeß der Bundesrepublik Geltung zu verschaffen" (Willems 1993, S. 99) und auf diese Weise eine Problemlösung zugunsten der Vertretenen zu erreichen (vgl. Willems 1998, S. 19). Begreift man die Dritte Welt konstruktivistisch als Unterscheidung, so ist darin der Verweis auf die andere Seite der Unterscheidung enthalten: die Erste Welt.[23] Die sich an moralischen Prinzipien orientierende advokatorische Politik der Kirchen und der DWB stellt den Wiedereintritt des Unterschiedenen in das Unterschiedene dar, d.h. den *Re-Entry* der Dritten Welt in Form der Stellvertretung in die Erste Welt: die Kirchen haben hierfür die begriffliche Formel „Anwalt der Armen" geprägt, im Kontext der DWB ist die Rede von einer politischer Lobby, die in den Industrieländern für die Dritte Welt engagiere, dort wo die Entscheidungen über die Dritte Welt getroffen werden.[24] Wie äußern sich der Rekurs auf Moral und die Politikformen Protest und advokatorische Politik nun in den kirchlichen und bewegungsorientierten Dokumenten? Wie haben sie deren Problemkonstruktion Dritte Welt konkret geprägt?

Kirchen

Im Kontext der Kirchen hat die Problemkonstruktion Dritte Welt ihren Ausgangspunkt in den späten fünfziger Jahren. Anschließen kann sie an Grundkonzepte kirchlicher Praxis: Mission und Caritas bzw. Diakonie. Das Missionskonzept bildet die Hintergrundfolie, auf der die Universalisierung der christlichen Kirchen zu weltweit agierenden Organisationen mit internationa-

---

[23] Die binäre Entgegensetzung zwischen Erster und Dritter Welt stellt sicherlich eine Vereinfachung dar. Dennoch wird der Nord-Süd-Konflikt in der Regel primär als West-Süd-Konflikt und damit als ein Konflikt zwischen Erster und Dritter Welt gedeutet (vgl. Damus 1983).

[24] So schreibt die Aktion Dritte Welt Freiburg in einem Strategiepapier 1969: Um dem Protest mehr Stoßkraft zu verleihen, müsse „eine Art Lobby für die Dritte Welt" aufgebaut werden (zitiert nach: Holzbrecher 1978a, S. 156). Der Begriff Lobby meint an dieser Stelle ganz allgemein, den stellvertretenden Einsatz für die Dritte Welt. Er ist noch nicht zu verwechseln mit dem Konzept „Lobbying", das ein Teil der DWB in den neunziger Jahren als politischen Ansatz reklamiert.

lem Selbstverständnis insgesamt zu verstehen ist.[25] Das caritative bzw. diakonische Selbstverständnis der Kirchen in der Bundesrepublik erfährt Ende der fünfziger Jahre ebenfalls eine Universalisierung. Die Konstituierung der kirchlichen Entwicklungsarbeit über die neu gegründeten Entwicklungshilfswerke Misereor und Brot für die Welt ist für diese Ausweitung ein deutliches Indiz (vgl. Grohs 1989, S. 101). Das zentrale Moment an der kirchlichen Konstruktion des Dritte Welt-Problems ist der Paradigmenwechsel des Entwicklungsdenkens von caritativer Hilfe („Almosen") zu weltweiter Gerechtigkeit, der kurz skizziert und in seinem Bezug auf Moral, Protest und advokatorische Politik analysiert werden soll.

In den sechziger Jahren werden Stimmen von Christen und Kirchen aus der Dritten Welt immer lauter, die dabei nicht nur die Frage nach gerechteren globalen Strukturen formulieren, sondern die Kirchen in den reichen Ländern auffordern, ihre Regierungen zu veranlassen, geeignete Maßnahmen zur Überwindung der Ungerechtigkeit einzuleiten. So formuliert ein Brief von Bischöfen aus der Dritten Welt:

„Man kann sich nicht auf das Evangelium berufen, um eine Welt zu verteidigen oder zu dulden, die zwischen Reichen und Armen aufgeteilt ist. Nein, Gott will nicht, daß es Reiche gibt, die von den Gütern dieser Welt durch Ausbeutung der Armen profitieren" (zitiert nach: Falkenstörfer/Lefringhausen 1970, S. 46).

Deutlich wird hier die für den moralischen Rekurs relevante Grundannahme benannt: die Reichen profitieren von der Ausbeutung der Armen. Die Glaubwürdigkeit dieser Problembeschreibung ist der Tatsache geschuldet, daß sie nicht von den Kirchen und der DWB formuliert wird, sondern von quasi direkt Betroffenen. Diese und ähnlich hartnäckige Appelle aus dem Süden geben „der traditionellen Entwicklungshilfe (der Kirchen, M.P), die historisch aus Mission und Diakonie entstanden ist, eine völlig neue politische Dimension" (Grohs 1989, S. 101f).

Diese politische Dimension tritt auch in den offiziellen Dokumenten der Kirchen über die Dritte Welt-Problematik zutage. Auf katholischer Seite ist die 1967 erschienen Enzyklika „Populorum Progressio" von Papst Paul VI. zu nennen. Darin deklariert das Oberhaupt der katholischen Kirche, daß „die soziale Frage weltweit geworden" ist und Situationen existieren, „deren Un-

---

[25] Auf eine strukturelle Differenz zwischen katholischer und evangelischer Kirche sei hingewiesen: Die katholische Kirche bildet international eine einheitliche Organisation (Weltkirche) mit dem Papst als hierarchisches Entscheidungsoberhaupt. Die katholische Kirche der Bundesrepublik ist Teil dieser Weltkirche. Die Organisation der protestantischen Kirchen beruht dagegen auf einem gänzlich anderen Prinzip. Im Zuge der Reformation und damit im Rahmen territorialer Herrschaften dezentral entstanden, kam es erst 1948 zur Gründung einer übergreifenden Organisation, dem Ökumenischen Rat der Kirchen (ÖRK), dem heute mehr als 300 Kirchen angehören. Der ÖRK ist keine Weltkirche, sondern eine Gemeinschaft von Kirchen. Er kann weder im Namen der Mitgliedskirchen handeln noch diese zur Teilnahme an Programmen verpflichten (vgl. Grohs 1989, S. 99f).

gerechtigkeit zum Himmel schreit" (Papst Paul VI. 1967, S. 406/416). Dieses sozialethische Urteil des Papstes variiert die Kontingenzformel weltweiter Gerechtigkeit, die sowohl bei Mobilisierung der christlichen Öffentlichkeit wie auch bei der Mahnung der politischen Entscheidungsträger Anwendung findet. In einer entwicklungsoptimistischen Grundperspektive und ausgehend von der „Pflicht zur Solidarität" und „zur sozialen Gerechtigkeit" ruft das päpstliche Rundschreiben schließlich auf zu einem Aktionsprogramm: „Wir müssen uns der gegenwärtigen Situation mutig stellen und ihre Ungerechtigkeit tilgen und aus der Welt schaffen. Das Entwicklungswerk verlangt kühne bahnbrechende Umgestaltungen" (ebd., S. 417).

Das Gegenstück zum päpstlichen Entwicklungsrundschreiben stellen auf evangelischer Seite die internationalen Konferenzen und dazugehörige Beschlüsse des Ökumenischen Rates der Kirchen (ÖRK) dar. Die Neuorientierung des Weltprotestantismus auf die Formel „Gleichheit und Gerechtigkeit weltweit" hin erreicht ihren Höhepunkt auf der 4. Vollversammlung des ÖRK 1968 in Uppsala (vgl. Ausschuß für Gesellschaft, Entwicklung und Frieden 1968). Dort vollzieht sich ein „Ruck des ökumenischen Problembewußtseins ins Feld einer auf radikale Weltveränderung zielenden Sozialethik", in der das Entwicklungsengagement zur zentralen Aufgabe der Kirche erklärt wird (vgl. Willems 1998, S. 261ff).

Der Bedeutungszuwachs der Dritte Welt-Problematik und die lautstarke Forderung nach weltweiter Gerechtigkeit auf internationaler politischer wie kirchlicher Ebene hinterläßt deutliche Spuren auch in den Stellungnahmen der deutschen Kirchen. Bei den zwei zentralen Dokumenten, die das Relevantwerden der Unterscheidung Dritte Welt im Kontext der bundesrepublikanischen Kirchen markieren, handelt es sich katholischerseits um den Beschluß „Entwicklung und Frieden" der Gemeinsamen Synode der Bistümer in der Bundesrepublik (1975) und evangelischerseits um die Denkschrift[26] „Der Entwicklungsdienst der Kirche – ein Beitrag für Frieden und Gerechtigkeit in der Welt" der EKD (1973). Beide Dokumente manifestieren den benannten Paradigmenwechsel zur Leitdifferenz sozialer Gerechtigkeit, indem sie einen „weltweiten Strukturwandel" und die „politische und wirtschaftliche Beteiligung der Machtlosen" anmahnen (Rat der EKD 1973, S. 24; Gemeinsame Synode 1975, S. 13). Gleichzeitig variieren sie die advokatorische Politikform unter teilweise direkter Verwendung der „Anwaltsformel":

„Ein wichtiges Ziel der Entwicklungsarbeit der Kirche besteht darin, entsprechend ihren Möglichkeiten den Interessen der Menschen der Entwicklungsländer bei uns Geltung zu verschaffen" (Gemeinsame Synode 1975, S. 14).

---

[26] Willems bezeichnet sie als „Programmschrift protestantischer Entwicklungsarbeit" (1998, S. 295).

6. Die gesellschaftliche Konstruktion des Dritte Welt-Problems

„Die Christen werden zum Anwalt für Gerechtigkeit in der Welt. Sie warten nicht bis die sozialen Probleme im eigenen Land gelöst sind, ehe sie sich den Nöten der anderen Völker zuwenden" (Rat der EKD 1973, S. 53).

In der letzten Belegstelle tritt auch das von Bommes/Scherr (1994) benannte Problem der affirmativen Bezugnahme auf die Dritte Welt zutage: Soziale Probleme im eigenen Land, für deren Lösung in der Regel anerkannte Interessenträger mobilisiert werden können, konkurrieren mit den „sozialen Nöten der anderen Völker". Die Lösung der Denkschrift entspricht dem von Bommes/Scherr prognostizierten Rekurs auf Moral, hier in Form einer moralischen Erwartung: „Christen warten nicht....".

Kirchliche Jugendverbände und Aktionsgruppen

Auch die kirchlichen Jugendverbände Arbeitsgemeinschaft der Evangelischen Jugend (AEJ) und Bund der Deutschen Katholischen Jugend (BDKJ) lassen sich der entwicklungspolitischen Arena zurechnen. Die Resonanzbildung entwicklungspolitischer Aktivitäten in den Jugendverbänden kann auf die späten sechziger und frühen siebziger Jahre datiert werden. 1970 treten BDKJ und AEJ mit einem sich an die Bundesregierung adressierenden Forderungskatalog an die Öffentlichkeit. In diesem fordern sie eine „sachgemäße und ehrliche Entwicklungspolitik, die sich von den Notwendigkeiten in den Entwicklungsländern bestimmen läßt" (Action 365/AEJ/BDKJ/Terre des Hommes 1970, S. 121). Wie bei Eppler und den Kirchen geht es auch hier um die Anerkennung und Priorisierung der „fremden" Interessen der Dritte Welt-Länder in der Entwicklungspolitik. Bekräftigt wird der Forderungskatalog durch die Durchführung lokaler Friedensmärsche, an denen sich ca. 30.000 Menschen beteiligen (vgl. Bundeskongreß Entwicklungspolitischer Aktionsgruppen 1986, S. 59). Deren Zielsetzung besteht in der „Information durch Aktion" sowie in der „Einflußnahme auf die Entwicklungspolitik der Bundesregierung" (AEJ 1970, S. 120). Die Initiatoren operieren in ihrem Aufruf mit der Ressource Moral, wenn sie „unsere Verantwortung als Angehörige einer reichen Industrienation" anmahnen. Der Aufruf geht von der Prämisse aus, „daß die soziale und wirtschaftliche Not der Entwicklungsländer eine Folge ungerechter Wirtschaftsstrukturen ist, die von den Industrienationen gestützt werden". Aus dieser Problembeschreibung werden dann „konkrete Forderungen gegenüber den Regierungen der Bundesrepublik Deutschland und anderer Industrienationen" abgeleitet (ebd.). In diesem Dokument tritt zum ersten Mal im kirchlichen Spektrum die Orientierung an der Politikform Protest zutage: Der Aufruf verwendet als Protestadresse einerseits die Gesamtbevölkerung (auf die sich „unsere Verantwortung" bezieht), andererseits die zuständigen politischen Entscheidungsträger. Die Orientierung an der Form Protest begleitet später die weiteren Kampagnen der Verbände, sei es im bezug auf den Dauerbrenner Südafrika (vgl. u. a. AEJ 1978a), dessen Thematisierung seinen

6. Die gesellschaftliche Konstruktion des Dritte Welt-Problems

Höhepunkt in den Boykottaktionen *gegen* Banken und den Ölkonzern Shell findet, sei es in den Kampagnen zur Welthandelskonferenz, in der beide Verbände, die Forderung der Entwicklungsländer nach einer Neuen Weltwirtschaftsordnung „in kritischer Solidarität unterstützen" und „sich damit *gegen* diejenigen (wenden), die mit dem Festhalten an der jetzigen Wirtschaftsstruktur eine grundlegende Änderung der internationalen Arbeitsteilung bewußt oder unbewußt verhindern" (AEJ/BDKJ 1979, S. 256). Nahezu jedes Thema, das die AEJ und der BDKJ zum Anlaß genommen hat, Protest zu mobilisieren, spiegelt sich auch in den Kampagnen und Aktionen der DWB wider und umgekehrt. Diese Parallelität von Inhalt, Anlaß und Form (Protest) läßt sich als das signifikanteste Indiz für die These werten, daß die Jugendverbände die innerkirchliche Schnittstelle zur DWB und ihrer Politikform Protest darstellen.

Einen besonderen Schwerpunkt innerhalb der entwicklungspolitischen Praxis bildet die 1971 gemeinsam von den kirchlichen Jugendverbänden und unabhängigen Gruppen der DWB gegründete Arbeitsgemeinschaft Dritte Welt Handel. Der Dritte Welt-Handel versteht sich innerhalb der DWB als „die vorherrschende Form entwicklungspolitischen Engagements" (vgl. Kunz 1987, S. 46). Relevanz kommt ihm nicht nur aufgrund seiner Größe zu.[27] Er repräsentiert vor allem eine eigene, spezifische Praxis: „Lernen durch Handel(n)" (BUKO 1986, S. 59). Die Aktion Dritte Welt Handel soll einerseits das Modell einer gerechten Weltwirtschaft antizipieren, andererseits soll sie im Medium „gerechter Produkte" Lernprozesse generieren (vgl. Holzbrecher 1978a, S. 184-188). Mit dem Konzept „Lernen durch Handel(n)" wird die Verschränkung von pädagogischem Anspruch im Medium Lernen und politischem Anspruch, als Modell für eine partnerschaftliche Zusammenarbeit mit der Dritten Welt zu wirken, evident. Auf dieses „erste nationale entwicklungspolitisches Lern- und Handlungsfeld" (Feldbaum 1985, S. 546f), wird unter der Pädagogisierungsfragestellung genauer einzugehen sein.

---

[27] Der Bundeskongreß entwicklungspolitischer Aktionsgruppen (BUKO) geht 1986 davon aus, daß ca. 400 feste Weltläden existieren und darüber hinaus mindestens zehnmal so viele Aktionsgruppen die Aktion Dritte Welt Handel mittragen (vgl. BUKO 1986, S. 60). Mitte der neunziger Jahre betrage die Zahl der Weltläden ca. 750, die Zahl der Aktionsgruppen sei auf über 5000 gestiegen (epd-entwicklungspolitik 14/96, S. 6). Der Umsatz der größten Importorganisation der Aktion Dritte Welt Handel, die mehrheitlich von kirchlichen Gesellschaftern getragene „Gesellschaft zur Partnerschaft mit der Dritten Welt" (GEPA), hat im Geschäftsjahr 1996/97 ein Volumen von 52,4 Mio. DM erreicht (vgl. Glaser 1997). Hinzu kommen noch ein Dutzend weiterer der Aktion Dritte Welt Handel zurechenbare Importorganisationen, deren Umsatzvolumen jedoch geringer ausfällt als das der GEPA.

6. Die gesellschaftliche Konstruktion des Dritte Welt-Problems

Dritte Welt-Protestbewegung

Der *Take-Off* der Dritte Welt-Protestbewegung (DWB)[28] wird für den Zeitraum Ende der sechziger Jahre datiert (vgl. Holzbrecher 1978a, S. 134ff; Balsen/Rössel 1986, S. 503). Die Studentenbewegung von 1968, die im Zeichen von internationaler Solidarität, Antikolonialismus und Antiimperialismus Befreiungsbewegungen in der Dritten Welt unterstützt hat, ist in dieser Anfangsphase ein zentraler Impuls der Mobilisierung gewesen.[29] Der Rekurs der Studentenbewegung auf die Dritte Welt basiert auf dem Konzept des *Tiersmondisme*. Darin verbirgt sich die Überzeugung, „daß die Welt durch die Befreiung ihrer verarmten, agrarischen ‚Peripherie' emanzipiert werden könnte – die (...) von den Kernstaaten des ‚Weltsystems' ausgebeutet und in ‚Abhängigkeit' gezwungen worden war" (Hobsbawm 1998, S. 550). Der Einfluß der Studentenbewegung auf die DWB ist nicht nur unter dem Mobilisierungsaspekt bedeutsam. Sie hat die Fundamente einer Beschreibung von ökonomischer Ausbeutung und politischer Unterdrückung gegossen, die den Kern der Problemkonstruktion der DWB bildet:

„Auch wenn die Ära der Kolonien und ‚Mutterländer' der Vergangenheit angehört und in der offiziellen Entwicklungspolitik vornehm von Industrie- und Entwicklungsländern oder vom Nord-Süd-Dialog gesprochen wird, so hat sich doch an der Offensichtlichkeit von Unterdrückung und Ausbeutung in der Dritten Welt und deren ursächlichem Zusammenhang mit den wirtschaftlich-politischen Interessen der kapitalistischen Zentren nichts geändert" (BUKO 1986, S. 7).

Grundlegend für diese Problemkonstruktion ist die Annahme, daß Menschen in der Bundesrepublik etwas zu tun haben mit Ungerechtigkeit, Unterdrückung und Krieg in der Dritten Welt. Erstmals taucht diese Deutungsfigur auf in einer Rede von H.M. Enzensberger[30] 1961 zur Eröffnung einer Ausstellung

---

[28] In Selbstbeschreibungen sind Bezeichnungen wie Dritte Welt-, Solidaritäts- und Internationalismusbewegung geläufig. Während letztere vor allem den historischen Bezug zur Studentenbewegung hervorhebt, hat der Begriff Solidaritätsbewegung den Vorteil, den für die Bewegung zentralen Rekurs auf die moralische Forderung „Gleichheit und Gerechtigkeit weltweit" auszudrücken. Alle Bezeichnungen müssen das gleiche Problem lösen: ein Gemenge höchst unterschiedlicher Akteure (u.a. Aktionsgruppen, Solidaritätskomitees, kirchliche Gruppen, karitative Einrichtungen, nationale Dachverbände, lokale Initiativen, Weltläden, international operierende Nichtregierungsorganisationen, ehrenamtliche Gruppen) unter einen Begriff zu vereinen. In der Fallstudie wird aus theoretischen Gründen der Begriff Dritte Welt-Protestbewegung verwendet (vgl. Kap. 2.3.3.).

[29] Hobsbawm schlußfolgert in seiner Zeitdiagnose des 20. Jahrhunderts sogar, daß „die Unterstützung der Guerilla in der Dritten Welt (...) die Linke mehr als alles andere mobilisiert (hat)" (1998, S. 550).

[30] Enzensberger gehörte als Herausgeber der Zeitschrift „Kursbuch", die Dritte Welt-Problematik in ihren Anfangsjahren viel Platz einräumte, zu einem der intellektuellen Protagonisten der DWB.

über den Unabhängigkeitskampf der algerischen Befreiungsbewegung gegen die Kolonialmacht Frankreich:

„Ich möchte Sie zu einer Sache einladen, von der Sie nichts wissen wollen, zu einer Sache, von der eigentlich niemand etwas wissen will. Es ist eine Sache, die alle angeht. (...) Sie heißt Algerien. (...) Wenn Sie unsere Kultur besichtigen wollen, gehen Sie nicht zu einem Kulturkongreß, gehen Sie zu keiner Dichterlesung, gehen Sie in diese Ausstellung. Sie wird Ihnen keine Freude machen. Denn was dort ausgestellt ist, das sind nicht die andern, das sind wir selber. Die Leute in den Konzentrationslagern, die verhungerten, die gefolterten, das sind wir – und wir sind die Henkersknechte, die Bombenwerfer und die Kapos. (...) Wir sind Komplizen. Algerien ist überall, wie Auschwitz, Hiroshima und Budapest. Ich will Ihnen erklären, warum. Der algerische Krieg wird in unserem Namen geführt, er wird geführt mit den Truppen der NATO, von den Stützpunkten der NATO aus, mit dem Kriegsmaterial und auf Kosten der NATO. (...) Wir sind die Auftraggeber, in unserm Namen wird gehandelt, was auf den Papptafeln der Ausstellung zu sehen ist, dafür stehen wir ein. (...) Wir sind dafür haftbar zu machen, und wir werden dafür haftbar gemacht werden" (1961, S. 72-74).

In diesem Dokument ist wieder die Politikform Protest zu erkennen, deren Adresse hier weniger die offizielle Politik der Bundesrepublik gegenüber dem Algerienkonflikt ist – diese Protestadresse wird quasi vorausgesetzt und bedarf keiner besonderen Erwähnung – als vielmehr die durch die auffällige „Wir/Unser"-Unterscheidung herausgestellte Bevölkerung der Bundesrepublik. Sie soll durch die Ausstellung bewogen werden, sich auf die Seite Algeriens zu stellen. Den Grund für diese Parteinahme konstruiert Enzensberger mit Hilfe des bekannten Moralrekurses, der sich einerseits aus Schuldattribuierungen speist („wir sind Henkersknechte, Bomberwerfer, Kapos, Komplizen"), andererseits aus der Betonung der individuellen Verantwortung für die Geschehnisse in Algerien („wir sind die Auftraggeber/in unserm Namen wird gehandelt/wir sind dafür haftbar zu machen"). So häufig sich in der Karriere des Dritte Welt-Problems die Mobilisierungsanlässe der DWB ändern, so konstant bleibt die zweiteilige Deutungsfigur aus Protest und Moral, mit der die DWB sowohl die Protestadresse (die Erste Welt in Form seiner Regierung und Bevölkerung) als auch die Begründung für die Parteinahme zugunsten der Dritten Welt auf Dauer stellt.

Neben der Studentenbewegung und ihrer Orientierung an den Befreiungskämpfen in der Dritten Welt dienen der DWB als zweiter Impulsgeber die im kirchlichen Umfeld entstandenen Gruppen und Aktivitäten. Deren moralisch codierter Bezug auf das Ziel sozialer Gerechtigkeit wird zur Kontingenzformel der ganzen DWB.

„Es scheint, daß nicht nur die phantasievollen Vermittlungs- und Aktionsformen (...) zur Verbreitung dieser Bewegung beigetragen haben, sondern in erster Linie die Vermittlungsinhalte bzw. die Möglichkeit, auf einer allgemeinen Ebene an christlich beeinflußte Motivationen (Stichwort ‚soziale Gerechtigkeit' und ‚Nächstenliebe') anzuknüpfen und über diesen ‚Transmissionsriemen' Betroffenheit und den Transfer zur eigenen sozialen Situation herzustellen" (Holzbrecher 1978a, S. 153f).

6. Die gesellschaftliche Konstruktion des Dritte Welt-Problems

An einer der profiliertesten Aktionsgruppen aus drei Jahrzehnten DWB, der Freiburger Aktion Dritte Welt, läßt sich die Entwicklung politischer Programme und Formen der Bewegung beispielhaft aufzeigen (vgl. Balsen/Rössel 1986, S. 290-297). Motiviert durch Berichte über Hunger und Armut in der Dritten Welt beginnt sie ihre Aktivitäten 1968 zunächst mit der simplen Forderung nach einer Erhöhung der Entwicklungshilfe. Relativ schnell transformiert sich diese konstruktive Forderung zum Protest gegen die gängige Entwicklungshilfepraxis, die als ein Anhängsel der Außenpolitik und als Exportförderungsinstrument kritisiert wird. Dennoch bleibt für die Anfangsjahre die Annahme leitend, daß eine Reform der Entwicklungspolitik – gerade unter Eppler – möglich sei:

„Wir haben damals gesagt, die Entwicklungshilfe ist so nicht nützlich und nicht gut, aber man kann sie verändern. Das war die Zeit, wo wir noch ziemlich viel Hoffnung gesetzt haben auf den Wechsel zu Eppler" (Aktivist der Freiburger Aktion Dritte Welt, zitiert nach: Balsen/Rössel 1986, S. 291).

Dieser Erwartung entspricht das Ministerium, indem es der Bewegung Unterstützung zukommen läßt[31], um sein Ziel zu erreichen, die Öffentlichkeit für die eigene Strategie der „Aktiven Entwicklungspolitik" zu mobilisieren. Strukturell erklärbar wird die zeitweilige Kooperation zwischen DWB und BMZ durch die gemeinsame Bezugnahme auf die Begründungsform Moral und die Kategorie „Verantwortung", die unter Eppler auch für die Entwicklungspolitik des BMZ gelten soll. Entsprechend führt die DWB die aus ihrer Sicht faktisch ausbleibenden Verbesserungen in der Entwicklungspolitik „auf das Fehlen einer Lobby zurück, welche die Regierung im Interesse der Entwicklungsländer beeinflußt" (Balsen/Rössel 1986, S. 292). Hieraus leitet sie zunächst im Sinne advokatorischer Politik das Konzept des Aufbaus einer „Lobby für die Dritte Welt" ab (ebd.). Zug um Zug entwickelt sich dann jedoch eine fundamentalere Kritik an der Politik der Bundesregierung:

„Die Beschäftigung mit der Benachteiligung der Entwicklungsländer im Welthandel führte uns zum ersten Mal zu Faktoren der Unterentwicklung, die im Wirtschaftsverhalten der Industrieländer liegen" (Aktivist der Freiburger Aktion Dritte Welt, zitiert nach: Balsen/Rössel 1986, S. 292).

Den Wechsel vom Engagement für mehr (Entwicklungs-) Hilfe hin zum radikaleren Protest gegen die Politik der Bundesrepublik markiert die Auseinandersetzung um das Staudamm-Projekt Cabora Bassa in der damaligen portugiesischen Kolonie Mozambique im Jahre 1972 (vgl. Balsen/Rössel 1986, S. 284-290). Entgegen den Forderungen der UNO hatte die Bundesregierung Privatinvestitionen bundesdeutscher Konzerne zum Bau des Staudamms ab-

---

31 Beispielsweise ist das BMZ in dieser Zeit Mitherausgeber des Aktionshandbuches Dritte Welt, dem „Leitfaden" der Bewegung, das allein bis 1979 in einer Auflage von 90.000 Exemplaren erscheint.

gesichert, was nicht nur den Protest der Befreiungsbewegung FRELIMO hervorruft[32], sondern die Kooperations- und Dialogbereitschaft von Dritte Welt-Gruppen in der Bundesrepublik beendet:

„Ich hatte das Gefühl, wir sind hier (beim Bau des Staudamms durch deutsche Unternehmen, Anm. d. Verf.) irgendwie beteiligt. In der Zeit habe ich gemerkt, daß ich hier über unsern Staat sehr viel lerne, wenn ich mich mit der Ausbeutung in Ländern wie Afrika und Lateinamerika beschäftige" (Aktivist einer Berliner Gruppe, zitiert nach Balsen/Rössel 1986, S. 289).

In der Auseinandersetzung um den Cabora Bassa Staudamm werden die auf die sozialliberale Koalition gesetzten Hoffnungen endgültig begraben, bilanzieren die Chronisten der DWB Balsen/Rössel (ebd., S. 295).

Mit der Radikalisierung der eigenen Programmatik, vor allem gegenüber dem bisher zumindest partiell als Verbündeten gesehenen BMZ, geht eine Änderung der Politikformen einher. Die Veränderung besteht nicht nur darin, Dialogelemente aus den eigenen Kommunikationen weitgehend zu entfernen. Neu ist vor allem die Propagierung des Konzeptes „Bewußtseinsarbeit". Die Aktion Dritte Welt Freiburg nimmt zwar einerseits an, daß Bewußtseinsveränderung „Jahrzehnte beanspruchen kann", andererseits verspricht man sich, daß das Konzept „den Zusammenhang zwischen den Interessen des westdeutschen Kapitals und dem Elend in der Dritten Welt vermittelt" (ebd., S. 295f). Mit dieser Bezugnahme auf die Kategorie Bewußtsein konstruiert die DWB die Steuerung des Dritte Welt-Problems zum ersten Mal als Angelegenheit, die explizit Individuen zu seinen Adressaten macht. Die dem Konzept Bewußtseinsarbeit inhärente Individualisierung des Problems könnte ein zentrales Einfallstor für dessen Pädagogisierung werden. Individualisierung schafft die Voraussetzung, daß pädagogische Kommunikationen Eingang in die Bearbeitung des Dritte Welt-Problems finden können.

Im Fahrwasser der Kombination aus (1) dem weiterhin gültigen Rekurs auf die moralische Kontingenzformel weltweiter sozialer Gerechtigkeit, aus (2) der Politikform advokatorischen Protestes und aus (3) einer Forcierung der entwicklungspolitischen Bewußtseinsarbeit konsolidiert und stabilisiert sich die DWB, was sich unter anderem in der Gründung überregionaler Netzwerke wie dem Bundeskongreß Entwicklungspolitischer Aktionsgruppen (BUKO) ausdrückt. Mit Beginn der achtziger Jahre beginnt für einen Teil der DWB ein Prozeß der Institutionalisierung und Professionalisierung. Entstehende Dritte Welt-Häuser und -Zentren übernehmen dabei Funktionen als Informations- und Medienstellen, als Organisation für ‚alternative' Entwicklungsprojekte oder die (Lehrer/innen-) Fortbildung (vgl. exemplarisch Dritte Welt-Haus Bielefeld 1990). Die Professionalisierung, die in den siebziger Jahren noch auf Ablehnung eines großen Teils der Bewegung gestoßen war,

---

[32] Vgl. den bei Balsen/Rössel dokumentierten offenen Brief der FRELIMO an Bundeskanzler Brandt von 1970 (1986, S. 286-288)

6. Die gesellschaftliche Konstruktion des Dritte Welt-Problems

leitet eine Differenzierung der DWB ein, die meist quer durch die Organisationen und Gruppen verläuft. Neben (und in) den BUKO, der den radikaleren, basisgruppenorientierten Flügel der Bewegung repräsentiert, treten Organisationen, die nicht nur über professionelle Kräfte verfügen, sondern mittels gezielter Lobbying-Strategien und PR-Aktionen politisches Entscheidungsverhalten sowie öffentliche Meinungsbildung zu steuern suchen.[33]

Als Resumé dieser Skizze der Problemkonstruktion Dritte Welt fällt die Kontinuität ins Auge, in der die DWB und die kirchlich engagierten Gruppen mit der Politikform advokatorischen Protests operieren und dabei moralische Argumente mobilisieren. Als Advokaten der Dritten Welt auf der anderen Seite der Unterscheidung reformulieren sie die von den Interessenorganisationen des Südens eingebrachte Problembeschreibung und speisen sie im Rekurs auf die Formel weltweiter sozialer Gerechtigkeit in die Kommunikationen des politischen Teilsystems und des öffentlichen Diskurses in der Bundesrepublik ein. Die Problemkonstruktion Dritte Welt der Protestbewegung beruht dabei auf der Erwartung, daß die bundesrepublikanische Gesellschaft und insbesondere deren politisches System das Problem internationaler Gerechtigkeit und Entwicklung zu ihrer Sache macht und löst.

An den Wandlungsprozessen der Dritte Welt-Bewegung interessieren aus der Pädagogisierungsperspektive weniger ihre thematischen Konjunkturen als vielmehr Genese und Bedeutungsaufschwung der Konzeptes Bewußtseinsbildung im Kontext entwicklungspolitischer Bildungs- und Öffentlichkeitsarbeit. Vor dem Hintergrund des Pädagogisierungsdreiecks von Politik, Moral und Pädagogik läßt die zentrale Bedeutung des Moralrekurses in der Problemkonstruktion der Kirchen und der DWB hier Zusammenhänge vermuten.

---

[33] Markante Beispiele für diesen Politiktyp sind der „Tag für Afrika", die „Eine Welt Woche" in den öffentlich-rechtlichen Fernsehanstalten oder die Einmischung der „Kritischen Aktionäre" bei Aktionärsversammlungen deutscher multinationaler Konzerne und Banken. In das professionellere Spektrum von Nichtregierungsorganisationen fallen z.B. Organisationen wie Germanwatch oder der World University Service. Dennoch hat die Professionalisierung und Institutionalisierung der DWB nicht das Maß der Umweltbewegung angenommen, wo Greenpeace, Robin Wood oder der BUND den basisorientierten Teil der Umweltbewegung nahezu vollständig ersetzt haben.

7. Die Pädagogisierung des Dritte Welt-Problems als Entgrenzung

„... daß es kein Feld der Politik gibt, wo so stark die Hoffnung auf Veränderung durch Bildung gesetzt wird, wie im Nord-Süd-Bereich" (G. Hilliges auf dem Kongreß „Der Nord-Süd-Konflikt: Bildungsauftrag für die Zukunft", Köln, 29. 9. 1990)

Die Vorüberlegungen zu einer Theorie der Pädagogisierung sozialer Probleme haben zwei Formen von Pädagogisierung unterschieden:

(1) einerseits bedeutet Pädagogisierung die Übersetzung sozialer Probleme in pädagogische Programme des Erziehungssystems;
(2) andererseits referiert Pädagogisierung auf einen Prozeß, in dem sich pädagogische Kommunikationsmuster bei der Beschreibung und Bearbeitung sozialer Probleme von den Instanzen des Erziehungssystems (z.b. Schulen, Erwachsenen- oder Jugendbildungseinrichtungen) ablösen und gesellschaftlich entgrenzen.

Das folgende Kapitel schließt an diese zweite Perspektive an. Sein Interesse gilt der Frage, ob und wenn ja, wie Instanzen, die dem Erziehungssystem organisatorisch nicht zurechenbar sind, denen aber – wie das voranstehende Kapitel gezeigt hat – bei der gesellschaftlichen Etablierung des Dritte Welt-Problems eine zentrale Bedeutung zukommt, die Vorstellung konstruieren, das Dritte Welt-Problem und seine Bearbeitung sei (auch) als Fall pädagogischer Vermittlung zu behandeln. Wie entwerfen Instanzen auf internationaler Ebene (7.1.), die Bundesregierung und das Bundesministerium für wirtschaftliche Zusammenarbeit (7.2.) sowie die Dritte Welt-Protestbewegung (7.3.) eine Steuerungsvorstellung für das Dritte Welt-Problem, in dem pädagogische Kommunikationen und die Strategie individueller Bewußtseins- und Verhaltensveränderung eine zentrale Rolle spielen? Verfolgt werden insbesondere die semantischen Figuren und sozialstrukturellen Kontexte, die in der Konstruktion des Dritte Welt-Problems als potentielle Einfallstore für seine Pädagogisierung identifiziert wurden:

- der Bezug auf Öffentlichkeit im Topos der Mobilisierung öffentlicher Meinung;
- der Rekurs auf die moralische Formel universaler Gerechtigkeit in denjenigen Kommunikationen, die für die Lösung des Dritte Welt-Problems Veränderungen in den Industrieländern anmahnen;
- die Rolle der Form Protest in den Kommunikationen der Dritte Welt-Bewegung und dessen Verbindung zum Konzept Bewußtseinsarbeit.

7.1. Pädagogisierungsimpulse im internationalen politischen System: Dissens, der Mangel alternativer Steuerungsmedien, Öffentlichkeit

Die Dritte Welt-Debatte um Gerechtigkeit und Entwicklung wird in den frühen siebziger Jahren *High Politics*. Kern der Debatte ist die Forderung der Dritte Welt-Staaten nach einer Neuen Weltwirtschaftsordnung (NWWO). Damit werden Problembeschreibung und -steuerungsvorschläge von den Dritte Welt-Ländern ökonomisch und politisch codiert. Zudem basiert die Problemkonstruktion auf einer moralischen Prämisse, die die gegenwärtige Weltwirtschaftsordnung als ungerecht definiert und den Industrieländern die Verantwortung für Armut und Unterentwicklung zuschreibt.[1] Weder für diese Problembeschreibung und noch weniger für den Steuerungsvorschlag einer umfassenden Neuordnung der Weltwirtschaft existiert zwischen den Industrie- und Entwicklungsländern ein Konsens, wie die höchst konfliktive Karriere des Dritte Welt-Problems deutlich gezeigt hat.

Erste Hinweise auf eine Pädagogisierung des Dritte Welt-Problems finden sich in der Ausrufung der Zweiten Entwicklungsdekade (Vereinte Nationen 1970). Deren zentrales Ziel ist die globale Verwirklichung „eines menschenwürdigen Mindestmaßes an Lebensstandard" (ebd., S. 33). Neben politisch-ökonomischen Steuerungsmaßnahmen[2] kommuniziert die UNO ein Programm, das diesen politisch-ökonomischen Bereich verläßt und die Verknüpfung zu pädagogischen Steuerungsvorstellungen herstellt. Mit dem Programm „Mobilisierung der öffentlichen Meinung" soll es in den Industrieländern gelingen, die für die Durchführung der entwicklungspolitischen Maßnahmen als notwendig erachtete Unterstützung zu bekommen:

„Während des Zweiten Entwicklungsjahrzehnts besteht ein wichtiger Teil der zu leistenden Arbeit darin, die Öffentlichkeit sowohl in den Industrienationen als auch in den Entwicklungsländern für die Unterstützung der vorgesehenen Ziele und Maßnahmen zu mobilisieren" (ebd., S. 56).

Wie ist dieser Rekurs der UNO auf Öffentlichkeit[3] systematisch zu erklären und bietet er Anschlußmöglichkeiten für die Pädagogisierung des Problems?

---

[1] Es zeigt sich deutlich, daß sich in den Problembeschreibungen und Steuerungsvorschlägen der *Pressure Groups* des Südens (Blockfreienbewegung, Gruppe der 77) keine inhaltsanalytischen Indikatoren für eine Pädagogisierung des Dritte Welt-Problems finden lassen.

[2] Die aufgelisteten Maßnahmen betreffen den Welthandel, die Regionalintegration der Entwicklungsländer, die Bereitstellung von Finanzmitteln, den Transfer von Wissenschaft und Technologie, soziale Entwicklung, die diversifizierende Erweiterung der Produktion und die Durchführung von Entwicklungsplänen (ebd., S. 37-55).

[3] Die Fallstudie nimmt aufgrund ihrer Fragestellung primär die Adressierung der Öffentlichkeit in den Industrieländern in den Blick. Jedoch soll auch die Bevölkerung der Entwicklungsländer in das Mobilisierungskonzept inkludiert werden.

Öffentlichkeit kann als gesellschaftsinterne Umwelt aller gesellschaftlichen Teilsysteme konzeptualisiert werden (vgl. Luhmann 1996b, S. 184). Sie ist die (Selbst-) Beobachtungsinstanz der Gesellschaft (vgl. Gerhards 1994, S. 87). Der Begriff der öffentlichen Meinung verdankt sich einer emphatischen, normativ aufgeladenen Verstärkung dieser Beobachtungsfunktion. Mit Hilfe der (Massen-) Medien, aber auch von Bildungs- und Erziehungsprozessen soll politisch ambitionierten Kommunikationen im öffentlichen Diskurs und gegen die gesellschaftlichen Machtinstitutionen Resonanz verschafft werden.[4] Öffentliche Meinung wird als „Letztinstanz der Beurteilung politischer Angelegenheiten" konstruiert (Luhmann 1996b, S. 187). Diese Konstruktion erlaubt es, die Bürger einerseits über ihre Teilnehmerrolle am Öffentlichkeitssystem in das politische System zu kopieren[5] und andererseits Entscheidungen unter dem Vorbehalt der politischen Entscheidungsinstanzen zu belassen. Mit dem Begriff der öffentlichen Meinung wird eine lose Koppelung zwischen individueller Ebene (Bürger) und dem politischen System (Entscheidung) hergestellt. In dieser Koppelung fungiert die öffentliche Meinung sowohl für das politische Teilsystem wie auch für Protestbewegungen als Repräsentationsfolie der eigenen Kommunikationen. Die systematische Schnittstelle zwischen dem Topos „Mobilisierung der öffentlichen Meinung" und Pädagogisierungen liegt in der Referenz auf das Individuum. Im einen Fall kopiert das politische System Individuen als Bürger mit Hilfe des Öffentlichkeitsbegriff in sich hinein, im anderen Fall gewinnen Individuen als zentrale Adresse pädagogischer Kommunikationen eine Schlüsselstellung in der Umwelt des Erziehungssystems.

Historisch tritt die Schnittstelle zwischen der politischen und der pädagogischen Referenz auf das Individuum am deutlichsten im Bildungsbegriff zutage: Dem Kriterium Öffentlichkeit tragen nicht nur die Bedingungen unbeschränkter Zugänglichkeit und allgemeiner Partizipation Rechnung. Ebenso müssen Bürger mit Wissen und Fähigkeiten ausgestattet sein, um am politischen Leben teilzunehmen. Erst wenn beide Bedingungen erfüllt sind, kann – John Locke's Deutung folgend – von einer „political or civil society" die Rede sein (zitiert nach: Oelkers 1997a, S. 39). Bildung wird konsequenterweise als Mittel konzipiert, auf Seiten der Bürger die Bedingungen von Öffentlichkeit und auf diese Weise Transparenz in der Zivilgesellschaft herzustellen (vgl. ebd., S. 45). Historisch interessant ist nicht nur die von Oelkers hervorgehobene zeitliche Koinzidenz zwischen der Genese des Öffentlich-

---

[4] „Öffentlichkeit wird in der emphatischen Konzeption verstanden als gewissermaßen vor- oder antiinstitutionelles Element. (...) Historisch gesehen ist der Begriff der ‚öffentlichen Meinung' zunächst vor allem ins Spiel gebracht worden, um für eine von formellen politischen Entscheidungsprozessen ausgeschlossene Gesellschaft (...) einen zumindest moralischen Einfluß auf die öffentlichen Angelegenheiten zu beanspruchen" (Peters 1994, S. 48).

[5] Dieser Vorgang scheint die Funktion zu haben, den demokratischen Willensbildungsprozeß auf Dauer zu stellen.

7. Die Pädagogisierung des Dritte Welt-Problems als Entgrenzung

keitsbegriffes in der zivilgesellschaftlichen Kritik absolutistischer Herrschaft und dem Konzept öffentlicher Bildung. Für die Pädagogisierungsthematik ist besonders aufschlußreich, daß öffentliche Bildung zunächst nicht schulbezogen verstanden wurde, sondern seinen gesellschaftlichen Platz in der „Etablierung eines lesenden und räsonierenden Publikums" fand (ebd.). Die theoretische Folie dieses Kapitels, Pädagogisierung auch als Verselbständigung und Entgrenzung des Pädagogischen von den Institutionen des Erziehungssystems zu deuten und deshalb nicht-schulische Instanzen wie die UNO, das BMZ oder die Dritte Welt-Protestbewegung in den Blick zu nehmen, schließt an dieses Verständnis.

Läßt sich die systematisch behauptete Affinität zwischen Öffentlichkeit und Pädagogisierung auch in der Strategie der Vereinten Nationen zur Überwindung von Unterentwicklung identifizieren? Wie definiert die UNO in ihrem Strategiepapier zur Zweiten Entwicklungsdekade die spezifischen Mobilisierungsmittel, um die Unterstützung der Öffentlichkeit zu erhalten?

„Die Regierungen der weiter fortgeschrittenen Länder bemühen sich verstärkt darum, in der Öffentlichkeit Verständnis zu wecken für den inneren Zusammenhang aller Entwicklungsanstrengungen, auch für den Nutzen, der aus dieser internationalen Zusammenarbeit für sie selbst erwächst, und zugleich Verständnis für die Notwendigkeit, den Entwicklungsländern zu schnellerem wirtschaftlichen und sozialen Fortschritt zu verhelfen. Die Eigenleistungen der Entwicklungsländer müssen in den Industrieländern besser und breiter sichtbar gemacht werden. Die Regierungen der Entwicklungsländer machen allen Schichten ihrer Bevölkerung klar, welche Vorteile zu erwarten und welche Opfer zu bringen sind, und suchen sie zu tatkräftiger Mitarbeit an den großen Aufgaben des Jahrzehnts zu gewinnen. Die Mobilisierung der Öffentlichkeit ist in erster Linie Sache der einzelnen Länder. Dabei können die Regierungen schon bestehende Einrichtungen verstärken oder auch neue schaffen; als langfristige Maßnahme wäre an eine stärkere Ausrichtung der Lehrpläne auf Fragen der Entwicklung zu denken. Bei der Mobilisierung der öffentlichen Meinung kommt der Initiative höchster Stellen große Bedeutung zu, z.B. durch Verkündigung konkreter Ziele. Den Organisationen der Vereinten Nationen fällt dabei die Aufgabe zu, die verschiedenen nationalen Informationsmedien zu unterstützen und sie mit Grundlagenmaterial zu versorgen, aus dem sie Stoff und Anregungen für ihre Arbeit ziehen können. Außerdem ist eine bessere Abstimmung unter den zahlreichen schon im Informationsbereich tätigen Organisationen der Vereinten Nationen dringend erforderlich. Durch die internationalen Quellen stammenden Informationen soll in erster Linie der schon in der Konzeption der Dekade liegende Gedanke der wechselseitigen Abhängigkeit und Partnerschaft vertieft werden" (Vereinte Nationen 1970, S. 56f).

Den Anschluß der Mobilisierungskampagne an pädagogische Kommunikationsformen konstruiert die UNO über eine Problemlösungsstrategie, der es um die Veränderung individueller Dispositionen geht. Diese der Mobilisierungskampagne eingeschriebene Individualisierung des Problems wird an deren Zielsetzung ablesbar, die zentral um die Kategorie „Verständnis" kreist. Der Öffentlichkeit soll Verständnis vermittelt werden für den „inneren Zusammenhang aller Entwicklungsanstrengungen". Dieser Zusammenhang wird in der Vermittlung zwischen dem „Nutzen" der Industrieländer und der „Notwendigkeit, den Entwicklungsländern zu schnellerem wirtschaftlichen und sozialen Fortschritt zu verhelfen", gesehen. Während das „Eigennutz-Argument" utilitaristische Motive und damit Interessen bei denen anspricht, deren Verständnis gewonnen werden soll, liegt der Appell zur Hilfsbereitschaft auf einer moralischen Argumentationslinie, ohne jedoch Schuldzuweisungen gegen die Industrieländer mitzuführen. „Verständnis" kann im UNO-Konzept als Schmelztiegel der Vermittlung zwischen Eigeninteressen der Industrieländer und Fremdinteressen der Dritte Welt-Länder verstanden werden. Während und möglicherweise gerade weil im internationalen politischen System kein Konsens über die Problemlösungsstrategie einer Neuen Weltwirtschaftsordnung (NWWO) zu erzielen ist (vgl. Kap. 6.1.), kann der Rekurs auf die individuelle Kategorie „Verständnis" eine Lösung des Dritte Welt-Problems versprechen. Ist in der öffentlichen Meinung der Industrieländer Verständnis für eine Vermittlung der Eigeninteressen und der Fremdinteressen der Dritte Welt-Länder erzeugt, läßt sich vielleicht auch ein Konsens über konkrete Problemlösungsmaßnahmen erreichen, so die mögliche Hoffnung der UNO bei der Implementierung ihrer Mobilisierungskampagne. Der Vorteil der pädagogischen Absicht, Verständnis für die Dritte Welt zu vermitteln, liegt in ihrer losen Koppelung an umstrittene Problemlösungsstrategien wie die NWWO. Wenn Verständnis für das Dritte Welt-Problem erreicht wäre, impliziert dies zwar keine Entscheidung über konkrete Problemlösungen; das Ziel der Vermittlung von Verständnis ermöglicht es jedoch, den politischen Dissens in die Pädagogik zu verschieben und dort in der Zeitdimension langfristig zu bearbeiten. Mit anderen Worten: Die lose Koppelung von Entscheidung und Meinung, von Politik und Öffentlichkeit erlaubt es, den politischen Dissens mit einer Kampagne zur Vermittlung von Verständnis, d.h. mit Pädagogisierung still zu stellen bzw. bearbeitbar zu halten.

Die mit der Zielsetzung Verständnis einhergehende Individualisierung des Dritte Welt-Problems bereitet dann auch pädagogischen Erwartungen den Weg. In explizit pädagogischer Absicht wird von der UNO als langfristige Maßnahme die „stärkere Ausrichtung der Lehrpläne auf Fragen der Entwicklung" genannt. Die Benennung der Entwicklungsthematik als *Lern- und Bildungsgegenstand* kann als Adressierung an das Pädagogische Establishment verstanden werden, in der Lehrplangestaltung aktiv zu werden und ein Programm „Dritte Welt-Pädagogik" zu entwerfen (vgl. Kap. 8). Als Mobilisierungsmittel referiert das Dokument zudem auf das potentiell pädagogische Medium der aufklärenden Informationsvermittlung, deren konkrete Gestaltung offen gelassen wird. Es wird die „Initiative höchster Stellen" beschworen, die „konkrete Ziele" verkünden sollen. Außerdem sollen diverse Organisationen der Vereinten Nationen die nationalen Informationsmedien unterstützen. Diese Unterstützung folgt einer pädagogischen Logik, denn die verwendeten Begriffe „Stoff" und „Anregungen" legen eine didaktische Aufbereitung der Informationen nahe. Die UNO strebt in der Mobilisierungskampa-

7. Die Pädagogisierung des Dritte Welt-Problems als Entgrenzung

gne nicht einfach die mediale *Herstellung* von Wissen über die Dritte Welt-Problematik an. Es geht ihr um die pädagogische *Vermittlung* von Informationen, damit das anvisierte Verständnis erreicht wird. In diesem Sinne läßt sich die aufklärende Informationskampagne als pädagogische Vermittlungsleistung deuten.

Das geforderte Programm Dritte Welt-Pädagogik zeigt ebenso wie die Informationskampagne eine von einer politischen Instanz ausgesprochene pädagogische Erwartung an. Es läßt sich vermuten, daß die Attraktivität dieser Erwartung für die UNO darin besteht, mit dem Pädagogischen Establishment und den Trägern der Informationskampagnen Adressen gefunden zu haben, die der Mobilisierung – was ihre Träger, Formen und Inhalte angeht – die notwendige Konkretion zu geben vermögen. Die Adressierbarkeit ihrer Empfehlung hat für die UNO vor allem Bedeutung, weil sie in der Regel ohne die für Politik übliche Umsetzungsmacht auskommen muß. Die UNO verfügt im Fall ihrer Entwicklungsprogramme nur unzureichend über sanktionierende Steuerungsmedien (Recht, Geld), die ihren Kommunikationen Nachdruck verleihen könnten. Aus diesem Grund ist sie angewiesen, ihre Empfehlungen mit Adressaten zu füllen, die ein Eigeninteresse an deren Umsetzung besitzen. Es scheint, daß die UNO sowohl bei dem für die Entwicklung von Programmen verantwortlichen Pädagogischen Establishment als auch bei den Träger der Informationsvermittlung mit einem solchen Interesse rechnet.

Die Informationsvermittlungskampagne weist gegenüber der auch von der UNO erkannten Langfristigkeit von an Lehrplänen ansetzenden pädagogischen Programmen den Vorteil auf, in kurzer Zeit über Aufmerksamkeit „Meinung" und Unterstützung für politische Programme wie die Entwicklungsdekaden erzeugen zu können. Dieser Vorteil ist jedoch auch ihr Nachteil. Die Herstellung von Aufmerksamkeit durch Information lebt vom Wandel der medialen Objekte und kann nur schwer dauerhaft konserviert werden. D.h. die Mobilisierungsstrategie der UNO muß das sich einstellende Desinteresse der Informationsmedien einkalkulieren, wenn die kurze Halbwertzeit des Aktuellen und Skandalösen in puncto Dritte Welt verfällt. Gegenüber dem Medium Information könnte das pädagogische Lehrplanprogramm ein Korrektiv darstellen, weil es der in langfristigen Dekaden denkenden Entwicklungsaspiration Rechnung trägt.

Das Konzept der „Mobilisierung der öffentlichen Meinung" erzeugt auch in anderen internationalen Politikfeldern Resonanz wie z.B. auf der UNCTAD-Konferenz 1973 (vgl. UNCTAD 1973)[6] oder auf dem Welternährungskongreß 1970 (vgl. Welternährungskonferenz 1970). Die für die Meinungsmobilisierung zuständige Kommission des Welternährungskongresses

---

[6] Die UNCTAD (1973) verabschiedet die Resolution zur „Verbreitung von Information und Mobilisierung der öffentlichen Meinung", um in die politisch festgefahrenen Debatte (Blockade der westlichen Industrieländer gegenüber den Forderungen der Dritten Welt) zusätzliche Ressourcen („Öffentlichkeit") zu aktivieren.

belegt eindrücklich, wie sehr politische Instanzen davon ausgehen, daß öffentliche Meinung die zentrale Ressource zur Durchsetzung einer die Dritte Welt begünstigenden Politik darstellt. Nicht international verbindliche Entscheidungen, sondern „Meinung ist die Macht, die die Form der nationalen und internationalen Politik (...) beeinflußt." (ebd., S. 1). Auch im Vorschlag der Welternährungskonferenz geht mit dem Rekurs auf öffentliche Meinung die Individualisierung des Dritte Welt-Problems einher, die wiederum dessen Pädagogisierung ermöglicht. Inhaltsanalytisch augenfällig wird diese Verkettung, indem das Dokument nahezu in Reinform ein pädagogisches Deutungsmuster aus Defizit- und individualisierender Ursachenzuschreibung sowie einer daraus abgeleiteten Erziehungsforderung variiert[7]:

„Die erregende Tatsache, daß die Menschheit heute in der Lage ist – wenn sie nur will – eine menschliche Gesellschaft aufzubauen, in der jeder, Mann, Frau, Kind, eine reelle Chance haben, ein ihren Bedürfnissen entsprechendes Leben zu führen, ist noch nicht in ihrer ganzen Tragweite erfaßt worden. Die Tatsache, daß der Menschheit urälteste Feinde – der Hunger, die Krankheit und die Unwissenheit – in dieser Generation verbannt werden könnten, hat keine Begeisterung hervorgerufen und kein Gefühl der aufgeregten Spannung" (ebd., S. 1).

Das für das Dritte Welt-Problem ursächliche *Defizit* bestehe in dem Mangel, die Tatsache einer möglichen Überwindung von Hunger, Krankheit und Unwissen nicht zu erkennen bzw. nicht mit Begeisterung in Wirklichkeit umzusetzen. Entwicklung sei eine reine Frage des Willens. Mit dieser Konstruktion werden Erklärungen, welche die Ursachen ungenutzter Entwicklungschancen im fehlenden Konsens über politisch umstrittene Steuerungsstrategien verorten, zugunsten einer Zurechnung auf individuelle Dispositionen ausgeblendet. Entsprechend *individualisierend* definiert das Dokument den Schlüsselbegriff Entwicklung in seiner *Ursachenprämisse*:

„Entwicklung ist ein fortschreitender Prozeß und soll es auch sein, eine konstruktive Geisteshaltung, Verständnis und die bereitwillige Annahme der gegenseitigen Abhängigkeit aller Menschen und Nationen, von der diese Entwicklung abhängig ist, ist ein sine qua non" (ebd., S. 2).

Um Entwicklung zu ermöglichen, käme es auf Geisteshaltung und Verständnis an. Ist diese Individualisierung des Entwicklungsproblems etabliert, kann als Schlußfolgerung aus Defizit- und Ursachenprämisse die Praxisprämisse *Notwendigkeit von Erziehung* formuliert werden:

„Diese neue Art zu denken, muß bereits in der Schule entwickelt werden. Genauso wie es möglich ist, das Gefühl für Getrenntsein, Argwohn und nationalen Egoismus zu wecken und zu fördern, ist es möglich, den Sinn für Verantwortung und Zusammenarbeit zu entwickeln" (ebd.).

---

[7] Dieses pädagogische Argumentationsmuster wurde als „Hänschen-Argument" bezeichnet (vgl. Kap. 5.5.2.).

7. Die Pädagogisierung des Dritte Welt-Problems als Entgrenzung

Das „bereits" dieser Praxisprämisse verweist auf den als kausal unterstellten Zusammenhang zwischen einer beim Kinde ansetzenden Erziehung und den daraus entstehenden Möglichkeiten für die Lösung des Dritte Welt-Problems. Die hier kommunizierte pädagogische Wirkungsannahme geht davon aus, daß Schule eine „neue Art zu denken" vermitteln kann, was wiederum die Formung der persönlichen Bereitschaft zu „Verantwortung und Zusammenarbeit" ermöglicht. Schule und Erziehung werden zu Steuerungsmedien für die Lösung des Dritte Welt-Problems gemacht. Während sich der pädagogische Bezug an dieser Stelle noch relativ eindeutig institutionell verfaßt in Form der Schule darstellt[8], wird er im Laufe der Argumentation entgrenzt. Dabei tritt wieder die Verknüpfung von Bildung und Öffentlichkeit über die Schnittstelle der individualisierenden Kategorie „Bewußtsein" in den Blick:

„Es ist unumgänglich, daß ein Prozeß der Bewußtwerdung eintritt. (...) Diese Bewußtwerdung soll schließlich dazu führen, daß eine gewisse Anzahl an Entscheidungen getroffen und politische Ziele gesetzt werden. (...) Um das zu erreichen, wird man auf eine Pädagogik und Strategie zurückgreifen müssen, die geeignet ist, eine Maximalzahl an Personen zu überzeugen" (ebd., S. 5f)

Bewußtwerdungsprozesse werden als wirksame Mittel vorgestellt, den Code des politischen Systems („Entscheidungen") durch die zur Summe „öffentliche Meinung" addierten Individuen zu beeinflussen. Um Bewußtwerdung zu initiieren, ist Pädagogik gefragt. Ohne Pädagogik keine Bewußtwerdung, ohne Bewußtwerdung keine politischen Entscheidungen. Dies ist der Argumentations(um)weg einer Organisation, der ein Zugriff auf die Entscheidungsträger in den Industrieländern nur mittelbar zur Verfügung steht.

Beide untersuchten Dokumente weisen vor allem eine Gemeinsamkeit auf, die eine Erklärung für ihre Nähe zu pädagogischen Semantiken und Steuerungsvorstellungen bieten könnte. Weder die UNO in ihren Entwicklungsprogrammen noch die Welternährungskonferenz verfügen über Steuerungs- und Sanktionsmittel, die typischerweise politischen Instanzen zu eigen sind. Sie können ihre Empfehlungen und Resolutionen bei Dissens nicht durchsetzen, stehen ihnen doch die Steuerungsmedien von Geld oder Recht nur begrenzt zur Verfügung. Wenn diese Steuerungsmedien des Politischen ausfallen, ergibt sich die Notwendigkeit, Problemsteuerung anders zu kommunizieren. Als funktionales Äquivalent könnte der Rekurs auf Öffentlichkeit dienen, die enggeführt wird auf das Medium Bewußtsein. In der Logik der Mobilisierungskampagne steigt die Wahrscheinlichkeit, daß sich die eigenen Empfehlungen in die „harten" Entscheidungsprozesse der nationalen Regierungen einspeisen lassen, wenn es gelingt, die Öffentlichkeit von den eigenen

---

[8] Entsprechend betont die Welternährungskonferenz die Wichtigkeit, Lehrer, örtliche Erziehungsbehörden, Ausbildungsfachjournale, Lehrerausbildungsstätten, Fakultäten der Universitäten oder Zentren der Lehrplanstudien für das Programm zu gewinnen (vgl. ebd., S. 9). Ebenso notwendig sei die Revision der verwendeten Schulbücher (vgl. ebd., S. 10).

Empfehlungen zu überzeugen. Medium der Mobilisierung von Öffentlichkeit ist dann vor allem die pädagogische Bezugnahme auf individuelles Problem- und Verantwortungsbewußtsein. Deutlich ist in den untersuchten Dokumenten zu erkennen, daß diese Pädagogisierung des Dritte Welt-Problems über die Mobilisierungskampagne in zwei Weisen erfolgt. Einerseits bereiten die internationalen Instanzen einer Entgrenzung des Pädagogischen den Weg, indem sie die Mobilisierung öffentlicher Meinung als gesellschaftlich universalisierte pädagogische Vermittlung von Problembewußtsein und Verantwortung konzeptualisieren. Andererseits erfolgt die Inanspruchnahme des Pädagogischen in Form einer expliziten Erwartungsadressierung an das Erziehungssystem. Deren Einrichtungen sollen sich das Problem zu eigen machen und schon bei Kindern Verständnis für die Dritte Welt erzeugen.

7.2. Die Schlüsselstellung der staatlichen Entwicklungspolitik für die Pädagogisierung des Dritte Welt-Problems in der Bundesrepublik

„Entwicklungspolitik ist ein Test auf die Lernfähigkeit unserer Gesellschaft" (Erhard Eppler zitiert nach: Böll 1973, S. 69)

Das Programm „Mobilisierung der öffentlichen Meinung" ist auch im Kontext staatlicher Entwicklungspolitik Anknüpfungspunkt für die Frage nach einer Pädagogisierung des Dritte Welt-Problems. Für eine Theorie der Pädagogisierung sozialer Probleme ist besonders aufschlußreich, ob eine mit der Mobilisierungskampagne einhergehende Pädagogisierung nur die Inanspruchnahme des Erziehungssystems und seiner Einrichtungen durch andere Teilsysteme wie die Instanzen bundesrepublikanischer Entwicklungspolitik beinhaltet oder ob Pädagogisierung auch die Herausbildung eines eigenständigen Pädagogischen Systems außerhalb des Erziehungssystems beschreibt, d.h. die Verwendung pädagogischer Steuerungsvorstellungen, Deutungsmuster und Semantiken im gesellschaftlichen Prozessieren des Dritte Welt-Problems. Die besondere Rolle der staatlichen Instanzen bundesrepublikanischer Entwicklungspolitik für die Pädagogisierung des Dritte Welt-Problems wird in zwei Schritten rekonstruiert: zunächst als pädagogisch anschließbarer Rekurs auf das Individuum und sein entwicklungspolitisches Bewußtsein im Kontext der Mobilisierungskampagne (Kap. 7.2.1.); dann als Formulierung expliziter Erwartungen an das Erziehungssystems (Kap. 7.2.2.).

7.2.1. Mobilisierung öffentlicher Meinung: Der emphatische Rekurs auf das Individuum und sein Problembewußtsein

Im Februar 1971, ein Vierteljahr nach der UNO-Deklaration verabschiedet die Bundesregierung „Die entwicklungspolitische Konzeption der Bundesrepublik Deutschland für die Zweite Entwicklungsdekade" (BMZ 1971a). Das Programmpapier kann einerseits als Reaktion auf die von der UNO beglaubigte Etablierung des Dritte Welt-Problems gedeutet werden. Andererseits weist die erste dezidierte Programmentwicklung bundesdeutscher Entwicklungspolitik darauf hin, daß die seit 1969 regierende sozialliberale Koalition Entwicklungspolitik als eigenständiges Politikfeld mit moralischem Reformanspruch zu profilieren beabsichtigt (vgl. Kap. 6.2).

Entwicklungshilfeminister Eppler bestimmt im Vorwort zunächst – ähnlich wie das Entwicklungsdekaden-Dokument der UNO – die Öffentlichkeit als Adressatin des Programmpapiers der Bundesregierung (vgl. Eppler 1971, S. 3). Der Öffentlichkeitsbegriff wird dabei wiederum individualisiert: Entwicklung wird nicht nur als Resultat politischer Handlungen und Entscheidungen von Regierungen konzipiert, sondern als abhängig vom „*Verständnis* (...) der Bevölkerung der Industrieländer" vorgestellt (ebd.). Die Leistung der UNO-Resolution zur Zweiten Entwicklungsdekade sieht Eppler entsprechend in einer Schärfung des „*Bewußtseins*" unserer Mit*verantwortung*" (ebd.). Über die Kategorien Verständnis und Bewußtsein werden die Weichen in Richtung einer individualisierenden und damit pädagogisch anschlußfähigen Problemkonstruktion gestellt. Wenn Eppler von „Mitverantwortung" spricht, resoniert darin die Problembeschreibung der Dritte Welt-Länder und der Dritte Welt-Protestbewegung, die den Industrieländern die Verantwortung für Armut und Unterentwicklung zurechnen. Über den durch die Kategorie Mitverantwortung hergestellten moralischen Zusammenhang zwischen Entwicklungspolitik und Dritte Welt-Problem sollen im Lichte der Epplerschen Reformabsichten die „fremden" Interessen der Dritten Welt zumindest in einem gewissen Maße in der Bundesrepublik anerkennungsfähig gemacht werden.[9] Zentrales Medi-

---

[9] Moral spielt von Anfang an in der Begründung von Entwicklungspolitik eine Rolle. Der Rekurs auf Moral beschränkt sich jedoch in der Regel auf das nichtspezifizierte Hilfemotiv. Wenn Eppler von „Mitverantwortung" spricht und eine Entwicklungshilfe fordert, die sich „an den Zielen und Prioritäten der Entwicklungsländer" orientiert (ebd., S. 3), wird die Verschiebung deutlich. Den „fremden" Interessen der Entwicklungsländer soll Priorität beigemessen werden, weil Mitverantwortung besteht. Gerade im Kontrast zum späteren Moralgebrauch in entwicklungspolitischen Begründungen wird die Besonderheit der Eppler'schen Konstruktion deutlich. 1986 schreibt der zuständige Minister in den Grundlinien der Entwicklungspolitik der Bundesregierung: „Wir leisten Entwicklungshilfe aus moralischer Verantwortung wie aus politischer und wirtschaftlicher Weitsicht, nicht aber (...) als ,Tributpflicht'. Entwicklungspolitik ist keine Politik des schlechten Gewissens" (BMZ 1986, S. 5). Die aus Verantwortung geleistete Entwicklungspolitik sagt für Warnke weder

7. Die Pädagogisierung des Dritte Welt-Problems als Entgrenzung

um in diesem Versuch ist die Öffentlichkeit. Ohne deren Zustimmung, so die Prämisse, kann eine Anerkennung der Interessen der Dritten Welt nicht erreicht werden:

„Die staatliche Entwicklungspolitik wird in der Zweiten Entwicklungsdekade verstärkt auf kritische Würdigung und Unterstützung der Öffentlichkeit angewiesen sein, um zusätzliche Hilfsquellen zu erschließen und Strukturanpassungen in der Bundesrepublik Deutschland zu erleichtern" (BMZ 1971a, S. 9)

Auffallend ist, daß für die Bundesregierung die Unterstützung der Öffentlichkeit genau dann an Relevanz gewinnt, wenn die künftigen Akzente der deutschen Entwicklungspolitik mittelbar mit Nachteilen für die Bundesrepublik verbunden sein können und sich nicht mehr in das wohlfahrtsstaatlich anerkannte Schema der Verfolgung „eigener" Interessen einfügen. Die Ankündigung von Strukturanpassungen in der Bundesrepublik – der Schritt, der den Forderungen der Dritten Welt politisch am weitesten entgegenkommt – ist aus der Sicht des Konfliktes zwischen „eigenen" und „fremden" Interessen gleichzeitig der innenpolitisch brisanteste: Alle Maßnahmen, die das Programmpapier in diesem Zusammenhang auflistet, sei es die stärkere Öffnung des Binnenmarktes für Erzeugnisse der Entwicklungsländer, der Abbau von Zöllen und anderen Handelshemmnissen, die Gewährung von Zollpräferenzen oder die Beschneidung von Subventionen für eigene Wirtschaftszweige (vgl. BMZ 1971a, S. 28f), begünstigen die „eigenen" Interessen nicht, sondern sind im Gegenteil mit Nachteilen für die bundesdeutsche Wirtschaft verbunden. Die angekündigte Mobilisierung der öffentlichen Meinung, die im direkten Anschluß an die Passage zu den Strukturanpassungen folgt, ist nur erklärbar, wenn man diese politische Brisanz in Rechnung stellt.[10] Deshalb scheint die Bundesregierung der Auffassung zu sein, daß die unpopuläre Politik der Berücksichtigung „fremder" Interessen nur mit zusätzlicher Legitimation durchzusetzen sei.[11] Der Versuch, diese „ganz andere politische Rückendeckung

---

etwas aus über die Mitverantwortung der Bundesrepublik an Unterentwicklung und Armut noch über eine daraus abgeleitete Berücksichtigung der Interessen der Dritten Welt.

[10] Die Brisanz unpopulärer Politik, welche die Grenzen wohlfahrtsstaatlich anerkannter „eigener" Interessen überschreitet, ergibt sich aus dem binären Code des politischen Systems von Regierung/Opposition, dessen Positivwert Regierung sich dauerhaft nur besetzen läßt, wenn politische Instanzen „mit ihren Entscheidungen (Regierung) und Programmen (Parteien) die Erwartungen und Interessen der Bürger befriedigen. (...) Dies bedeutet, daß Regierung und Parteien strukturell gezwungen sind, das Allgemeinwohl gegenüber Partikularinteressen zu vertreten" (Gerhards 1994, S. 89f).

[11] Daß sich die Bundesregierung der Brüchigkeit der Unterstützung bewußt ist, belegt eine Äußerung des zuständigen Ministerialdirektors: „Das Häuflein von Politikern, Journalisten, Wissenschaftlern, Planern und Administratoren in Ost und West, in den internationalen Organisationen und in den Entwicklungsländern, das die Lektionen der Entwicklungshilfe der letzten 20 Jahre gelernt hat, ist noch klein, kann Wählerverhalten kaum nachhaltig beeinflussen" (Böll 1973, S. 69). Wahlen werden, so die Einschätzung des BMZ, durch aktive Entwicklungspolitik nicht gewonnen.

7. Die Pädagogisierung des Dritte Welt-Problems als Entgrenzung

durch den Wähler" zu gewinnen (Böll 1972, S. 31), läßt sich als der strukturelle Anlaß für die Mobilisierungskampagne der Bundesregierung interpretieren.[12] Öffentlichkeit, d.h. die Meinung des Bürgers, und nicht zuallererst das politische System und seine Entscheidungen oder ökonomische Hindernisse, ist in ihren Augen die Arena, in dem über die Reichweite von Entwicklungspolitik entschieden wird:

„Die Schwierigkeiten auf diesem Wege liegen nicht so sehr in den ökonomischen Grundlagen (...), sondern (...) (in den, M.P.) politischen Rücksichtnahmen auf die hartnäckigsten und schwerfälligsten Gruppen, sofern diese in ausreichenden Maße Wählerstimmen repräsentieren" (Böll 1973, S. 71).

Offensichtlich ist, daß die Mobilisierungskampagne mit der Absicht verbunden ist, das öffentliche Bewußtsein mit den Zielen der „Aktiven Entwicklungspolitik" in Einklang zu bringen. Daß die Absicht, das öffentliche Bewußtsein zu verändern, pädagogisierbar ist, zeigt die Konstruktion, mit der der zuständige Ministerialdirektor das Verhältnis zwischen reformorientierter Entwicklungspolitik und öffentlichem Bewußtsein bestimmt. Dieses wird als Lehrer-Zögling-Verhältnis konstruiert, in dem die Protagonisten der „Aktiven Entwicklungspolitik" die Lehrerseite einnehmen und das öffentliche Bewußtsein die zu Erziehenden repräsentiert:

„Trotzdem kann gezeigt werden, daß Entwicklungspolitik dem öffentlichen Bewußtsein und vor allem den entscheidenden Gruppen in Parlament, Regierung und Verwaltung voraus sein kann, daß sie auch im gegebenen System Lehren erteilen kann" (ebd., S. 71).[13]

Die hierarchische Rollenverteilung des Lehrer-Zögling-Verhältnisses tritt offen zutage, wenn die Rede davon ist, daß Entwicklungspolitik dem öffentlichen Bewußtsein und den politischen Akteuren „voraus sein" und ihnen „Lehren erteilen kann". Daß die Mobilisierungskampagne (auch) als explizit pädagogische kommuniziert wird, legt eine weitere Äußerung des BMZ-Ministerialdirektors nahe:

„In der Politik kann man sich selten erlauben, radikal gegen die Bewußtseinslage der ja immer erforderlichen Mehrheit zu operieren. Aber um aus dieser üblen Situation herauszukommen, ist es erforderlich, daß nicht nur bessere Informationen verfügbar sind, sondern vor allem die Denkstrukturen und Interpretationsmuster, die jedem Menschen von Anfang

---

[12] Diese These wird durch eine Untersuchung über entwicklungspolitische Öffentlichkeitsarbeit bestätigt: „Die Öffentlichkeitsarbeit zum Thema Entwicklungshilfe (...) wird auch in Zukunft vor der schwierigen Aufgabe stehen, einen relativ unattraktiven Politikbereich in der Bevölkerung bekannt zu machen und um Verständnis, Kritik und Engagement werben zu müssen" (Klengel 1983, S. 14). Ähnlich argumentiert die Zeitschrift „Offene Welt": Die „Fähigkeit zur bewußten und rationalen Gestaltung von Entwicklungsprozessen kann nur Spielraum gewinnen mit Hilfe einer kritischen und aufgeschlossenen Öffentlichkeit in den Industrieländern" (Boss-Stenner/von Pufendorf 1969, S. 228).
[13] Das Subjekt Entwicklungspolitik wird an dieser Stelle nicht klar bezeichnet. Aus dem Dokument ergibt sich jedoch, daß auch und vor allem die Politik des BMZ gemeint ist.

7. Die Pädagogisierung des Dritte Welt-Problems als Entgrenzung

seines Lebens an im Lern- und Sozialisierungsprozeß vermittelt werden, realitätsgerecht und auf die Werte internationaler Solidarität bezogen werden" (Böll 1970, S. 27). Die in dieser Aussage konstruierte pädagogische Gleichung lebt von ihrer kausalen Wirkungsunterstellung: Eine frühestmöglich erfolgende Vermittlung von realitätsgerechten und auf Solidarität bezogenen Denkstrukturen und Interpretationsmustern vermag das Problem zu überwinden, gegen die Bewußtseinslage der Mehrheit operieren zu müssen. Lassen sich im Programmpapier der Bundesregierung[14] weitere Hinweise für solche pädagogischen Anschlüsse finden?

„Die Bundesregierung ist verstärkt bemüht, Verständnis für die Probleme der Entwicklungspolitik zu wecken, Einblick in die sozialen und wirtschaftlichen Zusammenhänge des Entwicklungsprozesses in den Ländern der Dritten Welt zu vermitteln und die gesellschaftliche Verantwortung für die Verbesserung der Verhältnisse in den Entwicklungsländern zu stärken. Dabei wird es weniger darauf ankommen, Emotionen als vielmehr Problembewußtsein zu wecken. Die Erfahrungen der Ersten Entwicklungsdekade haben gezeigt, daß Entwicklung sehr komplexe Fragen umfaßt, die ein schnelles und leichtes Verständnis in der breiten Öffentlichkeit erschweren. Die entwicklungspolitische Öffentlichkeitsarbeit der Bundesregierung wird sich daher auf Gruppen und Institutionen konzentrieren, bei denen besonderes entwicklungspolitisches Interesse zu erwarten ist und von denen ein Einfluß auf die öffentliche Meinungsbildung ausgeht. Dies gilt u.a. für die Zusammenarbeit mit den Parteien, den Kirchen, der Wirtschaft, den Gewerkschaften, dem Deutschen Forum für Entwicklungspolitik, den Trägern der politischen Bildung, mit der Presse, den Rundfunk- und Fernsehanstalten. Die Bundesregierung wird diese Organisationen und Institutionen bei der Verbreitung entwicklungspolitischer Informationen gezielt unterstützen. Die Bundesregierung hält Öffentlichkeitsarbeit im pädagogischen und schulischen Bereich für besonders wichtig" (BMZ 1971a, S. 29-30).

In dieser Eingangspassage des Abschnittes zur „Mobilisierung der öffentlichen Meinung" tauchen erneut die Kategorien Verständnis und gesellschaftliche Verantwortung auf. Sie wiederholen die Überzeugung der Bundesregierung, daß die Lösung des Dritte Welt-Problems nicht allein Folge politischer Entscheidungen sei, sondern in die Mitverantwortung eines jeden einzelnen Bürgers falle. Deutlich tritt die Zurechnung der Problemlösung auf Individuen zutage, wenn als Resultat des anvisierten Verständnisses, des zu vermittelndes Einblicks und der Stärkung der gesellschaftlichen Verantwortung die Herstellung eines angemessenen „Problembewußtseins" benannt wird (ebd.). Das Ziel, mit der Mobilisierungskampagne „in das Bewußtsein der Zeitgenossen vorzudringen" (Böll 1972, S. 26) wird nur auf der Folie einer Problemkonstruktion verständlich, die dezidiert auf Bewußtsein als Konstitutionselement von psychischen Systemen referiert. Daß mit der Individualisierung die Pädagogisierung des Problems einhergeht, zeigen die Kategorien „wecken",

---

[14] Die folgende Passage „Mobilisierung der öffentlichen Meinung" ist ein Abschnitt aus dem Kapitel „Entwicklungspolitische Aktivitäten in der Bundesrepublik Deutschland". Das Kapitel enthält noch zwei weitere Absätze, die die Überschriften „Außenhandel" und „Strukturanpassung" tragen.

7. Die Pädagogisierung des Dritte Welt-Problems als Entgrenzung

„vermitteln" und „stärken". Sie codieren die Absicht der Bundesregierung als pädagogische. „Vermitteln" als Leitdifferenz des Pädagogischen wird für den kognitiven Bereich reserviert (Einsicht), während „wecken/stärken" die moralisch-motivationale Seite ansprechen (Verständnis, Verantwortung, Problembewußtsein). Die im Anschluß folgende Problemfeststellung behauptet, daß die Erste Entwicklungsdekade gezeigt habe, daß die Komplexität der Entwicklungsthematik „ein schnelles und leichtes Verständnis in der breiten Öffentlichkeit erschwere". Diese Diagnose konstruiert die Entwicklungsthematik als kognitives Verstehensproblem der meisten Bürger in der Bundesrepublik. Als blinden Fleck blendet sie den Interessenkonflikt zwischen den Problembeschreibungen und -steuerungsvorschlägen der Entwicklungs- und Industrieländern aus. Statt dessen wird eine individualisierende Defizitdiagnose präsentiert. Diese stellt erst die Voraussetzung für den pädagogischen Zugriff her, indem sie nahelegt, daß eine Lösung mit Hilfe sich an das Individuum adressierender pädagogischer Maßnahmen erfolgen könne. Aufgrund der behaupteten Komplexität der Entwicklungsthematik sei die Öffentlichkeitsarbeit an Vermittlungsinstanzen zu adressieren, von denen die Bundesregierung annimmt, daß sie bereits über ein „besonderes entwicklungspolitisches Interesse" verfügen oder daß ihnen „Einfluß auf die öffentliche Meinungsbildung" zukommt. Benannt wird das gesamte Spektrum gesellschaftlicher Instanzen, von Parteien, Wirtschafts- und Gewerkschaftsverbänden, Kirchen hin zu den Massenmedien und den Trägern der Politischen Bildung. Sie alle sollen in die „Aufklärung der eigenen Bevölkerung" (Böll 1972, S. 27)) eingebunden werden, die als „Volksbildungsveranstaltung" beschrieben wird (Böll 1970. Das Aufklärungsprojekt, als dessen Initiator sich das BMZ versteht[15], wird dann noch einmal explizit auf das Erziehungssystem bezogen, wenn „Öffentlichkeitsarbeit im pädagogischen und schulischen Bereich für besonders wichtig" erachtet wird (vgl. Kap. 7.2.2.).

Fünf Monate nach dem die Bundesregierung die Mobilisierung öffentlicher Meinung zu einem zentralen Element ihrer entwicklungspolitischen Strategie gemacht hat, konkretisiert das BMZ mit dem Papier „Allgemeine Überlegungen zur entwicklungspolitischen Öffentlichkeitsarbeit" (BMZ 1971b) diese Strategie:

„Entwicklungspolitik ist ein relativ neues Aufgabengebiet. Ihre Inhalte – Entwicklungshilfe, Entwicklungsländer und ihre Menschen – treffen jedoch nicht auf ein unverformtes Bewußtsein in der Öffentlichkeit, sondern auf Bewußtseinsstrukturen und Verhaltensformen, die u.a. durch Fehlinformationen und Vorurteile gekennzeichnet sind. (...)
Vorurteile entstehen durch mangelnde oder falsche Informationen, was auch für rassische Vorurteile gilt. Für die Öffentlichkeit in der Bundesrepublik wie auch in anderen Industrieländern wirkt sich hierbei besonders problematisch aus, daß durch Massenmedien, Schulen

---

[15] Bei Epplers Ministerialdirektor heißt es: „Das Entwicklungsministerium in Bonn versteht sich als ein Innovationsministerium und Entwicklungspolitik als eine Volksbildungsveranstaltung" (Böll 1970, S. 34).

7. Die Pädagogisierung des Dritte Welt-Problems als Entgrenzung

und Bildungseinrichtungen überhaupt oft ein nur unzureichendes, einseitiges oder fehlerhaftes Bild von den Entwicklungsländern und ihren Menschen gezeichnet wird. In vielen Fällen werden Inhalte vermittelt, die falsche Vorstellungen über die Länder der Dritten Welt wie auch insgesamt rassische Vorurteile eher fixieren als korrigieren. Die noch immer vielfach vorhandenen nationalstaatlich bzw. eurozentrisch ausgerichteten Denk- und Bewußtseinskategorien bestätigen noch die negativen Urteile und Vorurteile gegenüber der Dritten Welt.
Der Abbau von Vorurteilen (auch rassischer) reduziert sich nicht nur auf ein Informationsproblem im Sinne der Vermittlung einfachen Faktenwissens. Vorurteile sind häufig tief in der Persönlichkeitsstruktur verankert, daß sie nur durch eine differenzierte Einsicht in die wirklichen Ursachen für diese Vorurteile abgebaut werden können. Für die Vorurteile gegenüber den Entwicklungsländern bedeutet diese zum Beispiel die Einsicht in die Ursachen der Unterentwicklung und die Möglichkeiten der Entwicklung für die Länder der Dritten Welt. Wenn nicht die gesamtgesellschaftlichen Bezüge und die wechselseitigen Beziehungen von Industrie- und Entwicklungsländern transparent gemacht werden, unterliegt die punktuelle Information der Gefahr, vom Leser, Hörer und Zuschauer selektiert und bewußt oder unbewußt verdrängt zu werden.
Nur durch die Einsicht in die Probleme der Entwicklungsländer und ein dadurch entstehendes solidarisches Verständnis mit den dort lebenden Menschen wird ein Bewußtsein für die langfristige Notwendigkeit einer umfassenden Entwicklungspolitik geschaffen. Beruht die Zustimmung der Entwicklungshilfe nur auf der Vorstellung eines Almosen für die Entwicklungsländer, so wird diese Vorstellung eher zur Verfestigung als zum Abbau von Vorurteilen beitragen.
Die Auseinandersetzung mit Vorurteilen ist ein langfristiger Prozeß. Neben der Vermittlung von Sachinformationen über die Dritte Welt wird es darauf ankommen, ein entwicklungspolitisches Bewußtsein zu erzielen, solidarisches Verständnis und Engagement für entwicklungspolitische Aktion zu wecken. Voraussetzung dafür ist, daß entwicklungspolitische Inhalte Bestandteil der allgemeinen Erziehung werden. Der entwicklungspolitische Bewußtseinsprozeß wird langfristig nur im Zuge eines allgemein-politischen Umdenkens Erfolg haben.
Bei gesellschaftlichen Gruppen, die politisch engagiert sind bzw. deren politisches Denken weniger stark durch Vorurteile geprägt ist, kann dieses entwicklungspolitische Bewußtsein bereits früher geweckt werden. Zu dieser Gruppe zählen generell Jugendliche, bei denen erfahrungsgemäß größere Aufgeschlossenheit zu finden, ein größeres Maß an Solidarität mit Unterprivilegierten vorhanden und eher ein tatsächliches Engagement zu wecken ist.
Darüber hinaus sind Multiplikatoren in allen Bereichen der Gesellschaft generell für die entwicklungspolitische Öffentlichkeitsarbeit von besonderem Interesse. Denn sie können, auch ohne selbst die Notwendigkeit einer konsequenten Entwicklungspolitik zu sehen, allein durch ihre multiplikative Wirkung und durch die Vermittlung entwicklungspolitischer Inhalte einen entwicklungspolitischen Bewußtseinsprozeß in Gang setzen" (BMZ 1971b, S. 52-54).

Eingeleitet wird mit einer Konstruktion, in der Entwicklungspolitik als „ein relativ neues Aufgabengebiet" vorgestellt wird, das „jedoch nicht auf ein unverformtes Bewußtsein in der Öffentlichkeit trifft". Begonnen wird also mit der Beschreibung eines Hindernisses für die Arbeit des BMZ. Auffallend ist, daß nicht politische Hindernisse (Widerstand der Opposition, Dissens über die Inhalte der Entwicklungspolitik, Konflikte mit Entwicklungsländern) benannt werden, wie es im Falle eines politischen Aufgabenfeldes zu erwarten

7. Die Pädagogisierung des Dritte Welt-Problems als Entgrenzung

gewesen wäre. Das BMZ konstruiert das Hindernis für Entwicklungspolitik vielmehr als Bewußtseinsproblem, das zudem als eigentlich unlösbar vorgestellt wird[16], aber dennoch bearbeitet werden muß – und wie mit der Bildungs- und Öffentlichkeitsarbeit des BMZ gezeigt werden soll – auch bearbeitet werden kann. Die Ausgangsskizze trägt damit wiederum deutlich Züge einer individualisierenden Defizitbeschreibung, in der die Schwierigkeiten der Steuerung des Dritte Welt-Problems „Bewußtseinsstrukturen und Verhaltensformen" zugeschrieben werden. Diese sind „u.a. durch Fehlinformationen und Vorurteile gekennzeichnet" (ebd., S. 52) und haben sich „tief in der Persönlichkeitsstruktur verankert" (ebd., S. 53). „Vorurteile entstehen durch mangelnde oder falsche Informationen"; zudem zeichnen „Massenmedien, Schulen und Bildungseinrichtungen überhaupt oft ein nur unzureichendes, einseitiges oder fehlerhaftes Bild von den Entwicklungsländern und ihren Menschen" (ebd., S. 52). Mit dieser Verantwortungszuschreibung, die sich in zwei von drei Fällen an Instanzen des Erziehungssystems richtet, bestätigt das BMZ die zentrale Rolle von Schulen und Bildungseinrichtungen bei der Steuerung des Dritte Welt-Problems durch Öffentlichkeitsarbeit. Der Öffentlichkeitskampagne geht es darum „entwicklungspolitisches Bewußtsein zu erzielen, solidarisches Verständnis und Engagement für entwicklungspolitische Aktion zu wecken". Damit ein solches Bewußtsein entstehen kann, ist es für das BMZ unabdingbar, „daß entwicklungspolitische Inhalte Bestandteil der allgemeinen Erziehung werden" (ebd., S. 53f). In dieser Zielbestimmung werden die beiden zentralen Elemente von Pädagogisierungen sichtbar: einerseits ist das Projekt des BMZ selbst ein pädagogisches, weil es in der entwicklungspolitischen Strategie für die Bundesrepublik um die Veränderung individueller Dispositionen geht (entwicklungspolitisches Bewußtsein, Solidarität, Bereitschaft zu Engagement), andererseits wird zur Umsetzung dieser Absichten auf die pädagogische Inklusion von Entwicklungspolitik im Erziehungssystems gesetzt. Die Ent- und Wiedereingrenzung des Pädagogischen aus dem und in das Erziehungssystem verläuft in der Mobilisierungskampagne parallel.

Deutet man die Zielgruppen der Kampagne auf der Folie des inhaltsanalytischen Kategorienschemas, so fällt eine weitere Anschlußstelle für die Pädagogisierung des Problems deutlich ins Auge: Das Dokument konstruiert als prädestinierte Zielgruppe des anvisierten entwicklungspolitischen Bewußtseinsprozesses „Jugendliche, bei den erfahrungsgemäß größere Aufgeschlossenheit zu finden, ein größeres Maß an Solidarität mit Unterprivilegierten vorhanden und eher ein tatsächliches Engagement zu wecken ist" (ebd., S. 54). Die pädagogische Konstruktion des Kindes und Jugendlichen ist konsti-

---

[16] Wenn behauptet wird, daß eine Aufgabe relativ neu sei und dennoch bereits auf Widerstand bei der Bevölkerung treffe, ist die Hürde für die Lösbarkeit des Problems in jedem Fall sehr hoch gelegt.

tutiver Bestandteil der Pädagogisierung des Dritte Welt-Problems und prägt auch andere Aussagen des BMZ:

> Die Bundesregierung „wendet sich insbesondere an die Jugend, für die das Nord-Süd-Verhältnis schicksalsentscheidend sein wird" (BMZ 1980, S. 11)

oder:

> „wenn die von Ihnen (Lehrer/innen bei einer Fortbildung zum Thema Dritte Welt, M.P.) zu erziehenden Kinder politische Verantwortung tragen, werden es die Spatzen von den Dächern pfeifen. (...) Friedenspolitik vollzieht sich auf der Nord-Süd-Achse nicht weniger als auf der Ost-West-Achse. (...) Es gibt keinerlei Anzeichen, daß wir in unserer Friedenspolitik auf der Nord-Süd-Achse rascher vorankommen als auf der Ost-West-Achse. Nur werden wir unser Säumen teuer zu bezahlen haben. Bezahlen werden es die Kinder, die man Ihnen anvertraut. Und es wird gut sein, wenn sie wenigstens wissen, in welche Welt sie hineinwachsen. Dazu sollten wir alle zusammen helfen (Eppler 1972b, S. 9).

Die Bezugnahme auf Jugendliche und Kinder findet vor einem zeitlichen Horizont statt: Dem Dritte Welt-Problem wird erstens eine „schicksalsentscheidende" Bedeutung für die Jugendlichen beigemessen, zweitens kontrastiert Eppler ein „heute", in dem nicht mehr darauf verzichtet werden könne, die Dritte Welt in die eigene Politik einzubeziehen, mit künftigen Folgen eines solchen Verzichts. Diese Folgen werden, so Eppler, die „Kinder" bezahlen. Mit dieser zeitlichen Kontrastierung wird das Kind als Mittler zwischen Gegenwart und Zukunft vorgestellt, eine Rolle, die für pädagogische Kindheitskonstruktion als typisch gelten kann (vgl. Scholz 1994, S. 59ff). Ein weiteres, für pädagogische Kindheitssemantiken charakteristisches Element tritt hinzu, wenn das BMZ Jugendliche als erfahrungsgemäß aufgeschlossener, solidarischer und engagierter beschreibt. Diese Konstruktion variiert das Bild des Kindes und Jugendlichen als „Heilsbringer" (ebd., S. 73f) bei der Bearbeitung des Dritte Welt-Problems. Gleichzeitig repräsentieren die den Jugendlichen zugeschriebenen Attribute indirekt die andere Seite der Unterscheidung: Erwachsene, die folglich als unaufgeschlossen, unsolidarisch und unengagiert und damit indirekt verantwortlich für das Dritte Welt-Problem gelten. Das Bild des Jugendlichen als Mittler zwischen Problem und Lösung, zwischen heute und morgen erlaubt auch die dramatisierende Zuschreibung, daß für die Jugend „das Nord-Süd-Verhältnis schicksalsentscheidend sein wird". Kinder und Jugendliche seien sowohl von den Folgen eines eskalierenden Dritte Welt-Problems am stärksten betroffen wie ihnen für dessen Lösung zentrale Bedeutung beigemessen wird. Hat die pädagogische Konstruktion des Kindes/Jugendlichen Eingang in die Beschreibung des Dritte Welt-Problems gefunden, ist der Schritt zu direkten pädagogischen Adressierungen nicht mehr weit. Entsprechend benennt das BMZ als einen Hauptadresse der Mobilisierungskampagne den „Bildungs- und Erziehungsbereich, einschließlich der politischen Jugendarbeit" (BMZ 1971b, S. 57).

7. Die Pädagogisierung des Dritte Welt-Problems als Entgrenzung

Die Mobilisierungskampagne des BMZ ist darüber hinaus eingebettet in eine für diese Phase der Entwicklungspolitik als typisch zu bezeichnende Machbarkeitssemantik: „Entwicklung in der Dritten Welt (ist) ein Prozeß ( ), der politisch machbar ist und geplant werden muß" (ebd., S. 55). Diese politische Machbarkeitsvorstellung gewinnt in dem Maße pädagogische Bedeutsamkeit, wie als Voraussetzung ihrer Umsetzung individuelle Bewußtseinsprozesse betont und Kinder und Jugendliche als Garanten einer „offenen Zukunft" zu den prädestinierten Adressaten gemacht werden. Genau diese Strategie verfolgt das BMZ mit der Kampagne zur Mobilisierung der öffentlichen Meinung. Die Vorstellung einer Machbarkeit der Gesellschaft durch Erziehung (vgl. Kap. 1.) übersetzt sich in die Vorstellung einer Machbarkeit von Entwicklung durch Bewußtseinsprozesse, die durch Erziehung und Bildung gerade bei Kindern und Jugendlichen angestoßen werden.

Welche Erklärungen lassen sich für die pädagogisierte Öffentlichkeitsstrategie der bundesrepublikanischen Entwicklungspolitik anführen, der im Gegensatz zur UNO durchaus Steuerungsmedien wie Recht, Geld oder Macht zur Verfügung stehen? Bereits erläutert wurde, daß sich die (pädagogische) Bezugnahme auf das Medium Öffentlichkeit und auf individuelle Dispositionen (Problembewußtsein, Verständnis, Verantwortung) aus dem Problem der Bundesregierung erklärt, Legitimation für die reformorientierte und nicht mehr ausschließlich eigeninteressengeleitete Entwicklungspolitik gewinnen zu müssen. Die Bezugnahme auf Öffentlichkeit gewährleistet zudem, daß im Falle des Scheiterns entwicklungspolitischer Anstrengungen die Verantwortung hierfür nicht allein der Politik zugerechnet werden kann, sondern sich gesellschaftlich verteilt. Dies erleichtert, sowohl moralische Ansprüche oder Erwartungen von *Pressure Groups* des Südens[17] wie auch der Dritte Welt-Protestbewegung in innergesellschaftlichen Interessenkonflikten mit dem Verweis auf die „öffentliche Meinung" zu begrenzen.[18] Die Mobilisierungskampagne läßt neben dieser noch eine andere Erklärung zu. Wie bereits dargestellt nimmt die „Aktive Entwicklungspolitik" eine Sonderstellung in der

---

[17] Entwicklungspolitik „wird die Spannung auszuhalten haben zwischen dem, was die Industrieländer eigentlich tun müßten und dem, was die öffentliche Meinung dieser Länder zuläßt" (Eppler 1969).

[18] Die Begrenzung von Ansprüchen an die staatliche Entwicklungspolitik ist ein Motiv, das ab den achtziger Jahren verstärkt kommuniziert wird. „Entwicklungspolitik ist nicht ausschließlich Staatsaufgabe" (BMZ 1980, S. 15). „Entwicklungspolitik braucht mehr Nüchternheit. Die deutsche Entwicklungshilfe hat weder die Aufgabe noch liegt es in ihrer Macht, alle Probleme der Dritten Welt zu lösen" (BMZ 1986, S. 43). Zudem nimmt die Bezugnahme auf das Medium Öffentlichkeit eine andere Form an: es geht nur noch am Rande um die Legitimierung der eigenen Entwicklungspolitik (dies wird in dem Maße obsolet, wie die Berücksichtigung „fremder" Interessen nicht mehr vorgesehen ist, weil Entwicklungspolitik „dem grundgesetzlichen Auftrag (unterliegt), dem deutschen Volk zu nutzen" (ebd., S. 7). Vielmehr soll die Öffentlichkeit in Form von Nichtregierungsorganisationen selbst zum Träger von Entwicklungspolitik werden (vgl. BMZ 1980, S. 25f; BMZ 1986, S. 38ff; BMZ 1987).

Geschichte deutscher Entwicklungspolitik ein. Schon unter Eppler bleibt die Frage, inwieweit den Forderungen der Dritten Welt mit entsprechenden die bundesrepublikanischen Interessen tangierenden handels- und wirtschaftspolitischen Reformen entgegenzukommen sei, hochkonfliktiv und die moralisch gefärbte Antwort Epplers umstritten (vgl. Kap. 6.2.). Man kann die Mobilisierungskampagne als Versuch deuten, in diesem Konflikt Legitimationsreserven aus der Einbeziehung der entwicklungspolitisch aufgeschlossenen Kirchen und Dritte Welt-Protestbewegung zu aktivieren.[19] Zwar wird das gesamte gesellschaftliche Spektrum als mögliche Vermittlungsinstanzen für die Mobilisierungskampagne benannt. Eine strukturelle Affinität gegenüber solchen Mobilisierungskampagnen weisen jedoch vor allem Protestbewegungen wie die DWB auf. Ihnen mangelt es in der Regel, an Ressourcen, um direkt politischen Druck zu entfalten. Dies zwingt sie, die Unterstützung von Öffentlichkeit zu suchen (vgl. Neidhardt 1994, S. 34). Die Mobilisierungskampagne hat aus der Sicht eines um „Aktive Entwicklungspolitik" bemühten Ministers folglich den doppelten Vorteil, daß diejenigen angesprochen werden, die seinem Kurs am offensten gegenüberstehen und die zugleich selbst auf das Mobilisierungsmedium zurückgreifen, um eigene Ziele durchzusetzen.

7.2.2. Die Inanspruchnahme des Erziehungssystems für die Steuerung des Dritte Welt-Problems

Dem BMZ kommt, – wie die Rekonstruktion der Kampagne zur Mobilisierung öffentlicher Meinung zeigt – eine Schlüsselstellung bei der Herstellung einer pädagogisierten Problemkonstruktion zu. Es produziert eine eigenständige pädagogische Konstruktion des Dritte Welt-Problems im öffentlichen Raum. Gleichzeitig adressieren sich regierungsamtliche Kommunikationen an

---

[19] Für diese Deutung würde auch die Resonanz sprechen, welche die Kommunikationen Epplers im entwicklungspolitisch interessierten Spektrum der Kirchen und DWB ausgelöst haben. In einem Kommentar zur Öffentlichkeitsarbeit des BMZ in der führenden kirchennahen Zeitschrift epd-entwicklungspolitik heißt es „Zaghaft sind dagegen die Ansätze, politische Problematik als Problem anzubieten, Konflikte in Informationen darzustellen statt zu verschleiern, politisches Bewußtsein an die Stelle von Konsumapathie zu setzen und die Begrenzung eigener politischer Handlungsmöglichkeiten offen darzulegen. Diesen Weg geht seit einiger Zeit vorsichtig das Bundesministerium für wirtschaftliche Zusammenarbeit". Gelobt wird die „für hiesiges Regierungsmilieu bemerkenswerte Fähigkeit, zu sich selbst in kritische Distanz zu treten" (Clert 1970, S. 11). Auch das Ministerium selbst kokettiert mit der Unkonventionalität seiner Vorgehensweise: „Vor einigen Wochen haben auf einer Tagung Mitarbeiter des Entwicklungsministeriums in Bonn selbstkritische Referate zur Entwicklungshilfe gehalten und weit mehr Fragen aufgeworfen als Antworten gegeben. Einige Tagungsteilnehmer waren aufgebracht, kamen zu mir und wollten wissen, wie ein Ministerium eigentlich Entwicklungspolitik treiben kann, wenn seine Mitarbeiter Maßnahmen eben dieser Entwicklungshilfe kritisch in aller Öffentlichkeit analysieren" (Böll 1970, S. 33).

das Erziehungssystem. Der Wunsch, dessen Einrichtungen für die Problembearbeitung in Anspruch zu nehmen, kann als Zwischenglied in der Pädagogisierung Dritte Welt-Problems betrachtet werden. Die explizite Adressierung von Steuerungserwartungen an das Erziehungssystem durch „Nicht-Mitglieder" des Systems steht zwischen der Entgrenzung des Pädagogischen bei der Bearbeitung sozialer Probleme auf der einen und deren Transformation in pädagogische Programme des Erziehungssystems auf der anderen Seite.

Eine erste Erwartungsadressierung an das Erziehungssystem läßt sich in das Jahr 1969 datieren, in dem Eppler im Kreis der Kultusministerkonferenz „die Notwendigkeit (unterstreicht), auch in unseren Schulen und Hochschulen in Unterricht und Lehre die Schwierigkeiten und Aufgaben der Entwicklungsregionen der Welt noch systematischer einzubeziehen" (Presse- und Informationsamt der Bundesregierung 1969, S. 775). Für das BMZ müssen „Fragen unserer weltweiten Interdependenz auf wirtschaftlichem, politischem und gesellschaftlichem Gebiet (...) zum integralen Bestandteil der Erziehung werden" (Schade 1969, S. 253).[20] Prominente Fürsprache erfährt der Versuch, das Dritte Welt-Problem im Erziehungssystem zu etablieren, im Herbst 1972, als Bundeskanzler Brandt an die für die Regelung des Schulwesens zuständigen Bundesländer mit der Empfehlung herantritt, eine intensive Berücksichtigung von Fragen der Entwicklungspolitik im Schulunterricht zu gewährleisten. In dem Brief heißt es:

„Sie (die Kultusministerkonferenz, M.P.) werden zweifellos mit mir der Auffassung sein, daß man eine weitere Vertiefung der Kluft zwischen armen und reichen Nationen dieser Erde nicht zulassen darf. Vielmehr wird es eine unserer wichtigsten langfristigen Zukunftsaufgaben sein, den Abstand zwischen den Entwicklungsländern und den Industrienationen zu mindern. Entwicklungspolitik ist langfristig ohne einen starken Rückhalt in der Bevölkerung nicht denkbar. Die dafür erforderlichen Einsichten und Fähigkeiten sollten bereits im Schulalter erworben werden. (...) Ich wäre dankbar, wenn die Herren Ministerpräsidenten darauf hinwirken könnten, daß die Fragen der Entwicklungsländer und der Entwicklungspolitik im Schulunterricht allgemein mehr Beachtung finden. Das BMZ wäre in der Lage, die Schulen zu diesen Fragen mit Informationsmaterial, didaktischen Anregungen und Referenten zu unterstützen" (Brandt 1972).

---

[20] Interessant an dieser vom Öffentlichkeitsreferenten des BMZ ausgesprochenen Forderung ist, daß sie sich inneradministrativ in die Forderung nach mehr Ressourcen übersetzt. Schade schreibt weiter: „Einen derartigen Prozeß der Neuorientierung des Bildungswesens (...) schnell einzuleiten, dazu fehlen den für die Öffentlichkeitsarbeit im Bundesministerium für wirtschaftliche Zusammenarbeit zuständigen Stellen zur Zeit bei weitem die Mittel und das Personal" (ebd., S. 253). Die pädagogische Mobilisierungskampagne des BMZ verlangt nach einer entsprechenden Berücksichtigung im Regierungshaushalt. Mit der semantischen Transformation von Problemgrenzen und Steuerungszuständigkeiten gehen in der Regel immer auch Ressourcenverschiebungen einher. Es scheint organisatorisch attraktiv zu sein, neue Steuerungsmechanismen wie entwicklungspolitische Bildung und Erziehung federführend zu etablieren, um daraus Ressourcenansprüche abzuleiten.

7. Die Pädagogisierung des Dritte Welt-Problems als Entgrenzung

Die Intervention des Bundeskanzlers zugunsten einer schulischen Bearbeitung des Dritte Welt-Problems ist als Ausdruck der intensiv kommunizierten Absicht des BMZ zu verstehen, Schulen und andere Bildungseinrichtungen für das pädagogische Programm Dritte Welt zu gewinnen (vgl. Kap 8.2.1.). Begründet wird die Notwendigkeit, Entwicklungspolitik als „Bildungsinhalt" zu etablieren, mit der These, daß die „moderne Schule versucht, die Welt dem Schüler so zu vermitteln, wie sie ist, damit aus ihm ein kritischer und verantwortungsbereiter Staatsbürger werden kann, der einige wesentliche politische, wirtschaftliche, soziale und kulturelle Zusammenhänge übersieht" (Eppler 1972b, S. 6).[21] Zu diesen zählt „die wechselseitige Abhängigkeit von Industrie- und Entwicklungsländern" ebenso wie die Tatsache, „daß die Entwicklungsländer in vielen Bereichen von den politischen Entscheidungen der Industrieländer (...) ständig benachteiligt werden" (ebd.). Die pädagogische Argumentation Epplers in seiner Adressierung des Dritte Welt-Problems an die Schulen zeigt sich im Dokument an drei Stellen.

(1) Erstens kommt dem pädagogischen Code der Vermittlung zentrale Bedeutung zu. Er ist eingebunden in die didaktische Frage, ob Entwicklungspolitik als Bildungsinhalt „pädagogisch (...) umgesetzt werden kann" und wie dieser dann „vermittelt werden" müßte (ebd., S. 2). Im Umgang mit diesem Problem beweist Eppler Kompetenz, wenn er als Empfehlung den angesprochenen Lehrern/innen vorschlägt, die „hochkomplizierten wirtschaftlichen, handelspolitischen oder währungstechnischen Fragen" beiseite zu lassen und stattdessen der Methode des exemplarischen Lernens zu folgen (vgl. ebd., S. 8f).

(2) Der Entwicklungshilfeminister beweist jedoch nicht nur didaktische Kompetenz. Er kennt zweitens auch die spezifische Verfaßtheit seiner Adressaten. Eppler gibt sich wissend um mögliche Abwehrhaltungen auf Seiten der Lehrer/innen, die diese gegen eine weitere Komplizierung durch einen neuen Unterrichtsgegenstand Dritte Welt hegen könnten. Er fragt, „woher Entwicklungspolitik das Recht (nehme), sich als Bildungsinhalt besonderer Art zu verstehen" und gibt zu bedenken, ob „Schule überhaupt all diesen (von außen an sie herangetragenen, M.P.) Ansprüchen gerecht werden (kann) (ebd., S. 2). Um diese Bedenken zu überwinden, sucht Eppler gezielt Anschluß an reformpädagogische Figuren, wenn er die inhaltliche Offenheit des Dritte Welt-Unterrichts betont, die es den Lehrkräften ermögliche, „Abschied von hergebrachten autoritären Unterrichtsmethoden und -mitteln" zu nehmen (ebd., S. 7f). Mit der Anknüp-

---

[21] Diese systematische Entfaltung findet sich in dem Vortrag „Entwicklungspolitik als Bildungsaufgabe" des Bundesministers bei einer öffentlichen Fortbildungsveranstaltung in Reutlingen. Das BMZ hat diese Rede in seiner eigenen Reihe „Schule und Dritte Welt" dokumentiert und so zu einem Schlüsseldokument für die Adressierung des Dritte Welt-Problems an das Erziehungssystem gemacht.

7. Die Pädagogisierung des Dritte Welt-Problems als Entgrenzung

fung an Reformaspirationen[22] versucht Eppler in einer Phase, in der die Bildungs- und Schulreform auf der gesellschaftlichen Tagesordnung steht, seine Adressaten für das andere Reformprojekt „Entwicklungspolitik als Bildungsaufgabe" zu gewinnen.[23] Schulen und Bildungspolitiken, die als modern gelten wollen, können nicht umhin, Entwicklungspolitik als Bildungsinhalt anzuerkennen.[24]

(3) Für die Legitimierung dieser These referiert Eppler auf die bereits bekannte Defizitprämisse, daß mangelndes Problembewußtsein die Öffentlichkeit in der Bundesrepublik kennzeichne (ebd., S. 3). Diese Defizitzuschreibung wird nun drittens mit pädagogischen Argumenten verknüpft. Zum einen wird die pädagogische Konstruktion des Kindes als Mittler für eine besser erhoffte Zukunft eingeführt[25], zum anderen wird die Schule, in Form der in ihr verwendeten Schulbücher, als für die Defizite mitverantwortlich benannt. Beides schließe es aus, die Schule als Ort zur Bearbeitung des Dritte Welt-Problems auszuklammern (ebd., S. 5f).

---

[22] Solche Anknüpfungen liegen vor, wenn das Stichwort „fächerübergreifender Unterricht" fällt oder die These, Dritte Welt-Unterricht gäbe „der Schule (methodisch) ebenfalls neue Impulse" (ebd., S. 7).

[23] Der Anschluß an die Bildungsreform in der Bundesrepublik wird vom BMZ an anderer Stelle noch viel vehementer gefordert: „Die mangelnden Kenntnisse von Lehrern und Schülern über die Dritte Welt sind nicht in erster Linie Folge eines Informationsrückstandes, sondern Symptom eines provinziellen, auf Anpassung an bestimmte herrschende Interessen ausgerichteten Bildungssystems, das eine laufende Selbstaufklärung verhindert. (...) Es gilt also vielmehr, dieses Bildungssystem selbst zu reformieren (Schade 1970a, S. 9f). Die in der Adressierung des Dritte Welt-Problems an das Erziehungssystem anklingende Reformaspiration wird durchaus öffentlich wahrgenommen: „Fragen der entwicklungspolitischen Bewußtseinsbildung wurden (vom BMZ, M.P.) schnell als nicht isolierbar von allgemeiner Bildungsreform und gesellschaftlichen Strukturveränderungen begriffen. (...) Deshalb ist das Programm des BMZ entscheidend von dem Prinzip der Offenheit und Partizipation, der Bereitschaft zum Experiment und zur permanenten Revision bestimmt" (Zipat 1970, S. 15).

[24] In einem Vortrag des BMZ-Ministerialdirektors Böll vor Schulfunk- und -fernsehredakteuren heißt es: „Nichts mehr kann bald geplant oder entschieden werden ohne Rücksicht auf die Dritte Welt. (...) Davon hat auch die Schule Kenntnis zu nehmen. (...) Wenn die bisherigen Einsichten der Entwicklungspolitik Grundlagen unserer eigenen Zivilisation in Frage zu stellen geeignet sind, dann müssen Entwicklungspolitik und die ihr zugrundeliegende Herausforderung ein grundlegendes, alles umfassendes und durchdringendes Thema von Erziehung und Bildung überhaupt werden" (1972, S. 13f).

[25] „Sie unterrichten Kinder, die im Jahre 2000 zehn Jahre jünger sein werden als ich jetzt. Dann werden diese Kinder die Erde mit ca. 7 Mrd. Menschen teilen müssen, von denen ¾ in Entwicklungsländern leben. Und wenn diese Kinder ins Rentenalter kommen – und auch da wollen sie noch menschenwürdig leben – werden sie den Erdball mit ca. 12 Mrd. Menschen teilen müssen, davon 4/5 in Entwicklungsländern. In diesen Tagen wird in Stockholm über Umwelt diskutiert. Ein entscheidendes Thema ist, was es für Industrieländer und Entwicklungsländer bedeutet, wenn weder 7 Mrd. noch gar 12 Mrd. Menschen in einer Industriegesellschaft unseres Typs leben können. Die Zukunft – keineswegs nur eine sehr ferne Zukunft – der Entwicklungsländer ist mit der unseren sehr viel enger verknüpft als wir das schon begriffen haben" (Eppler 1972b, S. 4).

7. Die Pädagogisierung des Dritte Welt-Problems als Entgrenzung

Auch nach Ende der auf moralischen Prämissen gründenden Entwicklungspolitik unter der Ägide Epplers verschwindet in BMZ-Kommunikationen nicht die an das Erziehungssystem adressierte Erwartung, das Dritte Welt-Problem pädagogisch zu bearbeiten. Dies muß in einer gewissen Weise überraschen, denn die Notwendigkeit, Legitimation durch pädagogisch codierte Öffentlichkeitskampagnen zu gewinnen, bezog ihre Plausibilität gerade aus der Bindung an eine reformorientierte, die Interessen der Dritten Welt priorisierende Entwicklungspolitik. Gegen die offensichtlich abnehmende Brisanz der Problemkonstruktion Dritte Welt scheint sich die Adressierbarkeit von Steuerungserwartungen an das Erziehungssystem weitgehend zu immunisieren[26], wie ein abschließender Blick in die neunziger Jahre zeigt.

1993 meldet sich das BMZ[27] in dem Dokument „Entwicklungspolitische Bildungsarbeit in Schulen" erneut zum Thema Schule und Dritte Welt zu Wort (BMZ 1993, vgl. auch: epd-entwicklungspolitik 1992; Repnik 1992). Nachdrücklich wird in dem Dokument eine Argumentationsfigur bekräftigt, die das BMZ mehr als 20 Jahre zuvor selbst konstruiert hat: Will man die Probleme der Dritten Welt mit dem Steuerungsmedium Entwicklungspolitik bearbeiten, müssen auch Rahmenbedingungen in der Bundesrepublik verändert werden. Für die Pädagogisierungsfrage entscheidend ist, daß zwar allgemein innenpolitische Veränderungen angemahnt werden, daß konkret jedoch nur Bildungsmaßnahmen benannt werden (BMZ 1993, S. 7). Die Behauptung einer Notwendigkeit, Bürger von politischen Entscheidungen zu überzeugen, ist aus den siebziger Jahren wohlbekannt. Wieder werden Defizite im Bewußtsein der Bevölkerung unterstellt („nur in ersten Ansätzen erkennbar"), die als durch pädagogische Intervention („Bildungsarbeit") überwindbar vorgestellt werden (ebd.). Das Dokument des BMZ zeigt jedoch auch, daß sich in die pädagogische Bezugnahme auf den Bürger neue Vorzeichen eingeschrieben haben. Der staatlichen Entwicklungspolitik und der aus ihr abgeleiteten Bildungsarbeit geht es nicht mehr um Legitimation[28], sondern darum, den Bürger und die Öffentlichkeit selbst in die Verantwortung für Dritte Welt zu nehmen, entweder in Form von Nichtregierungsorganisation (vgl. BMZ 1980, S. 25f; BMZ 1986, S. 38ff; BMZ 1987) oder aber über Lebensstilzumutungen an die Adresse des je einzelnen Bürgers. Im Anschluß an Orientie-

---

[26] 1998 wurde der Bundesetat für Entwicklungshilfe erstmals ohne parlamentarische Aussprache verabschiedet. Dies wird als Beleg für den nur noch geringen Stellenwert des Dritte Welt-Problems gedeutet (vgl. Frankfurter Rundschau vom 1. 9. 1998: „Bundestag beim Thema Dritte Welt sprachlos").

[27] Das inzwischen umbenannt ist in „Bundesministerium für wirtschaftliche Zusammenarbeit und Entwicklung". Die Abkürzung BMZ wird beibehalten.

[28] Diese ist nur noch am Rande notwendig, da die Berücksichtigung „fremder Interessen nicht mehr vorgesehen ist. Entwicklungspolitik unterliegt von vornherein „dem grundgesetzlichen Auftrag, dem deutschen Volk zu nutzen" (BMZ 1986, S. 7).

7. Die Pädagogisierung des Dritte Welt-Problems als Entgrenzung

rungen der Protestbewegung[29] konstruiert das BMZ den Bürger zum Protagonisten einer Lebensstil-Politik, die diesem pädagogisch vermittelt soll. Zentraler Ort des pädagogisch herbeizuführenden „Bewußtseinswandels" ist dabei die Schule, zentraler Adressat ist die „nachwachsende Generation" (BMZ 1993, S. 7). Bei der Formulierung der Lernziele tritt das bereits mehrfach identifizierte Argumentationsmuster von individualisierender Defizitprämisse und pädagogischem Praxisschluß frühestmöglicher Einwirkung auf das „Kind" deutlich zutage:

„Will man Einstellungen gegenüber Menschen in und aus Entwicklungsländern positiv beeinflussen, muß man zu jenem Zeitpunkt mit entwicklungspolitischer Bildung beginnen, zu dem diese Einstellungen entstehen und sich verfestigen. Pädagogen bestätigen, daß dieser Zeitpunkt ziemlich früh in der kindlichen Entwicklung liegt und zwar zumeist zwischen dem 5. und 7. Lebensjahr. Es ist deswegen notwendig, bereits in der Grundschule interkulturelle Themen aufzugreifen, um darauf aufbauend während der ganzen Schulzeit unterschiedliche Aspekte interkulturellen Zusammenlebens und globaler Entwicklungsfragen zu behandeln und zu vertiefen" (BMZ 1993, S. 3).

Daß das BMZ gut 20 Jahre nach den eindringlichen Appellen der Ära Brandt/Eppler und trotz durchaus intensiver pädagogischer Anstrengungen eine sich nahezu unverändert fortschreibende Defizitdiagnose über den Bewußtseinsstand der Bevölkerung in Bezug auf das Dritte Welt-Problem kommunizieren kann, könnte auf ein strukturelles Kennzeichen von Pädagogisierung verweisen: Die Überbietung der Kritik bisheriger pädagogischer Anstrengungen mit wiederum pädagogischen Reformappellen ist unwiderlegbar, denn das Paradox der Überbietung von Pädagogik durch Pädagogik wird „durch die Verpflichtung des Denkens auf Zukunft verdeckt" (Oelkers 1990, S. 1). Der Enttäuschung, daß entwicklungspolitische Bildung keine Lösung des Dritte Welt-Problems bewirkt hat, kann mit dem immer wieder erneuerbaren Versprechen einer besseren pädagogischen Vermittlung begegnet werden, da dieses pädagogische Verbesserungsversprechen in die Zukunft ausgelagert wird. Die Überraschung, daß „aus Enttäuschung immer erneut Hoffnung werden kann" ist dieser unbegrenzten Steigerbarkeit pädagogischer Erwartungen geschuldet (ebd., S. 6). Sie könnte ein Grund sein, warum grundlegende Fragen nach der Angemessenheit der Pädagogisierung des Dritte Welt-Problems ausgespart bleiben. Pädagogisierung läßt sich als Reaktionsform deuten, „die immer dann abgerufen wird, wenn ungelöste Probleme in zeitlicher Streckung bearbeitet werden sollen" (ebd.). Die prinzipielle Nicht-Limitierbarkeit pädagogischer Kommunikationen könnte ihre Attraktivität gerade für Instanzen wie das BMZ erklären, denen das potentielle Scheitern entwicklungspolitischer Maßnahmen als Versagen vorgehalten würde. Auch dann, wenn die Problemkonstruktion Dritte Welt an Brisanz verloren hat, ist der Rekurs auf

---

[29] Der Rekurs der Dritte Welt-Protestbewegung auf Lebensstil und Konsumverhalten wird Gegenstand des folgenden Abschnitts sein (vgl. Kap. 7.3.).

Pädagogik für das BMZ attraktiv, weil er eine politische Zurechnung im Modus von Versagen ausschließt.

Resümiert man die regierungsamtlichen Kommunikationen, läßt sich abschließend konstatieren, daß die bundesrepublikanische Entwicklungspolitik entscheidend an dessen Pädagogisierung beteiligt ist. Das BMZ konstruiert im und für den öffentlichen Diskurs eine individualisierende Beschreibung, die vor allem auf mangelndes Problembewußtsein als Ursache für die Defizite in der Bearbeitung des Dritte Welt-Problems abstellt. Es leitet aus dieser Problembeschreibung eine Mobilisierungskampagne ab, die auf das Medium Öffentlichkeit und den verantwortungsbereiten Bürger setzt. Und es adressiert offen Erwartungen an das Erziehungssystem, seine Schulen und Lehrer. Mit dieser Konstruktion entgrenzt das BMZ nicht nur das Pädagogische aus seinem angestammten Bereich des Erziehungssystems. Es schafft gleichzeitig einen Kontext, in dem der „große Entwurf" (vgl. Zipat 1970, S. 16) der pädagogischen Bearbeitung des Dritte Welt-Problems vom Pädagogischen Establishment aufgegriffen und in das Programm Dritte Welt-Pädagogik bzw. Entwicklungspolitische Bildung übersetzt werden kann (vgl. Kap. 8.2.).

7.3. Die Selbstpädagogisierung der Dritte Welt-Protestbewegung

„Entwicklungspolitisches Engagement heißt zulassen, daß wir uns verändern werden, daß wir in einen Lernprozeß eintreten, durch den sich unsere Sicht vieler Dinge ändern wird".[30]

Die Kommunikationen der Dritte Welt-Protestbewegung (DWB) und der kirchlich engagierten Dritte Welt-Gruppen und Organisationen[31] können neben den bereits dargestellten Problemkonstruktionen und Steuerungsvorstellungen aus dem politischem System als weitere Elemente einer gesellschaftlich entgrenzten Pädagogisierung des Dritte Welt-Problems beschrieben werden. Zentrales Merkmal dieser Beschreibung ist die Selbstdeutung der DWB als Lernbewegung. Die DWB codiert die Bearbeitung des Dritte Welt-Problems als Lern- und Bildungsprozeß und bestimmt die eigene Aufgabe als Vermittlung. Um diese pädagogische Vermittlungsaufgabe leisten zu können, differenziert die DWB eigene alternative Lern- und Bildungsarrangements aus, die zwar eine Kritik an der institutionalisierten Pädagogik (Schule)

---

[30] Zitiert aus der Zeitschrift „Alternativ Handeln" (Nr. 10/1983, S. 21) der GEPA, der größten Importorganisation des Alternativen Handels in der Bundesrepublik.

[31] Im folgenden schließt die Bezeichnung Dritte Welt-Protestbewegung (DWB) aufgrund der in Kap. 6.3. dargelegten Überschneidungsbereiche die kirchlich engagierten Dritte Welt-Gruppen und Organisationen mit ein.

kommunizieren, die jedoch in dieser Kritik das Medium Pädagogik perpetuieren.

7.3.1. Dritte Welt-Bewegung als Lernbewegung: Pädagogik und Gesellschaftsveränderung

Die auf der Basis der moralischen Kontingenzformel ‚Gleichheit und Gerechtigkeit weltweit' konstruierten Kommunikationsformen Protest und advokatorische Politik bilden die konstitutiven Elemente der Problembeschreibung der DWB und des kirchlichen Dritte Welt-Engagements (vgl. Kap. 6.3.). Wie haben sich in diese Problemkonstruktion pädagogische Kommunikationen eingeschrieben?

Das zentrale Element der pädagogischen Konstruktion des Dritte Welt-Problems formuliert Georg Krämer paradigmatisch in einer der frühesten Selbstbeschreibungen der Dritte Welt Bewegung als Lernbewegung[32]:

„Entwicklungspolitik ist jedoch als ein genuin pädagogisches Aufgabenfeld anzusehen, sobald sie von der Notwendigkeit gesellschaftlicher Veränderungen in den Industrieländern und damit entsprechender Lernprozesse bei der Bevölkerung ausgeht. Wenn Unterentwicklung nicht mehr allein mit endogenen Faktoren (...) erklärt wird, sondern als Ergebnis nationaler wie internationaler Disparitäten, sind gesellschaftliche Veränderungen unabdingbar. Diese wiederum haben erhebliche Einstellungs- und Verhaltensänderungen bei einem großen Teil der Bevölkerung zur Voraussetzung, eine große und schwierige pädagogische Herausforderung" (Krämer 1980, S. 6).

Krämers Gleichung lautet, daß Entwicklungspolitik als politisch beglaubigte Form zur Steuerung des Dritte Welt-Problems voraussetzt, daß gesellschaftliche Veränderungen in den Industrieländern stattfinden. Gesellschaftliche Veränderung wiederum wird als Lernprozeß der Bevölkerung gedeutet und dabei zwischen Gesellschaftsveränderung und Lernen ein Entsprechungsverhältnis behauptet. Diese Deutung macht es möglich, Entwicklungspolitik und die Bearbeitung des Dritte Welt-Problems als „pädagogisches Aufgabenfeld" zu beschreiben, das vor der „pädagogischen Herausforderung" stehe, „erhebliche Einstellungs- und Verhaltensänderungen bei einem großen Teil der Bevölkerung" zu bewirken (ebd.). Die These, „daß die Armut der Dritten Welt eine Folge des Reichtums und der Verschwendung der Ersten Welt ist" (Beer 1984, S. 15), ist dabei nicht nur kommunikative Ausgangsprämisse der DWB,

---

[32] Wenngleich sich Krämers Überlegungen an der Schnittstelle zwischen DWB und pädagogischer Reflexion bewegen (vgl. Krämer 1980; 1990; Dritte Welt-Haus Bielefeld/Krämer 1986), rechtfertigt sowohl sein eigener beruflicher Status (er ist Mitarbeiter des Dritte Welt-Hauses Bielefeld) als auch die Adressierung seiner Publikationen (es geht ihm um eine „erfolgreichere Dritte-Welt-Arbeit", Krämer 1980, S. 18), die Zuordnung der Dokumente zur Instanz DWB.

7. Die Pädagogisierung des Dritte Welt-Problems als Entgrenzung

sie wird auch herangezogen, um eine pädagogische Bearbeitung des Dritte Welt-Problems in der Bundesrepublik zu begründen:

„Entwicklungspädagogik (wird) verstanden als eine entwicklungsbezogene Bildungsarbeit in der ersten Welt, die nicht nur die Dritte Welt zum Thema hat, sondern auch deren Beziehung zur ersten Welt und die notwendigen Veränderungen hier in den Industrienationen in gleicher Weise einbezieht" (ebd.).

Diese Verschränkung von gesellschaftlicher Veränderung, persönlicher Verbesserung und pädagogischen Formen von Bildung und Lernen tritt auch in der Erklärung der Initiative Eine Welt deutlich zutage[33]:

„Der Übergang zu einer neuen Ordnung wird sich nicht mit einem Schritt vollziehen. Politische und wirtschaftliche Strukturen müssen verändert werden. Zugleich ist es notwendig, das persönliche Verhalten neu zu orientieren. (...) Politische Veränderungen sind in unserem Land nur zu erhoffen, wenn es eine ausreichend große Zahl von Bürgerinnen und Bürgern gibt, die solche Veränderungen wollen oder zumindest zulassen. Gegenwärtig sind Initiativen von Gruppen, die ihren Einsichten selbst folgen und sie ins öffentliche Gespräch bringen, am ehesten geeignet, notwendige Lernprozesse bei einer Mehrheit in Gang zu bringen und die Träger staatlicher und wirtschaftlicher Macht zum Handeln zu veranlassen (...) Wir werden uns um Modelle bemühen, an denen in ökumenischer Gemeinschaft gelernt werden kann, Mitverantwortung im entwicklungspolitischen und umweltpolitischen Bereich wahrzunehmen" (Initiative Eine Welt o. J.).

Am Anfang des Dokumentes erfolgt eine Ziel-Mittel-Bestimmung: Um eine neue Ordnung zu errichten, werden gleichrangig („zugleich") politisch-ökonomische wie persönliche Veränderungen verlangt. Dann wird der bekannte Rekurs auf die Mehrheit vorgenommen, die es zu gewinnen gilt, um politische Veränderungen zu erreichen.[34] Hierfür wiederum ist das beispielhafte Auftreten von Gruppen entscheidend, weil sie Lernprozesse bei der Mehrheit zu initiieren in der Lage sind. Auch im Fall der Initiative Eine Welt firmiert die regierungsamtliche Entwicklungspolitik als indirekte Adresse der Bewegungskommunikation. Sie gilt es mit Hilfe von Bewußtseins- und Lernprozessen bei der Bevölkerungsmehrheit zu verändern. Ähnlich wie die Bundesregierung fokussieren DWB und die kirchlich engagierten Dritte Welt-Gruppen das Individuum als Medium der Problemsteuerung, bei dem Bewußtseinsbildung die Formung entwicklungspolitischer Kompetenz bewirken soll. Als deren Inhalt wird die Ausbildung von Werten vorgestellt, womit direkt an erzieherische Vorstellungen angeschlossen wird: Entwicklungspolitik „setzt vielmehr eine Bewußtseinsbildung voraus, die Bevölkerungsmehrheiten befähigt, menschliche Werte (wie soziale Verantwortung, Solidarität,

---

[33] Ähnlich argumentieren auch die kirchlichen Jugendverbände in ihrer entwicklungspolitischen Bildungsarbeit (vgl. Arbeitsgemeinschaft Evangelische Jugend 1978, S. 252f).

[34] Die Bindung „wirtschaftlich-struktureller Maßnahmen zugunsten der Entwicklungsländer" an die „Zustimmung und Unterstützung durch eine breite Öffentlichkeit" ist auch Prämisse der entwicklungspolitischen Bildungsarbeit der kirchlichen Jugendverbände (vgl. Bund der Deutschen Katholischen Jugend 1973, S. 315).

7. Die Pädagogisierung des Dritte Welt-Problems als Entgrenzung

Kommunikationsfähigkeit) wieder neu zu entdecken. (...) Es geht um entwicklungspolitische Kompetenz bei der Mehrheit der Bevölkerung" (Krämer 1980, S. 7). [35] Die Verknüpfung von Gesellschaftsveränderung und Lern- bzw. Bildungsprozessen im Diskurs der DWB codiert die Steuerung des sozialen Problems Dritte Welt letztlich als ein (Um-) Erziehungsprogramm der Bevölkerung in den Industrieländern. Mit dieser Codierung schließt die DWB unmittelbar an eine reformpädagogische Semantik an, für die die „Bindung des gesellschaftlichen Fortschritts an die *richtige* Erziehung" kennzeichnend ist (Oelkers 1996, S. 25). Diese in Aufklärung und Reformpädagogik historisch grundgelegte pädagogische Machbarkeitsvorstellung der Steuerung der Gesellschaft durch Erziehung, Bildung und Lernen ist eine zentrale Kommunikationsprämisse der DWB (vgl. Kap. 1).

Die pädagogische Konstruktion der anvisierten Problemsteuerung, d.h. die Vorstellung, über individualisierte Lern- und Bildungsprozesse Gesellschaft verändern zu können, prägt die Kommunikationen der Dritte Welt-Protestbewegung nicht nur hinsichtlich der Gesamtstrategie. Sie schreibt sich auch in ihre Praxis ein und gibt dabei vor allem der Grundform Protest eine neue Gestalt. Deutlich wird dies, wenn Protestaktionen als Lernschritte beschrieben werden[36] bzw. Lernen als integraler Bestandteil solcher Aktionen gedeutet wird (vgl. Beer 1984, S. 17). Ergebnis dieser Konstruktion ist, daß Lernen und Aktion in der DWB nahezu verschmelzen.[37] Umgekehrt nimmt aber auch Lernen im Kontext der Protestbewegungen eine andere Gestalt an.[38] Wie diese aussieht, darauf wird unter dem Aspekt der Institutionalisierung einer Alternativpädagogik (vgl. Kap. 7.3.3.) zurückzukommen sein.

---

[35] Auch Kunz bindet in seiner Studie über die Weltläden die Zielsetzung der Solidaritätsarbeit an „meßbare Lernerfolge in Richtung auf eine entwicklungspolitische Kompetenz". Entwicklungspolitische Kompetenz sei vor allem die Überwindung von politischer Apathie (1987, S. 349).

[36] Im Grundsatzdokument des Bundes der Deutschen Katholischen Jugend (BDKJ) heißt es: „Entwicklungspolitische Aktionen vermitteln den Beteiligten nicht nur Erkenntnisse und Einsichten, sondern sind bewußt vollzogene Lernschritte auf dem Weg zu verantwortungsvollem gesellschaftspolitischem Handeln. Der BDKJ und seine Verbände führen daher entwicklungspolitische Aktionen durch und fördern die Arbeit entwicklungspolitischer Aktionsgruppen" (BDKJ 1973, S. 315f).

[37] Ähnlich linear über die Stufen Bewußtsein – Verhalten – Gesellschaft verläuft die pädagogische Konstruktion durch eine der erfolgreichsten Aktionsformen der DWB, der Aktion Dritte Welt Handel: Das Ziel der Arbeit der Weltläden sei ein gesellschaftliches, während „die hierzu notwendige Veränderung von Einstellungen und Verhaltensweisen als pädagogisch" definiert wird (Kunz 1987, S. 44f).

[38] „Die Lerngeschichten in Bürgerinitiativen oder anderen Gruppen sind anders: sie fangen nicht mit der Definition eines Lernziels an, sondern mit dem Interesse an einer Aktion" (Gronemeyer 1985, S. 11).

7.3.2. Utopie und Enttäuschung, Moral und Anschlußfähigkeit, global und lokal: Pädagogische Vermittlung als Aufgabe der Dritte Welt-Protestbewegung

Nun könnte man im Anschluß an Oelkers (1997a) Bildung als die quasisubjektive Seite von Politik und Öffentlichkeit und damit als notwendige Bedingung zivil-demokratischer Gesellschaften konzipieren. Dies würde die systematische Affinität von Bildung und Politik/Protest erklären. Offen bliebe jedoch, wie und warum sich die DWB primär als pädagogische Lern- bzw. Bildungsbewegung und nur (noch) sekundär als politische Protestbewegung selbstdefiniert hat. Daß es sich um eine Transformation des Kommunikationsmodus der DWB handelt, und nicht bloß um die zwei (politischen und pädagogischen) Seiten der gleichen Medaille (Steuerung des Dritte Welt-Problems), belegt eine Kritik des eher politischen Flügels[39] der DWB. Dieser konstatiert „eine fast totale praktisch-politische Abstinenz der Dritte-Welt-Bewegung", die „als Bewußtseins-Bildungs-Bewegung wahrgenommen (wird) (...) und sich auch selbst so (versteht)" (Bräuer 1984, S. 8). Von Umstellung sprechen auch Scheunpflug/Seitz:

„Anfangs lagen der Internationalismusbewegung allerdings pädagogische Absichten ebenso fern, wie dies auch in den Anfängen der kirchlichen und staatlichen Entwicklungsarbeit der Fall war. Die Dritte Welt Bewegung definierte sich über ihre politischen Ziele und nicht über die Absicht, dem Bildungskanon einige neue Themen hinzuzufügen" (1995c, S. 104).

Anfang der neunziger Jahre widmet sich ein Großteil der DWB schwerpunktmäßig der Bildungs- und Öffentlichkeitsarbeit.[40] Entsprechend können pädagogische Strategien nicht mehr als „Nebenprodukt" dargestellt werden, als das sie noch 1977 beschrieben wurden (Benedict 1977, S. 198). Die Verschiebung zeigt sich in den Erklärungen, mit denen die Bewegungsakteure ihren pädagogischen Strategiewechsel begründen. So spricht die Aktion Dritte Welt Freiburg in einem Rückblick von „Enttäuschung", die der Nichterfolg advokatorischer Lobby-Politik auslöste. Aus ihr schlußfolgert man die Notwendigkeit einer „auf Breitenwirkung in der Bevölkerung angelegte(n) Bewußtseinsarbeit" (1981, S. 34f). Ähnlich argumentiert die Aktion Dritte Welt Handel in bezug auf die Politikform Protest:

„Wichtiger Ausgangspunkt der Aktion Dritte Welt Handel war der Politisierungsprozeß Ende der sechziger Jahre; eine Zeit, in der die sogenannten Studentenunruhen stattfanden. Viele junge Menschen gingen damals auf die Straße, um für mehr Mitbestimmungsmög-

---

[39] Bräuer spricht hier für den Bundeskongreß entwicklungspolitischer Aktionsgruppen (BUKO).
[40] Eine Befragung bei 92 Mitgliedsgruppen des BUKO ergibt, daß sich 86% der Gruppen schwerpunktmäßig mit Bildungs- und Öffentlichkeitsarbeit beschäftigen (vgl. BUKO 1992, S. 30).

7. Die Pädagogisierung des Dritte Welt-Problems als Entgrenzung

lichkeiten und gerechtere Bildungschancen einzutreten. Entschieden wandten sie sich gegen Ausbeutung und Fremdbestimmung, vor allem aber gegen die Politik der USA in Vietnam. Doch schon nach kurzer Zeit stellte man fest, daß nur ein kleiner Teil der Bevölkerung über Demonstrationen, Teach-ins und Flugblattaktionen einen Zugang zu den politischen Analysen, Interessen und Forderungen der Studenten fand. Es mußte nach anderen Möglichkeiten gesucht werden, politische Inhalte in einer verständlicheren Art und Weise zu vermitteln und darüberhinaus zu konkreten Aktionen anzuregen" (Gesellschaft zur Partnerschaft mit der Dritten Welt 1983, S. 22).

Diesen rückblickenden Erklärungsversuchen ist gemeinsam, daß sie Enttäuschung und Mißerfolge der Formen Protest und advokatorische Politik zum Anlaß nehmen, die bewegungseigenen Kommunikationen auf pädagogisch anschlußfähige Strategien der Bewußtseinsveränderung und der Vermittlung politischer Überzeugungen umzustellen. Diese Umstellung reagiert offensichtlich auf das Problem, daß politische Optionen rar werden, wenn advokatorische Lobby-Strategien als gescheitert und Protestkommunikationen als ins Leere laufend wahrgenommen werden.

Verschärft wird das Problem der Kontinuitätssicherung für die DWB durch die moralische Rigidität der Kontingenzformel universaler Gerechtigkeit. In einer funktional differenzierten Gesellschaft kann „Moral nicht mehr dazu dienen, die Gesellschaft im Blick auf ihren bestmöglichen Zustand zu integrieren" (Luhmann 1997, S. 403), d.h. im Falle des Dritte Welt-Problems alle Teilsysteme dazu verpflichten, ihre Leitdifferenzen und Kommunikationen einer moralischen Überprüfung zu unterziehen, damit das Problem gelöst werde. Moral übernimmt vielmehr eine Art „Alarmierfunktion" und tritt überall dort zutage, wo dringende gesellschaftliche Probleme nicht in den entsprechenden Funktionssystemen gelöst werden können (ebd., S. 404). Das Dilemma moralischer Kommunikation in funktional differenzierten Gesellschaften besteht darin, daß sie die Funktion einer Utopie im streng paradoxen Sinne übernommen hat: Moralische Kommunikationen referieren auf einen Ort, den es nicht gibt. In der Problemkonstruktion der DWB zeigt sich diese Koppelung von Moral und Utopie vor allem in der favorisierten Politikform Protest. In dem Moment, in dem die Kommunikationen zu Dritte Welt-Fragen durch eine moralisch angereicherte Protestsemantik codiert werden, stellt dieses gleichzeitig alle pragmatischen Politikformen unter Vorbehalt. Letztere können der prinzipiell nicht eingrenzbaren Formel weltweiter sozialer Gerechtigkeit immer nur unzureichend gerecht werden. Wenn dann der Protest als erfolglos wahrgenommen wird, weil seine andere Seite (BMZ, Bundesregierung, Öffentlichkeit, Wirtschaft), so weiter macht wie immer, wird sowohl die externe, auf Öffentlichkeit bezogene Anschlußfähigkeit problematisch wie auch die interne Kontinuität der bewegungseigenen Kommunikationen prekär. Es kann plausibel vermutet werden, daß genau dieser Zusammenhang die Attraktivität pädagogischer Strategien als *langfristig* angelegte Bewußtseins- und Öffentlichkeitsarbeit begründet. Das in der Kontingenzformel verdichtete Ziel universaler Gerechtigkeit wird in die Zeitdimension ausgelagert, ein Mechanismus, der bereits die Pädagogisierung der entwicklungspolitischen Steuerungsambitionen des BMZ plausibilisieren konnte (vgl. Kap. 7.2.2.). Universale Gerechtigkeit, eine Welt ohne Unterdrückung und Ausbeutung wird als Utopie konstruiert, der sich nur unter der Voraussetzung langfristig ansetzender Bewußtseins- und Lernprozesse der Menschen in der Ersten Welt angenähert werden kann:

> „Das eigentliche Ziel der Entwicklung, allen Menschen die Teilhabe an den Gütern dieser Erde und den Genuß der vollen Menschenrechte zu ermöglichen, setzt voraus, daß hierzulande breite Bevölkerungsschichten in einen Lernprozeß einbezogen werden: sie sollten zu der Erkenntnis kommen, daß Entwicklung sehr viel mehr mit Weltwirtschaft, Welthandel, Zollpolitik, Steuergesetzgebung, gesellschaftlichen Normen, Herrschaftsverhältnissen usw. zu tun hat. Um diesen Lernprozeß einzuleiten, sind große Anstrengungen für die Bewußtseinsbildung erforderlich. Die Aktion Dritte Welt Handel will solche Zusammenhänge und die sich daraus ergebenden Forderungen deutlich machen" (Aktion Dritte Welt Handel 1972).

Das „eigentliche" (sic!) Ziel Gerechtigkeit wird in eine die Gegenwart transzendierende Utopie transformiert, die mit pädagogischen Mitteln („Lernprozeß", „Bewußtseinsbildung") verwirklicht werden kann, zumindest *in the long run*.[41] Daß diese Umstellung der Kommunikation in den Utopie- und den mit ihr verknüpften Lern- und Erziehungsmodus wiederum eigene Probleme aufwirft, muß nicht überraschen. Erstaunlich ist eher, daß diese Probleme von der DWB erneut pädagogisch bearbeitet werden. Worin bestehen die neuen Probleme? Ist universale Gerechtigkeit als langfristig zu erreichende pädagogische Utopie und als „Negation des Bestehenden" konstruiert (Krämer 1980, S. 13), so wirft dies für eine soziale Protestbewegung schnell die Frage auf, wie sich die Differenz von Utopie und Enttäuschung so balancieren läßt, daß es nicht zum Stillstand der Bewegung kommt (vgl. Hellmann 1996, S. 18). Dieser droht, wenn Enttäuschung nicht (mehr) mit der utopischen Aspiration des Gegenentwurfes kompensiert werden kann. Er droht aber auch, wenn die Utopie in eine solche Ferne rückt, daß sie für die Kommunikation der Bewegung unerreichbar wird. Die DWB hat für die Bearbeitung dieses neuen Problems die Formel „lokal handeln und global denken" erfunden:

> „Über die Negation des Bestehenden hinaus muß ein Positives gesetzt werden, für das einzusetzen es lohnen erscheint. Dieser Einsatz wiederum wird nur von Dauer sein, wenn die Erfahrung des ‚Man kann ja doch nichts Machens' überwunden wird durch konkrete Erfahrungen geglückter Praxis. Zu diesem Zweck müssen die fernen Ziele entwicklungspolitischer Arbeit (Befreiung, soziale Gerechtigkeit etc.) in machbare Teilziele umgesetzt

---

[41] Der Dritte Welt-Bewegung mangelt es nicht an utopischen Ambitionen. Schwarz beschreibt z.B. die entwicklungspolitische Bildungsarbeit der Dritte Welt Läden als Lernprozeß von der „alten" hin zur „neuen Gesellschaft", deren Fundament im „neuen Menschen" liege (vgl. Schwarz 1981, S. 14). Die utopische Ambition ist eingebettet in die bekannte Verknüpfung von Gesellschaftsveränderung (alt-neu) und der Veränderung des Menschen durch Lernprozesse (vgl. Kap. 1).

7. Die Pädagogisierung des Dritte Welt-Problems als Entgrenzung

werden, die Erlebnisse kleiner, bescheidener Erfolge, ‚kümmerlicher Siege' in Aussicht stellen" (Krämer 1980, S. 13).

Ähnlich argumentiert Kunz:

„Im konkreten Alltag der Dritte Welt-Bildungsarbeit müssen dabei aber insbesondere solche Themen gesucht werden, die (...) sogenannte generative Themen darstellen, d.h. die sowohl eine persönliche Betroffenheit als auch einen globalen Bezug aufweisen" (1987, S. 212).

Wenn machbare, weil lokal begrenzte Ziele die Kommunikations- und Mobilisierungsfähigkeit einer Protestbewegung erhalten, ist es für die DWB entscheidend den „Zusammenhang zwischen eigenen Lebenssituationen und entwicklungspolitischen Bezügen deutlich zu machen" (Krämer 1980, S. 12f). Die pädagogische Reflexion dieser Formel findet sich in der „Nahbereichsthese" (vgl. Gronemeyer/Bahr 1977):

„Ohnmachtserfahrungen dieser Reichweite sind nur – punktuell zunächst – überwindbar, sofern die ohnmachtsverursachenden Konflikte im unmittelbaren Nahbereich selbst angegangen werden. Solche Widerstandshandlungen sind oft schmerzvolle Lernerfahrungen. Aber nur da, wo es gelingt, in kleinen, unmittelbar konfliktorientierten lokalen Befreiungsversuchen wenigstens einmal das Bewußtsein möglicher Autonomie herzustellen, könnte es zu einer aktiven Sensitivierung auch für die Konflikte und Leiden anderer kommen" (Bahr 1977, S. 71).

Die von der DWB mit der „Nahbereichsthese" in eine didaktische Form gebrachte Formel „Lokal handeln und global denken" beschreibt die Bewegungskommunikation als Vermittlung zwischen unmittelbarem Lebensbereich und universellem sozialen Problem. Sie läßt sich als Beleg deuten, daß Protestbewegungen im Kern pädagogische Bewegungen sind, weil sie Vermittlung zu ihrer zentralen Aufgabe machen (vgl. Becker 1986, S. 260ff). In die gleiche Richtung weist die Formel der „kleinen Schritte", die drohender Enttäuschung entgegenwirken und die utopische Aspiration einer „besseren Wirklichkeit" in die gegenwärtige Praxis vermitteln soll. Das Hamburger Dritte Welt-Zentrum Werkstatt III schreibt:

„Werkstatt III verpflichtet sich einem Ausspruch von Gustav Heinemann, der das pädagogische Konzept des Zentrums zusammenfaßt unter dem Motto: ‚Das Geheimnis auch der großen und umwälzenden Aktion besteht darin, den kleinen Schritt herauszufinden, der zugleich ein strategischer Schritt ist, indem er weitere Schritte einer besseren Wirklichkeit nach sich zieht" (zitiert nach: Stelck 1980, S. 28).

Paradigmatisch für die Vermittlungsfunktion von unmittelbarem Lebensbereich und der Globalität des Dritte Welt-Problems steht die Aktion Dritte Welt Handel. Dies „Handlungsmodell zur Förderung der Partnerschaft mit der Dritten Welt" (Alternativ Handeln Nr. 14/1984, S. 2) beruht auf zwei Elementen: „Unterstützung von Selbsthilfegruppen in der Dritten Welt durch den Verkauf ihrer Produkte" und „pädagogisch-inhaltliche Arbeit", die beabsichtigt „hier Leute für die Situation in Entwicklungsländern zu sensibilisie-

7. Die Pädagogisierung des Dritte Welt-Problems als Entgrenzung

ren" (GEPA 1983, S. 22). Unterstützung von Selbsthilfegruppen und der Kaufakt im Weltladen werden durch eine auf sie abgestimmte Bildungsarbeit zum pädagogischen Vermittlungsakt zwischen der Utopie eines gerechten Handels und der Ungerechtigkeit des gegenwärtigen Welthandels, zwischen der scheinbaren Globalität des Dritte Welt-Problems und der unterstellten „Betroffenheit" der Adressaten in der Bundesrepublik.[42] Der „fair" gehandelte Kaffee, das sicherlich bekannteste Produkt dieser Aktionsform, soll den Konsumenten etwas über die Ungerechtigkeit des Weltmarktes vermitteln, wie er dessen Nachteile für die Produzenten abfedern soll.[43] Diese Doppelfunktion macht es zum „Medium" der entwicklungspolitischen Bildungsarbeit (Kunz 1987, S. 206).

Der pädagogische Vermittlungsauftrag wird auch als Einschränkung der moralischen Rigidität der Formel universaler Gerechtigkeit gedeutet, wie folgende Äußerung in bezug auf die Aktionsgruppen in der entwicklungspolitischen Bildungsarbeit zeigt:

„Rückschläge für die entwicklungspolitische Bildungsarbeit können sich aber ergeben, wenn Gruppen – in der festen Überzeugung, ‚auf der richtigen Seite' zu stehen, bzw. die gerechte Sache zu vertreten – in der Bevölkerung mit überzogenen Vorwürfen und Forderungen überhäufen. (...) Ein solches Auftreten überfordert die Lernfähigkeit der Gesellschaft bzw. der Bevölkerung, wirkt anmaßend und stößt besonders ‚einfache Leute' ab. Um glaubwürdig zu sein, dürfen die Gruppen nicht nur anderen Lernbereitschaft abverlangen, sie müssen sich vielmehr selbst in die Lernbewegung einbeziehen. Die A3WH als Lernmodell ist im besonderen Maße darauf angewiesen, ihre Auffassung pädagogisch zu vermitteln" (Pädagogischer Ausschuß der Aktion Dritte Welt Handel 1978).

---

[42] Der Pädagogische Ausschuß der Aktion Dritte Welt Handel (1978) formuliert entsprechend als Voraussetzung der pädagogischen Vermittlung des Lernmodells A3WH, daß die entwicklungspolitische Bildungsarbeit mit der Bevölkerung niemals beim Nullpunkt ansetzen kann. „Erst wenn die jeweiligen Zielgruppen bei ihren Kenntnissen, Erfahrungen und Einstellungen ‚abgeholt' werden, kann sich ein Lernfortschritt ergeben. Ansprechbar sind Menschen nur, wenn sie sich in irgendeiner Weise betroffen fühlen. (...) Lernen geht nicht nur durch den Kopf, sondern erfaßt alle menschlichen Fähigkeiten, Eigenschaften und Sinne. Die A3WH kann aus diesem Grunde nicht nur Bücherwissen vermitteln, sie versucht vielmehr durch ihre Aktionen auch die Gefühle, Erlebnisfähigkeit und den Verhaltensbereich der Menschen anzusprechen". Mit dem didaktischen Prinzip „Die Leute dort abholen, wo sie stehen" argumentiert auch Krämer: „Zunächst muß Öffentlichkeitsarbeit zum Bereich Dritte Welt ihren Ausgangspunkt bei den konkreten Bedürfnissen der Bürger nehmen" (1980, S. 12f).

[43] In den neunziger Jahren scheint sich eine Kehrtwende in der Praxis des alternativen Handels abzuzeichnen. In der Vergangenheit wehrten sich dessen Protagonisten gegen eine Ausweitung des Handels in die normalen Vertriebsstrukturen des Einzelhandels mit dem Argument, daß der Supermarkt entwicklungspolitische Bildungsarbeit unmögliche, weil nur noch der reine Kaufakt übrigbleibe. Mit der Initiative Transfair, die den klassischen Weltladenprodukten Kaffee, Tee oder Bananen den Weg in die Supermärkte öffnete, trat der pädagogische Aspekt wieder in den Hintergrund. Heute kommt es auch bei den „fairen" Produkten primär auf Marktanteile und nicht mehr auf die pädagogische Vermittlung der ungerechten Weltmarktstrukturen an. Statt Pädagogisierung lautet das heutige Paradigma Ökonomisierung.

7. Die Pädagogisierung des Dritte Welt-Problems als Entgrenzung

Hier wird nicht nur die Selbstetikettierung Lernbewegung kommuniziert, sondern mit dem pädagogischen Vermittlungsauftrag werden überzogene moralische Gewißheiten korrigiert. Fokus des Lernmodells sind die „Lernfähigkeit der Gesellschaft" oder die „Lernchancen in der Aktionsgruppe".[44]

Daß an den pädagogischen Vermittlungsauftrag Hoffnungen geknüpft sind, die mit der Globalität des Dritte Welt-Problems potentiell einhergehende Ohnmacht zu überwinden, zeigt beispielhaft eine der populärsten Kampagnen der DWB: ‚Jute statt Plastik' (vgl. Wirtz 1985a). Ihr Adressat sind Verbraucher in der Bundesrepublik, bei denen eine Änderung des Lebensstils bewirkt werden soll, um so Schritte hin zu einer gerechteren Welt zu gehen.[45] Auch hier scheint der machbare Erfolg im lokalen Alltag das globale Ziel einer besseren Welt antizipatorisch zu vermitteln:

„Die Verwendung der Jutetasche soll ein Zeichen der Abkehr (‚Wende') von der zunehmenden ‚Plastikkultur' in unseren Breiten sein, ein Schritt hin zu einer natürlicheren, menschen- und umweltgerechteren Lebensweise und Entwicklung in der Einen Welt. (...) Die Verkaufszahlen belegen, daß viele Verbraucher lernbereit sind und von ihrem gewohnten Verhalten abgehen, nur umweltbelastende Plastiktüten zu verwenden" (ebd., S. 6).

Die Inanspruchnahme pädagogischer Strategien durch die Protestbewegung weist auf eine Strukturanalogie zwischen Pädagogik und Protest hin, die in Kampagnen wie ‚Jute statt Plastik' sichtbar wird. Sowohl pädagogische wie auch Protestkommunikationen müssen nicht-lösbare Probleme als lösbar vorstellen. Diese Paradoxie ist für die Form Protest mit dem Verweis auf die Ortlosigkeit moralischer Kommunikationen in funktional differenzierten Gesellschaften bereits beschrieben worden (vgl. Kap. 3.3.3.). Für pädagogische Kommunikationen gilt die Paradoxie gleichfalls, denn ihr Problem ist nicht erst der Steuerungsanspruch, durch Erziehung und Bildung gesellschaftliche Veränderungen bewirken zu wollen, sondern schon die Frage, wie sie die Individuen erreicht, die sie zu erziehen und zu bilden beabsichtigt. Pädagogische Kommunikationen sind dabei mit der Differenz zwischen pädagogischem System und dessen Adressaten, den Individuen, konfrontiert, deren Autonomie, bzw. systemtheoretisch gesprochen, deren operative Geschlossenheit

---

[44] Krämer konstruiert die politisch-pädagogische Strategie der Aktionsgruppen wie folgt: „Hier haben die Mitglieder der Aktionsgruppen ihre großen Lernchancen, gemeinsam als Gruppe Gegenerfahrungen einer neuen Solidarität zu machen. (...) Diese Lernchancen gilt es zu nutzen, statt durch einen angeblich dem Engagement verpflichteten Moralismus diese Gruppenprozesse zu verhindern. Eine intakte und in sich gefestigte Gruppe wird dann auch um so besser sich den entwicklungspolitischen Öffentlichkeitsaktionen widmen können. Sie ist in der Lage, Mißerfolge zu kompensieren und ihr Engagement auf Dauer fortzusetzen" (1980, S. 120). Unübersehbar ist die Erwartung, Mißerfolge und Scheitern der Protestaktionen durch pädagogische Prozesse zu kompensieren.

[45] Vgl. für diese Lebensstilpolitik auch die Analyse des Informationszentrum Solidarische Welt Münster: „Wir dürfen nicht dabei stehen bleiben, unseren Blick auf die Dritte Welt zu richten, sondern müssen lernen, immer uns selbst und unsere eigenen Lebensformen und Privilegien in Frage zu stellen" (1986, S. 77)

7. Die Pädagogisierung des Dritte Welt-Problems als Entgrenzung

kausale Einwirkungsmöglichkeiten ausschließt (vgl. Kap. 4.4.). Pädagogische Kommunikationen versuchen dieses Problem in der Regel unsichtbar zu machen und greifen hierfür auf eigene Medien und Formbildungen[46] zurück. Bezogen auf die Kampagne „Jute statt Plastik", aber auch auf alle anderen Aktionen, die auf Lebensstilveränderungen (Konsumverzicht, Einkauf fairer Produkte) setzen, besteht diese Formbildung darin, die durch entwicklungspolitische Bildung angestrebte Bewußtseinsveränderungen symbolisch faßbar zu machen. Im Beispiel: Die Bewußtseinsbildung der DWB über den Handel mit fairen Produkten transformiert die Produkte in „Zeichen und Vermittler einer bestimmten Gesinnung, Idee oder auch Botschaft" (Wirtz 1985a, S. 5), d.h. zu Indikatoren einer *pädagogisch wirksamen* Bewußtseinsbildung. Zwischen Jutetasche und der pädagogischen Erwirkung eines sensibilisierten Bewußtseins wird eine lose Koppelung konstruiert: „Die Verkaufszahlen belegen, daß viele Verbraucher lernbereit sind" (ebd., S. 6). In dieser Koppelung – die Jutetasche als vermittelndes Symbol erfolgreicher Bewußtseinsbildung von Personen – wird unsichtbar gemacht, welche kontingenten Gründe den Kauf der Jutetasche bedingen.[47] Dennoch ist es für die Protestbewegung unabdingbar, die Jutetasche als pädagogische Form, d.h. als Symbol pädagogischer Wirksamkeit zu konstruieren und damit eine lose Koppelung zwischen Bildung und Medien (z.B. faire Produkte, aber auch Lebensstiletikette wie das Halstuch des palästinensischen Befreiungskampfes) herzustellen, um Bewußtseinsveränderungen und Überzeugungen dechiffrieren und auf die eigenen Mobilisierungsmaßnahmen zurückführen zu können.

Systematisch betrachtet schließt die Pädagogisierung des Dritte Welt-Problems im Zusammenhang der DWB unmittelbar an die Leitdifferenz des Pädagogischen – Vermittlung – an (vgl. Kap 4.3.). Kennzeichnend ist für die DWB ein doppelter Vermittlungszusammenhang:

(1) Die mit der Umstellung in den Utopiemodus erfolgende Ausrichtung der DWB auf langfristige Lern- und Erziehungsprogramme zur Bewußtseinsveränderung der Bevölkerung in der Bundesrepublik vermittelt zwischen der moralischen Rigidität der Kontingenzformel universeller Gerechtigkeit und der Notwendigkeit, als soziale Protestbewegung kommunikativ anschlußfähig zu bleiben. Die in der Kommunikationsform Protest ent-

---

[46] Pädagogische Medien wie das „Kind" oder allgemeiner die „veränderbare Person" sowie deren Formbildungen sind – systemtheoretisch gesprochen – soziale Konstruktionen, die es Erziehung und Bildung ermöglichen, den pädagogischen Glauben der Erreichbarkeit und gezielten Veränderbarkeit des Menschen aufrechtzuerhalten.

[47] Der Öffentlichkeitsreferent der Gesellschaft zur Partnerschaft mit der Dritten Welt (GEPA) konstatiert in einer selbstkritische Reflexion, daß „der (weitere) Erfolg der Aktion ‚Jute statt Plastik' fraglich geworden" ist, da sich massive Rückgänge in den Verkaufszahlen eingestellt haben (Wirtz 1985a, S. 6). Dieser Rückgang wird mit ökonomischen Faktoren („Marktsättigung") in Verbindung gebracht, aber auch durch Modeverhalten erklärt („Es gibt sogar zur Grund zur Annahme, daß einige, die Jutetasche einst als ihr ‚liebstes' Kind getätschelt haben, sie inzwischen wie ein ‚ungeliebtes Kind' vernachlässigen", ebd.).

haltene Distanzierung von der regierungsamtlichen Politik schließt über advokatorische Strategien hinausgehende politische Anschlüsse weitgehend aus. In dieser Situation können pädagogische Strategien für soziale Protestbewegungen wie die DWB zum funktionalen Äquivalent in der Suche nach kommunikativer Anschlußfähigkeit und damit nach gesellschaftlicher Kontinuität werden. Diese Deutung ließe sich gegen Luhmanns These anführen, Protestbewegungen verfügten nicht über Reflexionen zweiter Ordnung, sondern hielten sich stattdessen ausschließlich an die Form des Protestes (vgl. Luhmann 1996a, S. 206). Pädagogische Vermittlung als funktionales Äquivalent für die Begrenzung der Form Protest könnte als eine solche Reflexion zweiter Ordnung beschrieben werden.

(2) Die DWB vermittelt darüber hinaus mit dem pädagogischen Nahbereichsansatz zwischen dem globalen Dritte Welt-Problem und dem unmittelbaren eigenen Lebensbereich. Die pädagogischen Formbildungen der Aktion Dritte Welt Handel sind für einen solchen Vermittlungsansatz ebenso Beleg wie die Form Lebensstiländerung.

7.3.3. Reformpädagogische Aspirationen: Von der Kritik institutionalisierter Pädagogik zur Institutionalisierung einer Alternativpädagogik

Die Bezug- und Inanspruchnahme der DWB auf und von Pädagogik – sowohl in der Selbstkonstituierung als auch in den nach außen sich adressierenden Protestkommunikationen – ist eingebunden in eine „eigenartige Dialektik von Bruch und Kontinuität" (Oelkers 1996, S. 16). Diese Dialektik wird verständlich vor dem Hintergrund eines reformpädagogischen Erbes, das nicht nur die Pädagogisierung sozialer Probleme historisch fundiert, sondern gerade die kommunikative Praxis von Protestbewegungen prägt.

Wenn sich Protestbewegungen in die Tradition der Reformpädagogik stellen, geschieht dies in praktischer Absicht. Dabei lassen sich Ansätze, die auf eine Reform der Schule abzielen, von solchen unterscheiden, denen es um umfassende gesellschaftliche Reformen geht. Beide Stoßrichtungen der Reformpädagogik schließen einander nicht aus, sondern können auf vielfältige Weise miteinander verzahnt werden. Während in den beiden vorangegangenen Abschnitten rekonstruiert wurde, wie die Dritte Welt-Protestbewegung reformpädagogische Traditionen in gesellschaftskritischer Absicht aktualisiert hat, geht es im folgenden um den pädagogischen Bezug der DWB auf die Einrichtungen des Erziehungssystems:

1. Wie hat die DWB die Einrichtungen des Erziehungssystem und deren pädagogischen Programme zum Objekt eigener pädagogischer Reformabsichten gemacht?

2. Welche Bedeutung kommt pädagogischen Alternativprojekten für die DWB zu?

Ausgangspunkt dieser Rekonstruktion ist zunächst der „Bruch" in der Bezugnahme der Dritte Welt-Protestbewegung auf Pädagogik. „Bruch" artikuliert die Abgrenzung gegenüber gegenwärtigen Formen und Inhalten der pädagogischen Bearbeitung des Dritte Welt-Problems im Erziehungssystem. So kritisiert der Arbeitskreis Dritte Welt Reutlingen den schulischen Dritte Welt-Unterricht als „Beschränkung", weil in diesem „die Sozialisationseffekte der Schule als Institution nicht abgeschaltet werden" (1979, S. 6). Die Bedeutung der Schulen für eine „entwicklungspolitische Sensibilisierung" sei „zweifelhaft, kann doch eine Pädagogik, die in ihrer Methode selbst einer Problemlösung entgegenarbeitet, nur unglaubwürdig sein" (Seitz 1980, S. 59). Ebenso wird vor einer Inklusion entwicklungspolitischer Bildung in die Erwachsenenbildung gewarnt, „weil der Lernbereich Dritte Welt, zum klassischen Bildungsgut geronnen, ohnehin sein Ziel verfehlt" (Gronemeyer 1977a, S. 47f).

Daß Kritik und Affirmation, Bruch und Kontinuität im pädagogischen Bezug der Dritte Welt-Bewegung nicht weit auseinander liegen, zeigen zwei Argumentationen aus dem Umfeld der Aktion Dritte Welt Handel. Kunz charakterisiert die Dritte Welt-Läden als „entwicklungspolitisches Bildungsmodell", indem er die herkömmlichen Institutionen des Bildungs- und Erziehungssystems als defizitär ausweist (Kunz 1987, S. 340). Aus dieser Defizitzuschreibung leitet er die „Notwendigkeit von entwicklungspolitischen Bildungsanstrengungen außerhalb der traditionellen Bildungs- und Informationsinstitutionen Schulen und Massenmedien" ab (ebd.). Die Konstruktion Kritik und Gegenmodell verläßt nicht die pädagogischen Bahnen, sondern eröffnet die Möglichkeit, Dritte Welt-Läden als „zwangfreien Lernbereich" zu entwerfen und in einen „Gegensatz zur ‚Struktur Schule' und zu den für entwicklungspädagogische Anstrengungen ziemlich untauglichen Massenmedien" zu stellen (ebd., S. 28). Die Konstruktion von Kritik am Bestehenden und pädagogischer Alternative prägt auch die Argumentation des Bildungsreferenten der Gesellschaft zur Partnerschaft mit der Dritten Welt (GEPA). Wirtz (1985a, S. 5f) charakterisiert die Aktion Dritte Welt Handel als „entwicklungspolitisches Lern- und Handlungsmodell" und als „Lernbewegung". Profil gewinnt das Alternativmodell durch Abgrenzung von der herkömmlichen Praxis, also durch eine Unterscheidung zwischen gutem und schlechtem pädagogischen Vorgehen:

„Die A3WH versteht sich als eine Lernbewegung. Damit ist zugleich der Anspruch gesetzt, daß die Beteiligten sich als Träger von Bildungsmaßnahmen und Aktionen gegenüber ihren Zielgruppen nicht so verhalten, wie man sich das bei einem herkömmlichen Lehrer-Schüler-Verhältnis vorstellt. Schulmeisterliche Belehrungen sind damit jedenfalls nicht vereinbar. ‚Lernen durch Handeln' heißt vielmehr, daß alle auf ihre Weise im Vollzug von (Probe-) Handlungen dazulernen, sich selbst immer auch als Suchende begreifen und offen bleiben für Herausforderungen durch andere Auffassungen und Handlungsweisen" (1985a, S. 7).

7. Die Pädagogisierung des Dritte Welt-Problems als Entgrenzung

Der Anspruch, Lernbewegung zu sein, schließt sowohl das „herkömmliche Lehrer-Schüler-Verhältnis" wie auch die der Struktur Schule ursächlich zugeschriebene Form der „Belehrungen" aus. Als eigenes Alternativmodell wird diesen Defiziten der Slogan „Lernen durch Handeln" entgegengesetzt und mit positiven Attributen versehen: „alle", nicht nur die als Schüler definierten Adressaten des herkömmlichen Unterrichts, „lernen dazu". „Dazulernen" signalisiert, daß es nicht um einen kodifizierbaren und damit endlichen Lernstoff geht, sondern um eine „Offenheit" gegenüber den „Herausforderungen durch andere Auffassungen und Handlungsweisen", die alle Teilnehmer/innen der Lernbewegung als Anspruch trifft. Diese Anspruchsformulierung zeigt deutlich den moralischen Gehalt des Alternativmodells. Gerade die sloganhafte Formel „Lernen durch Handeln" als gemeinsamer Nenner der Dritte Welt-Lernbewegung rückt diese in eine reformpädagogische Tradition. Die andere Seite dieser Formel referiert auf ein Lernen, das sich nicht durch Handeln, sondern durch die passive Aneignung aus Büchern und Lernmedien speist und dabei ein Wissen produziert, das der Form des Unterrichts entspricht. Gegen ein solches Lernen wendet sich die Formel „Lernen durch Handeln". Damit schließt die Formel unmittelbar an die reformpädagogische Grundfigur der „Anschauung" an:

„'Anschauung' war in allen Schulmethoden des 19. Jahrhunderts das zentrale Schlagwort, um neue von alten Unterrichtsverfahren abzugrenzen. (...) Das Schlagwort ließ auffällig konträre Verwendungen zu (...), denen lediglich gemeinsam war, was sie ablehnten, nämlich den ‚abstrakten Unterricht' der Lern- und Buchschule. Die Versuche einer Präzisierung, also die Entwicklung des Slogans zum Theorem, scheiterten" (Oelkers 1996, S. 46).

Ähnlich wie „Anschauung" Ende des 19. Jahrhunderts primär den kritischen Appell für eine „naturgemäße" oder „kindgerechte" pädagogische Methode kommuniziert hat, ohne je eine eindeutige Bestimmung dieses Begriffs vorlegen zu können, wird der Slogan „Lernen durch Handeln" von der DWB als Folie zur Abgrenzung vom herkömmlichen Unterrichtsvorgehen verwendet. Beer spricht bezogen auf den Slogan vom „unmittelbaren Aktionslernen im Kontext sozialer Bewegungen", das auf einer „immanenten Verbindung von Lernen und politischer Aktion" beruhe (Beer 1984, S. 17). Aktionslernen in sozialen Bewegungen kennzeichne, daß es politische Interessen und Ziele, nicht Bildungsziele zum Ausgangspunkt nehme. Lernen sei integrierter Bestandteil der Aktion, erfolge spontan, aus der Eigendynamik der Aktion heraus, ohne daß eine didaktische Planung sie überforme. Damit knüpfe das Aktionslernen an die alltäglichen Lebensbezüge der Teilnehmer/innen an und verlaufe weitgehend entinstitutionalisiert (vgl. ebd. S. 17). Diese Skizze des Aktionslernens mit ihren Attributen „spontan", „eigendynamisch", „ohne didaktische Überformung", „an den Alltag der Teilnehmer/innen anknüpfend" und „entinstitutionalisiert" liest sich wie das Credo der reformpädagogischen Aspiration. Was in der Aktion Dritte Welt Handel „Lernen durch Handeln" und bei Beer „Aktionslernen" heißt, firmiert beim Arbeitskreis Dritte Welt

7. Die Pädagogisierung des Dritte Welt-Problems als Entgrenzung

Reutlingen unter dem Slogan „Erziehung als alternative Praxis". Trotz unterschiedlicher Bezeichnungen, gemeinsames Merkmal ist auch hier die Stoßrichtung des Begriffes, Abgrenzung gegenüber den „alten" pädagogischen Institutionen und Formen zu kommunizieren:

> „Während in der zuvor dargestellten didaktischen Darstellungsform (...) der Unterricht aber nach wie vor in pädagogischen Institutionen abläuft (und damit die Sozialisationseffekte der Schule als Institution nicht abgeschaltet werden), wird auch hier (in der entwicklungspädagogischen Praxis in alternativen Basisbewegungen, M.P.) diese Beschränkung aufgehoben und Erziehung als alternative Praxis organisiert, die sich nicht mehr (ausschließlich) auf pädagogische Institutionen einläßt, sondern Gegenalltag organisiert und strukturelle Erfahrungen ermöglicht; Man erzieht andere, indem man sich selber erzieht und anders lebt" (Arbeitskreis Dritte Welt Reutlingen 1979, S. 6)

„Gegenalltag" und „Anders leben" sind die Formen, in und mit denen in der Dritte Welt-Protestbewegung erzogen und gelernt wird. Noch radikaler läßt sich konstatieren: Die Differenz der herkömmlichen Pädagogik, die zwischen Leben und Erziehen unterscheiden muß, wird aufgehoben, da innerhalb der Protestbewegung Erziehung und Leben unter dem Signum des „Alternativen" ineinander verschmelzen und so ein zentrales Merkmal der alternativen Pädagogik begründen: „Um dieses Problem – die Übereinstimmung von Erziehung und Erleben – kreisen alle Ansätze der alternativen Pädagogik" (Oelkers 1996, S. 282).

Das reformpädagogische Muster von Bruch und Kontinuität, mit dem die DWB auf Pädagogik referiert[48], erlaubt eine Haltung prinzipiell unbegrenzter Kritik und pädagogischer Erneuerung. Durch empirische, d.h. aus der Praxis gewonnene Einsichten, sind reformpädagogische Aspirationen nicht zu widerlegen. Gegen jedes Scheitern kann eine „neue", bessere Methode der Vermittlung postuliert werden. Die Dritte Welt-Protestbewegung leitet ausgehend von der reformpädagogischen Kritik eine Doppelstrategie der Inanspruchnahme und Verbreitung von Pädagogik ab. Sie steht in der Spannung von institutionalisiertem Lernen in den traditionellen Erziehungseinrichtungen und unmittelbarem Aktionslernen in sozialen Bewegungen (vgl. Beer 1984, S. 17). Einerseits macht sich die DWB zum *Träger* entwicklungspolitischer Bildungsarbeit, wenn sie versucht sich in verändernder Absicht konstruktiv auf die traditionellen Einrichtungen des Erziehungssystems (Schulen, Bildungshäuser, Volkshochschulen) zu beziehen, um „innerhalb des Systems (noch) bestehende Freiräume aufzuspüren und auszunützen, oder gar neue zu schaffen" (Kunz 1987, S. 23, ähnlich Beer 1984, S. 18). Diese Freiräume sollen mit eigenem Input gestaltet werden. Andererseits versteht sich die

---

[48] Beer warnt davor, daß sich „das unmittelbar aktionsbezogene, oft spontane und autonome Lernen in sozialen Bewegungen" nicht von der institutionalisierten Pädagogik „pädagogisieren" lassen dürfe (Beer 1984, S. 18). Gleichzeitig befürwortet er Aktionslernen, semi-institutionalisierte Lernprojekte und bedingt auch institutionalisierte Bildungsarbeit als Formen pädagogischer Praxis der DWB.

7. Die Pädagogisierung des Dritte Welt-Problems als Entgrenzung

DWB als Ort *selbstorganisierter* entwicklungspolitischer Bildungsarbeit. Ende der siebziger Jahre entstehen in ihrem Kontext eine Reihe von selbstorganisierten Lern- und Bildungsarrangements, die als „Bildungswerke der neuen sozialen Bewegungen" (Beyersdorf 1991, S. 15) bezeichnet werden und die eine selbstreferentielle Inanspruchnahme des Pädagogischen kommunizieren. Kitsuse/Spector haben in ihrem Modell über den Verlauf sozialer Probleme die Hypothese formuliert, daß wertorientierte Protestbewegungen dazu neigen, mit der Bildung alternativer Organisationen auf die in ihren Augen ungenügende Problembearbeitung durch die offiziellen Instanzen zu reagieren (vgl. Kap. 3.2.2.). Die Selbstdeutung der DWB als Vermittlungsinstanz ist wie beschrieben auf das engste mit den Grenzen der moralisch codierten Kommunikationsform Protest und advokatorischer Lobbying-Strategien verbunden, so daß die Ausdifferenzierung von Alternativorganisationen im Set der möglichen Optionen an Wahrscheinlichkeit gewinnt.[49]

Wie hat die DWB die Strategie, als Träger entwicklungspolitischer Bildungsarbeit die traditionellen pädagogischen Einrichtungen zu verändern, konkretisiert? Als erstes ist die Produktion einer großen Anzahl entwicklungspolitischer Unterrichtsmaterialien zu nennen.[50] Ein anderer Bereich, in dem aus dem Umfeld der Dritte Welt Protestbewegung Einfluß auf das traditionelle Erziehungssystem genommen worden ist, ist die Lehrerfortbildung. Auch hier hat die DWB versucht, sich als Träger entwicklungspolitischer Bildungsmaßnahmen zu etablieren (vgl. exemplarisch die Arbeit des Dritte Welt-Hauses Bielefeld: Scheunpflug/Seitz 1995c , S. 113). Ebenfalls mit dem Ziel, entwicklungspolitischen Input auch in das Erziehungssystem einzuspeisen, wurden von der sich institutionalisierenden und professionalisierenden DWB ab Ende der siebziger Jahre Mediotheken und Informationsstellen eingerichtet, über die Multiplikatoren in Schulen und der Erwachsenenbildung mit entwicklungspolitischen Materialien und pädagogischen Vermittlungshandreichungen versorgt wurden.

---

[49] Institutionalisierung und Professionalisierung sind Aspekte, die für die spätere Geschichte der DWB kennzeichnend gewesen sind (vgl. Kap. 6.3.).
[50] Die DWB ist seit den achtziger Jahre für etwa 12% der gesamten Produktion entwicklungspolitischer Unterrichtsmaterialien verantwortlich. Rechnet man noch die von den Kirchen und Jugendverbänden produzierten Materialien hinzu, kommt man auf einen Anteil von 36%. Der Boom entwicklungspolitischer Unterrichtsmaterialien, der in den frühen siebziger Jahren einsetzt und 1979 seinen Höhepunkt erreicht, wird vor allem durch deren Form erleichtert. Sie können sowohl auf aktuelle politische Konjunkturen und Themen wie auch auf neue didaktische Konzepte und bildungspolitische Rahmenbedingungen schneller reagieren als die herkömmlichen Medien (Schulbücher, Lehrpläne). Diese Eigenschaft erklärt, warum die DWB dieses Medium benutzt, um Resonanz im Erziehungssystems zu erzeugen. In der Distanz von Unterrichtsmaterialien zum Fächerkanon und zu Lehrplanvorgaben wird jedoch auch der Grund vermutet, daß das Medium im Erziehungssystem nur bedingt aufgenommen wurde (vgl. Scheunpflug/Seitz 1995a, S. 88-151.

7. Die Pädagogisierung des Dritte Welt-Problems als Entgrenzung

Die Pädagogisierung des Dritte Welt-Problems durch die Protestbewegung erklärt sich nicht ausschließlich aus der fremdreferentiellen Adressierung an potentielle Sympathisanten, die von der Idee weltweiter Gerechtigkeit überzeugt werden sollen. Die Inspruchnahme von Pädagogik durch die DWB weist eine selbstreferentielle Seite auf, in der selbstorganisierte Bildungsarrangements als Lernorte von und für die DWB fungieren. Protestbewegungen wie die DWB stehen als prekäre Sozialsysteme vor dem „Zwang zu ständiger Selbsterneuerung" (Japp 1986, S. 319). Sie können nicht auf objektive, aus der Umwelt vorgegebene Selbst- und Fremddeutungen zurückgreifen, sondern müssen sich selbst in Abgrenzung zu benachbarten gesellschaftlichen Umwelten (Bundesministerium für wirtschaftliche Zusammenarbeit, Parteien, Nichtregierungsorganisationen) permanent selbst erzeugen. Gelingt es ihnen nicht, sich nach innen zu integrieren und nach außen zu stabilisieren, stehen sie in der Gefahr, in die sozialen Umwelten zu diffundieren und dabei zu verschwinden. Entscheidend ist vor allem, daß sie, ihre zentrale Ressource – die Motivation ihrer Akteure, sich für die „Sache" zu engagieren – unter der Bedingung von Unkontrollierbarkeit zu reproduzieren. Zu den zentralen Elementen dieses Selbsterzeugungsprozesses von Protestbewegungen zählen Weltbildkonstruktionen, Erprobung kooperativer Handlungsformen und strategisch-programmatische Aktivitäten (ebd., S. 318). In der Frage, wo diese Elemente kommuniziert werden können, kommen die selbstorganisierten Bildungsarrangements in's Spiel. Sie sind Orte, wo im Rahmen von „kommunikativen Lernen" (ebd., S. 323) Selbstreferenz kommuniziert werden kann, indem *Commitments* reproduziert und sich der Identität der Bewegung versichert wird. Dritte Welt-Häuser und -Zentren, Ökumenische Werkstätten oder alternative Bildungsstätten, die ab Ende der siebziger Jahre entstehen, können als solche Katalysatoren selbstorganisierter Bildungsarbeit interpretiert werden (vgl. Stelck 1980). Exemplarisch schreibt die Eine Welt Werkstatt Barnstorf in ihrem Gründungskonzept:

„Eine Welt und ganzheitliche Bildung sind die Eckpunkte der Eine Welt Werkstatt. Im Sinne einer ganzheitlichen Bildung soll ein Bildungshaus betrieben, ein Seminarprogramm herausgegeben und Gastgruppen Raum für Bildungsarbeit gegeben werden. Darüber hinaus sollen im Ort und in der Region Vernetzungen und Impulse für die Eine-Welt-Arbeit gegeben werden. (...) Die Kurse und das Tagungshaus haben Werkstatt-Charakter, wie der Name sagt. Das Haus ist eine Lernwerkstatt, kein Tagungshotel. Lernen geschieht gemeinsam, ohne immer sofort Richtung und Ergebnis vorzugeben. (...) Bildung geschieht nicht durch nur durch Seminare, sondern auch durch praktisches Vorleben im Alltag und Information darüber" (Eine Welt Werkstatt 1986).

„Vernetzung", „Impulse geben für die Eine-Welt-Arbeit" und das „gemeinsame Lernen" können in diesem Gründungskonzept als Indikatoren für die selbstreferentielle pädagogische Seite der DWB gelesen werden. Sie erlauben die gemeinsame Vergewisserung von Ideen, Motiven und Programmen und ermöglichen die Konstitution der DWB als Gemeinschaft nach innen. Beer bezeichnet die selbstreferentielle Seite der Bezugnahme auf Pädagogik als „subjektiv-individuelle". Sie zielt „auf einen Selbstfindungsprozeß durch die Auseinandersetzung mit dem Fremden. (...) Auf diese Weise wird eine Relativierung des eigenen Wertgefüges, der eigenen Interessen und Probleme möglich, die unter Umständen auch subjektiv in der individuellen Lebensführung und -gestaltung zu neuen Perspektiven und Veränderungen führen können. (1984, S. 15f). Das, was Beer hier als Selbstfindungsprozeß bezeichnet, ist keineswegs im Sinne einer individualisierenden Beschränkung gemeint. Unterlegt ist vielmehr ein Verständnis, welches das Subjektive zum politischen Faktor innerhalb der Dritte Welt-Lernbewegung erklärt. Ohne den subjektiven Faktor können neue Perspektiven nicht gefunden werden. Die kollektive, weil auf die DWB bezogene Selbstvergewisserungsfunktion von selbstorganisierten Bildungsarrangements kommt vor allem im Begriff Suchbewegung zum Ausdruck.[51] „Entwicklungspädagogik" habe in sozialen Bewegungen die Funktion zu, Menschen bei diesen Suchbewegungen zu unterstützen, partiell Lern- und Erfahrungsräume zu schaffen, Reflexionsmöglichkeiten und Informationen anzubieten" (Beer 1984, S. 15). Die Werkstatt III in Hamburg, ein 1978 gegründetes Zentrum der Dritte Welt-Bewegung mit Café, Dritte Welt-Laden und Versammlungsräumen, versteht sich

„als Lernprozeß für alle Beteiligten, als Erfahrungsraum und als Übungsraum für gute Zusammenarbeit und die damit zusammenhängenden Hindernisse, Möglichkeiten und Schwierigkeiten, zu informieren, auf Mißstände aufmerksam zu machen und zu aktivieren" (zitiert nach: Stelck 1980, S. 28).

Ob „Erfahrungsraum" oder „Übungsraum für gute Zusammenarbeit", ob Ort der „Reflexionsmöglichkeiten" und „Informationen" oder „Aktivierungsort", immer geht in diesen selbstorganisierten Bildungsarrangements darum, die Bedingungen zu erzeugen, daß sich eine strukturell instabile Protestbewegung der kollektiven Deutungsmuster versichern kann, die sie für ihre Permanenz braucht. Ohne Selbstvergewisserung, ohne „kollektive Selbstdeutung" (Bergmann 1987) stehen Protestbewegungen latent vor der Gefahr des Zerfalls. In einer solchen Konstellation wird die Emergenz selbstorganisierter Bildungsarrangements strukturell plausibel.

Sowohl die Ausdifferenzierung selbstorganisierter Bildungsarrangements als auch die Strategie der Dritte Welt-Protestbewegung, sich in reformpädagogischer und damit verbessernder Absicht auf die Einrichtungen und Programme des Erziehungssystems zu beziehen, ist Teil der Pädagogisierung des Dritte Welt-Problems. In der pädagogischen Konstruktion des Problems hat sich die DWB einerseits zu einem „eigenständigen Ort der Vermittlung" (vgl. Kade 1997, S. 35) und damit zu einem eigenständigen Ort des Pädagogischen

---

[51] Auch hier handelt es sich um ein reformpädagogisches Motiv: „Denen, die noch suchen" ist die Widmung eines die deutsche Jugendbewegung der zwanziger Jahre entscheidend prägenden Liederbuches von Hermann Claudius (vgl. Oelkers 1996, S. 285).

gemacht. Die Herauslösung des Pädagogischen aus den Grenzen eines über Schulen und Bildungseinrichtungen definierten Erziehungssystems ist somit konstitutiver Bestandteil der Pädagogisierung des Dritte Welt-Problems durch die DWB. Gleichzeitig verweist die reformpädagogische Bezugnahme der DWB auf die Einrichtungen und Programme des Erziehungssystems darauf, daß die Pädagogisierung sozialer Probleme umgekehrt mit der Wiedereinführung, d.h. der Eingrenzung dieser Probleme in das Erziehungssystem einhergehen kann. Protestbewegungen, gerade wenn sie sich in die Tradition reformpädagogischer Aspirationen zur Verbesserung von Schule und Erziehungsprogrammen stellen, können zum Generator für die Transformation sozialer Probleme in pädagogische Programme des Erziehungssystems werden.

8. Pädagogisierung als Programmierung von Dritte Welt-Pädagogik und entwicklungspolitischer Bildung im Erziehungssystem

Die im Kontext von Problemsteuerungen zu beobachtende Diffusion des Pädagogischen in die Gesellschaft und dort vor allem in die Teilsysteme von Politik und Protestbewegung ist im voranstehenden Kapitel als eine Form der Pädagogisierung des Dritte Welt-Problems beschrieben worden. Deren andere Seite verweist auf die Transformation sozialer Probleme in Programme des Erziehungssystems, d.h. auf deren pädagogisch-programmatische Inklusion. Von einer Pädagogisierung sozialer Probleme im und durch das Erziehungssystem kann immer dann die Rede sein, wenn diese Probleme als pädagogische Herausforderungen gedeutet werden, die von Schulen und anderen Bildungseinrichtungen zu bearbeiten sind.

Die Form, mit der sich das Erziehungssystem solchen Herausforderungen stellen und soziale Probleme inkludieren kann, läßt sich im Anschluß an die systemtheoretischen Überlegungen als *pädagogisches Programm* bezeichnen. Programme liefern die konkreten Anweisungen, nach denen soziale Teilsysteme kommunizieren und agieren (vgl. Luhmann 1984, S. 432f). Pädagogische Programme beschäftigen sich entsprechend mit den Zielen und Methoden guter Erziehung (vgl. Luhmann 1986, S. 158f). Dadurch, daß auf der Programmebene Einflüsse aus der Umwelt wirksam und systemintern verarbeitet werden können, ist innerhalb des Erziehungssystems genau hier die Pädagogisierung sozialer Probleme zu erwarten (vgl. auch Kap. 4.6). In die erziehungswissenschaftliche Debatte ist – einem Vorschlag Harm Paschens folgend – der Begriff „Pädagogiken" zur Bezeichnung dieser Programme eingeführt worden (vgl. Paschen 1997). Pädagogiken sind nach differenten Intentionen, Mitteln und Wirkungen geordnete „Konzept(e) zur umfassenden Steuerung von Unterricht, Erziehung und Bildung" (ebd., S. 32). Die Systemtheorie unterscheidet zwei Typen von Programmen: Zweckprogramme und Konditionalprogramme (vgl. Luhmann 1984, S. 432). Als Zweckprogramme können im Erziehungssystem solche Pädagogiken aufgefaßt werden, die auf normative bzw. thematische Foci referieren. Pädagogische Zweckprogramme zielen auf zu bewirkende Dispositionen bei den Adressaten pädagogischer Kommunikationen (z.B. Problembewußtsein, Solidarität) oder sie orientieren sich an Vermittlungsinhalten (z.B. entwicklungspolitisches Wissen). Unter den verschiedenen Zweckpädagogiken können solche unterschieden werden, die sich auf spezielle Phänomene und dabei insbesondere auf soziale Probleme beziehen. In diesem Sinn lassen sich Dritte Welt-Pädagogik und Entwick-

8. Dritte Welt-Pädagogik und entwicklungspolitische Bildung im Erziehungssystem

lungspolitische Bildung als spezielle Pädagogiken definieren.[1] Schon der Name zeigt ihren Focus, den sie „als defizitäres und pädagogisch zu bearbeitendes Problem" darstellen (Paschen 1997, S. 66). Neben Zweckpädagogiken treten Konditionalpädagogiken. Ihre Aufgabe ist es zu befinden, auf welchem Wege die Realisierung gewünschter Adressatendispositionen und Vermittlungsinhalte am wahrscheinlichsten und effektivsten erhofft werden kann (vgl. Luhmann 1986, S. 158f). Unterschiedliche didaktische Methoden können als Konditionalpädagogiken aufgefaßt werden.

8.1. Das Dritte Welt-Problem im Erziehungssystem

Bevor die Frage geklärt werden soll, wie und von wem das Dritte Welt-Problem in eine im Erziehungssystem zu bearbeitende Aufgabe transformiert worden ist, soll zunächst dokumentiert werden, wann und in welchem Maße das Problem zum Gegenstand von Erziehungs- und Bildungsprozessen geworden ist. Die nachfolgende Bestandsaufnahme beschreibt die Transformation von Dritte Welt-Problem in Dritte Welt-Pädagogik entlang der pädagogischen Praxisfelder Schule, Erwachsenenbildung und Jugendarbeit. Der Bereich Schule wird dabei zusätzlich nach den Aspekten Lehrpläne, Schulbücher sowie Lehrer/innenfortbildung aufgeschlüsselt.

Grundsätzlich sei wiederholt, daß in der Untersuchung ausschließlich die pädagogische Vermittlungsseite (Institutionelle Ebene) über die Materialformen Lehrplan oder Schulbuch in den Blick genommen wird. Deren Analyse kann keine Aussagen über Aneignungsprozesse auf Teilnehmer/innenseite treffen. Von der Behandlung der Dritte Welt-Problematik in Lehrplänen oder Schulbüchern ist weder direkt auf die konkrete Behandlung im Unterricht zu schließen (Interaktionsebene) noch auf Aneignungsprozesse bei den Adressaten (Biographische Ebene). Pädagogische Programme sagen ausschließlich etwas aus über die Absichten und Wünsche der pädagogischen Vermittler, die diese Materialien produzieren und kommunizieren. Im Anschluß an die Unterscheidung zwischen pädagogischen Vermittlungs- und individuellen Aneignungsoperationen, die auf verschiedene Systeme referieren – erstere auf das Erziehungs- bzw. pädagogische System, zweitere auf psychische Systeme

---

[1] Dritte Welt-Pädagogik und entwicklungspolitische Bildung werden hier als Programmnamen verwendet. Sie bezeichnen Pädagogiken, die als Gegenstand die Problemkonstruktion Dritte Welt verwenden und sich mit dieser in pädagogischer Absicht an Menschen in der Bundesrepublik adressieren. Begrifflich existieren für solche Pädagogiken weitere Bezeichnungen wie z.B. Eine Welt-Pädagogik, Entwicklungspädagogik oder Globales Lernen. Diese werden aus heuristischen Gründen unter die Programmnamen Dritte Welt-Pädagogik und entwicklungspolitische Bildung subsumiert.

8. Dritte Welt-Pädagogik und entwicklungspolitische Bildung im Erziehungssystem

– konstituiert sich deren Verhältnis in der systemtheoretischen Perspektive als Differenz (vgl. Kap. 4.4.).

Die Bestandsaufnahme, die vor allem auf Befunde eines DFG-Projektes zur Geschichte entwicklungspolitischer Bildung zurückgreift (vgl. Treml 1995; Scheunpflug/Seitz 1995a, 1995b, 1995c)[2], versteht sich als deskriptive Sekundäranalyse der pädagogischen Bearbeitung des Dritte Welt-Problems im Erziehungssystem. Die systematische Einordnung in die Pädagogisierungsfragestellung bleibt den nachfolgenden Abschnitten vorbehalten.

8.1.1. Die Dritte Welt in der Schule

„Die Jugend kann also die Vermittlung derjenigen Kenntnisse und Fähigkeiten reklamieren, die es ihr ermöglichen, an der Lösung der sie erwartenden weltweiten Probleme mitzuwirken. Wenn sich die Schule dieser Aufgabe nicht stellt, dann verweigert sie den jungen Menschen die Aneignung der intellektuellen und emotionalen Eigenschaften, die das für eine verantwortlich gestaltete Zukunft erforderliche Sozialverhalten und Weltbewußtsein bedingen" (Seminarbericht ‚Die Dritte Welt im Unterricht', Kübel-Stiftung 1974, S. 6).

a) Lehrpläne

In welchem Maße dokumentieren Lehrpläne die Behandlung des Dritte Welt-Problems in der Schule, der die Vermittlung von Kenntnissen und Fähigkeiten zur Lösung der weltweiten Probleme – so obiges Zitat – dringend anempfohlen wird? Als Lehrplan läßt sich die systematisierte Zusammenfassung verbindlich gemachter Lehrinhalte und Lehrziele eines Faches oder einer Fachgruppe definieren, denen für eine bestimmte Schulart, Bildungsstufe und Klasse innerhalb eines festgelegten Zeitraums Gültigkeit zukommt. Scheunpflug/Seitz konstatieren gemessen an dem durch die Lehrpläne zugewiesenen Stundenanteil eine Verdoppelung des Stellenwertes entwicklungspolitischer Bildung ab Ende der siebziger Jahre.[3] Bewegt sich dieser zwischen 1950 und 1976 konstant zwischen 4% und 6%, so pendelt er sich zwischen 1979 und 1990 auf einem deutlich erhöhten Niveau von 11% bis 13% ein (vgl. Scheunpflug/Seitz 1995b, S. 54). Die Autoren führen den sprunghaften Anstieg der Berücksichtigung entwicklungspolitischer Bildung primär auf die curriculare Reform der Lehrpläne Mitte der siebziger Jahre zurück[4], die einen Innovationsschub für die entwicklungspolitische Bildung mit sich ge-

---

[2] Die hier vorgelegte Pädagogisierungsuntersuchung folgt jedoch nicht der Gesamtbilanzierung des Projektes, die in einer evolutionstheoretischen Erklärung der Geschichte der entwicklungspolitischen Bildung zu bestehen scheint (vgl. Treml 1995, S. 151ff).
[3] Auch Breitenbach konstatiert in seiner Lehrplanuntersuchung einen Bedeutungsgewinn der Dritte Welt-Pädagogik in den siebziger Jahren (1977, S. 48).
[4] Vgl. die ähnliche Einschätzung bei Breitenbach (1977, S. 47).

bracht habe. Die Untersuchung weist zudem nach, daß die Thematisierung des Dritte Welt-Problems mit fortlaufender Schulart von der Grund- über die Haupt- und Realschule bis zur Sekundarstufe I/II zunimmt (vgl. ebd., S. 62ff). Inhaltlich seien deutliche Unterschiede zwischen den verschiedenen Lehrplangenerationen zu erkennen (vgl. ebd., S. 84ff):
- die erste Generation von Lehrplänen, welche die fünfziger Jahre über gelten, ist gekennzeichnet von einer Problembeschreibung zwischen „Kolonialismus und Völkerverständigung". Die Dritte Welt wird „als Rohstofflieferant für Europa im Rahmen einer Weltarbeitsteilung oder -ordnung" dargestellt (ebd., S. 87). In den Oberstufenlehrplänen kommt die Dritte Welt als soziales Problem erstmals in den Blick.
- die zweite Lehrplangeneration, die einen langen Gültigkeitszeitraum bis Mitte der siebziger Jahre umfaßt, weist gegenüber der ersten kaum inhaltliche Veränderungen auf. Weiterhin wird das Verhältnis zwischen Europa und der Dritten Welt als paternalistisch beschrieben. Entwicklungshilfe wird caritativ-humantisch begründet.
- im Gegensatz zu dieser eher von Kontinuität geprägten Phase leitet die dritte Generation der Lehrpläne die „tiefgreifendsten" Veränderungen der Lehrpläne ein. Angestoßen durch die Curriculumreform werden diese Lehrpläne Mitte bis Ende der siebziger Jahre in Kraft gesetzt. Sichtbar wird die Veränderung an einer deutlich problemorientierteren Darstellung, bei der sowohl die endogene Bedingung von (Unter-)Entwicklung wie auch die negativen Folgen der als Eroberung benannten Kolonialisierung der Dritten Welt erstmals in den Blick geraten.[5]
- die ab Mitte/Ende der achtziger Jahre gültige vierte Lehrplangeneration schließlich ist kaum durch konzeptionelle Veränderungen aufgefallen.

Insgesamt läßt sich konstatieren, daß das Dritte Welt-Problem quantitativ zwar schon in den ersten Lehrplänen auf geringem Niveau Berücksichtigung fand, daß eine sowohl quantitative wie qualitative Forcierung jedoch erst mit der Curriculumreform Mitte der siebziger Jahre einsetzt.[6]

---

[5] Die Befunde von Müller/Schlausch (1986) sowie Bülow/Decker-Horz (1984), die sich auf diese Lehrplangeneration beziehen, jedoch methodisch nicht mit der Untersuchung von Scheunpflug/Seitz konkurrieren können, fallen ambivalenter aus: Bei Müller/Schlausch heißt es bezogen auf die Problemorientierung des Unterrichts: „Die Notwendigkeit und Nützlichkeit von Entwicklungshilfe erscheinen in der Sekundarstufe I unbestritten" (1986, S. 360). Bülow/Decker-Horz bemängeln die unzusammenhängende Berücksichtigung der Problematik, die bei den Schülern ein diffuses und verwirrendes Bild hinterlasse (vgl. Bülow/Decker-Horz 1984, S. 17-21).

[6] Qualitative Forcierung ist als Wertung der Studie von Scheunpflug/Seitz zu begreifen und ergibt sich aus deren Prämissen über die Frage, *wie* das Dritte Welt-Problem zu konstruieren sei. Konkret bezieht sich die Wertung auf Aspekte wie eine stärker problemorientierte Darstellung, welche die Beteiligung der Industrieländer an der Verursachung des Problems nicht ausblende. Hier schließen Scheunpflug/Seitz offensichtlich normativ an eine moralisch konturierte Problemkonstruktion an, wie sie auch von der Dritte Welt-Protestbewegung oder dem BMZ unter Eppler kommuniziert wird.

b) Schulbücher

Wie wird die Dritte Welt-Problematik nun zweitens im Bereich der Schulbücher berücksichtigt? Quantitativ betrachtet schwankt der Anteil dritte weltbezogener Schulbuchseiten an der Gesamtseitenzahl zwischen knapp 20% im Jahre 1955 und knapp 14% im Jahre 1990, wobei er nie unter 12% fällt (vgl. Scheunpflug/Seitz 1995b, S. 174f). Der langfristige Rückgang sei im wesentlichen darauf zurückzuführen, daß andere Inhalte zu den bisherigen dazukommen und sich deshalb der Anteil dritte welt-bezogener Seiten, der nominal konstant bleibe, verringere. Qualitativ betrachtet vermittele die erste Schulbuchgeneration ein hochgradig homogenes Bild der Dritten Welt. Sie kommuniziere eine unkritische Sicht des Kolonialismus und thematisiere die Dritte Welt nahezu ausschließlich in ihrer funktionalen Bedeutung (Rohstofflieferanten, Missionsgebiete) für „uns" (vgl. ebd., S. 218f).[7] Diesen Befund bestätigt die bis zum damaligen Zeitpunkt umfangreichste Untersuchung zur Darstellung der Dritten Welt im Schulbuch, die vom Bundesministerium für wirtschaftliche Zusammenarbeit in Auftrag gegeben und vom Institut für Sozialforschung durchgeführt wurde (vgl. Fohrbeck u.a. 1971; Institut für Sozialforschung 1970a, 1970b). Fohrbeck u.a. stellen zunächst grundsätzlich fest, daß sich die Schulbücher in beiden Untersuchungszeiträumen (1957-1959/60; 1967-1970) klassenspezifisch unterscheiden: Volksschul- und Hauptschulbücher, die sich vorwiegend an Unterschichtskinder adressieren, vermitteln eine eher emotionale sowie passiv-konsumistische Aneignungsperspektive („Froschperspektive"), während Gymnasialbücher, vor allem für Mittel- und Oberschichtskinder geschrieben, die Welt als planbar und verfügbar vorstellen („Vogelperspektive") (vgl. Fohrbeck u.a. 1971, S. 48, Bodemer 1974, S. 14-19). Darüberhinaus weisen die Schulbücher des ersten Untersuchungszeitraumes ein deutlich kolonialistisches Weltbild auf.

---

[7] Zu einem ähnlichen Befund kommt bereits Grohs (1961). Zeitnah veranschaulicht er Beispiele dieser Schulbuchgeneration: Das im Diesterweg-Verlag 1958 erschienene Schulbuch „Die weite Welt" formuliert: „Afrika, der wichtigste Erdteil für Europa (...). Der Mangel an Arbeitskräften und die Abneigung der Neger gegen beständige Arbeit beeinflussen alle Pläne, die von den Kolonialmächten nach dem 2. Weltkriege zur Erschließung und Entwicklung ihrer Gebiete aufgestellt worden sind". Bei der Durchführung der Pläne leistet nach diesem Schulbuch die europäische Verwaltung „die Planung, die wissenschaftliche Vorarbeit, stellt die Techniker und leitenden Aufsichtspersonen und beschafft (...) Kapital. Der Neger leistet die körperliche Arbeit (...) für seine Aufgabe wird er bezahlt, damit er neue Waren und Geräte kaufen kann (...) Die dritte Aufgabe übernimmt wieder der Weiße. Er sorgt für den Absatz (...) Der Weiße ist in Afrika Helfer und Lehrmeister (...) er benötigt den Schwarzen, seine Arbeitskräfte, seine Fähigkeiten, denn ohne sie könnte er nicht die Schätze des tropischen Erdteils heben, die er für die neuzeitliche Wirtschaft und zur Ernährung der europäischen Menschen gebraucht (...) In einer gerechten und anständigen Art wird der Weiße für die Schwarzen sorgen müssen, wenn der Umbruch ohne unheilvolle Schäden vollzogen werden soll" (zitiert nach: Grohs 1961, S. 12ff).

8. Dritte Welt-Pädagogik und entwicklungspolitische Bildung im Erziehungssystem

Auch die zweite Generation von Schulbüchern folgt in der Regel einer typisierenden und eurozentristischen Darstellung. Nur in wenigen Büchern für den Politischen Unterricht sind erste „Denkansätze, die sich kritischer mit dem Themenbereich auseinandersetzen", zu finden (Scheunpflug/Seitz 1995b, S. 235). Im Bereich der Religionsbücher stellt sich die Lage anders dar. Hier zeichnet sich „im Gefolge der Weltkirchenkonferenz in Uppsala 1968 (...) am deutlichsten die allmähliche Aufweichung und Distanzierung von dem Modell der christlich-abendländischen Überlegenheit" zugunsten einer Thematisierung unter dem Stichwort „weltweiter Gerechtigkeit" ab (ebd., S. 235f). Dieser Befund läßt sich als Resonanzbildung vom öffentlichen Diskurs (hier in Gestalt der Kirchen) in das Erziehungssystem deuten (vgl. Kap. 6.3.).

Die von erziehungswissenschaftlicher Seite diagnostizierte Heterogenisierung von Darstellungsweisen und Meinungen im Zuge der Curriculumrevision (vgl. Günther/Willeke 1982) finden Scheunpflug/Seitz grundsätzlich auch bestätigt für die Darstellung des Dritte Welt-Problems in Schulbüchern der dritten Generation (1995b, S. 264ff). Die inhaltliche Orientierung am Gerechtigkeitsbegriff nimmt sowohl im Bereich der Grundschul- wie der Religionsbücher zu. Die Erdkundebücher stellen ihre Darstellung tendenziell von einer länderkundlichen auf eine modernisierungstheoretische um, die Sozialkundebücher erfahren einen deutlichen Problematisierungsschub. Fortschritte erkennt auch Becker (1977, S. 12-15), da Unterentwicklung „exogen im Sinne struktureller Interdependenz" erklärt, der moralisch-caritative Ansatz fast überall durch ideologie- und systemkritische ersetzt und Entwicklungshilfe „als Geschäft für die Geberländer kritisiert" werde (ebd., S. 12).

Die vierte Generation von Schulbüchern schließlich weist keine entscheidenden konzeptionellen Erneuerungen auf, sondern führt problemorientierte Tendenzen weiter (vgl. Scheunpflug/Seitz 1995b, S. 289f).

c) Lehrer/innenfortbildung

Die Lehrer/innenfortbildung berücksichtige die Dritte Welt-Problematik im Vergleich zu den Lehrplänen und Schulbüchern erstens mit zeitlicher Verzögerung, zweitens mit starken regionalen Unterschieden und drittens auf einem insgesamt niedrigeren Niveau (vgl. Scheunpflug/Seitz 1995b, S. 342-346). Auf einer Expertentagung wird 1977 konstatiert, „daß entwicklungspolitische Ziele und Inhalte (...) nach wie vor (...) in der Aus- und Fortbildung von Lehrern noch eine völlig unbefriedigende Rolle spielen" (Breitenbach 1977, S. 53). Diese Wertung bestätigen Bülow/Decker-Horz (1984, S. 57-59) in ihrer Bestandsaufnahme der Angebote der staatlichen Lehrerfortbildungsinstitute des Jahres 1982, die als ähnlich dürftig qualifiziert werden. Erst im Anschluß an einen Bildungskongreß in Köln, „Der Nord-Süd-Konflikt – Bildungsauftrag für die Zukunft" im Jahre 1990[8], kann eine Intensivierung auf diesem Gebiet verzeichnet werden, die vor allem in denjenigen Bundesländern zu beobachten ist, in denen die staatlichen Stellen ihre Berührungsängste gegenüber einer Kooperation mit Nichtregierungsorganisationen ablegen.

d) Zusammenfassung

Bei aller gebotenen Differenzierung der Konjunkturen in den einzelnen Untersuchungsgebieten Lehrpläne, Schulbücher und Lehrer/innenfortbildung erscheint die resümierende Feststellung, „daß die entwicklungsbezogene Bildung in der Schule ein fester Bildungskanon geworden ist, dessen Stellenwert seit den fünfziger Jahren anstieg", plausibel (Scheunpflug/Seitz 1995b, S. 349). In diesem Sinn kann von einer Etablierung des pädagogischen Programms Dritte Welt-Pädagogik im Bereich der Schule ausgegangen werden. Deren zeitlicher Verlauf folgt nach Scheunpflug/Seitz in der Regel (mit kleinen Ausnahmen) dem Muster einer länger andauernde Vorlaufphase in den fünfziger und sechziger Jahren, einer Take-Off Phase zu Beginn der siebziger Jahre, einer kurzen Zenitphase Mitte bis Ende siebziger Jahre und einem leichtem Rückgang in der Stabilisierungsphase ab den achtziger Jahren.

8.1.2. Die Dritte Welt in der Erwachsenenbildung

„Es ist eine wichtige Aufgabe der Erwachsenenbildung zu vermitteln, daß wir in einer Welt mit globalen Strukturen leben, die vielfach und wechselseitig voneinander abhängig sind" (Institut für Internationale Zusammenarbeit des Deutschen Volkshochschul-Verbandes 1995, S. 5)

Der Untersuchungsbereich Erwachsenenbildung wirft für die Frage, in welchem Maße von einer Etablierung der Dritte Welt-Pädagogik gesprochen werden kann, Abgrenzungsprobleme auf. Weder kann von einer institutionellen Zuordnung wie im Fall der Schule ausgegangen werden, noch läßt die heterogene Trägerstruktur in der Erwachsenenbildung allgemeinverbindliche Richtlinien wie Lehrpläne, Lehrbücher oder ähnliches erwarten. Unterscheiden lassen sich öffentliche (v.a. Volkshochschulen) und nichtöffentliche Träger, die wiederum untergliedert werden können in freie Träger (v.a. Kirchen, Gewerkschaften, Stiftungen, Vereine, Verbände) und die sogenannten alternativen „Bildungswerke der neuen sozialen Bewegungen" (Beyersdorf 1991). Gerade die reformpädagogisch inspirierten Bildungsmaßnahmen der Dritte Welt-Protestbewegung (DWB) sind für die Programmierung der Dritte Welt-Pädagogik bedeutsam geworden, was bereits unter dem Vorzeichen einer

---

[8] Vgl. zur Bedeutung dieses Kongresses für die Pädagogisierung des Dritte Welt-Problems im Erziehungssystem Kap. 8.2.3.

8. Dritte Welt-Pädagogik und entwicklungspolitische Bildung im Erziehungssystem

Entgrenzung des Pädagogischen im voranstehenden Kapitel gezeigt werden konnte (vgl. Kap. 7.3.3.). Von dieser Konstellation ausgehend sollen zum einen erneut die entsprechenden Teile der Studie von Scheunpflug/Seitz (1995c) referiert werden, zum anderen wird der Bereich der Volkshochschulen exemplarisch einer genaueren Analyse unterworfen.[9]

Erste Hinweise auf eine Berücksichtigung der Dritte Welt-Thematik im Bereich der Erwachsenenbildung lassen sich bereits in die fünfziger Jahre datieren. Diese hat überwiegend länderkundlichen Charakter oder findet im Kontext von internationaler Begegnung statt. Die Ausdifferenzierung von Dritte Welt-Pädagogik und Entwicklungspolitischer Bildung im Anschluß an die im sechsten Kapitel rekonstruierte Problemkonstruktion Dritte Welt erfolgt erst ab Ende der sechziger und in der ersten Hälfte der siebziger Jahre. Eine Vorreiterrolle übernimmt einerseits die DWB, die ab diesem Zeitpunkt anfängt, ihre Forderungen und Aktionen pädagogisch zu vermitteln (vgl. Kap. 7.3.), andererseits beginnen kirchliche Träger mit entwicklungspolitischer Bildungsarbeit.[10] Scheunpflug/Seitz beobachten in der zweiten Hälfte der siebziger Jahre einen deutlichen „Institutionalisierungsschub" entwicklungspolitischer Erwachsenenbildung, dem danach keine weitere Expansion mehr folge (1995c, S. 145f). Insgesamt sei in der Erwachsenenbildung eine besondere Aufspaltung zwischen den spezifisch auf das Dritte Welt-Problem bezogenen Einrichtungen (kirchliche Hilfswerke, Nichtregierungsorganisationen, DWB und Aktionsgruppen, Bildungshäuser der Bewegung) auf der einen Seite und den sich nicht auf Einzelthemen festlegenden allgemeinen Einrichtungen auf der anderen charakteristisch. Während für letztere Dritte Welt-Pädagogik randständig bleibt[11], decken erstere den Großteil entwicklungspolitischer Bildung ab (vgl. ebd., S. 146).

Wie stellt sich die pädagogische Bearbeitung der Dritte Welt-Problematik in einer solch allgemein orientierten erwachsenenbildnerischen Einrichtung wie den Volkshochschulen dar? Die pädagogische Programmierung der Dritte Welt-Problematik in den Volkshochschulen kann durchaus auf eine längere

---

[9] Die Volkshochschulen bieten sich aus quantitativen und forschungspraktischen Gründen an: erstens repräsentieren sie den nominell bedeutendsten Träger von Erwachsenenbildung; zweitens liegt eine langjährige Evaluierung der entwicklungspolitischen Bildungsarbeit vor (vgl. Deutscher Volkshochschulverband 1977, 1987; Institut für Internationale Zusammenarbeit des Deutschen Volkshochschul-Verbandes 1995, 1998; Raape 1987, 1994; Raape/Frieling 1995).

[10] Eine Form ist die Gründung von Bildungsabteilungen in den kirchlichen Hilfswerken: Die Einstellung des ersten Bildungsreferenten bei Brot für die Welt erfolgt 1970, bei Misereor 1969. 1972 beginnt Brot für die Welt die Konzipierung und Verbreitung der jährlichen Aktions- und Informationsmaterialien. Bei Misereor erscheinen die Werkmappen zur alljährlichen „Fastenaktion" ab 1968, ab 1971 werden diese didaktisch aufbereitet. Eine andere Form der entwicklungspolitischen Bildungsarbeit der Kirchen findet in deren Bildungshäusern statt (vgl. Orth 1989, Scheunpflug/Seitz 1995c, S. 72-82; 86-91).

[11] Scheunpflug/Seitz geben den Anteil mit deutlich weniger als 10% an (1995c, S. 146).

8. Dritte Welt-Pädagogik und entwicklungspolitische Bildung im Erziehungssystem

Tradition verweisen, wie bereits eine Auftragsformulierung des Deutsches Ausschusses 1960 zeigt:

„Die Menschheit ist längst zu einer Einheit zusammengewachsen. Sie sitzt in einem Boot, und alle wesentlichen Tatbestände, Entwicklungen und Kräfte der Welt haben (...) mit unserem eigenen Dasein zu tun. Es gibt also keine wahre politische Bildung mehr, welche Fragen ignorieren könnte, wie sie etwa der Kolonialismus, die erwachsenen Nationen Asien und Afrikas, unsere Solidarität mit den Entwicklungsländern, die geistigen und religiösen Wandlungen der von der technischen Zivilisation erfaßten alten Kulturen, stellen" (zitiert nach: Raape 1987, S. 8)

Eine Bestandsaufnahme für das Arbeitsjahr 1958/59 dokumentiert, daß von 405 Veranstaltungsprogrammen von Volkshochschulen 263 entwicklungsländerbezogene Anteile enthalten (vgl. Grewe 1960, zitiert nach: Dürste/Fenner 1987, S. 178). Offensichtlich ist jedoch im Gegensatz zu den weitreichenden Intentionen des Deutschen Ausschusses oder anderen programmatischen Anregungen (vgl. Tietgens 1962) eine einseitig länderkundliche Perspektive vorherrschend, die entwicklungspolitische Fragen nur am Rande zuläßt. Vor allem im Zuge der „Realistischen Wende" in der Erwachsenenbildung, die unter dem Primat der „objektiven Ansprüche" von Staat, Politik und Wirtschaft vor allem zu einer Expansion beruflicher Bildung geführt hat (vgl. Knoll 1999, S. 206), bricht laut Dürste/Fenner die entwicklungspolitische Bildungsarbeit in den Volkshochschulen nahezu völlig ein: Für 1972 können in den gesamten Arbeitsplänen der Volkshochschulen der Bundesrepublik nur 36 Veranstaltungen mit einem Dritte Welt-Bezug ausfindig gemacht werden (1987, S. 179). Ab Ende der siebziger Jahre setzt dann eine erneuter Bedeutungszuwachs entwicklungspolitischer Bildung ein, der in erster Linie zusammenfällt mit dem vom BMZ geförderten Projekt „Volkshochschulen und der Themenbereich Afrika, Asien und Lateinamerika" (vgl. Hinzen 1977). Die „Fachstelle für Erwachsenenbildung in Entwicklungsländern" wird in „Fachstelle bzw. Institut für Internationale Zusammenarbeit" umbenannt, was eine stärkere Betonung der entwicklungspädagogischen Inlandsarbeit anstelle des Bildungshilfe-Schwerpunktes der sechziger Jahre ankündigt. Dieser Bedeutungszuwachs wird auch empirisch bestätigt: Raape konstatiert eine knappe Verdoppelung der Unterrichtseinheiten im Themenbereich Afrika, Asien und Lateinamerika zwischen 1976/77 und 1983/84 (1987, S. 12), die er als Konsolidierung deutet, wobei er jedoch gleichzeitig darauf verweist, daß die knapp 46.000 Unterrichtseinheiten bundesweit immer noch einen Gesamtanteil von unter einem Prozent repräsentieren. Der Bedeutungszuwachs ist vor allem auf eine Steigerung von Angeboten im Bereich der kulturellen Bildung zurückzuführen, wenngleich kognitive Zugänge über Themen wie Entwicklungstheorie und -politik keineswegs verschwinden.

Insgesamt deuten Scheunpflug/Seitz die Etablierung von Dritte Welt-Pädagogik und entwicklungspolitischer Bildung in der Erwachsenenbildung dahingehend, daß „entwicklungspädagogische Resonanz (...) sich (...) primär aus politischen, erst sekundär aus pädagogischen Intentionen (speist)" (1995c, S. 153). Diese Deutung kann Plausibilität beanspruchen, insofern die Bestandsaufnahme erkennen läßt, daß sich Dritte Welt-Pädagogik und entwicklungspolitische Bildung vor allem dort etablieren, wo Träger der Erwachsenenbildung ein Eigeninteressen an der Thematisierung der Dritte Welt-Problematik besitzen wie im Fall der Kirchen oder der DWB. Im Bereich derjenigen Träger, die kein spezifisches Interesse an der Dritte Welt-Problematik reklamieren (z.b. Volkshochschulen), bleibt die Etablierung deutlich zurück. Ob die Erklärung dieser unterschiedlichen Etablierungsprozesse hingegen mit der Unterscheidung politischer versus pädagogischer Intentionen hinreichend erklärt ist, bleibt fraglich. Unterscheidungsmerkmal ist zunächst nur die Affinität zum Dritte Welt-Problem, an dem ein Eigeninteresse besteht oder nicht. Dieses Eigeninteresse als politische Intention zu deuten und gegen mögliche (gleichzeitige) pädagogische Intentionen auszuspielen, scheint angesichts der bereits im vorherigen Kapitel beobachteten Entgrenzung des Pädagogischen nicht zwingend.

8.1.3. Die Dritte Welt in der Jugendbildungsarbeit

Bereits im Abschnitt über die Schlüsselrolle staatlicher Instanzen der Entwicklungspolitik bei der Pädagogisierung des Dritte Welt-Problems ließ sich unter dem Stichwort Mobilisierung der öffentlichen Meinung eine spezifische Adressierung und pädagogische Konstruktion des Jugendlichen nachweisen (vgl. Kap. 7.2.1.). Dieser Befund erlaubt die Annahme, daß es gerade im Bereich der Jugendarbeit zur Konstruktion eines pädagogischen Programms Dritte Welt gekommen sein müßte. Der Bereich Jugendarbeit läßt sich formal unterteilen in den offenen und den verbandlich organisierten Sektor. Für die Frage, welche pädagogische Resonanz die Dritte Welt ausgelöst habe, fokussieren Scheunpflug/Seitz letzteren, da er „über eine lange Tradition expliziter entwicklungsbezogener Bildung verfügt", während sich in ersterem „nur eine geringe Resonanz entwicklungsbezogener Fragestellungen" dokumentieren läßt. Offene Jugendarbeit ist überwiegend freizeit- und weniger bildungsorientiert geprägt (vgl. Scheunpflug/Seitz 1995c, S. 155f). In welchem Maße kann in dem verbandlich organisierten Sektor von Jugendarbeit von einer Etablierung entwicklungsbezogener Bildung gesprochen werden? Zentraler Befund ist, „daß die entwicklungsbezogene Bildungsarbeit (...) in der Jugendarbeit stabil verankert ist und eine tendenziell steigende Bedeutung erhalten hat" (ebd., S. 278). Die Situation in den Jugendverbänden wird dahingehend resümiert, daß seit 1950 ein kontinuierlicher Anstieg des Engagements zu beobachten sei. 70% der auf die Befragung antwortenden Jugendverbände, d.h. mindestens 44% aller Jugendverbände leisten entwicklungspolitische Bildungsarbeit, bei der sie im Jahr 1990 eine Anzahl von ca. 90.000 Teilneh-

8. Dritte Welt-Pädagogik und entwicklungspolitische Bildung im Erziehungssystem

mer/innen erreicht haben sollen (vgl. ebd.). Etwa ein Drittel der angeschriebenen Jugendverbände verfügen über Referenten oder spezifische Arbeitskreise, was als solide Institutionalisierung der Dritte Welt-Pädagogik in den Verbänden gedeutet wird. Diese Institutionalisierung differenziert sich mit einem Schwerpunkt auf die kirchlichen Jugendverbände aus, die erstens in der Regel früher (bereits in den fünfziger Jahren) mit der entwicklungsbezogenen Bildungsarbeit beginnen und zweitens durch eine intensive Verankerung mittels Satzungen und kontinuierlich arbeitenden Referenten und Arbeitskreisen auffallen (vgl. ebd., S. 165-172). Konzeptionell weist die entwicklungspolitische Bildungsarbeit der Jugendverbände eine deutliche Lebensstil-Orientierung auf (vgl. ebd. S. 180). Der Rekurs auf Lebensstil, der auch Bestandteil der pädagogisierenden Vermittlungskommunikationen der DWB ist (vgl. Kap. 7.2.1.)[12], findet sich in den Konzepten der entwicklungspolitischen Bildungsarbeit nahezu aller Jugendverbände wieder. Darüberhinaus dominieren heterogene handlungs-, projekt- und begegnungsbezogene Konzepte die jugendverbandliche Dritte Welt-Pädagogik, ohne jedoch an didaktische Reflexionen rückgebunden zu sein. Der einzige übergreifende Trend der neunziger Jahre scheint die Orientierung an der Formel „Eine Welt" zu sein, mit der der Zusammenhang von Über- und Unterentwicklung kommuniziert wird.

Die Bestandsaufnahme der Dritte Welt-Pädagogik im Angebot der Jugendakademien[13] zeigt, daß eine vermehrte Berücksichtigung in Seminarprogrammen erst in den achtziger Jahren erfolgt und sich in einer Größenordnung von um die 13% des gesamten Angebotes einpendelt (vgl. Scheunpflug/Seitz 1995c, S. 200-203). Hier komme den Bildungsinstitutionen keine Vorreiterrolle zu, die Etablierung erfolge vielmehr rezeptiv gegenüber der forcierten Programmierung in den Jugendverbänden (vgl. ebd.). Der Vergleich zwischen einzelnen Jugendverbänden[14] wird dahingehend bilanziert, daß es „sicherlich die kirchlichen Jugendverbände (sind), die in bezug auf Engagement, politische Akzentsetzungen und didaktische Reflexion innerhalb der Jugendverbände führend innovativ tätig waren" (ebd., S. 280).

Was die inhaltliche Ausrichtung der Dritte Welt-Pädagogik im Jugendbildungsbereich angeht, so sieht die Untersuchung eine Präferenz für politische und theologische Aspekte bei nur geringer Anbindung an die explizit entwicklungspädagogische Reflexion (vgl. ebd., S. 282). Wie im Bereich Erwachsenenbildung operieren Scheunpflug/Seitz auch hier wieder mit der bi-

---

12 Damit kann ein Befund erhärtet werden: Hinsichtlich Problembeschreibung und Steuerungsvorstellung bestehen zwischen Dritte Welt-Protestbewegung und kirchlichen Jugendverbänden große Gemeinsamkeiten.
13 Sie wird auf der Basis fünf ausgewählter Akademien vorgenommen, die unterschiedliche weltanschauliche Spektren der verbandlichen Jugendarbeit repräsentieren.
14 Die Untersuchung vergleicht die Bildungsarbeit der kirchlichen Jugendverbände, des Deutschen Bundesjugendrings, der DGB-Jugend, der Sozialistischen Jugend Deutschlands – Die Falken, der Naturschutzjugend im Deutschen Bund für Vogelschutz, der BUND-Jugend, der Deutschen Jugendfeuerwehr und des Deutschen Jugendrotkreuzes.

nären Unterscheidung pädagogisch versus nichtpädagogisch (primär politisch/theologisch). Die Feststellung eines Mangels an pädagogischer Durchdringung des Gegenstands ist die Erwartung unterlegt, daß die Jugendverbände auch auf der Ebene von Konditionalpädagogiken tätig werden, d.h. die Theoretisierung und Didaktisierung von Dritte Welt-Pädagogik vorantreiben. Teilt man diese Erwartung nicht, sondern rechnet die Konstruktion didaktischer Konzepte dem Pädagogischen Establishment im Jugendbildungsbereich zu, dann läßt sich nur schlußfolgern, daß in den Jugendverbänden kaum Leistungen dieses Establishments kommuniziert werden. Die Jugendverbände konzentrieren sich primär auf die normative und inhaltliche Ebene von pädagogischen Zweckprogrammen, nicht aber auf deren Theoretisierung und Didaktisierung.[15] Diese Interessenlage mit der binären Unterscheidung pädagogisch versus nichtpädagogisch zu beobachten erscheint wiederum nicht zwingend. Denn das Interesse der Jugendverbände ist eindeutig ein pädagogisches, weil es ihnen um Vermittlung geht. Fehlende didaktische Auseinandersetzungen können dahingehend gewertet werden, daß die Pädagogisierung des Dritte Welt-Problems im Jugendbildungsbereich kein Vollbild zeigt. Ihr Fehlen läßt sich jedoch nicht als Beleg für ein kaum ausgeprägtes Interesse an pädagogischen Fragestellungen heranziehen (vgl. ebd., S. 282/295).

Daß die Pädagogisierung der Dritte Welt-Thematik auch im Jugendbildungsbereich im Kontext der Frage verortet ist, wie soziale Probleme zu steuern sind, zeigt die Fokus der jugendverbandlichen Dritte Welt-Pädagogik. Ihr Bezugspunkt ist die Kritik an den Zuständen in der Welt und die Absicht, diese Zustände durch eigenes Engagement zu verbessern (vgl. ebd., S. 288). Der Zustand der Welt wird als zu kritisierendes Problem gedeutet, das mit Engagement zu bearbeiten sei. Die pädagogische Prämisse der Jugendverbände lautet dabei, Einsicht und Motivation zu vermitteln, daß Einkaufen im Dritte Welt-Laden, Konsumverzicht oder die Unterstützung für ein Projekt die problematisierten Zustände verbessere. Diese in nahezu allen Jugendverbänden nachweisbare Konstruktion erklärt sich vor allem aus der für die Verbände bestehenden Notwendigkeit, ihre Vermittlungsangebote nicht abstrakt zu belassen (z.B. nur die Ursachen von Unterentwicklung kognitiv zu thematisieren), da sonst Desinteresse und Abwendung der Mitglieder droht. Hat man das Dritte Welt-Problem in ein pädagogisches Programm übersetzt, und das heißt notwendigerweise an Individuen adressiert, scheint die pädagogische Vermittlung zwangsläufig eine handlungsbezogene Ausrichtung aufweisen zu müssen. Handeln – nicht nur in der Semantik der Jugendverbände als Engagement bezeichnet – wird dabei erstens zum Ziel der pädagogischen Vermitt-

---

[15] Diese Beschränkung der Jugendverbände wird durch eine Beobachtung noch verstärkt: eine Reihe ehemaliger in den Jugendverbänden Tätiger verfaßt später – nach der aktiven Zeit in den Jugendverbänden – wichtige Arbeiten zur entwicklungspädagogischen Theorie. In der aktiven Zeit existierte in den Jugendverbänden hierfür offensichtlich kein Bedarf oder Raum.

lung und zweitens zur Ressource der Problemsteuerung. In dieser Perspektive stellen sich die Programme Dritte Welt-Pädagogik und Entwicklungspolitische Bildung in die Tradition der bereits bekannten individualisierenden und auf Bearbeitbarkeit abzielenden Problemkonstruktion Dritte Welt.

8.2. Das Pädagogische Establishment und die Transformation des Dritte Welt-Problems in ein pädagogisches Programm

Während es im vorherigen Abschnitt um eine Bestandsaufnahme der Pädagogisierung des Dritte Welt-Problems im Erziehungssystem ging, richtet sich der Blick nun in systematisierender Absicht auf die Frage, wie und von wem das Dritte Welt-Problem in ein pädagogisches Programm des Erziehungssystems transformiert wird.

An dieser Stelle ist eine weitere Unterscheidung einzuführen: die funktional differenzierte Gesellschaft weist zwei Orte auf, an denen institutionell und organisatorisch gestützt über Erziehungs- und Bildungsfragen kommuniziert wird. Zum einen werden diese Fragen im Erziehungssystem selbst thematisiert, zum anderen findet die Kommunikation im Teilsystem Wissenschaft und dort im Kontext der zuständigen Disziplin Erziehungswissenschaft statt.[16] Dritte Welt-Pädagogik kann also einerseits als Programm des Erziehungssystems und andererseits als Spezielle Pädagogik und damit als Teildisziplin der Erziehungswissenschaft konstruiert werden. In diesem Kapitel geht es darum, die Etablierung von Dritte Welt-Pädagogik und entwicklungspolitischer Bildung als Programme des Erziehungssystems zu rekonstruieren. Es sollen strukturelle und semantische Koppelungen analysiert werden, die diese Etablierung ermöglicht haben. Die vorgängige Bestandsaufnahme ließ sich entlang der Bereiche Schule, Erwachsenen- und Jugendbildung relativ klar strukturieren. Dieses Strukturierungsprinzip wird nicht weiter verfolgt.[17] Die Kommunikationen, die Pädagogisierung initiieren bzw. ermöglichen, beschränken sich in der Regel nicht auf einzelne Bereiche des Erziehungssy-

---

16 Dies heißt selbstverständlich nicht, daß das Erziehungssystem und die erziehungswissenschaftliche Disziplin die exklusiven Orte solcher Kommunikationen sind. Die bisherigen Ergebnisse haben deutlich gezeigt, daß sich pädagogische Kommunikation im Fall des Dritte Welt-Problems gesellschaftlich entgrenzen und keineswegs auf das Erziehungssystem und die erziehungswissenschaftliche Disziplin beschränken.
17 Mit einer Ausnahme: Am Fall des Primarbereichs sollen die in diesem Abschnitt gewonnenen Einsichten über die Dynamik der Pädagogisierung des Dritte Welt-Problems exemplarisch überprüft werden (vgl. Kap. 8.3.).

stems. Als Strukturierungsprinzipien treten systematische Aspekte in den Vordergrund.

Ausgangspunkt auf der *Struktur*ebene ist das Pädagogische Establishments, das die permanente Verbesserung des realen Unterrichts-, Erziehungs- und Bildungsgeschehens im Erziehungssystem kommuniziert. Es kann als initiierende Instanz der Konstruktion neuer Pädagogiken betrachtet werden (vgl. Kap. 5.3.1.). Zugerechnet werden dem Pädagogischen Establishment diejenigen organisatorischen Leistungsrollen, die zwar im Erziehungssystem operieren, aber nicht selbst erziehen, sondern pädagogische Reflexion und Orientierung für das System leisten (vgl. Luhmann/Schorr 1988). In den folgenden Abschnitten ist zu klären, inwieweit die Hypothese vom Pädagogischen Establishment als initiierende Instanz für die Programmierung neuer Pädagogiken auch für die Programme Dritte Welt-Pädagogik und Entwicklungspolitische Bildung gedeckt ist.

Darüberhinaus richtet sich das Interesse auf die Frage, mit welcher *Semantik* das Dritte Welt-Problem pädagogisiert und in ein Programm des Erziehungssystems transformiert wird. Es gilt zu untersuchen, wer pädagogisierende semantischen Figuren und Kommunikationsformen einführt und welche *Koppelungen* sich zwischen diesen einstellen. Beobachtet werden sollen diejenigen semantischen Figuren und Kommunikationsformen, die in der Programmierung der Dritte Welt-Pädagogik immer wieder Verwendung finden, um dann systematisch Überschneidungsbereiche bzw. Koppelungen zwischen Kommunikationen von Einrichtungen des Pädagogischen Establishments und solchen außerhalb des Erziehungssystems herauszufiltern. Insbesondere soll die Frage diskutiert werden, ob die Pädagogisierungslogik einem linear-kausalen Prozeß folgt, der seinen Ausgang im öffentlichen Diskurs und damit außerhalb des Erziehungssystems nimmt und auf den das Erziehungssystem nur reagiert. Dies ist die gängige These der erziehungswissenschaftlichen Pädagogisierungsdiskussion (vgl. Herrmann 1984; Thiel 1996). Alternativ könnte die Konstruktion von Dritte Welt-Pädagogik und entwicklungspolitischer Bildung auch das Resultat einer *losen Koppelung* von Pädagogisierungssemantiken sein, die inner- und außerhalb des Erziehungssystems kommuniziert werden.

8.2.1. Administrative Innovationsblockaden

Wählt man für die Rekonstruktion der Programmierung der Dritte Welt-Pädagogik zunächst den Weg, die Vorgaben der Kultusministerkonferenz (KMK), ihre Genese und die von ihnen ausgelösten Resonanzen zu analysieren, ist die Beobachtung augenfällig, daß der KMK als quasi oberste Schul-

8. Dritte Welt-Pädagogik und entwicklungspolitische Bildung im Erziehungssystem

behörde[18] keine initiierende Rolle bei der Pädagogisierung des Dritte Welt-Problems zukommt. Die KMK demonstriert Zurückhaltung gegenüber einer allzu forcierten – vor allem von außen angestoßenen – pädagogischen Programmierung des Dritte Welt-Problems.[19]

Im Juli 1969 findet erstmals eine Kontaktaufnahme zwischen BMZ und KMK auf höchster administrativer Ebene statt. Der zum damaligen Zeitpunkt seit einem Jahr amtierende Minister Eppler besucht eine Plenarsitzung der KMK und stellt die entwicklungspolitische Strategie der Bundesregierung vor, für deren Realisierung in seinen Augen die Unterstützung der KMK bedeutsam sei. Als Tagesordnungspunkt taucht auch die „Behandlung des Gesamtkomplexes Entwicklungshilfe/Entwicklungsländer im Unterricht und an Universitäten, Hochschulen u. dgl." auf (vgl. Sekretariat der ständigen Konferenz der Kultusminister 1969, S. 64f). Es ist das BMZ in Person Epplers und nicht die KMK, das den Zusammenhang Dritte Welt und Schule mit Hilfe des bereits bekannten Argumentationsganges herstellt:

„Vom Verständnis der Jugend für die großen Aufgaben der Entwicklungspolitik und vom dem Umfang der guten Informationen und der Kenntnisse über die Situation in den Entwicklungsländern werde das Zusammenleben der Völker (...) entscheidend abhängen" (ebd.).

Dieser dramatisierenden Einleitung fügt Eppler, sich absichernd durch wissenschaftliche Expertise, das Ergebnis eines vom BMZ initiierten Forschungsprojektes über die Qualität der in der Schule verwendeten Materialien zum Thema Entwicklungshilfe/Entwicklungsländer an. Dies zeige, „daß für alle Bereiche der Schulen und der Lehrerausbildungsstätten in allen Stufen die Behandlung dieses Fragenkomplexes intensiviert werden müsse" (ebd.).[20] Die in seinen Augen gewünschte Reaktion auf seine normative Schlußfolgerung „Intensivierung" liefert der Minister gleich mit, indem er die vom BMZ

---

[18] Beschlüsse oder Empfehlungen der KMK haben aufgrund des föderalen Prinzips in der Kultus- und Bildungspolitik keinen gesetzlichen Charakter. Dennoch bringen sie – meist in kompromißhafter Form – das Anliegen der Kultusministerien und Schuladministration zum Ausdruck.

[19] Diese Schlußfolgerung teilen auch Scheunpflug/Seitz (1995b): „Insgesamt tat sich die KMK in vielerlei Hinsicht mit der Beschäftigung des Lernbereichs ‚Dritte Welt' und dessen Verankerung und Umsetzung in der Schule recht schwer (...). Diese Institutionen sind offensichtlich nicht die Instanzen, die neue gesellschaftliche Impulse aufnehmen und innovativ weiterführen" (S. 25f).

[20] Interessant ist die diplomatische Formulierung des KMK-Protokolls, denn empirische Forschungsarbeiten belegen zunächst immer nur den Ist-Zustand, aus dem dann Forderungen abgeleitet werden können. Die Forderung einer Intensivierung der Behandlung der Dritte Welt-Thematik in den Schulen ist logisch jedoch nicht ableitbar aus einer Untersuchung über die Qualität von Unterrichtsmaterialien. Aus dieser könnte die Verbesserung der Materialien gefolgert werden, was jedoch Rückschlüsse auf diejenigen zulassen würde, welche die untersuchten Materialien genehmigt haben, sprich die versammelten Vertreter der Kultusbehörden.

8. Dritte Welt-Pädagogik und entwicklungspolitische Bildung im Erziehungssystem

geplanten Maßnahmen präsentiert (Herausgabe einer Lehrfibel mit konkreten Unterrichtsmodellen, Schulausstellung, Tagungen mit Schulbuchautoren und -verlegern, Pädagogischen Hochschulen, Lehrerfortbildungsanstalten und Studienseminaren) und um Unterstützung bittet. Die Maßnahmen des BMZ werden „seitens der Kultusministerkonferenz (zustimmend) zur Kenntnis genommen" (ebd., S. 65). Die Lektüre des Protokolls legt die Schlußfolgerung nahe, daß das BMZ in Fragen der pädagogischen Programmierung des Dritte Welt Problems Zuständigkeit reklamiert, während die KMK Zurückhaltung demonstriert. Alle protokollierten Initiativen dieser Programmierung gehen vom BMZ aus. Verstärkt wird dieser Eindruck, wenn man sich den offenen Brief von Bundeskanzler Brandt aus dem Jahre 1972 in Erinnerung ruft (vgl. Kap. 7.2.). Dieser wird in seiner expliziten Aufforderung, Entwicklungspolitik zum Gegenstand der Schule zu machen, nur vor dem Hintergrund einer Unzufriedenheit im politischen System mit den Orientierungsleistungen der KMK in Sachen Dritte Welt verständlich. Ablesbar wird die Zurückhaltung der KMK gegenüber einer forcierten Programmierung auch am ergebnislosen Scheitern der beschlossenen Kontaktkommission zwischen BMZ und KMK. Insbesondere der auf einer gemeinsamen Expertentagung entwickelte Bericht über eine Lehrplanreform, die das Dritte Welt-Thema innovativ berücksichtigen soll, wird von der KMK mit dem Hinweis auf „veränderte Entwicklungen im Bereich der Dritten Welt (Auswirkungen der Ölkrise Ende 1973/Anfang 1974)" verzögert und schließlich ganz gestrichen (Sekretariat der Ständigen Konferenz der Kultusminister 1981, S. 4).

Erst über zehn Jahre später kommt es zu einer erneuten Kontaktaufnahme zwischen BMZ und KMK. Das als „Meinungsaustausch" deklarierte Gespräch zwischen Minister Warnke und der KMK endet ähnlich unverbindlich. Warnke geht es darum, „die Unterstützung des Bundesministers für wirtschaftliche Zusammenarbeit auf diesem Gebiet anzubieten" (Sekretariat der ständigen Konferenz der Kultusminister 1983, S. 12). Trotz zurückhaltender Forderungen und ohne, daß Defizitzuweisungen ausgesprochen worden wären, reagiert die KMK auf das Angebot mit der Klarstellung, „daß an den Schulen kein Defizit in der Darstellung der Dritten Welt und der Entwicklungshilfe im Unterricht bestehe" (ebd.). Diese ungewöhnlich vehement vorgetragene Entgegnung wird nur plausibel vor dem Hintergrund der vorgängigen Kritik an einer als unzureichend erachteten Behandlung des Problems in Schule und Unterricht.[21] Sichtbare Resonanz in bezug auf das Ziel einer KMK-Empfehlung zur Darstellung der Dritten Welt im Unterricht (vgl. ebd., S. 13), ist auch in den nächsten Jahren nicht zu beobachten. 1988 legt die KMK dann einen Bericht „Zur Situation des Unterrichts über die Dritte Welt" vor (vgl. Sekretariat der ständigen Konferenz der Kultusminister 1988). Darin

---

[21] Auf die Urheber dieser Kritik, die gerade auch die Rolle der KMK einbezieht, aber nicht nur dem BMZ unter der Ägide Epplers zuzuordnen ist, wird noch eigens einzugehen sein.

8. Dritte Welt-Pädagogik und entwicklungspolitische Bildung im Erziehungssystem

wird erstmals öffentlich „der Stellenwert verdeutlicht", den die Kultusminister „der Thematik (...) beimessen".[22] Der Bericht präsentiert zudem eine „Bestandsaufnahme über die Behandlung von Fragen der Dritten Welt im Unterricht" (ebd., S. 1). Zusammenfassend heißt es

„Die Aufgabe der Schule besteht darin, den Schülern die weltwirtschaftlichen und sozialen Zusammenhänge zu vermitteln, um sie in die Lage zu versetzen, die Maßnahmen der Entwicklungsförderung zu verstehen. Ziel des Unterrichts über Fragen der Dritten Welt ist, bei den Schülern Respekt vor den Völkern, Bereitschaft zur Hilfe und Erkenntnis über die Rückwirkungen auf die eigene Umwelt zu entwickeln" (ebd., S. 9).

Die schulische Behandlung des Dritte Welt-Problems wird damit erstens „im Rahmen der *Allgemeinbildung*" (ebd., S. 1) verortet, welche die Schule zu vermitteln hat; zweitens als Implementierung eines fest in den Richtlinien der Lehr- und Bildungspläne der allgemeinbildenden und beruflichen Schulen verankerten *Lerninhalts* verstanden (vgl. ebd., S. 4); und drittens als *Moralerziehung* gedeutet, der es neben dem Inhalt gleichzeitig um Wertevermittlung (Sich verantwortlich wissen für die Verbesserung der Lebensverhältnisse in den Entwicklungsländern, Einstehen für Solidarität, vgl. ebd., S. 4f) geht.

1997 schließlich – 14 Jahre nach Warnkes Vorschlag, 25 Jahre nach dem offenen Brief eines Bundeskanzlers an die KMK und 28 Jahre nach dem forcierten Pädagogisierungsimpuls der Eppler-Administration – kommt es zum Beschluß „'Eine Welt/Dritte Welt' in Unterricht und Schule". Gegenüber dem Bericht von 1988 unterscheidet sich dieser Beschluß formal darin, daß er „einen Orientierungsrahmen für schulrechtliche Regelungen der Länder" schafft. Inhaltlich findet eine Ausweitung der Problematik „auf die globalen Herausforderungen der ‚Einen Welt'" statt, aus der die KMK einen „dringenden Handlungsbedarf auch bei den Industrieländern" ableitet (vgl. Sekretariat der ständigen Konferenz der Kultusminister 1997, S. d2). Die bereits den Bericht von 1988 prägende Strukturierung findet sich analog: Das pädagogische Programm Dritte Welt und die damit verbundene „Erziehungsaufgabe" ist aufgrund ihrer „existentiellen Relevanz" „so bedeutsam, daß sie Bestandteil der *Allgemeinbildung* sein muß" (ebd., S. d5), sie wird als „kognitive Wissensvermittlung" und „didaktische Aufbereitung hochkomplexer Themen", also als *Lerninhalt* gedeutet, die zudem „auch Fragen der *Wert- und Handlungsorientierung* schulischen Unterrichts neu (stellt)" (ebd., S. d6). Offizielle Anerkennung wird den „langjährige(n) Erfahrungen sowie empirische(n) Forschungen" zuteil, die gezeigt haben, „daß der Unterricht über die ‚Eine Welt/Dritte Welt' so früh wie möglich beginnen sollte. Einstellungen gegenüber Menschen anderer Kulturen und damit natürlich auch gegenüber Men-

---

[22] Bereits 1981 hatte die KMK auf erneute Bitte des BMZ einen Bericht erstellt, der jedoch nie veröffentlicht worden ist. Er kommt zu dem Schluß, daß das Dritte Welt-Thema „fest in den Richtlinien und Lehrplänen (...) verankert" sei (Sekretariat der Ständigen Konferenz der Kultusminister 1981, S. 7).

8. Dritte Welt-Pädagogik und entwicklungspolitische Bildung im Erziehungssystem

schen der ‚Dritten Welt' lassen sich schon im Grundschulalter beeinflussen" (ebd., S. d9).

Die fast dreißigjährige Geschichte der Auseinandersetzung der KMK mit dem Dritte Welt-Problem zeigt, daß diese als initiierende Instanz der Transformation des Problems in ein pädagogisches Programm und damit als Pädagogisierungsinstanz kaum in Frage kommt. Im Gegenteil: intervenierende Anstöße von außen, sei es durch das BMZ, aber auch durch andere Instanzen, werden als Einmischung interpretiert, auf die mit Abwehr reagiert wird.[23] Neben dieser Erklärung, die auf Macht- und Kompetenzaspekte abstellt (Wer ist befugt und befähigt, programmatische Festlegungen für das Erziehungssystem zu kommunizieren?), läßt sich das Argument anführen, daß die KMK das Dritte Welt-Thema als Sonderwunsch und damit „als zusätzliche Belastung des sowieso schon überfüllten Lehrplanes" ansieht (Danckwort 1991, S. 68). Die KMK beglaubigt zwar nach langjährigen Interventionen Dritte Welt-Pädagogik und Entwicklungspolitischer Bildung offiziell als pädagogische Programme, sie ist jedoch nicht an deren Konzeptualisierung beteiligt. Damit läßt sich eine Zurechnung der KMK zum Pädagogischen Establishment nicht rechtfertigen.[24]

Dennoch gibt der zeitliche Verlauf der Beschäftigung der KMK mit dem Dritte Welt-Problem Hinweise darauf, wer an der Konzeptualisierung der Dritte Welt-Pädagogik maßgeblich beteiligt ist. Die KMK fängt an, über die Anerkennung des Dritte Welt-Problems als Aufgabe des Erziehungssystems nachzudenken, als das BMZ die pädagogische Konstruktion des Problems als eine favorisierte entwicklungspolitische Problemsteuerungsstrategie in der Bundesrepublik etabliert. Die zweite Hälfte der siebziger bis weit in die achtziger Jahre hinein ist von der KMK in Sachen Dritte Welt-Pädagogik so gut wie nichts zu vernehmen. Daß dieses Schweigen zeitlich vor allem mit der pädagogisch konturierten Öffentlichkeits- und Proteststrategie von BMZ und Dritte Welt-Protestbewegung (DWB) zusammenfällt, überrascht dann nicht (mehr), wenn man sich vergegenwärtigt, welche Bedeutung (Schul-)Kritik

---

[23] Der damalige KMK-Vorsitzende Gerhard Stoltenberg antwortet auf den Brandt-Brief verärgert, die Thematisierung des Dritte Welt-Problems im Unterricht finde längst in angemessener Weise statt (vgl. epd-entwicklungspolitik 5/1973, S. 20-22). Das rheinlandpfälzische Kultusministerium formuliert „daß es sicherlich nicht der Initiative des Bundeskanzlers bedürfte, um Fragen der Entwicklungspolitik in den Schulen den gebührenden Stellenwert zu geben" (ebd., S. 20). In Erinnerung rufen läßt sich auch, wie das badenwürttembergische Kultusministerium den ihm unterstellten Lehrkräften die Verwendung der vom BMZ herausgegebenen „Kinderfibel" in den achtziger Jahren untersagte.

[24] Schorr hatte Kommunikationen, die auf die Administrierung des Erziehungssystem abzielen, auch zum Pädagogischen Establishment gerechnet (vgl. 1979, S. 887). Im Falle der KMK und der Pädagogisierung des Dritte Welt-Problems kann diese Zurechnung nicht aufrecht erhalten werden. Haft/Hopmann (1987) kommen am Beispiel der Geschichte deutscher Lehrplanentwicklung zu einem ähnlichen Schluß. Für sie sind die Kommunikationen der Kultusbürokratie – systemtheoretisch formuliert – nicht pädagogisch, sondern administrativ codiert.

8. Dritte Welt-Pädagogik und entwicklungspolitische Bildung im Erziehungssystem

und Reformanspruch gegenüber dem Erziehungssystem sowohl für das BMZ wie auch für die DWB eingenommen haben. Teil der Pädagogisierung des Dritte Welt-Problems durch DWB und BMZ (unter Eppler) ist immer auch die reformpädagogisch motivierte Kritik an den als Beschränkung etikettierten Strukturen des Erziehungssystems (vgl. Kap. 7.2./7.3.3.). Von daher kann es nicht erstaunen, daß sich die KMK als Administrationsinstanz kaum als Adresse für die Implementierung des Protestthemas Dritte Welt in das Erziehungssystem verstanden hat. Im Gegenteil: sie selbst war Teil der Kritik von Protestbewegung und BMZ, welche „die Schule in ihrer Struktur" als „Instrument zur Erzwingung zustimmenden Lernens" kennzeichneten (Treml 1982b, S. 34; vgl. Schade 1970a). Erst Ende der achtziger und in den neunziger Jahren beglaubigt die KMK die Dritte Welt als offiziellen „Themenbereich" des Unterrichts. Die lange Nichtbehandlung durch die KMK legt die Vermutung nahe, daß vor allem das BMZ (zwischen 1968-1974) und mit Abstrichen auch die Protestbewegung Leistungen des Pädagogischen Establishments übernommen haben. Diese Hypothese soll zunächst anhand der Inputs des BMZ in das Erziehungssystem hinein geklärt werden.

8.2.2. *Das Bundesministerium für wirtschaftliche Zusammenarbeit als pädagogische Reforminstanz*

Das BMZ erklärt in seiner Reformphase die Schulen zu einem „der wichtigsten Ansatzmöglichkeiten für die Bewußtseinsbildung" (Schade 1970b, S. 6). Diese Priorisierung wurde nicht nur proklamiert, sondern mit eigenen Initiativen vorangetrieben, wie die Maßnahmenskizze des BMZ dokumentiert:

„das BMZ (hat) – nach intensiver Beratung mit verschiedenen Experten auf diesem Sektor – neuerdings eine Palette von Maßnahmen zusammengestellt, in Gang gesetzt oder noch in der Vorbereitung, von denen einige hier genannt werden sollen:
1. Kurzfristige Maßnahmen mit unmittelbarer Wirkung
Mit Hilfe einer neu entwickelten Schulwanderausstellung (...) wird erhöhte und sehr viel konkretere Aufmerksamkeit für Fragen der Entwicklungspolitik geweckt. Dieses Programm wird weiter ausgebaut. Das BMZ hat eine Reihe von Filmen, sonstigen audiovisuellen Hilfsmitteln und eine Anzahl von Schriften angekauft oder selbst produziert sowie andere Institutionen zu eigenen Publikationen angeregt, um dem Mangel an Informationsmaterial für die Hand des Lehrers und des Schülers abzuhelfen. Das wird gezielt fortgesetzt. Ein methodisch und didaktisch durchgearbeitetes Schülerplanspiel ist inzwischen veröffentlicht. Diese antiautoritäre, unkonventionelle Lehr- oder besser Lernmethode dürfte durch den spielerischen Charakter auf großes Interesse in den Schulen stoßen. (...) Zugleich ist das BMZ noch einen Schritt weitergegangen: auf seine Initiative hat sich ein pädagogischer Arbeitskreis gebildet, der für den Sozialkunde-, Geographie-, Geschichts- und Religionsunterricht Modelle der Unterrichtsgestaltung – methodisch konventionelle und solche unkonventioneller Art – unter dem Aspekt der Probleme der Dritten Welt entwickelt. Solche Modelle sind deshalb so wichtig, weil es nicht darum geht, neuen Stoff anzubieten und neue Fächer in den Lehrplänen durchzusetzen, sondern um eine neue, weltweite Per-

8. Dritte Welt-Pädagogik und entwicklungspolitische Bildung im Erziehungssystem

spektive für den Unterricht in der bestehenden (wenn auch reformbedürftigen) Praxis anzubieten. (...)
2. Mittelfristige Maßnahmen mittelbarer Wirkung
Das BMZ erhofft sich positive Auswirkungen durch intensive Gespräche mit Schulbuchautoren und Schulbuchverlegern und durch eine Veranstaltungsreihe, die von Pädagogischer Hochschule zu Pädagogischer Hochschule wandern wird sowie durch gezielte Veranstaltungen in den Lehrerfortbildungsstätten.
3. Langfristig orientierte Maßnahmen
Die Ergebnisse einer ausführlichen Lehrmittelanalyse, die unter dem Aspekt der Berücksichtigung von Fragen der Dritten Welt von dem Institut für Sozialforschung in Frankfurt am Main im Auftrag des BMZ durchgeführt wird, liegt jetzt vor. Sie zeigt Strukturzusammenhänge, die weit über eine inhaltliche Kritik derzeitiger Materialien hinaus wichtige Hinweise für eine langfristig ausgerichtete Strategie der Veränderung der Verhältnisse geben wird" (Schade 1970b, S. 8f).

Was sich hier wie der *Masterplan* der pädagogischen Programmierung des Dritte Welt-Problems liest, erstaunt weniger aufgrund der Vielfalt seiner Komponenten, die von der Erstellung alternativer Unterrichtsmaterialien und Unterrichtsmodelle über die Revision von Schulbüchern sowie die Thematisierung im Bereich der Lehreraus- und -fortbildung bis hin zum Fernziel der „Veränderung der Verhältnisse" reicht. Erstaunlich ist eher die kommunikative Form, welche die Implementierung dieses weitreichenden Programms in das Erziehungssystem hinein begleitet. Dem BMZ geht es nicht nur um Dritte Welt-Pädagogik, sondern gleichzeitig um die *Kritik* am bestehenden Erziehungssystem. Infragestellung bzw. Reform des Erziehungssystems und die Transformation des Dritte Welt Problems in ein pädagogisches Programm fallen im Diskurs des BMZ nahezu in eins. Die Kritik reicht von moderaten bis zu grundsätzlichen Varianten[25]: So resümiert der Öffentlichkeitsreferent des BMZ die Ergebnisse der Konferenz „Schule und Dritte Welt"[26] wie folgt:

„Die mangelnden Kenntnisse von Lehrern und Schülern über die Dritte Welt sind nicht in erster Linie Folge eines Informationsrückstandes, sondern Symptom eines häufig provinziellen, auf Anpassung an bestimmte herrschende Interessen ausgerichteten Bildungssystems, das eine laufende Selbstaufklärung verhindert. (...) Deshalb stellt die Addition eines weite-

---

[25] In der moderaten Variante kritisiert Ministerialdirektor Böll vor allem die fehlende Bereitschaft des Bildungsestablishments, sich mit der Dritten Welt auseinanderzusetzen. „Ohne eine Vorstellung von der Wirklichkeit der Dritten Welt kann die Reform des Bildungswesens in den Industrieländern nicht geleistet werden" (Böll 1970, S. 17). Grundsätzlicher wird in einer BMZ-Publikation aus der Reihe „Schule und Dritte Welt", wenn Schule als Ort gekennzeichnet wird, an dem „letztendes (...) ein funktionales Wissen für die Reproduktion der eigenen Gesellschaft vermittelt (wird), deren Erfordernissen die Bedürfnisse der Entwicklungsländer bestenfalls untergeordnet werden" (Bülow 1970, S. 18).

[26] Die Konferenz „Schule und Dritte Welt. Die Behandlung der Entwicklungsländer und der Entwicklungsproblematik in Schulunterricht und Lehrerbildung" fand vom 7.-11. 4. 1970 in Wien statt. Sie wurde veranstaltet vom Wiener Institut für Entwicklungsfragen in Zusammenarbeit mit der Deutschen, der Schweizer und der Österreichischen UNESCO-Kommission sowie mit Unterstützung des BMZ und der staatlichen Entwicklungsorganisationen der Schweiz und Österreichs.

8. Dritte Welt-Pädagogik und entwicklungspolitische Bildung im Erziehungssystem

ren Stoffgebietes „Dritte Welt" (z.B. mit Hilfe der Lehrpläne) noch keine Lösung des Problems dar. (...) Es gilt also vielmehr, dieses Bildungssystem selbst – über eine Veränderung der Unterrichtssituation hinaus – zu reformieren (...). Dazu gehört u.a., daß der Prozeß der Erstellung und Zulassung von Lehrmaterialien sowie die Ergebnisse ihrer pädagogischen Erprobung dem Urteil einer kritischen Öffentlichkeit unterworfen werden" (Schade 1970c, S. 13f).

Entscheidend ist hier die Ablehnung einer bloßen Einfügung des Dritte Welt-Problems in den Unterrichtskanon. Statt dessen gilt es, Lernprozesse und das Bildungssystem umfassend zu reformieren (vgl. Schade 1970b, S. 8). Zwei Folgen scheint diese Positionierung zu haben: Erstens kommuniziert das BMZ seine Diagnose und die aus ihr abgeleitete Forderung nahezu resonanzlos gegenüber der politisch-administrativen Hierarchie des Erziehungssystems. Dies zeigt die langjährige Blockade der KMK. Sie stellt jedoch zweitens den Anschluß an diejenigen Kommunikationen her, die mit Dritte Welt-Pädagogik und entwicklungspolitischer Bildung ebenfalls die Absicht umfassender Gesellschaftsveränderungen in der Bundesrepublik verbinden und vor allem von der Protestbewegung artikuliert werden. Trotz der Schulkritik bleibt zu betonen, daß dem BMZ – vielleicht entgegen der eigenen ambitionierteren Intentionen („Veränderung der Verhältnisse") – vor allem eine zentrale Rolle bei der konkreten Programmierung des Dritte Welt-Problems als Gegenstand von Erziehung, Unterricht und Bildung zugekommen ist.

Die pädagogische Leistungserweiterung des BMZ dokumentiert auch die maßgeblich mitinitiierte Tagung „Schule und Dritte Welt" 1970 in Wien (vgl. Wiener Institut für Entwicklungsfragen 1970). An ihr nehmen Vertreter/innen der mit Erziehungsfragen befaßten Wissenschaften aus Universitäten und Pädagogischen Hochschulen, von Schuldezernaten und einer Kultusbehörde, von Schulbuchverlagen, des Internationalen Schulbuchinstituts in Braunschweig, der Gewerkschaft Erziehung und Wissenschaft, des Arbeitskreises Deutsche Bildungsstätten, der kirchlichen Akademien, des BMZ und der Bundeszentrale für Politische Bildung sowie einzelne Lehrer/innen teil. Diese Zusammensetzung, die sich zweifellos als Querschnitt des Pädagogischen Establishments charakterisieren läßt, ist bemerkenswert, dokumentiert sie doch die breite Resonanz, die das Dritte Welt-Problem bei zentralen Instanzen der Konstruktion pädagogischer Programme ausgelöst hat. Bei der Konzeptualisierung der Dritte Welt-Pädagogik folgt die Konferenz der zum damaligen Zeitpunkt gängigen Curriculumorientierung.[27] Über die curriculare Be-

---

[27] Der im deutschen Sprachraum seit der Reformation bekannte, dann durch den Ausdruck Lehrplan abgelöste Begriff des Curriculum, der die Ordnung des zu vermittelnden Lehrstoffes in Schulen bezeichnete, wurde im Anschluß an eine vor allem im angelsächsischen Sprachraum elaborierte Verwendungsweise in der zweiten Hälfte der sechziger Jahre in Deutschland wiederentdeckt. Kontext sind die sozialwissenschaftlich geprägten didaktische Diskussion und die Bestrebungen für eine umfassende Bildungsreform. Im Singular bezeichnet Curriculum „das Gesamt der in einer Bildungsinstitution angestrebten und zu verantwortenden Lernprozesse", im Plural findet er zur Bezeichnung von „Teileinheiten dieser

8. Dritte Welt-Pädagogik und entwicklungspolitische Bildung im Erziehungssystem

stimmung von Bildungs- und Lernzielen soll eine „pädagogisch didaktische Zubereitung der Entwicklungsthematik" (ebd., S. 77) entworfen werden.

Daß die Wiener Konferenz als ein entscheidender Impuls für die Konzeptualisierung von Dritte Welt-Pädagogik und entwicklungspolitischer Bildung als Programme des Erziehungssystems zu bewerten ist, wird weiter ablesbar an der Resonanz, die sich im Anschluß an die Tagung mit der Frage nach der schulischen Behandlung der Dritten Welt-Problematik verbindet. Auf einer Folgetagung werden in unmittelbarer Anlehnung an die Curriculumtheorie Überlegungen zu Lernzielkatalogen, ihrer Zuordnung zu Unterrichtsverfahren und daraus zu entwickelnden Unterrichtsmodellen formuliert (vgl. BMZ 1972, S. 3-7). Die anvisierte Resonanz beschränkt sich nicht nur auf die Kultusbehörden. Ebenso bedeutsam ist, daß der in Wien begonnene Dialog mit Schulbuchproduzenten fortgeführt wird (vgl. BMZ 1972, S. XXIV-XXVIII). Auch in diesem Bereich hat das BMZ mit der von ihm in Auftrag gegebenen Schulbuchuntersuchung (vgl. Institut für Sozialforschung 1970a) und einem anschließend durchgeführten Expertengespräch (vgl. BMZ 1970) entscheidende Vorarbeiten geleistet, indem dezidiert „die grundsätzlich als unzufriedenstellend zu bezeichnende Situation auf dem Schulbuchmarkt, was die Darstellung und Interpretation von Problemen der Entwicklungsländer anbelangt" als Ausgangspunkt festgehalten wird (ebd., S. 4).[28] Diese Defizitdiagnose sollte die Schulbuchverleger zu Innovation in die gewünschte Richtung anregen. Daß es zu den dokumentierten Veränderungen im Schulbuchbereich gekommen ist (vgl. Kap. 8.1.1.), kann in nicht unerheblichen Maße den forcierten Bemühungen des BMZ zu einem kritischen Dialog mit den Verlagen zugeschrieben werden.

Gesamtheit (Curricula für einzelne Jahrgänge, Schulfächer, Zeiteinheiten)" Verwendung (vgl. Riedel 1989, S. 298f). Für die deutsche Bildungsdiskussion wurde v.a. die Forderung nach einer „Revision des Curriculum" bedeutsam (Robinsohn 1967). Sie lenkte die Aufmerksamkeit auf die Frage nach der Legitimation und Bestimmung des in der Schule zu Lernenden. Verbindungsglied der Vielzahl der in dieser Zeit entwickelten Ansätze ist „der Anspruch auf Transparenz und Rationalität der Lernziel-, Lerninhalts- und Lernorganisationsentscheidungen" (vgl. Riedel 1989, S. 299). In den Referaten der Konferenz finden sich Hinweise auf die angelsächsischen Curriculumtheoretiker Johnson und Grandstaff (vgl. Frey 1970, S. 60). Dem Konferenzband ist zudem ein Text über Curriculumtheorien angehängt, der prognostiziert, daß „in Phasen größerer Veränderung der Zielvorstellungen, das Curriculum als dynamische Anweisungsform besonders geeignet (ist), neue Entwürfe auf ihre Angemessenheit zu überprüfen (Wiener Institut für Entwicklungsfragen 1970, S. 92).

[28] Die gleiche Strategie, zunächst den Ist-Zustand der schulischen Behandlung des Dritte Welt-Problems wissenschaftlich zu bestimmen, der dann fundierte Defizitzuschreibungen ermöglicht, wählte das BMZ in bezug auf die Richtlinien für Schulbuchverlage (vgl. Institut für Sozialforschung 1970b) und die geltenden Lehrpläne (vgl. Prokop 1970).

8. Dritte Welt-Pädagogik und entwicklungspolitische Bildung im Erziehungssystem

Stellt man schließlich noch die sonstige Publikationspraxis des BMZ vor allem in seiner Reihe „Schule und Dritte Welt" in Rechnung[29], vermag die These, daß sich das BMZ in der Reformphase unter Eppler selbst in ein Element des Pädagogischen Establishments transformiert, kaum zu bestreiten sein. In dieser Funktion kommt dem BMZ nicht nur die Rolle zu, Unterrichtsgestaltung modellhaft zu entwerfen. Das BMZ ist vielmehr Motor, daß sich andere Instanzen aus dem Pädagogischen Establishment mit dem Dritte Welt-Problem beschäftigen. Zudem sorgt es mit der Anbindung an die curricularen Reformanstrengungen dafür, daß neben der politischen im Kontext der Mobilisierungskampagne verorteten Begründung eine originär *pädagogische* Begründung für die Etablierung von Dritte Welt-Pädagogik und Entwicklungspolitischer Bildung als gesellschaftlich vorhanden gelten kann.

Daß das BMZ auch entscheidend an der pädagogischen Programmierung von Dritte Welt-Pädagogik und Entwicklungspolitischer Bildung beteiligt ist, stützt die These, das BMZ zum Pädagogischen Establishment zu zählen. Die Pädagogisierung der Dritte Welt-Problematik ist in bezug auf das BMZ sowohl Entgrenzung des Pädagogischen wie Eingrenzung des eigentlich Nicht-Pädagogischen in das Erziehungssystem. Das BMZ entgrenzt das Pädagogische und verwendet es als Steuerungsstrategie zur gesellschaftlichen Bearbeitung der Dritte Welt-Problematik (vgl. Kap. 7.2.). Gleichzeitig initiiert das BMZ die Transformation des Dritte Welt-Problems in ein pädagogisches Programm des Erziehungssystems. In dieser Rolle übernimmt das BMZ Leistungen des Pädagogischen Establishments und wird so selbst – zumindest partiell – Teil des Erziehungssystems.

8.2.3. Die pädagogische Leistungserweiterung der Dritte Welt-Protestbewegung

Wie gezeigt, hat die KMK die Transformation des Dritte Welt-Problems in ein pädagogisches Programm des Erziehungssystems erst ab Ende der achtziger Jahre administrativ beglaubigt. Diese Anerkennung kann in einen zeitlichen Zusammenhang gebracht werden mit semantischen Umstellungen in der Konstruktion des Dritte Welt-Problems durch die Dritte Welt-Protestbewegung und die sich in ihrem Umfeld ausdifferenzierenden Nichtregierungsorganisationen. Für diese gewinnen konstruktive Reformabsichten und Dialogoptionen mit administrativen Instanzen (nicht nur im Erziehungssystem) stärker an Gewicht. Die Umstellung läßt sich an dem Kongreß „Der Nord-Süd-Konflikt. Bildungsauftrag für die Zukunft" im Herbst 1990 in Köln veranschaulichen (vgl. World University Service 1991), dem für die offizielle

---

[29] Speziell zu nennen sind die Bände: „Zur Struktur von Unterrichtsmodellen über die Dritte Welt" (Hug 1971a) und „Probleme, Aufgaben und Möglichkeiten der Curriculumentwicklung im Lernbereich Entwicklungsländer/Entwicklungspolitik" (Klose 1971).

8. Dritte Welt-Pädagogik und entwicklungspolitische Bildung im Erziehungssystem

Anerkennung der Dritte Welt-Problematik als Programm von Schule und Unterricht entscheidende Bedeutung zukommt.[30]

Die Initiative zu diesem Bildungskongreß ging vom World University Service aus. Er ist eine Nichtregierungsorganisation (NRO), wie sie im Kontext der DWB in den achtziger Jahren in einer Vielzahl entstanden sind. Organisationen wie der World University Service wandeln die bisherige Gestalt der DWB in doppelter Hinsicht: einerseits sozialstrukturell weg von eher lokker verbundenen Aktionsgruppen und Kampagnen, hin zu auf Dauer angelegten, professionell operierenden Organisationen. Andererseits betrifft die Wandlung die semantischen Strategien: Die Kommunikationsform Protest wird von den professionell arbeiten Organisationen ersetzt durch gezieltes *Lobbying*, das im Dialog mit politischen Entscheidungsträgern zu konkreten Veränderungen und Reformen führen soll.[31] Diese Dialogoption „Einflußnahme" und die konstruktive Reformintention der gewandelten DWB zeigt auch der Kölner Bildungskongreß. Dem World University Service gelingt es mit seiner Initiative, die zwei Jahrzehnte lang eher als Blockadeinstanz aufgefallene KMK in die Bemühungen zur Etablierung von Dritte Welt-Pädagogik zu integrieren und mit dem bislang als Konkurrenz wahrgenommenen BMZ sowie der DWB an einen Tisch zu bringen. Die damalige Präsidentin der KMK, die schleswig-holsteinische Kultusministerin Tidick, verläßt auf dem Bildungskongreß die langjährige KMK-Position, daß das Dritte Welt-Problem bereits angemessen im Unterricht behandelt wird, indem sie öffentlich anerkennt, daß es sich „im schulischen Bereich (um ein, M.P.) noch höchst entwicklungsfähiges Thema" handelt (1991, S. 11).[32] Speziell kündigt

---

[30] Der vom World University Service veranstaltete Kongreß fand in Zusammenarbeit mit der Deutschen Stiftung für internationale Entwicklung, dem Nichtregierungsprojekt „Eine Welt für alle" und mit Unterstützung des BMZ und der Wirtschafts- und Kultusministerien der Bundesländer statt. An ihm nahmen ca. 600 Teilnehmer/innen teil, in absolut überwiegender Mehrzahl Lehrer/innen, Lehrerfortbildner/innen und Erzieher/innen.

[31] Vgl. Kap. 6.3. und speziell für die veränderte Selbstbeschreibung der DWB die Themenschwerpunkte „Internationalismus in den 90ern" und „Die Zukunft der Solidaritätsbewegung" in der Zeitschrift „blätter des iz3w" Nr. 200/Nr.201 (1994). Der Chronist der DWB Rössel konstatiert dort, daß „(sich) in den letzten Jahren (...) der Grad der Mobilisierungsfähigkeit an der Basis umgekehrt proportional zur Zahl der hauptamtlichen Solidaritätsarbeiter/innen entwickelt (hat)" (Rössel 1994, S. 24). Kitsuse/Spector hatten ihrem Verlaufsmodell zur Karriere sozialer Probleme die Entstehung von Alternativ-Organisationen gerade für den Fall prognostiziert, daß mit moralischen Codes operierende Wertgruppen eine Veränderung der routinemäßigen Behandlung von Problemen erreichen wollen. Diese Bedingungen scheinen gegeben zu sein, denn die schulische Behandlung des Dritte Welt-Problems ist zu Beginn der neunziger Jahre kein Neuland mehr, sie bedarf jedoch – den Argumenten des WUS folgend – „im öffentlichen Bewußtsein einen höheren Stellenwert" (WUS 1991, S. 7).

[32] Ihre Kommentierung des KMK-Berichts zur Situation des Unterrichts über die Dritte Welt von 1988 ist insofern nicht korrekt, als dort keineswegs „deutlich wird, daß das (die schulische Behandlung des Problems, M.P.) in den meisten Ländern durchaus noch steigerungs-

8. Dritte Welt-Pädagogik und entwicklungspolitische Bildung im Erziehungssystem

sie Unterstützung für eine verstärkte Berücksichtigung der Thematik in der Lehreraus- und -fortbildung an.

Die Relevanz des Kölner Bildungskongresses ist weniger darauf zurückzuführen, daß ein solcher Kongreß erstmals bundesweit und in dieser Größenordnung stattfindet. Entscheidend ist auch nicht die Abschlußerklärung des Kongresses, die konkrete Forderungen an die im Bildungswesen Tätigen sowie an Bund, Länder und Gemeinden richtet (vgl. Abschlußerklärung 1990). Sie begründet sich vielmehr aus den in den einzelnen Bundesländern anlaufenden Initiativen zur Forcierung der entwicklungspolitischen Bildungsarbeit in den Schulen, die offenkundig im Anschluß und als Reaktion auf den Bildungskongreß zu verzeichnen sind. Diese über den Weg der Länder erfolgende offizielle Anerkennung des Dritte Welt-Problems als Thema von Schule und Unterricht schafft auch die Voraussetzungen dafür, daß die KMK schließlich 1997 ihre Empfehlung „Eine Welt/Dritte Welt in Unterricht und Schule" ausspricht. Unter den Initiativen, welche die einzelnen Bundesländer im Anschluß an den Kölner Bildungskongreß ergreifen, verdienen einige besondere Erwähnung, markieren sie doch zentrale Stationen der Etablierung des pädagogischen Programms Dritte Welt in Schule und Unterricht. Eine Vorreiterrolle nehmen die Länder Nordrhein-Westfalen und Schleswig-Holstein ein. Nordrhein-Westfalen hatte bereits 1987 einen für den Unterricht verpflichtenden Runderlaß zum Thema Dritte Welt veröffentlicht (vgl. Kultusminister in Nordrhein-Westfalen 1987). Schleswig-Holstein zieht unmittelbar auf den Kölner Kongreß folgend nach (vgl. Ministerium für Bildung, Wissenschaft, Jugend und Kultur des Landes Schleswig-Holstein 1990). Zudem veranstaltet das Kultusministerium Schleswig-Holsteins gemeinsam mit dem Ministerium für Bundesangelegenheiten 1991 einen Nachfolgeworkshop zum Kölner Bildungskongreß, der sich an Mitarbeiter/innen von Kultusverwaltungen und Lehrerfortbildungsinstituten sowie andere Experten adressiert und vor allem der Umsetzung der in Köln formulierten Ziele dient (vgl. Ministerium für Bundesangelegenheiten des Landes Schleswig-Holstein 1992). In Nordrhein-Westfalen kommt es schließlich 1992 zur Gründung der Serviceeinrichtung „Schulstelle Dritte Welt", die beim Landesinstitut für Lehrerfortbildung in Soest angesiedelt wird.

Der Erfolg der Lobby-Strategie der konstruktiv gewendeten DWB, wie sie hier durch den World University Service vorgeführt wird, zeigt sich nicht nur in der Anerkennung, die den NRO's durch die offiziellen Stellen zuteil wird: Die KMK-Präsidentin fordert in Köln explizit die schulische Nutzung der Erfahrungen und Materialien der Nichtregierungsorganisationen (Tidick 1991, S. 14). Institutionell erfährt gerade der World University Service durch den Kölner Bildungskongreß eine enorme Aufwertung, wird doch beim ihm

---

fähig ist" (Tidick 1991, S. 13). Einer solchen Schlußfolgerung hatte sich die KMK bis zum Kölner Bildungskongreß immer verwehrt.

8. Dritte Welt-Pädagogik und entwicklungspolitische Bildung im Erziehungssystem

die seit dem Wiener Kongreß „Schule und Dritte Welt" geforderte bundesweite pädagogische Servicestelle nach über 20 Jahren eingerichtet. Sie demonstriert die Leistungserweiterung der Dritte Welt-Bewegung: ähnlich wie das BMZ in den siebziger Jahren hat sie sich partiell in ein Element des Pädagogischen Establishments und damit des Erziehungssystems transformiert.[33]

8.2.4. Dritte Welt-Pädagogik als Resultat loser Koppelung von politischen und pädagogischen Kritik- und Reformkommunikationen

Die pädagogische Leistungserweiterung der Dritte Welt-Protestbewegung, d.h. das „Vorhaben, aus dem gesellschaftlichen Problembereich Unterentwicklung – Entwicklung einen Lernbereich der Schule zu machen" (Meueler 1978, S. 2), wird nicht nur an den sich professionalisierenden Nichtregierungsorganisationen zu Beginn der neunziger Jahre sichtbar, sondern manifestiert sich bereits in den siebziger Jahren. Schon damals kommunizieren Akteure, die sich in der Dritte Welt-Bewegung politisieren und mit einer dezidiert protestorientierten Beschreibung des Problems operieren, gleichzeitig die praktische Anleitung pädagogischer Reformprojekte in Form von Arbeitshilfen, Curricula und Unterrichtsmodellen. Herausragende Bedeutung kam dabei den Curriculamodellen der Projektgruppe um Erhard Meueler zu[34], in denen bereits Protest- und pädagogische Reformkommunikationen eine enge Koppelung eingehen:

„Die Absicht dieses Textbuches ist es nicht, die gegenwärtigen Begründungen und Handlungsformen staatlicher und kirchlicher Entwicklungspolitik verteidigend zu erläutern (...). Dieses Textbuch will also nicht so sehr Kenntnisse über die fremde Welten vermitteln,

---

[33] In einer Selbstbeschreibung der Koordinationsstelle heißt es: „Es dient hauptsächlich dem Informationsaustausch und der Förderung der Kommunikation zwischen den einzelnen regional in den Ländern geplanten Aktivitäten, der Dokumentation, der Vermittlung von ReferentInnen und Adressen und der organisatorischen Unterstützung. Anregungen für die Durchführung von Aktivitäten der Fort- und Weiterbildung von Lehrerinnen und Lehrern werden in die verschiedenen Bundesländer weitervermittelt. Natürlich soll dadurch auch die bildungspolitische Lobbyarbeit für das Nord-Süd-Thema verstärkt werden" (zitiert nach: Ministerium für Bundesangelegenheiten Schleswig-Holstein 1992, S. 101).

[34] Diese Wertung bemißt sich an der Resonanz, welche die Doppelbände „Soziale Gerechtigkeit. Textbuch/Materialien und Didaktische Erläuterungen" (Meueler 1971) und „Unterentwicklung. Wem nützt die Armut in der Dritten Welt? Arbeitsmaterialien für Schüler, Lehrer und Aktionsgruppen" (Meueler 1974) auslösen. Sie gelten als die auflagenstärksten sowie didaktisch gehaltvollsten Unterrichtsmaterialien zur Dritte Welt-Pädagogik (vgl. Scheunpflug/Seitz 1995a, S. 129), die zudem eine Pionierfunktion für deren Etablierung übernehmen. Die Projektgruppe um Meueler setzt sich zusammen aus ehemaligen Entwicklungshelfer/innen, Aktivisten/innen aus Aktionsgruppen, Erziehungs- und Sozialwissenschaftler/innen sowie Lehrer/innen. Eine noch stärkere Resonanz erzeugt nur ein Werk- und Arbeitsbuch von Rudolf H. Strahm, das in unzähligen Auflagen und Überarbeitungen und in Mitherausgeberschaft der Arbeitsgemeinschaft der Dritte Welt-Läden und Gesellschaft zur Partnerschaft mit der Dritten Welt erscheint.

8. Dritte Welt-Pädagogik und entwicklungspolitische Bildung im Erziehungssystem

sondern es will die Rede über Entwicklungshilfe und Entwicklungspolitik problematisieren, Kritik provozieren und Kritik produzieren. (...) All diese Informationen (...) lassen danach fragen, wie diese Probleme gelöst werden könnten, wie eine gezielte Strategie der Entwicklungspolitik und Entwicklungshilfe aussehen müßte. Im Suchen nach möglichen Antworten wird sich herausstellen, daß die Frage nach möglichen Lösungsversuchen staatlicher, kirchlicher und privater Art nicht von der Frage zu trennen ist, was denn an unseren gesellschaftlichen, politischen und vor allem sozialen Strukturen ungerecht und entwicklungsfeindlich ist" (Meueler 1971 I, S. 6).

Meueler referiert in „Soziale Gerechtigkeit" die analytische Grundformel der Dritte Welt-Protestbewegung, daß die Ungerechtigkeit in der Dritten Welt mit den gesellschaftlichen Strukturen in der Bundesrepublik verknüpft ist, zudem expliziert er die Intention seines Curriculum als Anstiftung zur Kritik. Beide Merkmale lassen sich als Indikatoren für Protestkommunikation ausweisen, die jedoch konstruktiv gewendet wird:

„Aufklärerische Kritik an überholten Schulbüchern und ideologischem Informationsmaterial der mit Entwicklungshilfe beschäftigten Institutionen bleibt nämlich unwirksam, wenn diese Produktionen nicht durch andersgeartete Produktionen kritisiert und ersetzt werden" (Meueler 1974 I, S. 13)

Damit ist das pädagogisch-politische Doppelanliegen auf den Punkt gebracht: Im Protest gegen die von der Bundesrepublik mitverursachte globale Ungerechtigkeit und deren ideologisch verzerrte Darstellung im schulischen Unterricht werden die eigenen Curriculamodelle als kritisch in inhaltlicher und innovativ in methodisch-didaktischer Hinsicht ausgewiesen und in das Erziehungsgeschehen eingespeist.

Die pädagogische Leistungserweiterung ursprünglich nicht zum Erziehungssystem zugehöriger Instanzen[35] und die eher blockierende Rolle der Bildungsadministration legt Differenzierungen der Hypothese vom Pädagogischen Establishment als Pädagogisierungsinstanz nahe. Die bereits im Kontext der DWB beobachtete semantische Koppelung von politischen Protest- und pädagogischen Reformkommunikationen lenkt den Blick auf die semantischen Figuren, mit denen die Programmierung der Dritte Welt-Pädagogik stattfindet. Die Fokussierung von Kommunikationsformen, welche die Pädagogisierung des Dritte Welt-Problems im Erziehungssystem begünstigen, wird virulent, weil das Pädagogische Establishment nicht über institutionelle Zurechnungen hinreichend sicher definiert werden kann. In dieser Situation

---

[35] Auch in den achtziger und neunziger Jahren übernimmt die DWB Leistungen des Pädagogischen Establishments: das Dritte Welt-Haus Bielefeld publiziert z.B. ab 1984 mehrere Ausgaben der „Materialien zum entwicklungspolitischen Unterricht" bestehend aus Lehrer- und Schülerheft, Arbeits- sowie Folien- und Diamappen und ergänzt diese ab 1985 um die bis 1991 halbjährlich erscheinenden Lehrerinformationen „Thema Dritte Welt". Unter Mitarbeit des Bundeskongresses entwicklungspolitischer Aktionsgruppen erscheint mit großer Resonanz die Reihe „explizit – Materialien für Unterricht und Bildungsarbeit". Auch anerkannte (Schulbuch-)Verlage publizieren Materialien, die aus dem Umfeld der DWB stammen (vgl. Datta 1988, Dritte Welt-Haus Bielefeld/Krämer 1990).

8. Dritte Welt-Pädagogik und entwicklungspolitische Bildung im Erziehungssystem

erscheint es erfolgversprechend, intensiver zu untersuchen, wie das Dritte Welt-Problem in ein pädagogisches Programm transformiert wurde.

Für diese Übersetzung der Dritte Welt-Problematik in die pädagogische Form Dritte Welt-Pädagogik ist eine Einrichtung bedeutsam, die bereits ab den frühen sechziger Jahren das Dritte Welt-Thema in der Bundesrepublik pädagogisch kommuniziert hat: das Hamburger UNESCO-Institut für Pädagogik.[36] 1962 bringt das Hamburger Institut die Studie „Die Entwicklungsländer im Schulunterricht" heraus (vgl. Hug/UNESCO-Institut für Pädagogik 1962), die als erste Programmschrift für eine pädagogische Behandlung des Dritte Welt-Problems im Unterricht gelten kann. Im Vorwort schreibt der damalige Direktor des Instituts, Saul B. Robinsohn:

„Die Einbeziehung einer halben Welt in den aktuellen Unterrichts- und Erziehungsplan unserer Schulen verlangt auf lange Sicht vermutlich nichts Geringeres als eine gründliche Umgestaltung des Lehrplanes und seiner Methoden. Indessen muß jedoch einiges schon kurzfristig geschehen. Als Handelnde oder Erlebende werden die Schüler aller Schularten mit diesen Ländern und ihren Bewohnern in mehr oder weniger enge Berührung kommen. Dafür muß sie die Schule in ihrem Stil und in ihrer Verantwortung vorbereiten. Wie der Themenkreis der Entwicklungsländer didaktisch und stofflich in Angriff genommen werden kann, wird im ersten Teil der vorliegenden kleinen Schrift erörtert. Konkrete Unterrichtsvorhaben wollen, im zweiten Teil, als Beispiel dafür dienen, was wir heute schon tun können" (Robinsohn 1962, S. 5).

Präzise werden hier die von Schorr (1979) formulierten Kennzeichen des Pädagogischen Establishments kommuniziert: Robinsohn erklärt Lehrplan- und Methodenreformen für notwendig und kündigt eigene Inputs zur Veränderung des konkreten Unterrichtsgeschehens an. Während die Lehrplanreform auf eine veränderte Zusammensetzung des Bildungskanons abzielt, geht es gleichzeitig darum, den Schüler/innen neue Kompetenzen zu vermitteln wie z.B. „nationale und rassische Vorurteile abzulegen, internationale Zusammenhänge zu begreifen und auch außerhalb Europas Leistungen und Fähigkeiten anzuerkennen" (Hug 1962, S. 11). Die größte Hürde für eine schulische Programmierung des Dritte Welt-Problems wird vom UNESCO-Institut

---

[36] 1951 gegründet, ist das Hamburger Institut Teil des UNESCO-Programms „Erziehung zu internationaler Verständigung". Zu berücksichtigen ist allerdings, daß das Instituts zunächst primär Bildungsprobleme der Entwicklungsländer fokussiert hat sowie die Frage, welche Rolle Bildung und Erziehung bei der Entwicklung der Dritten Welt spielen können. Entsprechend skizzierte einer der führenden Mitarbeiter des Instituts, Gottfried Hausmann, bei seiner Antrittsvorlesung an der Universität Hamburg die „Pädagogik der Entwicklungsländer" als Aufgabe des ersten Lehrstuhls für Vergleichende Erziehungswissenschaft (vgl. Hausmann 1962). Der Fokus Dritte Welt Pädagogik im Sinne von Lernprozessen in den Industrieländern tritt erst sukzessive hinzu. Dennoch markiert das UNESCO-Institut für Pädagogik „den eigentlichen Beginn der pädagogischen und didaktischen Reflexion des Lernbereichs ‚Dritte Welt/Entwicklungspolitik'" in der Bundesrepublik (Scheunpflug/Seitz 1995a, S. 199).

8. Dritte Welt-Pädagogik und entwicklungspolitische Bildung im Erziehungssystem

im starren Fächerkanon verortet. Als Lösung hierfür biete die Person des Lehrers den erfolgversprechendsten Anknüpfungspunkt:

„In erster Linie aber kommt es darauf an, daß der einzelne Lehrer sich nicht nur über die Notwendigkeit klar ist, die Entwicklungsländer in seinen Unterricht aufzunehmen, (...) sondern daß er auch in der Lage ist zu erkennen, wo sich in seinem jeweiligen Stoffgebiet Anknüpfungspunkte und Ausweitungsmöglichkeiten ergeben. Der Bogen dieser Möglichkeiten ist sehr weit gespannt" (ebd., S. 23).

Dieser Lösungsvorschlag muß in gewisser Hinsicht überraschen, setzt er doch nicht auf eine strukturelle und damit dauerhafte Reform, sondern auf die immer prekären und kontingenten Prioritäten des einzelnen Lehrers. Mit dem Rekurs auf den Lehrer und dessen „weit gespannten Möglichkeiten" der pädagogischen Behandlung des Dritte Welt-Problems führt das UNESCO-Institut eine semantische Konstante ein, die die pädagogische Programmierung der Dritten Welt sowohl in Zustimmung wie Ablehnung fortdauernd prägen wird.[37] Im Pädagogik-Handbuch Dritte Welt heißt es:

„Vieles kommt auf den Lehrer an, der gewissermaßen die Scharnierstelle zwischen Unterrichtsmaterial und Schüler darstellt. Von seiner Geschicklichkeit hängt es ab, ob Unterentwicklung in der Schule ein austauschbares Thema unter vielen bleibt oder mehr werden kann" (1982b, S. 26).

Im Gegensatz dazu plädiert Hausmann für ein Ende des Versuchs, über kontingente Lehrerdispositionen die Dritte Welt in das Erziehungssystem zu implementieren:

„Wir können es uns nicht länger leisten, alles der pädagogischen Phantasie des einzelnen Lehrers zu überlassen" (1970, S. 76).

Noch die Ablehnung bekräftigt jedoch, daß der Lehrer zur Implementierung pädagogischer Programme genutzt wird. Plausibel wird die Option, Lehrer und Unterrichtsmaterialien, -modelle sowie Curricula als Mittel der Reform zu nutzen, vor dem Hintergrund einer scheinbar frühzeitigen Skepsis gegenüber den Möglichkeiten struktureller Reformen im Erziehungssystem. Reformen auf der Ebene von Personen und von pädagogischen Programmen anzusetzen, wird eine höhere Erfolgswahrscheinlichkeit für die Veränderung der konkreten Unterrichtspraxis zugeschrieben. Damit ist die Hypothese vom Pädagogischen Establishment dahingehend zu ergänzen, daß die Programmebene (Curricula und Unterrichtsmodelle) nicht die einzige Interventionsebene zur pädagogischen Reform des Erziehungssystem darstellt. Der Lehrer, seine unmittelbare Präsenz im Unterrichtsgeschehen, scheint ebenfalls eine geeignete Adresse für die Verwirklichung von Reformaspirationen zu sein.

---

[37] Erinnert sei auch, wie das BMZ in seinem Strategiepapier zur Mobilisierung der öffentlichen Meinung (BMZ 1971b, S. 54) Einzelpersonen als pädagogischen Multiplikatoren entscheidende Gestaltungsmöglichkeiten zugeschrieben hat (vgl. Kap. 6.2.).

8. Dritte Welt-Pädagogik und entwicklungspolitische Bildung im Erziehungssystem

Den Weg, mittels für die Praxis entworfener Unterrichtsmodelle sowie flankierender methodisch-didaktischer Überlegungen, die Reform der Inhalte des Unterrichtsgeschehens zu erreichen, verfolgt das UNESCO-Institut für Pädagogik gezielt weiter[38]: Die konzeptionell höchst ambitionierte Themenausgabe „Die Dritte Welt als Bildungsaufgabe" der Zeitschrift „Offene Welt" des Wirtschafts- und Gesellschaftspolitischen Bildungswerkes (Offene Welt 1969) entsteht unter maßgeblicher Beteiligung des Hamburger Instituts. Die Zeitschrift beabsichtigt, eine umfassende Vermittlungsstrategie für die pädagogische Behandlung des Dritte Welt-Problems vorzulegen. Absicht ist es, die „Aufgaben der Entwicklungspolitik in pädagogische Modelle umzusetzen" (von Pufendorf 1969, S. 10f). Diesem Anspruch wird versucht mit einer Dreiteilung gerecht zu werden, in der zunächst die politische Herausforderung durch die Dritte Welt beschrieben, danach die politische Antwort Entwicklungspolitik konzeptionell und institutionell erläutert und schließlich die mit dem Dritte Welt-Problem verbundene Bildungsaufgabe skizziert wird. In der redaktionellen Einleitung zu dem sich der Bildungsaufgabe widmenden Abschnitt werden die Ambitionen der anvisierten Dritte Welt-Pädagogik offen gemacht: Ausgehend von der unter die pädagogische Metapher „Erwachsenwerden der Menschheit" gestellten Annahme, daß „die Einbeziehung der Dritten Welt in den Horizont des Menschen unserer Gegenwart eine so unmittelbar pädagogische Dimension (hat), wird als dessen Inhalt das „Lernen" eines „entwicklungspolitischen Bewußtseins" bestimmt (Offene Welt 1969, S. 198). Die Vermittlung dieses Bewußtseins „ist nicht auf die Schule im herkömmlichen Sinn zu beschränken. Schule, Fortbildung, Erwachsenenbildung, Öffentlichkeitsarbeit stehen darum hier in einem großen Zusammenhang. Andererseits wird dieser Bildungsprozeß kaum in breiter und konsequenter Weise wirksam werden, wenn er sich nicht in schulischen Lerninhalten und Lernformen niederschlägt" (ebd.). Die „Offene Welt" zielt damit explizit auf

„Ansätze zu einem *Programm*, das freilich noch keine systematische Gestalt gewonnen hat. Entwicklungsländer und Entwicklungspolitik sind in der pädagogischen Theorie und

---

[38] Die Studie „Die Entwicklungsländer im Schulunterricht" von 1962 stellt sieben praktische Unterrichtsbeispiele vor, die sich vor allem an den gymnasialen Oberstufenunterricht adressierten (vgl. Hug, UNESCO-Institut für Pädagogik 1962, S. 31-58). Die Bände „Darstellungen und Materialien zur Gestaltung des politischen Unterrichts", die in der „Schriftenreihe der Landesanstalt für Erziehung und Unterricht Stuttgart" erschienen sind, sollen als Lehrereinführung sowie Materialienband einen Einstieg in den Unterricht über die Dritte Welt ermöglichen (Hug 1968, 1971b). Der in der BMZ-Reihe „Schule und Dritte Welt" erschienene Beitrag „Zur Struktur von Unterrichtsmodellen über die Dritte Welt" (Hug 1971a) leitet aus einer curricular orientierten Strukturanalyse zehn Forderungen für die praktische Gestaltung von Dritte Welt-Unterricht ab (u.a. Beteiligung der Klasse an Planung und Vorbereitung, Verunsicherung der Vorurteile, Individualisierung, Akzeptanz gegenüber kontroversen Positionen, Methodenvarianz, Einbezug der Eltern/Öffentlichkeit). Durchgängige Botschaft Hugs ist die Verknüpfung von inhaltlicher und formaler Reform als Grundlage jeder Dritte Welt-Pädagogik.

8. Dritte Welt-Pädagogik und entwicklungspolitische Bildung im Erziehungssystem

Praxis noch ohne festen Standort. Die Schule als Ganzes zögert, verharrt in verkrustetem Bildungskonzepten oder wird von anderen Problemen absorbiert. Ähnliches gilt für Erwachsenenbildung und Öffentlichkeitsinformation (ebd.).

An diesem pädagogischen Programmentwurf, der – wie später das BMZ und die Protestbewegung – bereits (Erziehungs-) Systemkritik kommuniziert („verkrustete Bildungskonzepte"), ist das UNESCO-Instituts in Form neuer didaktischer und methodischer Ansätze für den Unterricht über Entwicklungsländer maßgeblich beteiligt (Hug 1969a).[39] Wolfgang Hug betont zunächst die Chancen, die in der besonderen Motivationslage für die schulische Behandlung des Themas lägen. Im Gegensatz zu anderen Themen kommt „der Zwang zum Unterricht über die Dritte Welt (...) nicht von den Lehrplänen. Er kommt von den Schülern, von der jungen Generation, von Menschen, die unsere Welt in ihrer globalen Dimension erfahren haben" (ebd., S. 272). Diese Beschreibung geht von einer höchst unkonventionellen Genese des Dritte Welt-Problems als Thema der Schule aus. Das Thema werde von unten und nicht aus der Hierarchie des Erziehungssystems in eben dieses eingeführt, so könnte man seine Diagnose paraphrasieren. Einrichtungen wie das UNESCO-Institut ließen sich dann als Bündnispartner einer solchen Programmierung von unten gegen die Hierarchie des Erziehungssystems interpretieren. Die pädagogische Programmierung von unten verweist bei Hug jedoch nicht nur auf die Schüler, sondern auch auf die Dritte Welt-Protestbewegung[40], die mit dafür gesorgt habe, daß die Schule die Herausforderung des Dritte Welt-Problems als Bildungsaufgabe anzunehmen habe.

Die Deutung einer Allianz von politischem Protest der DWB gegen globale Ungerechtigkeiten und pädagogischem Protest des Pädagogischen Establishment gegen Struktur und Methoden des Erziehungssystems könnte auf eine Voraussetzung der Pädagogisierung sozialer Probleme hinweisen. Die semantischen Figuren Kritik und Protest erweisen sich als anschlußfähig sowohl für politische wie auch für pädagogische Kommunikationen. Sie ermög-

---

[39] Während Hausmann sich zunächst mit der Bildungshilfe für die Dritte Welt beschäftigt, plädoyert er dann – die Perspektive umkehrend – für das Zulassen von „Rückkoppelungseffekten" der im „Experimentierfeld Dritte Welt" durchgeführten pädagogischen Projekte. Diese beschleunigen „überfällige Veränderungen" in den Bildungssystemen der Industrieländer (1969, S. 199). Der Beitrag von Opitz (1969) kann in seinem Ruf nach einer „*éducation permanente*", welche die Gleichung Erziehung = Entwicklung aufgehen lassen soll (S. 221), als Beleg gelesen werden für die Forderung nach lebenslangem Lernen und für den Aufruf, sich „von den traditionellen Vorstellungen der institutionalisierten Erziehung zu lösen" (ebd.). Damit wird Opitz' Beitrag als frühe Beobachtung eines Pädagogisierungsbegriffs rekonstruierbar, in dem die Diffusion des Pädagogischen resoniert(!).

[40] „Am konsequentesten hat die junge Linke darauf gedrängt, mehr über die Dritte Welt zu erfahren. Freilich hat sich auch meist ein starres Interpretationsschema zur Hand, demzufolge das Verhältnis zwischen Entwicklungsländern und Industriestaaten nur als Klassenkampf gedeutet wird. (...) Nun wäre es freilich nicht das schlechteste Motiv für einen Unterricht über die Dritte Welt, sich mit dieser Theorie auseinanderzusetzen" (Hug 1969a, S. 273).

8. Dritte Welt-Pädagogik und entwicklungspolitische Bildung im Erziehungssystem

lichen bei der Konzeptualisierung der Problempädagogik Dritte Welt-Pädagogik die Allianzbildung so unterschiedlicher Instanzen wie das BMZ, die DWB und Einrichtungen des Pädagogischen Establisments. Die Transformation sozialer Probleme in pädagogische Programme des Erziehungssystems erscheint in dieser Perspektive als Konsequenz einer *losen Koppelung* von Protest und Kritik mit Reformaspirationen, die beide im Erziehungssystem gegen das Erziehungssystem kommuniziert werden können. Lose und nicht strukturell ist diese Koppelung zu bezeichnen, weil keine der semantischen Figuren die andere bedingt. Das Interesse von BMZ und DWB an der Programmierung von Dritte Welt-Pädagogik und entwicklungspolitischer Bildung setzt genausowenig eine umfassende Kritik und Reformaspiration gegenüber dem Erziehungssystem voraus wie die Absicht des Pädagogischen Establishments zur Reform des Erziehungssystems verlangt, öffentlich kommunizierte Protestthemen aufzugreifen. Läßt sich die Figur der losen Koppelung auch für die Erklärung der Dynamik des Pädagogisierungsprozesses erkenntnisfördernd einsetzen? Existieren weitere Resonanzbildungen zwischen Pädagogischen Establishment sowie DWB und BMZ?

Die mehrfach identifizierte pragmatische Veränderungsstrategie, die zwischen langfristig-strukturellen, mittelfristig, auf der Ebene von Lehrplänen ansetzenden sowie kurzfristig auf der Ebene von Unterrichtsmodellen intervenierenden Maßnahmen unterscheidet, profiliert Hug in seinem zweiten Beitrag für die Schwerpunktausgabe der „Offenen Welt" (Hug 1969b). Das erwünschte Ziel, „daß die Bildungsinhalte unserer Schulen dem modernen Welthorizont entsprechen sollten" würde „von Grund auf neue Lehrpläne" verlangen. Jedoch „besteht wenig Hoffnung, daß es bald Lehrpläne geben wird, die dem Weltbild junger Menschen entsprechend die Probleme der Entwicklungsländer strukturgerecht integrieren" (ebd., S. 282). Aus der Einschätzung einer kurzfristig nicht zu erreichende Lehrplanreform folgert Hug nicht die grundsätzliche Nichtmachbarkeit von Veränderungen. Da „sich die Behandlung der Dritten Welt nicht länger aufschieben (läßt) (...) werden hier Unterrichtsthemen – gleichsam als Provisorium – vorgeschlagen" (ebd.). Hug entwickelt neun Unterrichtseinheiten, die zwar keine strukturelle Reform des Unterrichts garantieren, aber praktische Orientierungsfolien für seine Veränderung liefern. Während Hug in seinen didaktischen Überlegungen eher auf konventionelle Ansätze der Generalisierung und Individualisierung des Unterrichtsstoffes zurückgreift[41], ist gleichzeitig unübersehbar, welch innovati-

---

[41] „So bleibt nur das alte didaktische Prinzip für die Stoffauswahl, daß man ein Thema sowohl generalisiert wie auch individualisiert. Das bedeutet in unserem Fall, daß man zunächst den Sinnzusammenhang sucht, in dem sich alles einzelne erschließt, was in der Dritten Welt geschieht. (...) Für die einzelnen Aspekte diesen Entwicklungsprozesses muß man nun – individualisierend – Einzelphänomene suchen, an denen das Allgemeine konkret sichtbar wird" (Hug 1969a, S. 273f). Weiter fordert er: „Wer die Dritte Welt wirklich verstehen will (...) muß immer wieder die konkrete Wirklichkeit suchen und ein einzelnes

8. Dritte Welt-Pädagogik und entwicklungspolitische Bildung im Erziehungssystem

ves Potential er dem Unterricht über die Dritte Welt zuschreibt. Unter der Überschrift „Gemeinsam lernen: Lehrer und Schüler kooperieren" heißt es:

„Der Unterricht über Entwicklungsländer geschieht nicht in der Form, daß ein (alles) wissender Lehrer unwissende Schüler be-lehrt. (...) In einem solchen Unterricht gibt es keine ‚Klassenstrukturen', denen zufolge die Autorität einer Amtsperson über die Richtigkeit eines Argumentes oder einer Erkenntnis befindet" (Hug 1969a, S. 277f).

Hier wird nicht nur das Ende des Verhältnisses zwischen Erzieher und Zögling proklamiert. Dritte Welt-Pädagogik stellt gleichsam die herkömmliche Art der Selektion per Notenvergabe auf den Prüfstand. Für diese zähle nicht mehr, „wie einer seinen Pflichtstoff gelernt hat" (ebd., S. 278), sondern welches Interesse und welche Bereitschaft zur Kooperation jemand zeige. Dritte Welt-Pädagogik ist nicht nur ein neues Unterrichtsthema, sondern die Veränderung der Kriterien dafür, was in der Schule als Leistung gilt. „Die Beschäftigung mit der Dritten Welt (soll, M.P.) dazu veranlassen, verkrustete Gewohnheiten und überholte Denkmodelle aufzugeben" (ebd., S. 280).

An dieser Stelle ist wieder Resonanzbildung zu konstatieren: diesmal in Richtung DWB. Das reformpädagogische Erbe, das der DWB ermöglicht hat, sich in einer Dialektik von Bruch und Kontinuität (Oelkers) auf Pädagogik zu beziehen (vgl. Kap. 7.3.3.), ist nicht einfach vorhanden, sondern bereits durch Beiträge wie den von Hug für die Pädagogisierung des Dritte Welt-Problems kommunikabel gemacht worden. Wenn sich z.b. die Aktion Dritte Welt Handel als Lernmodell beschreibt, in der „die Beteiligten sich als Träger von Bildungsmaßnahmen und Aktionen gegenüber ihren Zielgruppen nicht so verhalten, wie man sich das bei einem herkömmlichen Lehrer-Schüler-Verhältnis vorstellt" und dieser Anspruch „schulmeisterliche Belehrungen" ausschließe (Wirtz 1985a, S. 7), dann begibt sie sich mit dieser Argumentation in die unmittelbare semantische Nachfolge der Argumentation Hugs. Ersetzt wird nur der Ort, an dem sich die andere, alternative Pädagogik verwirklichen soll: Bezieht Hug die Reformpotentiale auf den Ort Schule, so verortet die DWB diese in selbstorganisierten Lernarrangements in eigenen Bildungszentren, Dritte Welt-Häusern, Aktionsgruppen und Weltläden. Die Grundidee kommuniziert jedoch bereits Hug als Repräsentant des Pädagogischen Establishments: Die Pädagogisierung des Dritte Welt-Problems ist nicht nur Inhalt, sondern auch Form, nämlich Re-Form von Erziehung, Unterricht und Lernen. Dritte Welt-Pädagogik beinhaltet nicht nur neue Lern- und Unterrichtsstoffe. Sie hat gleichzeitig Ausdruck einer besseren Pädagogik und Schule zu sein.

Daß Pädagogisierungskommunikationen aus dem Pädagogischen Establishment in der Protestbewegung resonieren, gibt einen deutlichen Hinweis

---

Entwicklungsland kennenlernen, eine einzelne Stadt, ein bestimmtes Dorf, eine einzelne Familie, den Arbeitstag einer einzelnen Person" (S. 275). Diese Individualisierung verlangt jedoch nach Generalisierung: „Das konkrete Einzelne ist Ausgangspunkt und Basis der Erkenntnis. Von ihm ist auszugehen, aber man bleibt nicht bei ihm stehen „ (S. 276).

darauf, daß die Pädagogisierung sozialer Probleme nicht als linearer Prozeß zwischen politischem System und Protestbewegung als initiierende Instanzen und Erziehungssystem als reagierende Adresse beschrieben werden kann. Diese Erklärung unterstellte, daß Pädagogisierungen ausschließlich durch die pädagogische Konstruktion sozialer Problem im öffentlichen Diskurs und damit außerhalb des Erziehungssystems bewirkt werden, welche sich dann vom Erziehungssystem in pädagogische Programme übersetzen lassen. Offensichtlich kann in Abgrenzung zu dieser Kausalitätskonstruktion – wie gezeigt – die Figur *loser Koppelung* stark gemacht werden. Die Absicht der Verbesserung des Erziehungssystems und der darin stattfindenden pädagogischen Praxis, wie sie vom Pädagogischen Establishments kommuniziert wird, koppelt sich an die Absicht der Protestbewegung und des reformorientierten BMZ, Pädagogik für die Steuerung des Dritte Welt-Problems zu nutzen. Semantisch ermöglicht wird diese Koppelung aus gemeinsamen Reformintentionen. Im Falle pädagogischer Kommunikationen speisen sie sich aus reformpädagogischen Aspirationen, im Falle der Protestbewegung und des BMZ beruhen sie auf einer moralischen Codierung des Dritte Welt-Problems.

Die Attraktivität der Pädagogisierung sozialer Probleme ist in diesen gemeinsamen Reformintentionen zu verorten, die wechselseitig von pädagogischer wie politischer bzw. bewegungsorientierter Seite nutzbar gemacht werden können. Das reformorientierte BMZ und die Dritte Welt-Protestbewegung koppeln sich an die Reformaspirationen des Pädagogischen Establishments wie die geschickte Nutzung der Curriculumtheorie für die Implementierung des Dritte Welt-Problems in das Erziehungssystem im Falle des BMZ zeigt. Umgekehrt nutzt das Pädagogische Establishment die Bemühungen des BMZ und der Protestbewegung, aus dem Dritte Welt-Problem ein pädagogisches Programm zu machen, für die eigenen Reformanstrengungen zur Verbesserung von Erziehung und Unterricht. Die Pädagogisierung des Dritte Welt-Problems in den Kommunikationen von Politik-, Protest- und Erziehungssystem ist also Resultat loser Koppelung, nicht aber linear-kausaler Impulsketten.

8.3. Dritte Welt-Pädagogik im Primarbereich

Wenn der losen Koppelung zwischen Protest- und Kritikkommunikationen auf der einen und reformpädagogischen Aspirationen auf der anderen Seite zentrale Bedeutung für die Dynamik der Pädagogisierung des Dritte Welt-Problems innerhalb des Erziehungssystems zukommt, müßten sich die systematisch gewonnenen Befunde auch in einzelnen Bereichen des Erziehungssystems rekonstruieren lassen. Am Fall der Genese der Dritte Welt-Pädagogik im Primarbereich können einerseits grundlegende Mechanismen der erfolgreichen pädagogischen Transformation eines sozialen Problems in eine Aufgabe von Erziehen, Lernen und Unterrichten beobachtet werden. Andererseits legt die Etablierung der Dritte Welt-Pädagogik im Primarbereich mit Blick auf die Rolle von Lehrer/innen eine Differenzierung der Antwort auf die Frage nahe, wer auf welche Weise Motor von Pädagogisierungsprozessen innerhalb des Erziehungssystems ist.

Die Ausgangskonstellation für die Etablierung des Lernbereichs Dritte Welt in der Primarstufe ist ambivalent. Einerseits wird im Kontext der individualisierenden Problemkonstruktion immer wieder die Forderung kommuniziert, eine Bewußtseins- und Einstellungsveränderung müsse so früh als möglich beginnen (vgl. UNESCO 1970, Böll 1970, BMZ 1993). Andererseits werden gegen eine im frühen Kindesalter ansetzende Dritte Welt-Pädagogik Bedenken laut, ob diese die Kinder nicht überfordere.[42] Auf die Frage, wie und von wem die Dritte Welt-Pädagogik im Primarbereich etabliert worden ist, lassen sich zwei unterschiedliche Erklärungsangebote identifizieren. Ihre Differenzpunkt liegt in der Gewichtung der Rolle von „engagierten Lehrern" bei der Programmierung der Dritte Welt-Pädagogik:

(1) Dritte Welt-Pädagogik im Primarbereich wird einerseits als Produkt des Projekts „Dritte Welt in der Grundschule"[43] um den Bremer Grundschulpädagogen Rudolf Schmitt gedeutet (vgl. Schmitt 1980; 1991; 1997; Schmitt/Ehlers 1989).

(2) Eine in Teilen andere Deutung vertritt Barbara Zahn (1993). Für sie ist die Dritte Welt-Pädagogik im Primarbereich primär Resultat einer Basis-

---

[42] Auffallend ist allerdings, daß sich diese Bedenken nur indirekt über die Kommunikationsofferten derjenigen erschießen lassen, die dann zur Etablierung der Dritte Welt-Pädagogik im Primarbereich ansetzen. Das Zentrum für Entwicklungsbezogene Bildung Stuttgart (1985) oder der Landesarbeitskreis Dritte Welt in der Grundschule/Horlemann (1993) publizieren Broschüren, die im Titel die Frage aufwerfen „Dritte Welt in der Grundschule – Geht denn das?". Selbstverständlich wird diese rhetorische Frage mit konstruktiven Anregungen bejaht. Bei Zahn (1993, S. 178) heißt es: „'Zu fern, zu früh, zu schwierig, zu traurig, zu politisch'... so habe ich später versucht die Einwände zu bündeln, und es scheint, als andere ähnliche Erfahrungen gemacht haben, der Satz ist oft wiederholt worden".

[43] Das Projekt ist 1993 auf die Klassen 5-10 ausgeweitet worden und heißt seitdem „Eine Welt in der Schule. Klasse 1-10".

bewegung von unten, die gegen Widerstände in Kultusbehörden, Lehrplänen, Fachdidaktiken, Schulbüchern oder Fortbildungseinrichtungen etabliert worden sei (vgl. ebd., S. 175-181).

ad (1): Um die Bedenken gegen die Behandlung des Dritte Welt-Problems im Primarbereich auszuräumen, legt Schmitt (1979) zunächst eine empirische Untersuchung über die Einstellungsentwicklung bei Kindern vor. Schmitt bilanziert diese Studie auf einem Entwicklungspädagogischen Workshop der Nationalen Kommission zum Internationalen Jahr des Kindes wie folgt:

„Will man positive Beziehungen zu Menschen anderer Hautfarbe, anderer Sprache, anderer Lebensgewohnheiten usw. fördern – zweifellos eine unabdingbare Voraussetzung für ein partnerschaftliches Verhältnis der Bundesrepublik zur Dritten Welt –, muß man schon im Elementar- und Primarbereich didaktisch-methodisch geeignete Maßnahmen ergreifen, die den Kindern dieser Altersstufe emotional fundierte, gleichzeitig auch differenzierte Einstellungen gegenüber Angehörigen anderer Völker ermöglichen" (1980, S. 39f).

Schmitt beglaubigt hier nicht nur die Möglichkeit, Einstellungen von Kindern gegenüber der Dritten Welt positiv zu beeinflussen. Er konstruiert Einstellungsänderungen als eine „unabdingbare Voraussetzung" dafür, „daß ein partnerschaftliches Verhältnis der Bundesrepublik zur Dritten Welt" entsteht. Diese Verknüpfung schafft die Voraussetzung, von einer Notwendigkeit der Implementierung geeigneter methodisch-didaktischer Maßnahmen zu sprechen. Mit der empirisch beglaubigten Bedarfsdiagnose an einer kindgerechten Dritte Welt-Pädagogik sind die Voraussetzungen für das Projekt „Dritte Welt in der Grundschule" geschaffen. Das Projekt beginnt 1979 mit Unterstützung des BMZ und in Zusammenarbeit mit dem Arbeitskreis Grundschule – Der Grundschulverband.[44] Seine Zielsetzung lautet, „in allen Grundschulen der Bundesrepublik praxisbewährte Unterrichtsbeispiele einzuführen, die eine positive Einstellung gegenüber Völkern und Kindern der Dritten Welt fördern können (Erster Projektantrag an das BMZ vom 7. 2. 1979, zitiert nach Schmidt/Ehlers 1989, S. 7). Medium der Implementierung der Dritte Welt-Pädagogik in die Primarstufe ist vor allem der Beihefter „Dritte Welt in der Grundschule" zu den wichtigsten Grundschulzeitschriften der Bundesrepublik, der mit einer Auflage von 120.000 Exemplaren eine enorme Resonanz im Bereich der Erziehungspraxis erreicht.[45] Dessen Anspruch besteht darin,

---

[44] Schmitt beschäftigte sich mit der Frage einer kindgemäßen Dritte Welt-Pädagogik bereits seit den frühen siebziger Jahren, in dem er in Anlehnung an die Curriculumbewegung ein Curriculum „Dritte Welt in der Vorschule. Curriculum zur sozialen und politischen Erziehung im Elementar- und Primarbereich" entwickelt (vgl. Schmitt 1975, Schmitt/Bartholomäus 1976). In dieser Phase entsteht auch die Kooperation zwischen Schmitt, dem Arbeitskreis Grundschule und dem BMZ. Auch hier übernimmt das BMZ in finanzieller und publikationstechnischer Hinsicht wiederum Leistungen, die man vom Pädagogischen Establishment erwartet.

[45] Der Beihefter hieß von 1979 bis 1993 „Dritte Welt in der Grundschule" und lag den gerade von Lehrer/innen stark rezipierten Grundschulzeitschriften „Die Grundschulzeitschrift",

8. Dritte Welt-Pädagogik und entwicklungspolitische Bildung im Erziehungssystem

den „Weg in die Klassenzimmer" zu finden und Lehrer/innen bereits in der Schulpraxis erprobte Unterrichtsmodelle zur Verfügung zu stellen:

„Das besondere Gütezeichen dieser Unterrichtsbeispiele heißt: praxiserprobt – praxisbewährt. Wir veröffentlichen kein Unterrichtsbeispiel, das nicht mehrfach von Lehrerinnen und Lehrern in Grundschulklassen durchgeführt worden ist" (ebd.).

Die Konzipierung dieser Unterrichtsbeispiele – in den ersten zehn Jahren wurden etwa 70 Modelle veröffentlicht, zwischen 1989 und 1997 stellt ein Kompendium weitere 40 Unterrichtsmodelle vor (vgl. Schmitt 1997) – wird verknüpft mit der Durchführung jährlicher Lehrer/innenfortbildungen, die der Erarbeitung der Modelle dienen und zudem für die Verankerung des Projektes bei der Zielgruppe sorgen. Didaktisch plädiert das Projekt für die Wahl affektiver Methoden, „die den emotionalen Bewertungshintergrund von Kindern in Bewegung bringen können" und dem „Prinzip der sozialen Nähe" folgen (ebd., S. 8). Interventionsstrategisch setzt es primär auf die kurzfristig erreichbaren bzw. veränderbaren Medien von Lehrer/innen und Unterrichtsmodellen.[46] Neben der Orientierung an Praxisbedürfnissen muß auch die institutionelle Anbindung an den Arbeitskreis Grundschule – Der Grundschulverband e.V. als Grund für den Erfolg des Projektes gewertet werden. Der Arbeitskreis ist Schnittstelle professioneller Interessenorganisation und pädagogischer Selbstvergewisserung der Grundschullehrer/innen – letzteres forciert von grundschulpädagogischen Instituten (z.B. der Johann Wolfgang Goethe-Universität Frankfurt/M.). Er kann als Katalysator sowohl für die Identifizierung der Lehrer/innen mit dem Thema[47] als auch für die grundschulpädagogische Legitimierung durch die Erziehungswissenschaft gedeutet werden.
Elf Jahre nach Projektbeginn und dem Essener Workshop zum Internationalen Jahr des Kindes bilanziert Schmitt die Etablierung der Dritte Welt-

---

„Grundschule" und „Lehrermagazin Grundschule" bei. 1993 bekam der Beihefter den Namen „Eine Welt in der Schule. Klasse 1-10" und war neben den Grundschulzeitschriften jetzt auch einschlägigen fachdidaktischen Zeitschriften wie „Geographie heute" ,"Praxis Deutsch", „Unterricht Biologie" oder „Grundschulunterricht" – Zeitschrift für den Erdkundeunterricht" beigefügt. Die Angabe zur Auflage findet sich bei Schmidt (1997, S. 320). Vor der Umbenennung und Ausweitung auf die Klassen 5-10 erreicht der Beihefter eine Auflage von fast 50.000 Exemplaren (vgl. Schmitt/Ehlers 1989, S. 7).

[46] Diese Strategie war bereits vom UNESCO-Institut für Pädagogik favorisiert worden. Die Absicht einer langfristig zu realisierenden Etablierung des Programms über Lehrpläne teilt das Projekt jedoch auch: „Große Bedeutung messen wir der Lehrplansynopse bei (...). Wir haben die Grundschullehrpläne aller elf Bundesländer analysiert und auf Ansatzpunkte bzw. die direkte Verankerung des Themas ,Dritte Welt' überprüft. Auf diese Weise wollen wir die Legitimationsgrundlage für die Dritte Welt-Thematik in den Grundschullehrplänen deutlich hervorheben – denn viele Kolleginnen und Kollegen fragen immer wieder nach dieser Legitimationsgrundlage, wenn man von ihnen erwartet, das Thema ,Dritte Welt' in ihren Unterricht aufzunehmen" (Schmitt 1997, S. 7).

[47] Wenn der Grundschulverband die Dritte Welt-Problematik als pädagogische Aufgabe deklariert und entsprechende Praxisangebote offeriert, dann erhöht dies die Wahrscheinlichkeit, daß Lehrer/innen das Problem zum Unterrichtsthema machen.

8. Dritte Welt-Pädagogik und entwicklungspolitische Bildung im Erziehungssystem

Pädagogik im Primarbereich als weitgehend gelungen.[48] Es sei „eine langjährige, kontinuierliche, bundesweit erprobte Unterrichtspraxis im Lernbereich ‚Dritte Welt' – zumindest für den Elementar- und Primarbereich" festzustellen (Schmitt 1991, S. 74). Diese erfolgreiche Etablierung hindert Schmitt jedoch nicht, weiterhin Defizite zu diagnostizieren und diese mit Verbesserungsaspirationen bearbeiten zu wollen. Diese *Second-Order-Defizite* („zu spät, zu sporadisch, zu kognitiv", ebd., S. 79) werden der Bildungsorganisation bzw. -administration zugerechnet (Lehrpläne, starrer Fächerkanon, Unterrichtsform), dem dann die im Projekt bewährten inhaltlichen und methodischen Prinzipien entgegengestellt werden.[49] In diesem Sinne kommuniziert auch das Projekt „Dritte Welt in der Grundschule" die Unabschließbarkeit der pädagogischen Verbesserungsaspiration, die konstitutives Moment der Kommunikationspraxis des Pädagogisches Establishments zu sein scheint.

ad (2): Eine in Teilen andere Deutung der Genese der Dritte Welt-Pädagogik im Primarbereich vertritt Barbara Zahn in dem Handbuch „Entwicklungspolitische Bildung. Bilanz und Perspektiven in Forschung und Lehre" (Scheunpflug/Treml 1993). Ihre Lesart gewinnt Relevanz, unterstreicht sie doch die besondere Rolle von „engagierten Lehrer/innen", die für die Etablierung der Dritte Welt-Pädagogik gesorgt haben. Damit schließt sie nicht nur an die bereits von Hug/UNESCO-Institut für Pädagogik eingeführte Referenz auf den Lehrer als Medium der Verbesserung des Erziehungssystems (vgl. Kap. 8.2.3). Ihre These wirft auch die Frage nach dem Pädagogischen Establishment als zentrale Pädagogisierungsinstanz neu auf.

Die zentrale These Zahns lautet, daß die pädagogische Programmierung des Dritte Welt-Problems im Primarbereich Resultat einer „Basisbewegung" und „von unten" gegen die „Widerstände" von Kultusbehörden, Lehrplänen, Fachdidaktiken, Schulbüchern oder Fortbildungseinrichtungen angestoßen und umgesetzt worden sei: „Diese Arbeit ist ausgegangen, ausgedacht, ausgestaltet, ausprobiert und gegen Widerstände ausgestanden worden – und wird es noch – von Grundschullehrern, d.h. also vor allem von Lehrerinnen. Und, nicht zu vergessen von Grundschulkindern" (Zahn 1993. S. 175f). Zahn rekonstruiert die Entstehung der Dritte Welt-Pädagogik im Rückgriff auf die Kommunikationsform Protest. Ihr Ausgangspunkt ist die im emotional verstärkten Modus vorgetragene Feststellung einer ungenügenden Berücksichti-

---

[48] Wiederum präsentiert auf einem *Joint-Venture* von Pädagogischem Establishment und Erziehungspraktikern, dem bereits in seiner Bedeutung für die Dritte Welt-Pädagogik analysierten Kölner Kongreß „Der Nord-Süd-Konflikt. Bildungsauftrag für die Zukunft".

[49] Inhaltlich wird eine Differenzierung in fünf Stoffgebiete (Solidarität mit Minderheiten, Leben und Arbeiten in anderen Ländern, Lernen in fremden Kulturen, Überwindung von Hunger und Elend, Produkte aus fremden Ländern) vorgeschlagen, methodisch werden die Prinzipien „fächerübergreifend, kontinuierlich, motivierend, erfahrungsoffen, handlungsorientiert" favorisiert (Schmitt 1991, S. 79ff).

8. Dritte Welt-Pädagogik und entwicklungspolitische Bildung im Erziehungssystem

gung der Thematik im Unterricht.[50] Die eigene Rolle wird als die einer engagierten Lehrerin präsentiert, die sich als ehemalige Entwicklungshelferin und Aktivistin in Dritte Welt-Aktionsgruppen zwar selbst einer „verstreuten Minderheit" zurechnet (ebd., S. 179), der es aber im Rahmen von „so etwas wie Selbsthilfegruppen" gelungen sei, mit „Zivilcourage und pädagogischer Leidenschaft" den Lernbereich ansatzweise zu etablieren und vor dem Verbleiben im „Mauerblümchen"-Dasein zu bewahren (ebd., S. 181). Strukturierendes Moment der gesamten Bilanzierung ist der Widerstand, mit denen sich das schulische Engagement für die Dritte Welt auseinandersetzen muß. Das baden-württembergische Kultusministerium habe ihr Ansinnen einer Berücksichtigung von Dritte Welt-Fragen im Lehrplan zum persönlichen Hobby degradiert. Ebenso sei ein von ihr verfaßter Beitrag über Interkulturelles Lernen durch die Zeitschrift der Landestelle für Erziehung und Unterricht abgelehnt worden (ebd., S. 178). Das pädagogische Engagement für die Etablierung der Dritte Welt-Pädagogik liest sich bei Zahn wie eine kontinuierliche Protestgeschichte, die an das von Kitsuse/Spector entwickelte Phasenmodell der Karriere sozialer Probleme erinnert (vom Agenda-Setting über die als ungenügend erachtete routinierte Einverleibung in den Schulbetrieb[51], die Anlaß zu neuen, erweiterten Aspirationen gibt). In Zahns Lesart bleibt auch das Bremer Projektes zur Programmierung der Dritte Welt-Pädagogik in die protesthafte Auseinandersetzung eingeordnet. „Dritte Welt in Grundschule" wird zum Teil der Selbsthilfebewegung gemacht (ebd., S. 181), was jedoch dessen institutionelle Verankerung im Erziehungssystems völlig unterschlägt.[52] Diese Leugnung ist notwendig, um das binäre Schema „Basisbewegung" versus „Establishment" aufrechtzuerhalten. Für Zahn ist offensichtlich, daß die Erfolge bei der Etablierung der Dritte Welt-Pädagogik allein dem Engagement von engagierten Lehrer/innen zuzuschreiben sind, ohne die das Bremer Projekt nicht denkbar wäre. Dieses wird gewürdigt, weil es die Stimme der Basis

---

[50] „Um es kurz zu sagen: Anfang der 70er Jahre war das Thema in der Grundschule nicht nur wenig opportun, es war nicht existent. (...) Eine Bilanz von 1974 und nochmals 1979 war quantitativ und qualitativ gesehen deprimierend" (ebd., S. 177f).

[51] Zur gegenwärtigen Situation des Lernbereichs, die von Schmitt als zufriedenstellend bewertet worden war, heißt es bei Zahn: „200.000 Hefte im Jahr an deutschen Schulen, ein Katalog von Materialien, engagierte LehrerInnen, beifällige Äußerungen von Schülern (...), ein Plädoyer für ‚Interkulturelles Lernen in der Schule' vom Kultusministerium Baden-Württembergs (...). Eine Erfolgsbilanz? Drei kurze ernüchternde Episoden dazu". Es folgt die Schilderung einer ablehnenden Reaktion des baden-württembergischen Kultusministeriums auf eine Anmahnung des Landarbeitskreises ‚Schule und Eine Welt'; der enttäuschte Kommentar zum Beteiligungsverhalten von LehrerInnen beim Grundschulkongreß 1989, die anstatt Arbeitsgruppen zu den Themen Asyl oder Dritte Welt lieber ‚Themen der Stille' wählen. Schließlich berichtet Zahn vom inkompetenten Referenten des Kultusministeriums, der „eigentlich noch nie von der Thematik je gehört (hatte)" (ebd., S. 185f).

[52] Die Resonanz des Projektes wäre ohne etablierte Verlage, die den Beihefter ihren Grundschulzeitschriften anfügen genauso wenig denkbar, wie ohne Kultusministerien, welche die Lehrerfortbildungen des Projektes offiziell anerkennen.

ernst genommen habe: „Mit am wichtigsten ist m.E., daß LehrerInnen sich in diesem Projekt als Experten ernst genommen fühlen, ihre Arbeit für wert und wichtig und diskussionswürdig geachtet wird" (ebd., S. 182).

Anlaß zur weiteren Interpretation liefern zwei Konstruktionen, die Aufschluß über Anspruch und Begründungsmuster der von Zahn konzipierten Dritte Welt-Pädagogik geben. Mit Verweis auf die rassistischen Überfälle zu Beginn der neunziger Jahre sieht Zahn die Aversion gegen Fremde als „späte Bestätigung für das (...), was seit 20 Jahren befürchtet worden war, wogegen man hatte immunisieren wollen" (ebd., S. 179). Der Anspruch von Dritte Welt-Pädagogik und Interkulturellem Lernen wird hier als Immunisierung konstruiert. Der der Medizin entlehnte Begriff der Immunisierung transportiert eine äußerst starke pädagogische Machbarkeits- und Kausalitätsvorstellung, bei der das Subjekt – hier das Kind – durch Pädagogik unempfänglich gemacht werden soll für Vorurteile gegenüber Fremden und der Dritten Welt. Die zweite Konstruktion behauptet eine natürliche Motivation des Kindes zur Faszination am Fremden – im positiven wie im negativen Sinne. Zahn beschreibt die Programmierung der Dritte Welt-Pädagogik nicht nur wegen des Engagements der Lehrer/innen als Basisbewegung von unten, sondern auch deshalb, weil das Kind selbst an der Dritten Welt interessiert sei, wenn die Pädagogen es nur lassen. Mit diesem Argument wird dem Einwand begegnet, Kinder seien im frühen Alter nicht vorbereitet, sich mit dem Fremden und Fernen auseinanderzusetzen. Da Zahn von einer immer schon bestehenden Auseinandersetzung der Kinder mit dem Fernen ausgeht, komme es darauf an, diese pädagogisch verantwortlich zu führen. Damit wird das pädagogische Verhältnis der „Beeinflussung" zwischen Erzieher und Zögling legitimiert:

„Schüler sind keine tabula rasa. Einstellung, soziale Grundhaltungen und emotionale Wertungen entstehen in früher Kindheit. Sie sind weder natürliche Trends noch unabänderbar. Sie können und sie sollten, so die Erfahrung, dann beeinflußt werden, wenn sei entstehen und nicht erst, wenn sie sich schon über Jahre hinweg verfestigt haben" (ebd., S. 180).

Ungeachtet der blinden Flecken in Zahns Lesart einer von unten erfolgten Programmierung der Dritte Welt-Pädagogik im Primarbereich, die aus der systematischen Leugnung der Anteile des Pädagogischen Establishments an diesem Prozeß resultiert, bleibt eine weitere Differenzierung der Hypothese vom Pädagogischen Establishment als Pädagogisierungsinstanz im Erziehungssystem festzuhalten. Die Genese der Dritte Welt-Pädagogik im Primarbereich zeigt deutlich den Anteil von Lehrer/innen an dieser Programmierung. Sie kommen nicht nur als passive Adressaten der Verbesserungsaspirationen von Unterrichtsmodellen, Praxisanleitungen und thematisch einschlägigen Fortbildungen in Frage, sondern sind selbst an der Einspeisung dieser Reformkommunikationen beteiligt. Dieser Befund kann nicht in dem Sinne generalisiert werden, daß für die Praktiker/innen wie für das Pädagogische Establishment ein strukturelles Interesse an Reformen besteht. Nur Lehrer/innen, bei denen eine Koppelung an Protestkommunikationen der Dritte Welt-

Bewegung zu beobachten ist, erachten Reformen auch im Erziehungssystem für wesentlich, um zu einer Lösung des Dritte Welt-Problems beizutragen. Die auf semantischer Ebene zu verortende lose Koppelung von Protestkommunikation und pädagogischen Reformabsichten findet sich in Gestalt der „engagierten Lehrer/innen" auch im Primarbereich wieder.

Insgesamt läßt sich für die Etablierung der Dritte Welt-Pädagogik im Primarbereich eine Konstellation destillieren, in der das Dritte Welt-Problem erstens auf eine Grundschulpädagogik trifft, die sich in Gestalt des Projektes „Dritte Welt in der Grundschule" um Orientierungsleistungen für die Schulpraxis bemüht, zweitens die institutionelle Anbindung an die Interessenorganisation und fachliche Selbstvergewisserungsinstanz Grundschulverband erfährt sowie drittens durch engagierte Lehrer/innen, die in der Regel über eigene Erfahrungen in der Dritten Welt und/oder in Aktionsgruppen der DWB verfügen, pädagogisch aufgegriffen wird. Diese Konstellation von Pädagogischem Establishment, offizieller Anbindung an die Selbstorganisation der Grundschullehrer/innen und davon zu unterscheidenden „engagierten Lehrer/innen" kann als entscheidender Faktor für die erfolgreiche Etablierung der Dritte Welt-Pädagogik im Primarbereich identifiziert werden.

8.4. Die permanente Reform der Dritte Welt-Pädagogik

Den vorherigen Abschnitten, welche die Fragen nach dem „Wann" und dem „In welchem Maße" (Kap. 8.1.) sowie dem „Wie" (Kap. 8.2.) der Pädagogisierung des Dritte Welt-Problem im Erziehungssystem bearbeitet haben, liegt eine Untersuchungsperspektive zugrunde, die Dritte Welt-Pädagogik als pädagogisches Zweckprogramm begreift, das sich über den spezifisch thematischen Bezug auf das Dritte Welt-Problem und darauf abgestellte Absichten zur Verbesserung individueller Dispositionen definiert. Im folgenden Abschnitt soll die Frage bearbeitet werden, ob die Pädagogisierung sozialer Probleme im Erziehungssystem auch Resonanz auf der Ebene von Konditionalprogrammen erzeugt hat. Zu Beginn dieses Kapitels wurde die Didaktik, d.h. der Bereich der verschiedenen pädagogischen Methoden, als Ausdrucksform von Konditionalprogrammen im Erziehungssystem ausgewiesen. Gibt es eine didaktische Diskussion um die Dritte Welt-Pädagogik und wenn ja, wie wird eine solche geführt?

Treml identifiziert als erste „Generation" der Dritte Welt-Pädagogik eine Didaktik, die mit dem Schema „Information – Einsicht – Handlung" operiert:

„Man unterstellte, daß der westdeutschen Bevölkerung in erster Linie Informationen fehlen (eine damals auch in seiner pauschalen Form sicher zutreffende Unterstellung); zum zweiten unterstellte man aber auch, daß andere Informationen mehr oder minder automatisch

8. Dritte Welt-Pädagogik und entwicklungspolitische Bildung im Erziehungssystem

auch andere Einsichten erzeugten und man unterstellte zum dritten, daß aus Einsichten mehr oder minder automatisch politische Handlungen folgen" (Treml 1982b, S. 23).

Eine Variante dieser Aufklärungsdidaktik erklärt den problematischen Bewußtseinszustand der Bevölkerung nicht mit fehlenden, sondern mit falschen, und das heißt ideologisch verzerrten Informationen (vgl. Bülow 1970, S. 16). Die analysierten Curriculamodelle von Meueler (vgl. Kap. 8.2.3.) können als Fortentwicklung der informationsorientierten Aufklärungsdidaktik gelten. Angestoßen durch die Curriculumtheorie revidieren sie das klassisch didaktische Schema insofern, als an die Stelle einfacher Information rational aufbereitete Lernziele, Inhalte und Methoden treten. Es bleibt jedoch die Unterstellung, daß mit Hilfe eines curricular geplanten Vorgehens sowohl Einsichten als auch Verhaltensweisen beeinflußbar seien. Gemeinsam ist sowohl der ‚klassischen' wie der curricular revidierten Dritte Welt-Pädagogik, daß „ein Input Einfluß auf die Einsicht von Individuen nehmen soll und daß unterstellt wird, daß diese neue Einsicht auch neue Verhaltensfähigkeit als Output zur Folge hat" (Treml 1982b, S. 26). Genausowenig wie spätere Varianten kann sich die curricularisierte Dritte Welt-Pädagogik dem permanenten Zwang zur Reform entziehen. Die der Erneuerung stets vorausgehende Kritik wendet sich gegen drei Prämissen, welche die kognitiv orientierte entwicklungspolitische Bildung geleitet haben:

„Hauptproblem ist nicht die fehlende Information, sondern die Resignation. Wirksame Lernmotivation gibt es nicht ohne Betroffenheit. Der Glaube an die automatische Wirkung der Einsicht auf das Verhalten ist ein Aberglaube. Es sind drei Mythen der Pädagogik, die hier in Frage gestellt werden: der Mythos von der Allmacht sachlicher Information. Der Mythos von der Allmacht pädagogischer Verhaltenskonditionierung. Der Mythos von der autonomen Vernunft des Lernenden" (ebd., S 26).

Diese Kritik schließt unmittelbar an Frustrationserfahrungen an, mit Aufklärung keine durchschlagende Verbesserung des Dritte Welt-Problems bewirkt zu haben. Treml verortet die aus dieser Kritik abgeleiteten Neuansätze vor allem im Spektrum der DWB. Sie habe Innovationen aus der Didaktik des politischen Lernens und der Erwachsenenbildung aufgenommen und eine neue Fassung von Dritte Welt-Pädagogik entwickelt, für die zwei Prinzipien kennzeichnend sind: 1. Teilnehmerorientierung und 2. Organisierung von Erfahrungen von Gegenmacht im Nahbereich. Die gezielte Ausrichtung der pädagogischen Praxis von Aktionsgruppen an ihren Zielgruppen und Teilnehmer/innen wird jetzt im Anschluß an die Überlegungen zur politischen Didaktik von Giesecke[53] für zwingend erforderlich gehalten, denn „solange die Menschen mit ihren Erfahrungen, Ängsten und verstümmelten Hoffnungen nicht ernstgenommen werden, kann auch kritische Aufklärungsarbeit nicht politisch wirksam werden" (Holzbrecher 1978b, S. 13). Das zweite Prinzip

---

[53] Giesecke's „Didaktik der politischen Bildung" wurde 1965 erstmals veröffentlicht. Sie übte eine enorme Resonanz auf die gesamte politische Bildung aus.

8. Dritte Welt-Pädagogik und entwicklungspolitische Bildung im Erziehungssystem

der sich am Alltag der Teilnehmer/innen orientierenden Dritte Welt-Pädagogik basiert auf der „Nahbereichsthese". Sie wurde maßgeblich in einem Projekt um Hans-Eckehard Bahr und Marianne Gronemeyer konzipiert und vor allem für den Bereich der entwicklungspädagogischen Erwachsenenbildung fruchtbar gemacht (Bahr/Gronemeyer 1977, Bahr 1980).[54] Die Nahbereichsthese postuliert, daß „entwicklungspolitische Alphabetisierung" „in den Konfliktfeldern des kommunalen Alltags" anzusetzen habe (Bahr 1977, S. 65). Im Kontrast zur ideologiekritisch-deduktiv verfahrenden Didaktik argumentiert die Nahbereichsdidaktik induktiv:

„Aber nur da, wo es gelingt, in kleinen, unmittelbar konfliktorientierten lokalen Befreiungsversuchen wenigstens einmal das Bewußtsein möglicher Autonomie herzustellen, könnte es zu einer aktiven Sensitivierung auch für die Konflikte und Leiden anderer kommen" (Bahr 1977, S. 71).

Dieses Vorgehen, das seinen Fokus nicht mehr auf (Gegen-)Aufklärung und damit kognitive Lernziele, sondern gleichberechtigt auf affektive und handlungspraktische Aspekte richtet, ermögliche es, die für entwicklungspädagogische Lernprozesse hinderliche Frustration zu überwinden. Sind die aufklärungs- und curricularorientierten Dritte Welt-Pädagogiken primär am Lerninhalt Dritte Welt interessiert, so läßt sich im Nahbereichsansatz eine Wendung auf die subjektive Erfahrungswelt der Teilnehmer/innen konstatieren (vgl. exemplarisch Rumpf 1977). Diese Fokussierung der Erfahrungsdimension läßt nicht nur die Dritte Welt als Lerninhalt zurücktreten[55], sondern erweist sich unmittelbar anschlußfähig an die pädagogische Tradition, „dem Schüler eine auch emotionale Identifikation mit den Menschen der Dritten Welt zu ermöglichen" (Weißhaar 1976, S. 111).[56] Resonanz hat der Nahbereichsansatz gerade auch in der pädagogischen Praxis der Dritte Welt-Bewegung ausgelöst (vgl. Schmied 1981). Kritisiert worden ist der Ansatz hinsichtlich des von ihm unterstellten, aber nicht begründeten moralischen Automatismus, die Be-

---

[54] Ähnlich wie bei Meueler weist das Projekt eine hohe personale und programmatische Nähe zu den Aktionsgruppen der Protestbewegungen auf: Wir hoffen, (...) daß die Sehnsucht nach und die noch so kümmerliche Verwirklichung von nicht ausbeuterischen Lebensformen von mittelbarer Folgewirkung für eine andere Weltinnenpolitik ist. Alternative Lebensformen, Kampf gegen Zerstörung von Stadt und Land, von Beziehungen zu mir selbst und zu anderen, sind als solche Vorwegrealisierungen einer Zukunft der Gleichheit – auch in der Dritten Welt. (Lernen hier ist Zukunft dort.) Wir widmen dieses Buch allen denen, die von Büchern nichts mehr erwarten, aber von solchem Befreiungshandeln viel (Gronemeyer/Bahr 1977, S. 5).

[55] Bei Rumpf heißt es: „Deshalb kann es zweckmäßig sein, Bildung in Sachen Dritte Welt zu betreiben, an sich, mit anderen – ohne daß dabei ausdrücklich Dritte Welt-Fragen beim Namen genannt werden" (1977, S. 12).

[56] Weißhaar schlägt in seinem Bericht über den von ihm erprobten Unterricht vor, Brieffreundschaften zwischen Schülern/innen in der Ersten und Dritten Welt zu initiieren oder Romane aus der Dritten Welt als Unterrichtslektüre auszuwählen. Dies könne die gewünschte emotionale Identifikation stiften.

schäftigung mit dem Nahen motiviere zwangsläufig zu einer Auseinandersetzung mit dem Fernen (vgl. Benedict 1977, S. 210f).

Wenn es zutrifft, daß die DWB ihre affirmative Bezugnahme auf die Dritte Welt im Gegensatz zur Umwelt- und Friedensbewegung weder durch persönliche Betroffenheit noch auf der Basis von materiellen Eigeninteressen und egoistischen Nutzenkalkülen begründen kann, ist der Rekurs auf Moral naheliegend (vgl. Kap. 6.3.). Dieser universalistische Rekurs auf Moral als Gegenposition zur partikularistischen Nahbereichsdidaktik wird besonders im Umfeld der Zeitschrift für Entwicklungspädagogik (ZEP) kommuniziert, die 1978 aus dem Arbeitskreis Dritte Welt Reutlingen hervorgegangen ist.[57] Im Editorial der Erstausgabe wird die normative Ausrichtung der Entwicklungspädagogik grundgelegt (vgl. ZEP Nr. /1978, S. 4f). Entwicklungspädagogik ist der „Versuch, auf (globale, lokale und individuelle) Probleme von Unter- und Überentwicklung eine pädagogische Antwort zu geben" (Treml 1980c, S. 13). Das Programm ist maßgeblich von Alfred Treml konzipiert worden, der als Nestor der bundesrepublikanischen Entwicklungspädagogik gilt.[58] Im direkten Anschluß an die analytische Prämisse der Dritte Welt-Bewegung definiert Treml als Gegenstand der Entwicklungspädagogik „zunächst und vor allem die 1. Welt und die von ihr ausgehenden (...) Entwicklungsprobleme" (1982b, S. 14). Ausgehend von dieser Definition wird Entwicklungspädagogik die Aufgabe zugeschrieben, die Partikularansätze von Dritte Welt-, Friedens-, oder Umweltpädagogik zu integrieren und „auf ein moralisch Allgemeines" zu bringen" (Treml 1979, S. 3). Einerseits ist damit die „Befreiung der unterdrückten Menschen in der Dritten Welt" gemeint (Treml 1982b, S. 35), andererseits wird das „Moralisch-Allgemeine" auf die Würde aller Menschen hin entgrenzt (vgl. Treml 1980b, S. 88f).

---

[57] Treml notiert die Besonderheit der Zeitschrift für Entwicklungspädagogik (ZEP) darin, daß sie „kein Kind einer etablierten Institution" sei, „sondern aus einer politischen Basisgruppe kommt" (1980a, S. 6). Anlaß der Herausgabe der ZEP sei das Fehlen eines Periodikums innerhalb der vielfältigen Protestbewegungspublizistik, das schwerpunktmäßig pädagogische Vermittlungsprobleme thematisiere. Die pädagogische Frage in den Bewegungskommunikationen ausdrücklich und offen zu diskutieren, ist Anspruch der Herausgeber (vgl. ZEP Nr. 1/1978, S.2).

[58] Tremls Beiträge weisen Referenzen in unterschiedliche Systemkontexte auf. Sie kommunizieren gleichzeitig Protest im Rahmen der DWB, sie beabsichtigen, die pädagogische Praxis zu erneuern und versuchen zudem, die Innovation auf der Theorieebene erziehungswissenschaftlich zu begründen. Entsprechend vielfältig sind die Wirkungsräume Tremls. Er ist sowohl Mitinitiator des Arbeitskreises Dritte Welt Reutlingen wie der Zeitschrift für Entwicklungspädagogik. Er editiert die ersten einschlägigen Monographien zur Entwicklungspädagogik (Treml 1980a; 1982a) wie auch die erste kommentierte Reihe zu entwicklungspädagogischen Unterrichtsmaterialien (Arbeitskreis Dritte Welt Reutlingen 1979). Schließlich ist er seit Ende der siebziger Jahre wissenschaftlicher Mitarbeiter an der Universität Tübingen, wo er auch habilitiert. Später wird er Professor für Erziehungswissenschaft an der Universität der Bundeswehr in Hamburg.

8. Dritte Welt-Pädagogik und entwicklungspolitische Bildung im Erziehungssystem

In den achtziger Jahren differenzieren sich einerseits neue dominierende Foci (Ökologie, Kultur) innerhalb der Dritte Welt-Pädagogik aus, andererseits diffundieren deren didaktische und inhaltliche Schwerpunkte (vgl. Scheunpflug/Seitz 1995a, S. 150). Gerade in der Einführung der Programmoption „Interkulturelles Lernen" läßt sich erneut das bekannte Pädagogisierungsmuster einer Verknüpfung von Krisen- und Reformsemantik erkennen. Bei Schmidt heißt es z.b. einleitend:

„Entwicklungspolitische Bildung steckt in einer Krise. Wie eine Reihe von neueren Analysen zeigen, wird die bisherige Bildungsarbeit vor allem von kritisch Engagierten als unbefriedigend empfunden. Dennoch gibt es kaum Ideen und Materialien, die neue Wege vorschlagen. Man macht so weiter wie bisher" (dies sind die ersten Sätze bei Schmidt 1987b, S. 115).

Es dürfte leichtfallen, alle Jahre wieder eine solche Krisensemantik in Beiträgen zu finden, die sich der Verbesserung der Dritte Welt-Pädagogik verpflichten, die dann jedoch die theoretischen Begründungen und praktischen Vorschläge reproduzieren, die schon die bisherigen Ansätze geprägt haben. Fünfzehn Seiten nach seinen Einleitungssätzen, dort wo es um die Konkretisierung der Programmoption geht, fordert Schmidt ein „Curriculum Interkulturelles Lernen", dessen „übergeordnetes Bildungsziel" darin bestehe, „die Würde des Menschen als Faktum und als Auftrag in den Mittelpunkt" zu stellen (ebd., S. 140). Nach der Rekonstruktion der bisherigen Konditionalprogramme von Dritte Welt-Pädagogik bleiben Zweifel, ob curriculare Methode und die normative Fundierung von interkulturellem Lernen in der Würde des Menschen das Signum des Innovativen verdienen. Diese Zweifel scheinen jedoch nichts ändern an der Kommunizierbarkeit der pädagogischen Reformaspiration auf der Basis der Kritik am Bisherigen.

Kritisiert wird von den Vertretern des interkulturellen Lernens vor allem, daß die Dritte Welt in den bisherigen Ansätzen nur als hilfsbedürftiges Objekt vorkomme (vgl. Dias/Schmidt 1982, Freise 1982). Interkulturelles Lernen dagegen „vertraut darauf, daß die Menschheit in ihrer geschichtlichen und kulturellen Vielfalt einen ungeheuren Reichtum an menschlichem Sinn und Humanität entwickelt hat", der „in der offenen Begegnung erschlossen und erfahren werden (kann)" (zitiert nach: Scheunpflug/Seitz 1995a, S. 231).[59] Mit Hilfe von vor allem von DWB und Kirchen entwickelten neuen Medien (Ausstellungen, multimediale Baukästen wie dem „Kaffeeparcours") soll die Begegnung mit dem kulturellen Reichtum der Dritten Welt ermöglicht und so der Überwindung einer „Katastrophen- und Postulatspädagogik" Vorschub geleistet werden (Jakob/Siebert 1990, S. 37; Siebert 1993, S. 343).

Nahezu idealtypisch findet sich die auf Dauer gestellte Reformaspiration des Pädagogischen Establishments schließlich auch in der Begründung des

---

[59] Die Quelle ist bei Scheunpflug/Seitz nicht genauer qualifiziert.

8. Dritte Welt-Pädagogik und entwicklungspolitische Bildung im Erziehungssystem

dernier cri der Dritte Welt-Pädagogik: Globales Lernen in der Einen Welt.[60] Zum wiederholten Male kommuniziert das Pädagogische Establishment die Absicht, die Dritte Welt-Pädagogik zu erneuern und an die gesellschaftliche Wirklichkeit anzupassen:

„Diese neue Qualität des globalen Denkens muß Auswirkungen auch auf das schulische Lernen haben, z.B. durch die Revision der historischen, politischen, ökonomischen und kulturellen Sichtweisen, wie sie nach wie vor in Lehrplänen und -materialien sind, aber auch durch eine Neuentdeckung und -entwicklung von Lernmethoden. (...) Die Forderung nach ‚globalem Lernen' muß zu neuen Überlegungen in der curricularen und methodischen Arbeit in der Schule und Lehrerfortbildung führen. Der Lernansatz ‚Global denken und lokal handeln' bietet dabei (...) gute Möglichkeiten zur ständigen Suche nach dem Ganzen" (Schnurer 1993, S. 372).

Eine analytisch nicht ausgewiesene, aber normativ qualifizierte Wertung („neue Qualität des globalen Denkens") zwinge die Pädagogik zur Revision ihrer in Lehrplänen und -materialien enthaltenen Prämissen und zur Erneuerung ihrer Methoden, wobei sich die Originalität des als neu behaupteten Ansatzes („Global denken und lokal handeln") wiederum umgekehrt proportional zu seiner Kommunizierbarkeit verhält.[61]

Versucht man die in diesem Abschnitt rekonstruierte Geschichte der verschiedenen Konditionalprogramme von Dritte Welt-Pädagogik vor dem Hintergrund der Frage nach den Dynamiken von Pädagogisierungsprozessen zu bilanzieren, so fällt als entscheidendes Ergebnis ihre permanente Reform ins Auge. Dritte Welt Pädagogik liest sich wie eine auf Dauer gestellte Reformgeschichte, in der sich pädagogische Ansätze (informationsorientierte/ideologiekritische Aufklärungspädagogik, Curricularer Ansatz, Nahbereichsansatz, Universalistisch-moralische Entwicklungspädagogik, Interkultu-

---

[60] Dessen Resonanz ist vielfältig belegbar. Das Institut für Internationale Zusammenarbeit des Deutschen Volkshochschulverbandes (1998) sieht im Globalen Lernen das didaktische Konzept, das am adäquatesten auf die konzeptionellen Herausforderungen entwicklungspädagogischer Kommunikation reagiert. Die Kultusministerkonferenz hebt in ihrer Empfehlung „‚Eine Welt/Dritte Welt' in Unterricht und Schule" die Eine Welt-Perspektive hervor (vgl. Sekretariat der ständigen Konferenz der Kultusminister der Länder in der Bundesrepublik 1997). Die Kritik von Seitz an der KMK-Empfehlung wiederum zentriert sich um den pädagogischen Ansatz des Globalen Lernens, den die KMK verfehle, weil sie „das überkommene Bild des geschlossenen Bildungskanons" vertrete und „die Eine Welt (...) nur als modische Chiffre" verwende (Seitz 1998, S. 358f). Weitere Belegstellen sind: Forum ‚Schule für die Eine Welt' (1996); Niedersächsisches Landesinstitut für Fortbildung und Weiterbildung (1996); Schirp (1995); Schreiber (1996); Schulstelle Dritte Welt/Eine Welt in NRW (1997).

[61] Bereits in Kap. 7.3.2. wurde die Bedeutung der Unterscheidung global-lokal aus der Perspektive der pädagogischen Leitdifferenz „Vermittlung" für die Dritte Welt-Protestbewegung nachgewiesen. Holzbrecher hält „Transferdenken" im Lernbereich Dritte Welt bereits 1978 für essentiell. Das einzelne und nahe Phänomen soll die „Struktur" des „gesellschaftlichen Ganzen" demonstrieren und vermag auf diese Weise aufbereitet zum Lernen und Handeln zu motivieren (1978a, S. 367-396; hier S. 385).

8. Dritte Welt-Pädagogik und entwicklungspolitische Bildung im Erziehungssystem

relles Lernen, Globales Lernen in der Einen Welt) kontinuierlich überbieten. Immer werden pädagogische Innovationsofferten im Modus der Kritik an den bestehenden Ansätzen kommuniziert, um einige Zeit später von der nächsten pädagogischen Mode abgelöst zu werden. Und immer finden sich Instanzen, die als Pädagogisches Establishment pädagogische Reformkommunikationen produzieren. Die permanente Reform der Dritte Welt-Pädagogik scheint weder aus semantischen Gründen (Pädagogik ist immer Reformpädagogik) noch strukturell (bezogen auf die Selbsterhaltung des Pädagogischen Establishments) zum Stillstand kommen und leerlaufen zu können.

9. Erziehungswissenschaft und Dritte Welt: Zwischen Marginalisierung und segmentärer Differenzierung

Die Erziehungswissenschaft als Teil des Wissenschaftssystems gilt neben dem Erziehungssystem als weitere Systemreferenz, in der Fragen von Erziehung, Bildung, Lernen und Unterricht kommuniziert werden. Wissenschaftliche Disziplinen können allgemein „als historisch im Prozeß sozialer Differenzierung entstandene, thematisch und methodisch gebundene, relativ autonome und weitgehend selbstregulierende Kommunikationszusammenhänge verstanden werden" (Keiner 1999, S. 60; vgl. Stichweh 1987, S. 457ff). Neben der Ausdifferenzierung über Theorieentscheidungen oder die Annahme eingrenzbarer Phänomenbereiche entstehen wissenschaftliche Disziplinen auch im Anschluß an Reflexionstheorien einzelner Funktionssysteme (vgl. Luhmann 1990b, S. 446f). In diesem Sinne würde die Erziehungswissenschaft als Reflexionstheorie an das Erziehungssystems anschließen.[1]

Vor dem Hintergrund der Diskussion zur Formierung der Erziehungswissenschaft und deren Verhältnis zur Erziehungspraxis können zwei Unterscheidungen fruchtbar gemacht werden für die Frage, ob und wie das Dritte Welt-Problem Eingang in die disziplinäre Kommunikation gefunden hat:
(1) Die Unterscheidung zwischen erziehungswissenschaftlichen Teildisziplinen und speziellen Pädagogiken;
(2) Die Unterscheidung zwischen einer normativen und einer kognitiven Selbstbeschreibung der Disziplin, die weitgehend mit der begrifflichen Unterscheidung von Pädagogik und Erziehungswissenschaft einhergeht.

ad (1) die Binnenstruktur der Erziehungswissenschaft (EW)[2] wird üblicherweise zweistufig geordnet: auf einer ersten Ebene werden erziehungswissen-

---

[1] Mit welcher Perspektive sie diesen Anschluß organisiert, ist eine empirische Frage und Gegenstand einer Reihe jüngerer Untersuchungen zur Formierung der Erziehungswissenschaft. Zu nennen sind z.B. die Untersuchung zur kommunikativen Praxis der Erziehungswissenschaft in ihren Kernzeitschriften (vgl. Keiner (1999); die Untersuchung zur Lehrgestalt der Erziehungswissenschaft (vgl. Hauenschild u.a. 1993; Hauenschild 1997; Herrlitz 1996); das Projekt „Thematische und methodische Entwicklung im Fach Erziehungswissenschaft – Analysen zu einigen Aspekten des Formierungsprozesses einer Disziplin", das erziehungswissenschaftliche Qualifikationsarbeiten unter der Fragestellung disziplinärer Wandlungsprozesse rekonstruiert (vgl. Eigler/Macke 1992, 1994; Macke 1990, 1994) oder das Projekt des Max-Planck-Instituts für Bildungsforschung zur institutionellen und personellen Infrastruktur der Disziplin (vgl. Baumert/Roeder 1990, 1994); vgl. für zusammenfassende Diskussionen Krüger/Rauschenbach 1994; Pollak/Heid 1994.

[2] Die Feststellung einer zunehmenden Binnendifferenzierung ist das Ergebnis der Untersuchung von Eigler/Macke, die anhand von Qualifikationsarbeiten einen „Wandel der Erziehungswissenschaft von einer ursprünglich auf das Allgemeine ausgerichteten Disziplin zu

9. Dritte Welt-Pädagogik & EW: Zwischen Marginalisierung und segmentärer Differenzierung

schaftliche Teildisziplinen wie Allgemeine/Systematische EW, Historische EW, Vergleichende EW, Sozial-, Sonder-, Schul-, Berufspädagogik sowie Erwachsenenbildung verortet, einer zweiten Ebene werden spezielle Pädagogiken wie interkulturelle Pädagogik, Umwelt-, oder Friedenspädagogik zugeordnet (vgl. Lenzen 1989, S. 1114f). Als Unterscheidungskriterium wird der Bezug der speziellen Pädagogiken auf „länger anhaltende gesellschaftliche Probleme" behauptet (Lenzen 1994, S. 38f).

ad (2) Neben dieser Strukturierung findet sich die Unterscheidung von Pädagogik und Erziehungswissenschaft (vgl. Lenzen 1994; Kade 1999; Oelkers 1990a; Pollak/Heid 1994). Dabei wird mit Pädagogik ein Wissenschaftskonzept verbunden, das beabsichtigt, pädagogische Praxis entlang moralischer Imperative normierend anleiten und verbessern zu wollen (vgl. Lenzen 1994, S. 14). Pädagogik wird als „praktische Wissenschaft" (Baumert/Roeder 1994) gedeutet, die zu „ermutigen" (Flitner 1991) habe. Kognitive Selbstbeschreibungen von Erziehungswissenschaft verzichten hingegen auf den Anspruch, pädagogisches Handeln zu orientieren oder zu verbessern. Sie treten mit der Absicht an, „pädagogische ‚Illusionen' aufzulösen, Anspruch und Realität des Bildungssystems miteinander zu konfrontieren, den ideologischen Anteil der Realitätsbehauptungen idealistischer Pädagogiken zu erweisen" (Flitner 1993, S. 95). Kurzum: Eine sich kognitiv verstehende Erziehungswissenschaft habe theoriegeleitet und distanziert die empirische Wirklichkeit von Erziehung zu beschreiben (vgl. Oelkers 1990).

Ausgehend von der untersuchungsleitenden Frage könnte von Pädagogisierung die Rede sein, wenn sich eine mit dem Dritte Welt-Problem beschäftigende spezielle Pädagogik im Kommunikationszusammenhang der Erziehungswissenschaft nachweisen ließe. Der Versuch, diesen Nachweis zu führen, ist Gegenstand des ersten Abschnitts dieses Kapitels. Wenn sich die Ausdifferenzierung einer solchen Pädagogik – in welchem Maße auch immer – innerhalb der Erziehungswissenschaft nachweisen ließe, wäre in einem zweiten Schritt die Frage zu diskutieren, wie die Dritte Welt-Pädagogik an die Erziehungswissenschaft anschließt. Bestimmt werden soll ihre wissenschaftliche Perspektive entlang der Unterscheidung von normativer Pädagogik und kognitiver Erziehungswissenschaft.

Unter Dritte Welt-Pädagogik ist eine Pädagogik zu verstehen, die als Gegenstand die Problemkonstruktion Dritte Welt verwendet und sich mit dieser Konstruktion an Menschen in der Bundesrepublik adressiert. Spezifisch kennzeichnet diese Pädagogik, daß sie in den Industrieländern für die Industrieländer entwickelt wurde (vgl. Treml 1982b). Begrifflich existieren für eine solche Pädagogik verschiedene in der Regel nicht allgemein anerkannte Bezeichnungen wie Dritte Welt-Pädagogik (vgl. Treml 1982a), Eine Welt-

---

einer Disziplin, die sich in ein Spektrum hochgradig spezialisierter Teildisziplinen aufgelöst hat", konstatiert (Macke 1994, S. 65).

Pädagogik (Pöggeler 1990; 1993), Entwicklungspädagogik (vgl. Treml 1980a; Scheunpflug/Seitz 1993a; 1993b) oder Entwicklungspolitische Bildung (vgl. Scheunpflug/Treml 1993a).³

9.1. Die Dritte Welt in der Erziehungswissenschaft: ein Randphänomen

9.1.1. Disziplinäre Publikationsmedien

Wenn wissenschaftliche Disziplinen sich im Kern über Kommunikationszusammenhänge konstituieren, bietet sich für die Bearbeitung der Fragestellung, inwieweit das Dritte Welt-Problem auch erziehungswissenschaftlich Resonanz erzeugt hat, ein Vorgehen an, welches das kommunikative Kernmedium einer Disziplin in den Blick nimmt: die Publikation (vgl. Stichweh 1987, S. 459f; Keiner 1997, S. 89). Publikationen über Forschungsergebnisse oder theoretische Positionen sind das Medium, mit dem Erkenntnis in disziplinäre Kommunikation eingespeist wird.⁴

Im folgenden sollen drei Typen erziehungswissenschaftlicher Publikationen auf die Thematisierung der Dritte Welt-Problematik und dessen Übersetzungen in eine spezielle Pädagogik näher untersucht werden:
- Zeitschriften
- Handbücher, Lexika, Wörterbücher und Enzyklopädien
- Qualifikationsarbeiten.

Während der Typus Zeitschrift vor allem den zeitspezifischen Aktualitätsbezug erziehungswissenschaftlicher Diskurse kommuniziert, können die Kompendien als Verdichtung disziplinärer *common senses* gelesen werden, über die annähernd ein Zugang zum systematisierten Erkenntnisstand der Erziehungswissenschaft in bezug auf die Dritte Welt-Pädagogik möglich wird.

---

3   Dritte Welt-Pädagogik ist abzugrenzen von Pädagogiken, die zwar auch mit der Unterscheidung Dritte Welt operieren, diese jedoch an Menschen oder pädagogische Prozesse *in* der Dritten Welt koppeln. Für diese Pädagogiken finden sich Bezeichnungen wie Pädagogik in der Dritten Welt (Jouhy/Böhme/Deutscher 1978), Pädagogik Dritte Welt (Dias 1981, o. J.; Dias/Jouhy 1981), Pädagogik der Entwicklungsländer (Röhrs 1971; Schultze 1971) oder Bildungsforschung mit der Dritten Welt (vgl. Flechsig 1981).

4   Damit ist auch die für Wissenschaften zentrale Relation von Publikation und Forschung bestimmt. Forschung meint den „Umgang mit der Gegenstandsumwelt (Problemumwelt) der Wissenschaft unter dem absoluten Primat des Erkenntnisgewinns". Während das Medium Publikation die kontinuierliche Selbstherstellung einer wissenschaftlichen Disziplin im Sinn eines *publish or perish* organisiert, garantiert der Handlungstyp Forschung deren diskontinuierlichen Umweltkontakt. Dieser kann wiederum über Publikationen (und nur über sie) in das System eingebracht werden (Stichweh 1987, S. 468ff).

9. Dritte Welt-Pädagogik & EW: Zwischen Marginalisierung und segmentärer Differenzierung

(1) Erziehungswissenschaftliche Kompendien

Die inhaltsanalytische Auswertung im Untersuchungsbereich der Kompendien zeigt, daß das Dritte Welt-Problem im Sinn einer pädagogischen Beschreibung und Bearbeitung in der Bundesrepublik nur äußerst begrenzt erziehungswissenschaftliche Resonanz erzeugt. Untersucht wurden insgesamt 14 Kompendien, die im Zeitraum zwischen 1971 und 1997 erschienen sind (vgl. Anhang 1). Drei Befunde sind zentral:

Erstens fällt auf, daß drei etwa zeitgleich zu Beginn der siebziger Jahre erscheinende Nachschlagewerke (Pädagogisches Lexikon 1970, Lexikon der Pädagogik 1971, Neues Pädagogisches Lexikon 1971) eine erziehungswissenschaftliche Debatte um die Dritte Welt dokumentieren. Ihr Fokus ist jedoch nicht die pädagogische Thematisierung des Problems unter der Kategorie individueller Bewußtseinsbildung in der Bundesrepublik, wie sie in diesem Zeitraum sowohl im pädagogisierten Diskurs des Bundesministeriums für wirtschaftliche Zusammenarbeit, der Dritte Welt Protestbewegung und der Kirchen wie auch in ersten Programmentwürfen für eine Behandlung des Problems im Erziehungssystem aufscheint. In den Kompendien finden sich vielmehr Einträge unter dem Stichwort „Pädagogik der Entwicklungsländer" (Röhrs 1971; Schultze 1971) bzw. „Bildungsprobleme der Entwicklungsländer" (von Recum 1971). Sie unterscheiden die Kategorie Dritte Welt aus einer modernisierungstheoretischen Perspektive, die nach dem Stellenwert von Bildung und Erziehung in Entwicklungsprozessen fragt. Röhrs verortet die Pädagogik der Entwicklungsländer in der Vergleichenden Erziehungswissenschaft (vgl. auch Schultze 1971), wenngleich er einen Überhang ökonomischer und soziologischer Perspektiven kritisiert und die bislang nur unzureichende Auseinandersetzung der Pädagogik mit den Fragen von Entwicklung und Dritter Welt beklagt. Prämisse der Pädagogik der Entwicklungsländer sei, daß „die Bildung der Menschen der effektive Anfang in diesem komplexen Prozeß (der Entwicklung, M.P) ist". Ausgehend von dieser Prämisse wird „Bildungshilfe" als „Integrationspunkt der Entwicklungshilfe" und als „Aktionsmitte der Pädagogik der Entwicklungsländer" bestimmt (Röhrs 1971, S. 361).

Als zweiter Befund läßt sich eine langsam ansteigende Berücksichtigung spezieller Pädagogiken feststellen. In den Lexika der frühen siebziger Jahre resonieren die speziellen Problempädagogiken (Umwelt-, Friedens-, Ausländer- oder Dritte Welt-Pädagogik) nur schwach. Das Neue Pädagogische Lexikon (1971) und das Kritische Lexikon der Erziehungswissenschaft und Bildungspolitik (1975) weisen überhaupt keine speziellen Pädagogiken aus, die auf soziale Probleme referieren. Das Pädagogische Lexikon (1970) enthält einen Beitrag zur Friedenserziehung. Erst ab Ende der siebziger Jahre lassen sich deutlichere Hinweise auf spezielle Pädagogiken identifizieren. So führt das Kleine Pädagogische Wörterbuch (1979) einen Artikel zur Friedenserziehung; das Handbuch Schule und Unterricht (1985) diskutiert die sozialen Problemthemen Umwelt und Frieden in jeweils eigenen Einzelbänden in ihrer Relevanz für den schulischen Unterricht; Meyers Kleines Lexikon Pädagogik (1988) beschreibt Friedens-, Umweltpädagogik und interkulturelle Erziehung als spezielle Pädagogiken; die Enzyklopädie Pädagogische Grundbegriffe (1989) weist einen Beitrag zur Friedenserziehung auf. Die in den neunziger Jahren erschienenen Kompendien dokumentieren dann allesamt die Etablierung spezieller Pädagogiken. Ob Ausländerpädagogik, interkulturelle bzw. multikulturelle Pädagogik, Friedenspädagogik oder Umwelterziehung, zu all diesen Pädagogiken finden sich Einträge und Artikel (Wörterbuch der Pädagogik 1994; Wörterbuch zur Pädagogik 1995; Kleines Pädagogisches Wörterbuch 1996; Taschenbuch der Pädagogik 1997).

Diese langsam wachsende Berücksichtigung spezieller Pädagogiken weist drittens eine signifikant stärkere Resonanz der Friedens-, Umwelt- und Ausländer- bzw. interkulturellen Pädagogik im Kontrast zur Dritte Welt-Pädagogik auf. Dritte Welt-Pädagogik im Sinne der pädagogischen Bearbeitung des Problems in der Bundesrepublik über das Nadelöhr des Individuums erzeugt so gut wie keine Resonanz in den Kompendien. Die einzigen Hinweise finden sich im Taschenbuch der Pädagogik (1978), das eine „internationale Pädagogik im Sinne der Erziehung zu internationaler Verständigung" als ein Untersuchungsfeld der Vergleichenden Erziehungswissenschaft erwähnt, nicht jedoch weiter erläutert. In der Enzyklopädie Pädagogische Grundbegriffe (1989) werden Berührungspunkte der Friedenserziehung zu Ansätzen konstatiert, die unter den Begriffen Erziehung zu internationaler Verständigung, internationale Erziehung oder Entwicklungserziehung verhandelt werden. Auf der Basis eines weit gefaßten Friedensbegriffes zählt Wulf hier den Nord-Süd-Konflikt und die Probleme internationaler Gerechtigkeit zu zentralen Aspekten der Friedenserziehung (1989, S. 675f). Die Subsumption der Dritte Welt-Pädagogik unter die Friedenspädagogik findet sich auch im Kleinen Pädagogischen Wörterbuch (1979/1996).

Die Marginalität der Dritte Welt-Pädagogik im Kanon sich ausbildender spezieller Problempädagogiken belegt auch der Thesaurus-Pädagogik von 1982, der zwar einen Eintrag Dritte Welt unter der Rubrik allgemeiner soziokultureller Begriff führt, aber keinen Eintrag unter der Kategorie Dritte Welt-Erziehung oder -Pädagogik aufweist.

(2) Erziehungswissenschaftliche Kernzeitschriften

Für die Inhaltsanalyse dieses zweiten Publikationstypus sind drei Zeitschriften ausgewählt worden, von denen angenommen wird, daß sie den Kernbereich der disziplinären Kommunikation hinreichend umfassend repräsentieren (vgl. Keiner 1997, S. 128ff).[5] Es handelt sich um die Zeitschriften:

---

5 Keiner folgend sind diese Zeitschriften von der *scientific community* als allgemeine Kommunikationsmedien der Disziplin anerkannt und weitgehend frei von thematischen oder

9. Dritte Welt-Pädagogik & EW: Zwischen Marginalisierung und segmentärer Differenzierung

- Bildung und Erziehung (BuE)
- Pädagogische Rundschau (PR) und
- Zeitschrift für Pädagogik (ZfPäd)

Von diesen drei Zeitschriften liegen Datensätze vor[6], die insgesamt 5495 publizistische Einheiten enthalten.[7] Gegenstand der Inhaltsanalyse sind die im Datensatz aufgeführten Titel und Untertitel der Zeitschriftenbeiträge. Der inhaltsanalytische Zugriff über Titelbegriffe geht erstens von der Unterstellung aus, daß Überschriften auf Textinhalte verweisen und daß zweitens die gewählte Begrifflichkeit in den Überschriften an den historisch sich verändernden erziehungswissenschaftlichen Kommunikationsraum anschließt und somit Auskunft darüber gibt, was zum jeweiligen Zeitpunkt Thema der Erziehungswissenschaft sein kann. Die Titelanalyse erfolgt zunächst rein quantitativ entlang des im Methodenkapitel vorgestellten Kategorienschemas (vgl. Kap. 5.5.1.) und der Frage, ob das Dritte Welt-Problem vorkommt. Danach werden die gefundenen Beiträge qualitativ analysiert, um ihre Perspektive zu erschließen. Es gilt zu beantworten, ob es sich um eine Thematisierung handelt, die nach der Rolle von Bildung, Erziehung, Lernen oder Unterricht bei der Steuerung des Dritte Welt-Problems in der Bundesrepublik fragt.

Die inhaltsanalytischen Befunde zeichnen ein eindeutiges Bild der Nicht-Resonanz des Dritte Welt-Problems in den Kernzeitschriften der Erziehungswissenschaft. Von 5495 publizistischen Einheiten enthalten nur 34 Beiträge in ihrem Titel Unterkategorien für das Problemlabel Dritte Welt (= 0,6%).[8] Die 34 infragekommenden Artikel weisen jedoch in ihrer großen Mehrheit eine Perspektive auf, in der es entweder um allgemeine internationale Fragen der Erziehungswissenschaft, meist mit Bezug auf die UNESCO, geht (n=11)[9] oder um die Frage, welche Rolle Bildung und Erziehung in Entwicklungsprozessen der Dritte Welt-Länder und bei der Entwicklungshilfe spielen können (n=17).[10] Der geringere Teil der Beiträge nimmt eine Reflektionsperspektive ein, die auf die pädagogische Verbesserung von Bewußtsein und Einstellun-

---

[6] sozialen Besonderheiten. Sie umfassen das Spektrum der theoretisch-methodischen Grundorientierungen in der Erziehungswissenschaft zumindest in deren Grundzügen.
An dieser Stelle sei Edwin Keiner ausdrücklich gedankt, der mir die von ihm aufbereiteten Datensätze zur Verfügung gestellt hat.
[7] Als publizistische Einheit gelten alle Abhandlungen, Hauptbeiträge sowie Beiträge aus untergeordneten Rubriken wie Berichte, Forschungsberichte oder Diskussionen. Nicht erfaßt sind bloße Mitteilungen, Rezensionen oder rein darstellende Sammelrezensionen.
[8] Diese 34 Artikel verteilen sich wie folgt: 19 sind in der Zeitschrift Bildung und Erziehung erschienen, 11 in der Pädagogischen Rundschau und 4 in der Zeitschrift für Pädagogik.
[9] Im einzelnen handelt es sich um folgende Beiträge: Ody (1956), Hilker (1958), Dottrens (1961), Lengert (1961), Willke (1972), Brunner (1952), Müller (1952), Schmitz/op der Beck/Schallenberger (1957), Robinsohn (1966), Röhrs (1977, 1990).
[10] Hierbei handelt es sich um folgende Beiträge: Kühn (1967, 1969), Goldschmidt (1978), Hanf (1980), Braun (1980), Erny (1980), Vierdag (1980), Weiland (1980), Fremerey (1980), Dias (1981), Küper (1981), Zielinski (1966), Erlinghagen (1969), Gummersbach (1969), Naumann (1990), Ferreira do Amaral (1990), Browne do Rego (1990).

gen abstellt, um eine solidarische Handlungsbereitschaft gegenüber der Dritten Welt in der Bundesrepublik zu bewirken (n=6).[11] Anders ausgedrückt: In den drei Kernzeitschriften der Erziehungswissenschaft lassen sich bis 1990 nur sechs Beiträge (= 0,1%) identifizieren, die thematisch der Dritte Welt-Pädagogik in der Bundesrepublik zugeordnet werden können. Quantitativ ist die Resonanz des Dritte Welt-Problems in der Erziehungswissenschaft damit als äußerst gering auszuweisen.

Wirft man einen qualitativ eingestellten Blick auf diese wenigen Beiträge, so fällt dreierlei auf: Erstens resoniert in den frühen Artikeln das UNESCO-Programm *Education for international Understanding*:

„die ‚Internationale Pädagogik (entspringt) dem Bedürfnis nach übernationaler Verständigung und Verbesserung der menschlichen Beziehungen unter den Völkern" (Hilker 1964, S. 317).

Internationale Verständigung und die Verbesserung der menschlichen Beziehungen unter den Völkern waren die Erziehungsintentionen, die das UNESCO-Institut für Pädagogik in Hamburg seit den frühen sechziger Jahren mit seiner Thematisierung der Dritte Welt-Problematik verband (vgl. Kap. 8.2.3.). Bleibt der Bezug auf das Dritte Welt-Problem bei Franz Hilker, einem führenden Vertreter der Vergleichenden Erziehungswissenschaft in der Bundesrepublik, noch vage, so ist dieser Referenzpunkt in der Forderung einer „Neuorientierung" des Erdkundeunterrichts deutlich zu erkennen (Schneider 1962). Ein revidierter Erdkundeunterricht habe die „falsche Vorstellung vom Wesen fremder Menschenrassen" zu korrigieren (ebd., S. 151). Gleichzeitig tritt in den frühen Artikeln als zweiter Aspekt der neu aufkommende Entwicklungshilfegedanken als Kontext der beginnenden erziehungswissenschaftlichen Kommunikation über das Dritte Welt-Problem in den Blick. Sowohl für Schneider wie auch Wehnert (1962) müsse Entwicklungshilfe eine pädagogische Form annehmen, um ihre Ziele zu erreichen. Dieser Zusammenhang von erziehungswissenschaftlicher Kommunikation und dem Politikfeld Entwicklungshilfe stärkt die These der kommunikativen Resonanz der Dritte Welt-Problematik, die in ganz unterschiedlichen Teilsystemen behandelt werden kann. Ruft man sich den Beginn der Institutionalisierung der Entwicklungshilfe im politischen System über die Gründung des entsprechenden Ministeriums im Jahr 1961 in Erinnerung (vgl. Kap. 6.2.), fällt die zeitliche Nähe zur beginnenden erziehungswissenschaftlichen Diskussion auf. Die Erziehungswissenschaft verfügt offensichtlich über eine Semantik, die es ihr prinzipiell erlaubt, schnell und eigenständig auf das neue Problemfeld Dritte Welt und Entwicklungspolitik zu reagieren.

Mit diesem Verweis auf Semantik ist der Zusammenhang zum dritten Aspekt dieser frühen erziehungswissenschaftlichen Thematisierung der Dritte

---

[11] Hier sind zu nennen: Hilker (1964), Wulf (1972), Knoll (1976), Schneider (1962), Wehnert (1962) Leschinsky (1990).

Welt-Problematik hergestellt. Als zentrale Begründung für die These, Entwicklungshilfe bedürfe der Entwicklungspädagogik, findet der Mechanismus der Individualisierung des Problems und seiner Bearbeitung Verwendung:

„Die Hilfsaufgabe bei der sogenannten ‚Entwicklung' muß in der richtigen Form gezeigt werden. (...) Sie kann nur bei wirklicher Kenntnis der inneren Voraussetzungen des fremden Volkes geleistet werden. (...) Vor allem geschieht sie von Mensch zu Mensch" (Schneider 1962, S. 151).

Die „inneren Voraussetzungen des fremden Volkes" werden hier indirekt in Kontrast gebracht zu etwaigen äußeren Voraussetzungen, für die dann andere Instanzen wie Politik, Volkswirtschaft oder Soziologie verantwortlich und zuständig gemacht werden können. Die Kenntnis der inneren Voraussetzungen ist jedoch eine originär pädagogische Aufgabe, zumal wenn, wie bei Schneider, die „Hilfsaufgabe" als zwischenmenschliches Geschehen individualisiert wird. Deutlich scheint die Vorstellung durch, globale Probleme auf der Ebene der pädagogischen Form „Person" zu behandeln. Wehnert teilt die pädagogische Individualisierung des Problems. Entwicklungshilfe wird der „Weg vom Herzen zu seiner Seele (des Menschen in der Dritten Welt, M.P)" angesonnen und das „Respektverhältnis zwischen Lehrer und Schüler" als Alternative zum „Abhängigkeitsverhältnis kolonialer Prägung" entworfen (1962, S. 985). Diese pädagogisierte Version von Entwicklungshilfe adressiert sich einerseits an Entwicklungshelfer, andererseits wird die Aufgabenbestimmung von Entwicklungspädagogik im Kontext der Entwicklungshilfe vorgenommen: „Hier echte Entwicklungshilfe zu leisten sehe ich als die vordringlichste Aufgabe einer kommenden Entwicklungspädagogik" (ebd.). Die über politische Instanzen vermittelte Entwicklungshilfe bedarf selbst pädagogischer (Entwicklungs-) Hilfe, so Wehnert. Faßt man diesen dritten Aspekt zusammen, fällt deutlich die Nähe zur bereits identifizierten pädagogischen Thematisierung des Dritte Welt-Problems im Erziehungssystem auf. Die wenigen frühen erziehungswissenschaftlichen Zeitschriftenbeiträge verwenden in ihrer Individualisierung des Problems die gleiche pädagogische Semantik, auf die auch für die Konstruktion der Dritte Welt-Pädagogik zurückgegriffen wurde (vgl. Kap. 8.2.). Auch in diesen erziehungswissenschaftlichen Beiträgen manifestiert sich die Pädagogisierung der Dritte Welt-Problematik als Kommunikationsform, die auf die pädagogisch machbare Veränderung von individuellen Verhaltensweisen und Einstellungen abstellt. Man kann diese Beiträge folglich als einen Hinweis dafür lesen, daß die Forcierung der Mechanismen von Erziehen, Bilden, Lernen und Unterrichten zur Bearbeitung des Dritte Welt-Problems zwischen den Systemreferenzen Erziehungssystem und Erziehungswissenschaft hin- und herwechselt. Die Pädagogisierung der Dritte Welt-Problematik im Sinne der Reflektion und Konstruktion eines spezifischen Programms zur Bearbeitung des Problem mit pädagogischen Mitteln scheint auch erziehungswissenschaftlich geleistet zu werden und bleibt damit nicht exklusiv dem Pädagogischen Establishment als Teil des

Erziehungssystems vorbehalten. Die analytische Unterscheidung von Pädagogischem Establishment und Erziehungswissenschaft scheint bei Pädagogisierungsprozessen nicht durchzuhalten zu sein.[12]

Nach diesen drei Beiträgen, die allesamt bereits in den frühen sechziger Jahren erscheinen und gewissermaßen das Ankommen der Dritte Welt-Problematik im Erziehungssystem reflektieren, ist das nahezu vollständige Verschwinden einer erziehungswissenschaftliche Thematisierung des Problems zu konstatieren. Der Beitrag von Knoll (1976) bestätigt das Fehlen einer erziehungswissenschaftlichen Reflexion im Bereich der Erwachsenenbildung, während in deren Praxis die Dritte Welt-Problematik durchaus pädagogische Bedeutung erlangt habe.[13] Ebenfalls als Defizitdiagnose ist die Einführung in das Schwerpunktheft „Internationale Bildungspolitik" der Zeitschrift für Pädagogik formuliert:

„Besonders auffällig ist der Mangel hinsichtlich der Beschäftigung mit der Dritten Welt, deren politische Bedeutung in den letzten Jahren fortlaufend gewachsen ist und abgesehen davon auch theoretisch reizvoll erscheint. Die Welt zeigt in vielfältiger Hinsicht zunehmende Interdependenzen, die heute vor allem in verschiedenen Krisengemälden beschworen werden, und dennoch hat diese Entwicklung bislang wenig Konsequenzen für zukünftige (erziehungs-) wissenschaftliche Diskussion in der Bundesrepublik gehabt. (...) Hier geht es um die Schärfung des Problembewußtseins und die Vermittlung der Notwendigkeit von Verhaltensänderungen, die das Überleben in der *einen* Welt noch möglich machen sollen" (Herv. i.O.; Leschinsky 1990, S. 159)

Fokus des Heftes ist jedoch nicht die von Leschinsky geforderte Ausrichtung der erziehungswissenschaftlichen Diskussion auf Problembewußtsein und Verhaltensänderungen in und für die Eine Welt, sondern wieder ausschließlich die Rolle von Bildungsprozessen *in* der Dritten Welt bzw. Bildungshilfe und -planung *für* die Dritte Welt (vgl. Naumann 1990; Ferreira do Amaral 1990; Browne do Rego 1990). Diese Ausrichtung teilt auch das von der

---

[12] Auch Thiel beobachtet in ihrer Untersuchung zur Pädagogisierung des Umweltproblems eine Vermischung von Pädagogischem Establishment und Erziehungswissenschaft: „Die Prozesse der Pädagogisierung gesellschaftlicher Krisen, die sich in beiden Systemkontexten – pädagogisches Establishment und Erziehungswissenschaft – gleichermaßen auf die pädagogische Aspiration der Erziehung des Menschen gegen eine defizitäre Realität berufen, scheinen geradezu zwangsläufig eine Vermischung der Bezugssysteme zur Folge zu haben" (1996, S. 133). Interessant ist in zeitlicher Hinsicht, ob die im Fall des Dritte Welt-Problems zunächst nur für die sechziger Jahre festgestellte Vermischung fortdauert, denn für den erziehungswissenschaftlichen Kommunikationsraum wird ein Prozeß „funktionaler Reinigung" und „disziplinärer Schließung" behauptet, der die pädagogische Praxis und deren Protagonisten verschwinden läßt (vgl. Keiner 1997, S. 207ff; 239-241).

[13] Knoll schreibt in der Zeitschrift Bildung und Erziehung, „daß cum grano salis die praktische Erwachsenenbildung das internationale Gespräch gesucht, gefunden hat und aus ihm heraus zu Hilfs- und Unterstützungsmaßnahmen für benachteiligte und unterentwickelte Staaten vorangeschritten ist, während die Erwachsenenpädagogik, als die Wissenschaft von der Erwachsenenbildung, diese Form kooperativ angelegter Internationalität noch nicht erreicht hat" (1976, S. 37).

9. Dritte Welt-Pädagogik & EW: Zwischen Marginalisierung und segmentärer Differenzierung

Kommission „Bildungsforschung mit der Dritten Welt" der Deutschen Gesellschaft für Erziehungswissenschaft betreute Beiheft „Die Dritte Welt als Gegenstand erziehungswissenschaftlicher Forschung" der Zeitschrift für Pädagogik (1981).[14] Eine erziehungswissenschaftliche Thematisierung oder Beglaubigung der Dritte Welt-Pädagogik findet in dieser Phase und in diesem Bereich der disziplinären Kommunikation nicht statt. Die in den frühen sechziger Jahren im Kontext der Konstruktion des Politikfeldes Entwicklungshilfe vorhandenen Ansätze einer pädagogischen Thematisierung der Dritte Welt-Problematik werden weder fortgeführt noch weiterentwickelt.

Der Befund einer nur äußerst marginalen Berücksichtigung der Dritte Welt-Thematik im erziehungswissenschaftlichen Diskurs ist an dieser Stelle ausschließlich gedeckt für die Kernzeitschriften der Disziplin. Zu erwähnen ist ausdrücklich, daß sich durchaus Zeitschriften finden lassen, die aus pädagogischer Perspektive das Dritte Welt-Problem thematisieren. Die 1978 gegründete Zeitschrift für Entwicklungspädagogik (ZEP)[15] ist hier hervorzuheben, weil sie als explizit pädagogisches Periodikum auftritt.[16] Erziehungswissenschaftliche Resonanz erzeugt die ZEP – zumindest bis zu ihrer Neukonzeptualisierung 1994 – jedoch nur in sehr eingeschränktem Sinne. Bei ihrer Gründung bestimmte die Zeitschrift als ihren Adressaten nicht die Instanz Erziehungswissenschaft, sondern die politisch-pädagogische Praxis der Dritte Welt-Protestbewegung, aus der sie selbst hervorgegangen ist. Diese eingeschränkte erziehungswissenschaftliche Resonanz gilt auch für den Beihefter „Dritte Welt/Eine Welt in der Grundschule" zu den bedeutenden Grundschulzeitschriften der Bundesrepublik, der eine zentrale Rolle bei der Programmierung der Dritte Welt-Pädagogik und deren Etablierung im Primarbereich spielt (vgl. Kap. 8.3.). Für eine nur eingeschränkte erziehungswissenschaftliche Resonanz dieser Zeitschriften spricht auch, daß ein Großteil der Autoren nicht dem Wissenschaftssystem angehören, sondern dem Erziehungssystem und dessen Trägern (v.a. kirchlichen Bildungseinrichtungen) zuzuordnen ist (vgl. Scheunpflug/Seitz 1995a, S. 178).

(3) Erziehungswissenschaftliche Qualifikationsarbeiten

Auch im Bereich der Qualifikationsarbeiten[17] ist der Befund zur erziehungswissenschaftlichen Thematisierung der Dritte Welt-Problematik eindeutig

---

14 Beihefte der ZfPäd sind nicht in den oben analysierten Untersuchungskorpus eingegangen.
15 1994 wird die Zeitschrift umbenannt in Zeitschrift für internationale Bildungsforschung und Entwicklungspädagogik.
16 Im Gegensatz etwa zu den kirchennahen Zeitschriften „epd-entwicklungspolitik" und „Der Überblick", in der zwar ein Großteil der dritte welt-pädagogischen Zeitschriftenbeiträge publiziert werden (vgl. Scheunpflug/Seitz 1995a, S. 168), für die jedoch die pädagogische Thematisierung der Dritte Welt-Problematik einen Fokus unter anderen darstellt.
17 Als Datenbasis für die Inhaltsanalyse der erziehungswissenschaftlichen Qualifikationsarbeiten wurden die bei der Zeitschrift für Pädagogik im Zeitraum von 1960 bis 1997 gemel-

(vgl. die Tabelle in Anhang 3). Von 7409 im angegebenen Zeitraum gemeldeten Qualifikationsarbeiten teilen 19 Arbeiten (= 0,26%) die inhaltliche Perspektive einer Dritte Welt-Pädagogik und beschäftigen sich mit entwicklungspädagogischen Bildungsfragen in der Bundesrepublik. Diese äußerst geringe Resonanz der Dritte Welt-Pädagogik tritt noch deutlicher zu Tage, wenn man sie mit anderen Problempädagogiken vergleicht. Die erziehungswissenschaftliche Bearbeitung der Friedensproblematik kommt auf einen ähnlich geringen Anteil von 0,36%, während für die Ausländer- bzw. interkulturelle Pädagogik mit 152 Arbeiten (= 2,05%) und die Umweltpädagogik mit 68 Arbeiten (= 0,92%) deutlich höhere Anteile ermittelt werden können. Auch die in die Vergleichende Erziehungswissenschaft rubrizierten Arbeiten zu einer Pädagogik *in* der Dritten Welt weisen einen deutlich höheren Anteil auf (= 3,2%).[18] Die Dritte Welt Pädagogik kann folglich nicht von dem „disziplinären Wandel" in Gestalt einer sich in Teildisziplinen ausdifferenzierenden Erziehungswissenschaft profitieren, den Macke in seiner Analyse der Qualifikationsarbeiten konstatiert hatte (vgl. Macke 1990, 1994).[19]

Der zentrale Befund der Analyse der wenigen erziehungswissenschaftlichen Qualifikationsarbeiten, in denen das Dritte Welt-Problem im Sinne seiner pädagogischen Bearbeitung durch Lern- und Bildungsprozesse resoniert, ist ihre Nähe zu denjenigen Beiträgen, die bereits im Erziehungssystem und im Umfeld der DWB die pädagogische Konstruktion des Dritte Welt-Problem angeleitet haben. Dies wird sowohl an den Inhalten der Arbeiten wie auch an ihren Autoren ablesbar. Zum einen lassen sich aus der Gesamtheit der infragekommenden Qualifikationsarbeiten (vgl. Anhang 2) diejenigen herausfiltern, deren Autoren sich um den praxisbezogenen Entwurf einer Dritte Welt-Pädagogik im Erziehungssystem bemühen (Neun von 19 Arbeiten). Hierzu zählen die zum Teil bereits analysierten Beiträge

- von Meueler zur Curriculumentwicklung im Lernbereich Dritte Welt, der mit seiner Habilitation 1977 die erste einschlägige Arbeit schreibt,

---

deten Dissertationen und Habilitationen verwendet. Die Titel der Qualifikationsarbeiten wurden mit dem gleichen methodischen Ansatz und Kategorienschema analysiert wie die Zeitschriften. Die Analyse ist als Vergleich mit anderen speziellen Problempädagogiken (Umwelt-, Friedens, Ausländerpädagogik) angelegt. Nicht berücksichtigt wurden die kumulativen Habilitationen ohne Titel. Ab 1990 sind die von den Hochschulen in den neuen Bundesländern gemeldeten Arbeiten in den Datenkorpus eingeflossen. Doppelmeldungen in der Zeitschrift für Pädagogik (z.B. der Universität Bonn 1963, der GHS Universität Essen 1977 oder der FU Berlin 1988), sind soweit als möglich ausgefiltert worden.

[18] Diese Qualifikationsarbeiten (vgl. Anhang 2) sind in den sechziger und siebziger Jahren v.a. an den Universitäten Hamburg (G. Hausmann) und Universität Heidelberg (Röhrs, H./Lenhardt, V.), ab 1978 v.a. an der Universität Frankfurt geschrieben worden.

[19] Für Macke sind es die speziellen Pädagogiken, die das Verhältnis der Allgemeinen Erziehungswissenschaft zu ihren Teildisziplinen zugunsten letzterer umkehren haben lassen (vgl. ebd. 1990, S. 62f).

9. Dritte Welt-Pädagogik & EW: Zwischen Marginalisierung und segmentärer Differenzierung

- von Schmitt (1978), der die Dritte Welt-Pädagogik für den Primarbereich grundlegt,
- von Dütting (1979), in der das didaktische Medium Film auf seine pädagogische Nutzbarkeit für die Auseinandersetzung von Vor- und Grundschulkindern mit der Dritten Welt überprüft wird.
- von Mielke (1980), Freise (1982) Feurle (1992) und Führing (1996) zu den Möglichkeiten interkulturellen Lernens im Medium internationaler Begegnungen, sei es im Kontext Schule oder in der außerschulischen Bildungsarbeit,
- von Berger (1992) und Poenicke (1994), die sich aus fachdidaktischer Perspektive mit der Darstellung und Behandlung einzelner Kontinente (Afrika und Asien) in Unterricht und Schulbüchern befassen.

Zum anderen spiegeln sich in einem Teil der infragekommenden Arbeiten die pädagogischen Konstruktionen der Dritte Welt-Protestbewegung wider (vgl. Kap. 7.3.). Deutlich wird dies in den drei Arbeiten von:

- Holzbrecher (1978), der die politische und pädagogische Praxis von Dritte Welt-Aktionsgruppen als Lernprozeß beschreibt;
- Khumalo (1982), in der die kirchliche Anti-Apartheids-Kampagne „Kauft keine Früchte aus Südafrika" rückgebunden wird an die kirchliche Erwachsenenbildung;
- Karges (1994), die die bundesdeutsche Solidaritätsbewegung mit Nicaragua mit Hilfe der Kategorie des Lernprozesses untersucht.

Gleichzeitig reflektieren die Qualifikationsarbeiten auch die verschiedenen methodisch-didaktischen Programmatiken, d.h. Konditionalprogramme innerhalb der Dritte Welt-Pädagogik (vgl. Kap. 8.4.): Die die siebziger Jahre dominierenden curricularen und informationsorientierten Ansätze klingen in den Arbeiten von Meueler (1977) und Holzbrecher (1978) durch. Die kulturelle Wende in der Dritte Welt-Pädagogik resoniert in den Arbeiten von Freise (1982) und Muth (1992). Die gezielte Adressierung an spezifische Zielgruppen wird in der Arbeit von Zwicker-Pelzer (1992) zur entwicklungsbezogenen Bildungsarbeit mit Frauen erkennbar. Der vor allem um ökologische Aspekte angereicherte Eine Welt-Topos taucht in den von Wagner (1992) konzipierten Lernmodellen auf. Auch die gegenwärtig diskutierte Problemkonstruktion *Sustainable Development* ist bereits auf seine pädagogische Vermittelbarkeit hin untersucht worden (Weber 1997).

Der kursorische Blick auf die Inhalte und Autoren der Qualifikationsarbeiten zeigt wie die frühen Zeitschriftenbeiträge deutlich die Öffnung der erziehungswissenschaftlichen Kommunikation für Orientierungsbedürfnisse der pädagogischen Praxis, unabhängig davon, ob diese im institutionell verstandenen Erziehungssystem oder aber im pädagogisch entgrenzten Kommunikationsraum der Dritte Welt-Bewegung situiert ist. Die wenigen der Dritte Welt-Pädagogik zurechenbaren Qualifikationsarbeiten verfügen in ihrer großen Mehrheit über einen doppelten Referenzpunkt. Einerseits fokussieren sie das Dritte Welt-Problem aus einer Perspektive, der es in erster Linie um die Verbesserung der pädagogischen Vermittlungspraxis geht.[20] Andererseits entstehen sie im institutionellen Kontext der Erziehungswissenschaft. Daß der primäre Bezugspunkt erziehungswissenschaftlicher Qualifikationsarbeiten in erster Linie im Kommunikationsraum der pädagogisch interessierten Dritte Welt-Bewegung sowie des Pädagogischen Establishments zu sehen ist, kann durch einen Quervergleich sichtbar gemacht werden. Keine der angeführten 19 Qualifikationsarbeiten führt zu einer Publikation in den als disziplinäre Kernmedien ausgewiesenen Zeitschriften Bildung und Erziehung, Pädagogische Rundschau und Zeitschrift für Pädagogik. Die in den Qualifikationsarbeiten aufscheinende Transformation des Dritte Welt-Problems in ein pädagogisches Programm bleibt nicht nur innerhalb der Gesamtmenge erziehungswissenschaftlicher Dissertationen und Habilitationen marginal. Sie dringt in der Regel auch nicht in den durch die Zeitschriften repräsentierten Kernbereich erziehungswissenschaftlicher Kommunikationen ein.

9.1.2. Universitäre Einrichtungen und Lehre

Wissenschaftliche Disziplinen als selbstreferentielle Kommunikationszusammenhänge bedürfen infrastruktureller Voraussetzungen, die in organisatorischer Hinsicht die Bedingungen für den Fortgang des disziplinären Publikations- und Kommunikationsprozesses garantieren. Universitäre Institute und Lehrstühle können als solche organisatorischen Voraussetzungen betrachtet werden. Sie bieten sich damit als ein Indikator für die erziehungswissenschaftliche Einschließung der Dritte Welt-Problematik an. Zugleich existiert mit Blick auf die Universität neben der für wissenschaftliche Disziplinen zentralen Relation zum Handlungstyp Forschung und daraus resultierender Publikationen eine zweite nicht unerhebliche Koppelung. Wissenschaftliche Disziplinen sind darauf bedacht, ihre Paradigmen und Themen zu vermitteln. Dies geschieht im Handlungstyp Lehre. Universitäten stellen damit eine Schnittstelle zwischen den Funktionssystemen Wissenschaft und Erziehung dar. Sie bedienen als Organisation sowohl die Funktion von Erkenntnis- bzw. Wahrheitsproduktion wie auch die von Erkenntnisvermittlung.[21] Aufgrund dieser Mehrreferentialität verbietet es sich, Universitäten mit dem Wissenschaftssystem gleichzusetzen (vgl. Klüver 1983). Dennoch kann die Analyse

---

[20] Reflexive Distanz zu dieser primär auf die Praxis ausgerichteten Perspektive bauen nur die historisch-rekonstruktiv verfahrenden Dissertationen von Seitz (1993b) und Scheunpflug (1994) auf, welche in einem Fall die Geschichte von Theorie und Praxis der Dritte Welt-Pädagogik, im anderen Fall die entwicklungsbezogene Bildungsarbeit im Bereich Schule und Jugendarbeit untersuchen.

[21] „Das Ungenügen wissenschaftlicher Forschung als Form der Produktion von unterrichtsfähigen Themen führt zu einer Forderung einer Fachdidaktik und besonders einer Hochschuldidaktik" (Luhmann/Schorr 1988, S. 57).

9. Dritte Welt-Pädagogik & EW: Zwischen Marginalisierung und segmentärer Differenzierung

erziehungswissenschaftlicher Lehrtätigkeit (Lehrveranstaltungen und Studienangebote) einen weiteren Indikator für die Klärung der Frage liefern, inwieweit das Dritte Welt-Problem auch in der Systemreferenz Erziehungswissenschaft pädagogisiert worden ist.

Aus der Perspektive einer möglichen erziehungswissenschaftlichen Resonanz dritte welt-pädagogischer Fragestellungen liefert die LEWERZ-Studie zur Lehrgestalt der westdeutschen Erziehungswissenschaft von 1945-1990 (Hauenschild/Herrlitz/Kruse 1993) im Ergebnis ähnliche Befunde wie die Untersuchungen von Macke für den Bereich der Qualifikationsarbeiten.[22] Die LEWERZ-Studie konstatiert einen deutlichen Anteilsverlust der traditionellen Themenbereiche (u.a. Allgemeine Pädagogik, Geschichte des pädagogischen Denkens, Philosophie) im Lehrangebot der Erziehungswissenschaft von 61% (1945) auf 27% (1981), der von einem gleichzeitigen Zugewinn neuer Themenbereiche (Ausländerpädagogik, Freizeitpädagogik, Frauenfragen) begleitet wird (vgl. ebd., S. 34f). Von diesem disziplinären Wandel in Gestalt eines Anwachsens der speziellen Pädagogiken kann die Dritte Welt-Pädagogik jedoch nicht profitieren. Sie taucht als eine der immerhin 79 von den Autorinnen gebildeten Einzelthemenbereiche überhaupt nicht auf. Auch dies läßt sich wohl nur als Beleg für die marginale Rolle der Dritte Welt-Pädagogik im Kommunikationsraum der Erziehungswissenschaft interpretieren. Zu diesem Schluß kommen auch Scheunpflug/Seitz nach der exemplarischen Auswertung von 407 Vorlesungsverzeichnissen von acht Hochschulen: „Von der Etablierung der Dritte-Welt-Pädagogik als pädagogischer Teildisziplin kann also weder an den untersuchten Pädagogischen Hochschulen, noch an den Universitäten ausgegangen werden" (1995b, S. 325).

Den Befund der nur marginalen Bedeutung der Dritte Welt-Pädagogik innerhalb des erziehungswissenschaftlichen Lehrangebots bestätigt eine Durchsicht vorhandener Verzeichnisse sowohl zum universitären Angebot von erziehungswissenschaftlichen Studiengängen zur Dritte Welt-Pädagogik wie auch zum Bestand an entsprechenden Lehrstühlen, Instituten oder Arbeitsbereichen.[23] Demnach existieren mit der Professur „Erziehung und Entwicklungsprozesse in der Dritten Welt" am Fachbereich Erziehungswissenschaften der Universität Frankfurt und der Arbeitsstelle Dritte Welt am Fachbereich Erziehungs- und Unterrichtswissenschaften der Technischen Universität Berlin insgesamt nur zwei Einrichtungen, die sich speziell aus erzie-

---

[22] In der Studie wurden ca. 43500 Lehrveranstaltungen erfaßt und inhaltsanalytisch nach 79 Einzelthemenbereichen klassifiziert, die zu 12 übergeordneten Lehrgebieten zusammengefaßt wurden.

[23] Grundlage sind die Verzeichnisse der Deutschen Gesellschaft für Erziehungswissenschaft (1983; 1994; 1998) zu Institutionen und Personal erziehungswissenschaftlicher Forschung und Lehre sowie der Deutschen Stiftung für internationale Entwicklung (1994; 1999) zu Aufbaustudien Dritte Welt. Gesichtet wurden auch die Ergebnisse von Scheunpflug/Seitz (1995b).

hungswissenschaftlicher Perspektive mit der Dritte Welt-Problematik auseinandersetzen.[24] Sowohl die 1987 eingerichtete Berliner Arbeitsstelle[25] wie auch die unter verschiedenen Namen seit 1983 existierende Frankfurter Professur[26] fokussieren primär Erziehungs- und Bildungsfragen in der Dritten Welt. Programmatisch hat diesen Fokus der Mitbegründer der Frankfurter Studienrichtung Ernest Jouhy skizziert: „Es ist wohl das umfassendste Ziel der Pädagogik in der Dritten Welt, die Menschen dort zu befähigen, den radikalen Wandel ihrer Lebensbedingungen selbst zu bewältigen, m.a.W, zur Mündigkeit der Völker beizutragen" (1978, S. 29). Die Studienrichtung adressierte sich entsprechend an „Studierende der Bundesrepublik und der Drittweltländer, die einen universitären Abschluß in diesem Bereich anstreben, um in einem der Länder der Dritten Welt oder in einer der nationalen bzw. internationalen Gremien der pädagogischen Kooperation tätig zu werden (ebd., S. 40). Die Ausgangsanalyse zur Gründung der Studienrichtung, die einen „bislang vernachlässigten" Beitrag der Pädagogik zur „Lösung der Probleme" liefern sollte (vgl. Jouhy/Böhme/Deutscher 1978, S. 7f), sah dabei durchaus die „Verflechtung der Dritten Welt mit all jenen Nationen (...), die sich um die angemessene Form der Übertragung ihres Wissens und ihrer Techniken so wenig sorgen wie um die Wirkungen, die eine solche verkürzte Übertragung hervorrufen muß" (ebd.). Der Blick auf die industrie- und wissensexportierenden Länder und die Forderung nach dortigen Veränderungen ist in dieser Analyse zwar vorhanden. Dennoch konzentriert sich die Studienrichtung nicht auf die erziehungswissenschaftliche Beobachtung von pädagogischen Vermittlungsprozessen im Feld entwicklungspädagogischer Bildung in der Bundesrepublik.[27]

Resümierend läßt sich auch dieser Untersuchungsabschnitt dahingehend zusammenfassen, daß die Dritte Welt als Lehrangebot von universitären Einrichtungen nur unter dem Aspekt der in der Dritten Welt lokalisierten Bildungsprozesse Eingang in die erziehungswissenschaftliche Kommunikation

---

[24] Die Deutsche Stiftung für internationale Entwicklung listet zudem die Arbeitsstelle „Behinderung und Dritte Welt" an der Universität Oldenburg auf. Zum Vergleich: Für die spezielle Pädagogik Ausländerpädagogik/interkulturelle Pädagogik werden im DGfE-Verzeichnis von 1998 12 Einrichtungen benannt.

[25] Deren Studienangebot heißt „Bildung und Gesellschaft *in* der Dritten Welt".

[26] Die Professur und der Aufbaustudiengang wurden 1983 unter dem Namen „Pädagogik: Dritte Welt" eingerichtet. Danach hieß sie „Pädagogik *in* der Dritten Welt". Ab 1993 firmierte sie unter dem Namen „Erziehung und Entwicklungsprozesse *in* der Dritten Welt". 1999 hat der Fachbereich Erziehungswissenschaft an der Universität Frankfurt beschlossen, den Aufbaustudiengang einzustellen und die Professur auf allgemeine, internationale Bildungsfragen hin umzuwidmen.

[27] Die Fokussierung auf den Untersuchungsgegenstand Entwicklungs- und Bildungsprobleme in der Dritten Welt zeigt auch der Schwerpunkt Vergleichende Erziehungswissenschaft an der Universität Heidelberg. Mit diesem Fokus geht nicht gleichzeitig das „Interesse an Fragen der entwicklungspolitischen Bildung (in den Industrieländern)" einher (Scheunpflug/Seitz 1995b, S. 325).

gefunden hat. Die Beobachtung von entwicklungspädagogischen Erziehungsprozessen in der Bundesrepublik ist nahezu kein Gegenstand des disziplinären Lehrangebotes geworden.[28]

9.1.3. Deutsche Gesellschaft für Erziehungswissenschaft

Die Beschreibung wissenschaftlicher Disziplinen als sich selbst organisierende Kommunikationszusammenhänge legt in einem letzten Schritt nahe, den Blick auf die sozial-kommunikativen Netzwerke dieser Organisierung zu lenken. Im Falle der Erziehungswissenschaft ist zu fragen, welche Resonanz das Dritte Welt-Problem in der Deutschen Gesellschaft für Erziehungswissenschaft (DGfE), ihren Kommissionen und Kongressen ausgelöst hat.

In der DGfE ist 1978 die Kommission „Bildungsforschung mit der Dritten Welt" gegründet worden. Auslöser ist eine von der Deutschen Stiftung für Internationale Entwicklung einberufene Konferenz zur Frage deutscher Bildungsforschung in Entwicklungsländern gewesen. Ein Resultat der Konferenz bestand in der Einrichtung der „Arbeitsgruppe Deutsche Erziehungswissenschaft und internationale Bildungsförderung", aus der wiederum 1978 die Kommission der DGfE hervorgegangen ist (vgl. Flechsig 1981). Bereits die Entstehungsgeschichte verdeutlicht die Erwartungen gegenüber sowie den Selbstanspruch der mit dezidiert erziehungswissenschaftlichem Anspruch angetretenen Kommission. Administrative Instanzen, die mit der Ausführung von Bildungsplanung in der Bundesrepublik und in der Dritten Welt beschäftigt sind, äußern das Bedürfnis nach einer „stetigen wissenschaftlichen Beratung bei der Planung, Durchführung und Evaluation von Projekten der Bildungshilfe" (Goldschmidt 1981, S. 5). Was den (Selbst-)Anspruch angeht, verfolgt die Kommission das Ziel, „einer pädagogisch sinnvollen Gestaltung des Erziehungs- und Bildungswesens" in der Dritten Welt gerecht zu werden (ebd., S. 6). Fokus der Kommission ist eine erziehungswissenschaftliche Konstruktion der Dritten Welt, der es zwar um die Mechanismen von Bildung, Erziehung und Lernen geht, nicht jedoch im Hinblick auf die Steuerung und Bearbeitung des Dritte Welt-Problems über ein pädagogisches Programm in der Bundesrepublik, sondern im Hinblick auf den Entwicklungsprozeß in der Dritten Welt. Bestätigt wird diese Fokussierung durch die Analyse einer der zentralen Publikationen der Kommission: das Beiheft „Die Dritte Welt als Gegenstand erziehungswissenschaftlicher Forschung" der Zeitschrift für Pädagogik (1981). Obwohl die Dritte Welt-Pädagogik als Programm des Erziehungssystems ihre Hochphase durchläuft, löst dies keine Resonanz in dieser zentralen Publikation aus. Könnte man mit deren Titel durchaus eine erzie-

---

[28] „Das Lernen in den Industriestaaten über Dritte Welt hat innerhalb des erziehungswissenschaftlichen Diskurses zweifellos weit weniger Aufmerksamkeit gefunden als die Bildungsforschung über die Dritte Welt" (Seitz 1993a, S. 46).

9. Dritte Welt-Pädagogik & EW: Zwischen Marginalisierung und segmentärer Differenzierung

hungswissenschaftliche Reflektion der Dritte Welt-Pädagogik assoziieren, so läßt sich eine Entsprechung für diese Erwartung in den Beiträgen des Beiheftes nicht entdecken. Eine erziehungswissenschaftliche Thematisierung oder gar Beglaubigung der in der Praxis nachweisbaren Dritte Welt-Pädagogik findet in dieser Phase und in diesem Bereich der disziplinären Kommunikation nicht statt.

1992 erweitert die Kommission „Bildungsforschung mit der Dritten Welt" offiziell ihren bisherigen Aufgabenbereich um Dritte Welt-Pädagogik und Entwicklungspolitische Bildung in der Bundesrepublik (vgl. Karcher 1994).[29] Vorausgegangen ist dieser Fokuserweiterung eine Expertentagung zum Thema „Entwicklungspolitische Bildung als Gegenstand von Forschung und Lehre in Erziehungswissenschaft und Fachdidaktik. Bilanz und Perspektiven"[30], die gemeinsam vom DFG-Forschungsprojekt „Von der Dritte Welt-Pädagogik zur Entwicklungspädagogik – Zur Geschichte eines Lernbereichs" (Treml/Scheunpflug/Seitz), der Zeitschrift für Entwicklungspädagogik (ZEP) und dem Zentrum für Entwicklungsbezogene Bildung in Stuttgart organisiert wird. Mit der entwicklungspädagogischen Fokuserweiterung wird die ZEP, die jahrelang vor allem ein Publikationsmedium der entwicklungspädagogischen Praxis der Dritte Welt-Bewegung gewesen ist (vgl. Kap. 8.4.), nicht zum offiziellen Mitteilungsblatt der Kommission, sie wird auch umbenannt in „Zeitschrift für Entwicklungspädagogik und internationale Bildungsforschung". Diese Umbenennung und die Einschließung der Dritte Welt-Pädagogik in den Aufgabenbereich der DGfE-Kommission läßt sich in zwei Richtungen interpretieren: Einerseits scheint die Fokuserweiterung der Kommission auf Koppelungen mit dem Pädagogischen Establishment und der Dritte Welt-Bewegung zu referieren, was sich in der Kooperation mit der Zeitschrift für Entwicklungspädagogik und dem Zentrum für Entwicklungsbezogene Bildung ausdrückt. Andererseits wird die Zeitschrift für Entwicklungspädagogik, die bis dahin kaum disziplinbezogen kommunizierte, an den Kommunikationsraum der Erziehungswissenschaft angeschlossen.

Wenngleich die Resonanz einer speziellen Dritte Welt-Pädagogik auf den zentralen DGfE-Kongressen als nur gering einzuschätzen ist[31], läßt sich die

---

[29] An dieser Stelle ist Dr. Annette Scheunpflug besonderer Dank auszusprechen, die mir zentrale Dokumente aus dem Archiv der Kommission zur Verfügung gestellt hat.
[30] Ergebnis der Tagung ist ein von Scheunpflug/Treml (1993a) herausgegebenes „Handbuch", dessen Beiträge im folgenden Abschnitt analysiert werden (vgl. Kap. 9.2.)
[31] Beispielsweise ist die Ausländerpädagogik und die interkulturelle bzw. multikulturelle Erziehung seit Beginn der achtziger Jahre deutlich häufiger als die Dritte Welt-Pädagogik auf den DGfE-Kongressen präsent (vgl. das Symposium „Interkulturelle Erziehung" auf dem DGfE-Kongreß 1986; das Symposien „Multikulturalität und Bildung" auf dem DGfE-Kongreß 1988; die Arbeitsgruppe „Multikulturelle Bildung" auf dem DGfE-Kongreß 1990; die Arbeitsgruppe „Interkulturelle Bildung und Erziehung" auf dem DGfE-Kongreß 1994. Der einzige Hinweis (neben den oben analysierten) auf eine pädagogische Relevanz der Dritte Welt-Problematik findet sich in einer Arbeitsgruppe zur Friedenspädagogik auf dem

von der Kommission vorgenommene Erweiterung ihrer Arbeitsperspektive an einzelnen Kongreßbeiträgen ablesen. Noch 1984 bietet die Kommission bspw. auf dem Kongreß „Arbeit – Bildung – Arbeitslosigkeit" eine Arbeitsgruppe an, die ausschließlich die Bildungs- und Beschäftigungssituation und die Möglichkeiten gewerkschaftlicher Bildungsarbeit in der Dritten Welt behandelt (vgl. Lenhart u.a. 1984). Einen entscheidenden Wendepunkt innerhalb der Kommission markiert dann ein Beitrag von Mergner, dem ehemaligen Vorsitzenden der Kommission, auf dem DGfE-Kongreß 1990. Im Symposium „Vergleichende Bildungsforschung: Erträge und Herausforderungen" argumentiert Mergner angesichts einer Situation, „wo die Konflikte der armen und reichen Länder aufeinanderstoßen,, wo die ungerechten Verhältnisse unberechenbare Konflikte erzeugen", zunächst gegen ein naives Vertrauen in „die neue Konjunktur-Wissenschaft ‚interkulturelle Pädagogik'" (1990, S. 225). Andererseits hält Mergner es für geboten, den Erziehungsbegriff nicht um seine kritischen Anteile reduzieren. Diese lägen in der „Frage nach der Veränderbarkeit der Realität durch die betroffenen und lernfähigen Menschen" (ebd., S. 226). Der Lernkategorie wird bei der Veränderung der Realität eine Schlüsselrolle zugewiesen. Lernen bedeute „die Aneignung der und Veränderung der Wirklichkeit über ‚begriffene', subjektive und kollektive Lebensinteressen in bestimmten geschichtlichen Situationen" (ebd.). Die aus diesen konzeptionellen Prämissen abgeleitete und keinesfalls auf die Dritte Welt begrenzte Frage[32] nach den Bedingungen, die Menschen lernfähig werden oder bleiben lassen, wird auch zum Fundament für die Konstruktion von spezifischen Aufgabe der Erziehungswissenschaft: Sie soll diese Lernbedingungen erkennen und verbessern. Hier klingt deutlich die pädagogische Verbesserungsaspiration heraus, die für Pädagogisierungsprozesse kennzeichnend ist. Erziehungswissenschaft hat an dem Projekt mitzuwirken, Lernbedingungen für eine von den Menschen zu verändernde Realität zu verbessern. Von Pädagogisierung kann bei Mergner gesprochen werden, weil gesellschaftliche Veränderungen an die Lernfähigkeit der Menschen und nicht an Reformkommunikationen der politischen oder ökonomischen Teilsysteme der Weltgesellschaft gekoppelt werden (vgl. auch Kap. 9.2.).

Daß die erweiterte Perspektive auf entwicklungspädagogische Prozesse in der Bundesrepublik in der Kommission an Gewicht gewinnt, belegt auch das Symposium „Europas Bilder von der ‚Dritten Welt' – erziehungswissenschaftliche Auswirkungen" auf dem DGfE-Kongreß 1994 (vgl. Nestvogel/Scheunpflug 1994). In einem Teil des Symposiums werden die Bedingun-

---

[32] DGfE-Kongeß 1986, in der Schlüsselprobleme wie die Friedensfrage und das Nord-Süd-Gefälle als kategoriale Bildungsperspektiven thematisiert werden (vgl. Schernikau 1987).
Auf dem DGfE Kongreß 1996 wiederholen Mergner/Vermooij die Forderung einer pädagogischen Verbindung von Marginalisierungsprozessen im Norden und Süden. Die Einbeziehung dieser Nord-Süd-Perspektive sei für „eine zukunftsorientierte Pädagogik" in der Bundesrepublik grundlegend (Mergner/Vermooij 1997, S. 484).

gen der pädagogischen Konstruktion der Dritten Welt diskutiert, im anderen Teil werden die europäischen Bilder und Konstruktionen analysiert, die seit der Kolonialzeit in hohem Maße die Bildungsinhalte in der Dritten Welt beeinflußt haben. Ist der fokale Bezugspunkt des zweiten Teils des Symposiums die Dritte Welt, so richtet sich der Blick im ersten Teil auf die westlicheuropäische Welt. Eine zentrale Kontroverse kreist um die Frage, wie sich die konstruktivistisch inspirierte Theoriearbeit zum akuten Handlungs- und Verbesserungsbedarf in der Dritten Welt verhalte (ebd., S. 319). Die von Scheunpflug/Nestvogel benannte Kontroverse reflektiert ein zentrales Problem der Thematisierung der Dritte Welt-Problematik unter dem Dach der Erziehungswissenschaft. Versteht man sich eher als eine dem Wahrheitscode verpflichtete Teildisziplin der Wissenschaft, die sich in eine gewisse Distanz zu praktischen Handlungserfordernissen setzt, welche wiederum in als pädagogischen codierten Situationen strukturell unausweichlich sind? Oder verdoppelt man innerhalb der Disziplin die Perspektive der Pädagogik als Reflektionstheorie des Erziehungssystems und beschäftigt sich bezogen auf den Fall Dritte Welt mit der wissenschaftlich angeleiteten Verbesserung der pädagogischen Praxis in Schulen, Jugend- und Erwachsenenbildungseinrichtungen oder anderen pädagogisch entgrenzten Kontexten wie z.B. den Protestbewegungen? Diese Frage wird Ende des kommenden Abschnitts wieder aufgenommen werden (vgl. Kap. 9.2.2.).

9.2. Die segmentäre Ausdifferenzierung der Dritte Welt-Pädagogik in der Erziehungswissenschaft

Ausgangspunkt der folgenden Überlegungen ist der Differenzbefund in den Formbildungen der Pädagogisierung des Dritte Welt-Problems. Während sich in den Systemreferenzen politisches System, Protestbewegung und Erziehungssystem je spezifische Formen der Pädagogisierung des Dritte Welt-Problems nachweisen ließen, zeigt sich in der erziehungswissenschaftlichen Disziplin eine nur marginale Ausdifferenzierung und Etablierung der Dritte Welt-Pädagogik. Damit wird eine Diskrepanz offenkundig zwischen einer in der Kommunikationspraxis von Erziehung, Bildung und Unterricht durchaus etablierten pädagogischen Bearbeitung des Problems und seiner weitgehenden Nichtberücksichtigung in den Kernmedien der Erziehungswissenschaft. Der Fall des Dritte Welt-Problems könnte zeigen, daß die Pädagogisierung sozialer Probleme nicht generell und in gleichem Maße Motor für die Ausdifferenzierung spezieller Pädagogiken in der Erziehungswissenschaft sein muß, wie für die Umweltpädagogik oder die interkulturelle Pädagogik an anderer

Stelle nachgewiesen werden konnte (vgl. Thiel 1996, S. 157f; Diehm/Radtke 1999, S. 125ff, insb. S. 149ff).
Wenngleich die Dritte Welt-Pädagogik nur marginal in den erziehungswissenschaftlichen Diskurs vorgedrungen ist, so stellt sich dennoch die Frage, wie diese erziehungswissenschaftliche Thematisierung des Dritte Welt-Problems zu interpretieren ist. Eine solche Interpretation soll in zwei Richtungen entfaltet werden: erstens ist zu fragen, was die Referenzpunkte der Dritte Welt-Pädagogik innerhalb der Erziehungswissenschaft sind. Zweitens gilt es die theoretische Perspektive der Dritte Welt-Pädagogik entlang der Unterscheidung zwischen einem normativen, auf die pädagogische Praxis bezogenen und einem kognitiv distanzierten Zugriff zu bestimmen.[33]

9.2.1. *Problem und Protest als Referenzpunkte der Dritte Welt-Pädagogik*

Einer der Protagonisten der erziehungswissenschaftlichen Reflektion der Dritte Welt-Pädagogik ist Alfred K. Treml.[34] In dem von ihm herausgegebenen Pädagogik-Handbuch Dritte Welt (1982a) definiert er Dritte Welt-Pädagogik als „eine Pädagogik, die hier in der BRD zu Hause ist, die Menschen hier in der BRD erreichen will und welche die Dritte Welt als verbindendes Thema hat" (1982b, S. 15). Entwicklungspädagogik sei über den Gegenstand Dritte Welt hinaus dadurch bestimmt, daß es ihr „um die pädagogische Bewältigung der inzwischen zu Überlebensproblemen ausgewachsenen Entwicklungsprobleme der weltweiten Industrie-Zivilisation und damit um ‚Überentwicklung' und ‚Unterentwicklung'" gehe (ebd., S. 14).

---

[33] Geleistet werden soll diese Interpretation anhand von einschlägigen Beiträgen zur Dritte Welt Pädagogik. Es handelt sich hierbei um Beiträge zur Entwicklungspädagogik, die der heute an der Universität der Bundeswehr in Hamburg lehrende Afred K. Treml seit Ende der siebziger Jahre in mehreren programmatischen Schriften konzipiert hat (1980b; 1980c; 1982b). Die Relevanz der Beiträge ergibt sich aus Tremls hervorgehobener Rolle bei der Ausdifferenzierung der Dritte Welt-Pädagogik: Er ist Mitbegründer des 1978 gegründeten „Zeitschrift für Entwicklungspädagogik" sowie Herausgeber einer der ersten Monographien zur Entwicklungspädagogik und des ersten Pädagogikhandbuches zum Problemkomplex Dritte Welt (Treml 1980a; 1982a). Die Wertung der Beiträge Meuelers (1993) und Pöggelers (1993) als einschlägig verdankt sich ihrer Berücksichtigung im Handbuch „Entwicklungspolitische Bildung. Bilanz und Perspektiven in Forschung und Lehre" (Scheunpflug/Treml 1993a). Dort werden sie als konzeptionelle Entwürfe entwicklungsbezogener Bildung vorgestellt. Mergners Beitrag (1990) findet für die Interpretation Berücksichtigung, weil er als langjähriger Vorsitzender der DGfE-Kommission „Bildungsforschung mit dem Süden" eine der wenigen Schnittstellen der Dritte Welt-Pädagogik zu explizit disziplinären Kommunikationen repräsentiert.

[34] Vgl. Treml (1980a, 1980b, 1980c, 1982a, 1982b, 1983, 1993, 1995); Scheunpflug/Treml (1993a, 1993b); Seitz/Treml (1986).

9. Dritte Welt-Pädagogik & EW: Zwischen Marginalisierung und segmentärer Differenzierung

Deutlich werden in diesen Definitionen die globalen Entwicklungsprobleme als primärer Referenzpunkt der Dritte Welt-Pädagogik bestimmt. Daß es ohne die Problemkonstruktion Dritte Welt keine Ausdifferenzierung von Dritte Welt-Pädagogik geben würde, ist auch ablesbar an den regelmäßig mit pädagogischer Sorge vorgetragenen Dramatisierungsbeschreibungen. Nahezu keiner der Beiträge kommt ohne die einleitende Beschwörung der Problematik von Verelendung und Unterentwicklung in der Dritten Welt aus.[35] Bei Treml „hat die Menschheit jene Grenzen gesellschaftlicher Evolution erreicht, wenn nicht gar überschritten, die zu ignorieren irreversible Folgeprobleme für alle Menschen nach sich ziehen dürfte. (...) Angesichts der Dringlichkeit unserer Überlebensprobleme wirkt die Geschäftigkeit der pädagogischen Wissenschaft deprimierend" (1980b, S. 75). Meueler beginnt seine Bilanzierung entwicklungsbezogener Bildungsarbeit mit der Beschreibung des in „immer neuen Schüben von Verelendung und Deindustrialisierung" erfolgenden „Opfergangs der Dritten Welt", was die Frage aufwerfe, „unter welchen Zielen heute dieser Problembereich pädagogisch traktiert werden sollte" (1993, S. 25f). In seiner Beschreibung des Problems ist das Brüchigwerden aller Visionen nach 40 Jahren erfolglosem Engagement virulent.[36] Die dramatische Zuspitzung des Dritte Welt-Problems ist in diesem Sinne eine doppelte: Sie umfaßt nicht nur die sich verschärfende Armut und Unterentwicklung in der Dritten Welt, sondern auch den generellen Mangel an Perspektiven für eine Lösung des Problems. Der Kontext von Pöggelers „Pädagogik für die Eine Welt" schließlich ist der „atomare Overkill" und das Schreckensszenario, „in Hunger, Armut und Krankheit zu verenden" (1993, S. 78). Die Hervorhebung dieser dramatisierenden Problembeschreibungen[37] verstärkt den Eindruck, daß das Dritte Welt-Problem das primäre Ausdifferenzierungsmoment der Dritte Welt-Pädagogik ist.

Neben dem Dritte Welt-Problem, jedoch eng mit diesem verknüpft, scheint ein weiterer Referenzpunkt kennzeichnend: Die Ausdifferenzierung der Dritte Welt-Pädagogik erfolgt an vielen Stellen in enger Anlehnung an die Dritte Welt-Bewegung und deren Kommunikationsform des Protests. Dieser Eintritt des Protests in die Pädagogik geht einerseits einher mit der Kritik an

---

[35] Es geht an dieser Stelle nicht um die Leugnung von Verelendung und Unterentwicklung. Dennoch bleibt die Frage zu stellen, welche pädagogischen Machbarkeitsvorstellungen der Dramatisierung globaler Probleme in pädagogischen Texten zugrunde liegen und welche Folgen es hat, aus diesen Problemen eine Infragestellung der Erziehungswissenschaft abzuleiten (vgl. Mergner 1990, S. 225).

[36] Hier resoniert die den Entwicklungsdiskurs der neunziger Jahre prägende Skepsis gegenüber Entwicklungsvisionen und zugehörigen Handlungs- bzw. Politikmodellen, die auch die DWB verunsichert hat (vgl. aus unterschiedlichen Perspektiven z.B. Menzel 1992b; Sachs 1992).

[37] Schon die wenigen Zitate liefern eine umfangreiche Liste mit Dramatisierungsbegriffen wie „dringlich", „Überlebensprobleme", „irreversibel", „Verelendung", „Overkill" oder „verenden".

bisherigen Vorgehensweisen, die das Dritte Welt-Problem als ernstzunehmenden pädagogischen Gegenstand leugnen, und andererseits mit Konflikten, die sich an der Etablierung der Dritte Welt-Pädagogik entzünden. Treml konstatiert, daß „die offizielle Pädagogik (...) wohl kaum für sich in Anspruch nehmen (kann), die Herausforderung der Zukunft angenommen zu haben. Das was i.a. als pädagogisch relevant betrachtet wird, hat mit wenigen Ausnahmen nichts mit der Frage zu tun, welchen Beitrag die Erziehung zur Lösung der globalen Überlebensprobleme leisten kann" (1980b, S. 75f). Diese Kritik verschärft Treml noch, wenn er den in seinen Augen dominierenden empirischen und hermeneutischen Theoriemodellen der Pädagogik eine „Ontologie des Gegebenen" und eine „Ethik des Bestehenden" unterstellt. Für „utopische Theoriebildung" sei in der Erziehungswissenschaft kein Platz vorhanden (ebd., S. 76). Wenn dann noch die „Hauptfunktionen der institutionalisierten Erziehung, als auch der Erziehungswissenschaft" als Legitimierung der politischen Herrschaftsverhältnisse interpretiert werden, kommt nur eine Schlußfolgerung in Frage:

„Vor übertriebenen Hoffnungen an das Lager der professionellen und institutionalisierten Erziehung heißt es also Abstand nehmen, wenn man Entwicklungspädagogik betreiben will. Der pädagogische Beitrag zur Lösung der menschlichen Überlebensprobleme darf nicht von der offiziellen Pädagogik erwartet werden" (ebd., S. 77).[38]

Die Fundamentalkritik an und der Protest gegen die offizielle Pädagogik funktioniert jedoch nur mit Bezug auf ein positives Gegenüber, das die Anschlußfähigkeit der Dritte Welt- bzw. Entwicklungspädagogik an pädagogische Theoriebildung herstellen soll. Dieses Gegenüber verortet Treml in der Theoretisierung der entwicklungspolitischen und -pädagogischen Praxis der Dritte Welt-Protestbewegung:

„Ich glaube, daß wir die Hoffnung haben dürfen (...) daß die entscheidenden entwicklungspädagogischen Impulse aus der Theorie einer Praxis – und nicht aus der Praxis einer Theorie – kommen; konkret: also aus Bürgerinitiativen, entwicklungspolitischen und ökologischen Aktionsgruppen, politischen Basisgruppen aller Art, Landkommunen, alternativen Projekten usw." (ebd., S. 77).

Vor diesem Hintergrund verwundert es nicht, daß sich Treml als mehrreferentieller Beobachter beschreibt, der sowohl „aus der parteilichen Perspektive des Selbst-Engagierten" wie auch „von der Warte des (schein-) neutralen Wissenschaftlers" die anvisierte Theorie einer Praxis alternativen Lernens zu rekonstruieren vermag (ebd., S. 78). Treml betont seine Zugehörigkeit zur

---

[38] Tremls Distanzierung von der offiziellen Pädagogik findet sich in nahezu identischen Formulierungen in den pädagogisierenden Konstruktionen der Dritte Welt-Protestbewegung, die reformpädagogische Impulse nutzt, um sich von den offiziellen Erziehungsinstitutionen abzusetzen und eigene alternative entwicklungspolitische Lern- und Handlungsmodelle zu kreieren (vgl. Kap. 7.3.3.; Arbeitskreis Dritte Welt Reutlingen 1979; Seitz 1980; Gronemeyer 1977a; Kunz 1987).

Protestbewegung wie zur Erziehungswissenschaft, weil diese Mehrreferentialität ihm die Glaubwürdigkeit für die Verzahnung von entwicklungspädagogischer Theorie und alternativer Praxis verschaffe. Systematisch läßt sich der Argumentationsgang von Treml wie folgt rekonstruieren: Ausgangspunkt ist die Konstruktion einer Herausforderung der Pädagogik durch das Dritte Welt-Problem. Diese Herausforderung ignoriere die „offizielle Pädagogik" jedoch aus theorieimmanenten Gründen (Funktion von Erziehung, theoretische Prämissen). Eine Pädagogik, die sich dem Problem nicht verschließen will, kann ihren theoretischen Grund deshalb nicht in der offiziellen Pädagogik (Ontologie und Ethik des Gegebenen) finden, sondern ist verwiesen auf die utopiefördernden Impulse aus den Protestbewegungen. Die Entwicklungspädagogik Tremls organisiert ihre erziehungswissenschaftliche Anschlußfähigkeit damit zwischen den Referenzpolen „Herausforderung durch das Problem" und „Praxis der Protestbewegungen" und in dezidierter Abgrenzung zu theoretischen Strömungen in der Erziehungswissenschaft.

Auch in Meuelers Bilanzierung der Dritte Welt-Pädagogik taucht die biographische Bezugnahme auf die DWB an zentraler Stelle in Form einer subjektiven Rückschau auf das eigene „pädagogische Engagement" für die Dritte Welt auf. Als zentral für dieses Engagement werden Politisierungsprozesse benannt, welche unmittelbar auf seine pädagogische Arbeit eingewirkt haben.[39] Das pädagogische Engagement und sein ideologiekritischer Ansatz[40] haben Konflikte mit dem wissenschaftlichen und administrativen Establishment ausgelöst, das seine Unterrichts- und Curriculamodelle ablehnte (vgl. ebd., S. 26ff).[41] Diese Konflikte um die angemessene pädagogische Auseinandersetzung mit dem Dritte Welt-Problem speisen sich – von Meuelers Seite aus betrachtet – wesentlich aus der Kritik an und aus dem Protest gegen die

---

[39] Als auslösendes Moment wird die eigene Politisierung im Kontext einer Lehrveranstaltung zur Unterrichtsgestaltung an der Pädagogischen Hochschule Göttingen beschrieben. Kritik aus dem Umfeld des SDS an seinem caritativen Ansatz habe zur Rezeption neomarxistischer Dritte Welt-Analysen geführt. Diese haben den Blick auf kapitalistische Interessen und die Verflechtung der Bundesrepublik mit der Dritten Welt gelenkt. Aus der Lehrveranstaltung heraus wurden didaktische Materialien für den Unterricht und die außerschulische Bildungsarbeit entwickelt, die als Hebel gedacht waren, die Öffentlichkeit über die ‚wirklichen' Ursachen von Unterentwicklung und Armut aufzuklären.

[40] „In ‚Unterentwicklung' (dem von Meuler mitentwickelten didaktischen Sachbuch zum Dritte Welt-Problem, M.P.) formulierten wir als Gesamtziel ausdrücklich, daß es uns nicht darum gehe, Mitleid für die Armen zu erwecken, sondern Ursachen und Nutznießer von Armut, Abhängigkeit und Unterdrückung suchen und benennen zu wollen. Wir wollten zeigen, daß das Elend großer Massen gesellschaftlich bedingt ist, von Menschen gemacht und daher veränderbar ist" (Meueler 1993, S. 31).

[41] Widerstand haben seine Problemdefinitionen und pädagogischen Handlungsvorschläge von allen Seiten erfahren. Schulbuchverlage fanden die Bücher „politisch zu heikel", Rundfunkanstalten hätten wegen der „deutlichen Sprache" (der von Meueler erstellten Schulfunksendungen, M.P.) die Zusammenarbeit abgebrochen, ein Medienpaket aus Filmen und Tonbildreihen sei „an der fehlenden Konfliktbereitschaft" des staatlichen Filminstituts gescheitert (ebd.).

9. Dritte Welt-Pädagogik & EW: Zwischen Marginalisierung und segmentärer Differenzierung

herkömmlichen Deutungs- und Lösungsvorschläge von Schule, Schulbuchverlagen und anderen involvierten öffentlichen und pädagogischen Institutionen. Konflikte sowie die lose Koppelung von pädagogischen Reform- mit politischen Protestsemantiken scheinen ein Grundmuster der Pädagogisierung des Dritte Welt-Problems zu sein.[42] Die zentrale Bedeutung der Kommunikationsformen Protest und Kritik für die Dritte Welt-Pädagogik erklärt auch, warum die spätere Etablierung der Dritte Welt-Thematik im Erziehungssystem für Meueler zum Problem wird und nicht als Erfolg des eigenen Engagements verbucht wird. Ein „potenziell emanzipatorischer Lernbereich" sei unter dem Diktat „schulischer Verwaltbarkeit zum schulischen Pflichtpensum" degradiert und dabei „gänzlich entpolitisiert" worden (ebd., S. 29).[43] Vor dem Hintergrund ihres Gegenstandes kann entwicklungspolitische Bildung für Meueler nur konfliktbezogene Bildung sein (vgl. ebd., S. 35).

Diese Analyse scheint den Schluß nahezulegen, daß die Ausdifferenzierung der Dritte Welt-Pädagogik innerhalb der erziehungswissenschaftlichen Disziplin wesentlich entlang der Problemkonstruktion Dritte Welt und im Rückgriff auf die Kommunikationsformen Protest und Kritik erfolgt. Dritte Welt-Pädagogik als zwar nur marginal vorhandene spezielle Pädagogik innerhalb der Erziehungswissenschaft verweist damit auf einen anderen Ausdifferenzierungstyp im Vergleich zu den Teildisziplinen Schul-, Sozial-, Sonder- und Heil- oder Erwachsenenpädagogik. Diese innerhalb der Erziehungswissenschaft an Bedeutung gewinnenden Teildisziplinen beruhen in der Regel auf eigendisziplinären Schließungsprozessen über erziehungswissenschaftliche Theorien und Begriffe. Die Ausdifferenzierung der Dritte Welt-Pädagogik erfolgt dagegen mit Bezug auf ein gesellschaftlich konstruiertes Problem.[44] Sie ist damit weder Produkt einer „eigen-disziplinären Schließung" und „Selbstbezüglichkeit" der Erziehungswissenschaft, wie sie die Disziplin in Deutschland sonst charakterisiere (Keiner 1997, S. 226ff), noch ist sie abgeleitetes Resultat erziehungswissenschaftlicher Theoriebegriffe. In einer Bilanzierung der Dritte Welt-Pädagogik heißt es:

Die entwicklungspolitische Bildung der letzten zwanzig, dreißig Jahre konnte die kontingente Konstruktion ihrer ‚Sache', ihres ‚Themas' bislang nicht oder kaum theoretisch

---

[42] Erinnert sei an die Koppelungen zwischen pädagogischer Reformsemantik und politischen Protestkommunikationen, mit der die Dritte Welt-Protestbewegung in gleichem Maße operiert (vgl. Kap. 7.3.3.) wie das Pädagogische Establishment (vgl. Kap. 8.2.3). Auch im Kontext der Etablierung der Dritte Welt-Pädagogik im Primarbereich und der Bewertung der Rolle von „engagierten Lehrkräften" konnten diese Koppelungsprozesse nachgewiesen werden (vgl. Kap. 8.3.).

[43] Dieses erneute Problematisch-Werden der offiziellen Problemlösungsversion (in diesem Fall die pädagogische Verankerung der Dritte Welt-Problematik in der Schule) hatten bereits Kitsuse/Spector in ihrem Modell zur Karriere sozialer Probleme vorausgesagt (vgl. Kap. 3.2.2.).

[44] Erinnert sei auch an den explizten Bezug der frühen erziehungswissenschaftlichen Zeitschriftenbeiträgen auf die im Entstehen begriffene Entwicklungshilfe (vgl. Kap. 9.1.1.).

kontrollieren und selbst wieder beobachten. Die Abhängigkeit von Zufällen und Moden scheint hier größer zu sein als von theoretischen Prämissen" (Scheunpflug/Treml 1993b, S. 12).

Was hier für den Lernbereich Dritte Welt ausgesagt ist, gilt genauso für dessen erziehungswissenschaftliche Reflektion in der Dritte Welt-Pädagogik. Dritte Welt-Pädagogik ist primär als Reaktion auf die pädagogische Entgrenzung des Dritte Welt-Problems und dessen Transformation in ein pädagogisches Programm innerhalb des Erziehungssystems zu deuten.[45]

9.2.2. Die segmentäre Ausdifferenzierung der Dritte Welt-Pädagogik und deren normatives Theoriemodell

Abschließend stellt sich die Frage, wie die Differenzierungsform der Dritte Welt-Pädagogik innerhalb der Erziehungswissenschaft näher bestimmt werden kann. Die These lautet, daß die Dritte Welt-Pädagogik eine Form repräsentiert, die sich im Gegensatz zu einer eher disziplinorientierten Differenzierung als segmentäre Differenzierung bezeichnen läßt. Was ist darunter zu verstehen? Keiner hat in seiner vergleichenden Untersuchung zur kommunikativen Praxis der Erziehungswissenschaft vorgeschlagen, Segmentierung „als eine spezifische Form der Orientierung von Kommunikation (zu) verstehen, deren sachthematische Spezifität eng an gesellschaftliche Problemdefinitionen gebunden ist und die sich zugleich im Medium des dem Wissenschaftssystem eigenen Codes ‚Wahrheit' bewegt" (1999, S. 253). Segmentär differenzierte Wissenschaften binden sich primär an gesellschaftliche Referenzkontexte und Leistungserwartungen (ebd. S. 254).

Der Vorschlag, Dritte Welt-Pädagogik segmentär zu begreifen und weniger als disziplinäre, aus erziehungswissenschaftlichen Fragestellungen abgeleitete Differenzierungsform, läßt sich nicht nur empirisch anhand der Orientierung am Dritte Welt-Problem und den Kommunikationsformen Protest und Kritik plausibilisieren. Mit der Theorie der funktional differenzierten Gesellschaft liegt gleichzeitig ein Theorieangebot vor, das sozialen Problemen einen Status zuweist, der segmentäre Einschließungen in Teilsysteme der Gesellschaft nahelegt. Die Pädagogisierung des Dritte Welt-Problems könnte als Einschließung eines sozialen Problems in den Kommunikationsraum des Pädagogischen verstanden werden. Warum legen soziale Probleme die seg-

---

[45] Ähnlich resümiert Seitz den erziehungswissenschaftlichen Diskurs in der Dritte Welt-Pädagogik: „Insofern die Dritte-Welt-Pädagogik allerdings einen wenig konsistenten inneren Diskussionszusammenhang aufweist, erscheinen die Theoriekonjunkturen auf den ersten Blick nicht so sehr als ein durch die Lösungsversuche wissenschaftsinterner Problemlagen motivierter Erkenntnisfortschritt denn vielmehr als Abarbeitung zeitgeschichtlich bedingter Veränderungen in der Umwelt oder in der Bildungspraxis (...), die in hohem Maße durch externe Faktoren induziert sind" (1993a, S. 69).

mentäre Einschließungen in gesellschaftliche Teilsysteme nahe? Die Besonderheit sozialer Probleme in der funktional differenzierten Gesellschaft besteht darin, daß sie im Bezug auf die Gesamtgesellschaft konstruiert und kommuniziert werden. Ablesbar wird dieser universale Bezug vor allem an der moralischen Codierung der Kommunikationen, welche die Auseinandersetzungen um soziale Probleme prägen und die einen bestimmten Zustand der Gesellschaft als unvereinbar mit deren Normen und Werten behaupten. Im Fall des Dritte Welt-Problems konnte gezeigt werden, daß die moralische Kontingenzformel universaler sozialer Gerechtigkeit entscheidend für dessen Konstruktion ist (vgl. Kap. 6). Diese Formel ist allen Kommunikationen unterlegt, welche die Überwindung globaler Verteilungsdisparitäten für geboten halten. Jedoch sind soziale Probleme selbst mit dem Problem konfrontiert, daß von einer Gesellschaft als Einheit aufgrund ihrer Differenziertheit in verschiedene Teilsysteme nicht mehr gesprochen werden kann. Gerade moralische Rekurse wie der auf einen universalen Gerechtigkeitsbegriff können in der Gesellschaft nur schwer untergebracht werden, da die Teilsysteme für deren Realisierung keine Verantwortung übernehmen. Das internationale Wirtschaftssystem weist moralisch gestützte Protestkommunikationen ab und versucht, Verantwortung für globale Verteilungsdisparitäten anderen Instanzen zuzuschreiben (bspw. der Korruption politischer Führungseliten in der Dritten Welt). So unbefriedigend eine solche Situation denjenigen erscheint, welche die Bearbeitung des Dritte Welt-Problems für geboten halten, so unübersehbar ist, daß das Problem quer zur funktionalen Differenzierung der Gesellschaft kommuniziert wird. Kein Funktionssystem erklärt sich für die Bearbeitung und Steuerung dieses Problems zuständig und verantwortlich. Und da die Gesellschaft als Einheit nicht mehr zu greifen ist, können auch bei ihr keine Verantwortlichkeiten untergebracht werden. Die Ausschließung sozialer Probleme aus der Logik der Teilsysteme macht sie in der funktional differenzierten Gesellschaft zu einem kommunikativen Segment der Gesellschaft. Der segmentäre Charakter sozialer Probleme – ihre Sperrigkeit gegenüber Zuordnungen zu einzelnen Teilsystemen, aber auch ihre Nichtadressierbarkeit an ein gesellschaftliches Einheitszentrum – wird daran ablesbar, daß jenseits der Funktionssysteme ein eigenständiger Typus sozialer Systeme entstanden ist: die Protestbewegungen (vgl. Kap. 3.3.3.). Sie sind jedoch nur in einem äußerst begrenztem Rahmen in der Lage, auf soziale Probleme steuernd einzuwirken. Ihr Kennzeichen ist vielmehr, wie im Fall des Dritte Welt-Problems, soziale Probleme im moralisch codierten Protest gegen das Versagen der Gesellschaft bzw. ihrer Teilsysteme zu kommunizieren.

Der segmentäre Charakter sozialer Probleme scheint jedoch auf der anderen Seite eine eigene Art der Einschließung zu ermöglichen. Der Fall des Dritte Welt-Problems zeigt offensichtlich, daß sich soziale Probleme mehr oder weniger ausgeprägt in unterschiedliche Teilsysteme in der Form externer

9. Dritte Welt-Pädagogik & EW: Zwischen Marginalisierung und segmentärer Differenzierung

Erwartungen und Proteste hineinkopieren lassen.[46] Und offensichtlich eignet sich die Pädagogik mit dem für ihr Selbstverständnis grundlegenden Anspruch, Menschen und Gesellschaft durch Erziehung, Lernen und Bildung zu verbessern, besonders für die Einschließung eines solchen Segmentes, wie die Rekonstruktion der einzelnen Pädagogisierungsformen in den unterschiedlichen Instanzen demonstriert: Das Dritte Welt-Problem wird von Instanzen wie dem BMZ (als es unter Eppler Reformwillen kommuniziert) oder der DWB als pädagogische Herausforderung gedeutet. Es wird vom Pädagogischen Establishment in ein pädagogisches Programm des Erziehungssystem transformiert. Nicht zuletzt löst es innerhalb der Erziehungswissenschaft die Ausdifferenzierung einer speziellen Pädagogik aus. Diese Ausdifferenzierung kann folglich als die Kehrseite der „Suche" sozialer Probleme nach Einschließungsadressen verstanden werden. Die Erziehungswissenschaft differenziert mit der Dritte Welt-Pädagogik einen Ort aus, an dem das Dritte Welt-Problem eine weitere solche Einschließungsadresse erhält. Neben der Entgrenzung des Pädagogischen bei der Konstruktion und Bearbeitung des Problems und neben der Übersetzung des Problems in ein pädagogisches Programm des Erziehungssystems stellt die Dritte Welt-Pädagogik als spezielle Pädagogik eine weitere Pädagogisierungs- und damit Einschließungsform des Problems dar.

Welche Schlüsse lassen sich ziehen, wenn man die theoretische Perspektive der Dritte Welt-Pädagogik mit der eingangs eingeführten Unterscheidung zwischen normativ orientierter Pädagogik und kognitiv orientierter Erziehungswissenschaft beobachtet? Welche Aufgaben schreiben Dritte Welt-Pädagogen ihrem Gegenstand zu, welche Erwartungen verknüpfen sie mit ihrer Pädagogik?

Der scheinbar lange Zeit unstrittige Konsens der Dritte Welt-Pädagogik besteht darin, die eigene Disziplin nicht auf eine „Theorie mit nur logisch-theoretischer (...) Plausibilität" zu reduzieren, sondern sie „als engagierte, besonders für Normen und Werten sensible Disziplin (zu) begreifen" (Pöggeler 1993, S. 83; S. 91). In der Frage über das Ausmaß dieses Engagements lassen sich durchaus unterschiedliche Positionierungen erkennen: Pöggeler ist sicherlich einer Richtung zuzurechnen, welche die Orientierung dritte weltpädagogischer Ansätze an Normen wie Solidarität und Toleranz und damit verbundene gesellschaftliche Emanzipationsentwürfe emphatisch vertritt. Nur aus einem die normative Position betonenden Ansatz gewinne die Dritte

---

[46] Im Falle des Dritte Welt-Problems kann beispielsweise die Gründung spezifischer Entwicklungsbanken als die Reaktion des Wirtschaftssystems auf den Protest und die Erwartungen von Dritte Welt-Ländern, Kirchen, DWB betrachtet werden. Solche Einrichtungen müssen dann gleichzeitig den Teilsystemerfordernissen (Erwirtschaftung von Profiten) und den Problemlösungserwartungen (Beitrag zur Lösung von Finanz- und Investitionsproblemen unter Entwicklungsbedingungen) gerecht werden, was sie im Konfliktfall in der Regel zugunsten ersterer entscheiden.

9. Dritte Welt-Pädagogik & EW: Zwischen Marginalisierung und segmentärer Differenzierung

Welt-Pädagogik ihr notwendig „aufklärerisches, reformerisches Motiv" (ebd., S. 91). Anspruch der von Pöggeler entworfenen neuen Weltpädagogik ist es, als „Pädagogik der weltweiten Solidarität" diejenigen Maßstäbe zu erarbeiten, die für einen „gerechten Werteausgleich" und für „Frieden" notwendig seien (ebd., S. 92). Nahezu ungebrochen wird eine Selbstbeschreibung gewählt, in der Pädagogik Werte und Normen wie Solidarität und Gerechtigkeit zu begründen und zu vermitteln hat, die für die Bearbeitung und Lösung gesellschaftlicher Probleme als unhintergehbar erachtet werden. Pädagogik wird auf diese Weise als aktives Moment zur Lösung und Steuerung des Dritte Welt-Problems konstruiert. Sie ist Teil des pädagogisierenden Programms zur Verbesserung gesellschaftlicher Mißstände und Problemlagen, das seine Form in der Wertepostulierung und -vermittlung gewinnt. Mergner (1990) teilt diesen emphatischen Rekurs auf Werte und Normen als zentrale Elemente von Dritte Welt-Pädagogik nicht. Gemeinsamkeiten mit der Position Pöggelers sind jedoch dort zu erkennen, wo der Auftrag der Erziehungswissenschaft bestimmt wird. Bei Mergner hat sich die Erziehungswissenschaft ständig neu zwischen den Polen Anpassungs-Erziehung und Lern-Pädagogik zu positionieren. Ihr wird die spezielle Aufgabe zugeschrieben, Antworten auf die Frage zu finden, wie Lernbedingungen erkannt und verbessert werden können (vgl. Mergner 1990, S. 226). Auch in seiner Perspektive hat Erziehungswissenschaft nicht nur verstehend die Praxis des Lernens zu analysieren. Ihr Auftrag beinhaltet ebenso die Verbesserung von Lernbedingungen und Lernprozessen. Sie ist in diesem Sinne praktische Wissenschaft, die im Rückgriff auf den emanzipativen Lernbegriff in pädagogisches Geschehen interveniert und so zur Veränderung und das heißt Verbesserung der Realität beizutragen hat.

Die elaborierteste erziehungswissenschaftliche Ausarbeitung von Dritte Welt-Pädagogik, die jedoch an ihren zentralen Theorieachsen in einer merkwürdigen Weise zwischen deskriptivem Faktizitäts- und idealistischem Realitätstranszendierungsanspruch oszilliert, findet sich bei Alfred Treml. Dieses Oszillieren hängt wesentlich damit zusammen, daß Treml einerseits versucht, auf der Basis empirischer Beschreibungen eine theoretisch-normative Grundlage für seine Entwicklungspädagogik in der Form „regulativer Ideen" zu rekonstruieren (Treml 1980b, S. 87). Andererseits sucht er für diese Pädagogik Halt in einem inhaltlich bestimmten, transzendentalen Vernunftkriterium. Dieses pädagogisch haltgebende Kriterium sieht er in der „Idee des Guten", das eigentümlich zwischen Rekonstruktion und Konstruktion changiert (Treml 1980b, S. 88f). Unstrittig ist für Treml in jedem Fall,

„daß Entwicklungspädagogik eine <u>normative</u> Disziplin ist, denn es geht ihr nicht nur um <u>Beschreibung</u> und <u>Erklärung</u> von Entwicklungsproblemen, sondern darüber hinaus um einen pädagogischen Beitrag zur <u>Lösung</u> dieser inzwischen zu ‚Überlebensproblemen' angewachsenen Entwicklungsprobleme" (Treml 1980c, S. 9; Herv.i.O.).

Unklar bleibt jedoch, wie dieser normative Halt für die Dritte Welt-Pädagogik zu gewinnen ist. Zunächst und in rekonstruktiver Absicht versucht Treml, aus der pädagogischen und politischen Praxis der alternativen DWB „regulative Ideen" zu destillieren (Treml 1980b, S. 85). An dieser Stelle ist für Treml der Rekurs auf Praxis zentral, denn die regulativen Ideen würden nicht aus einem „Heiligen Buch" oder einer ausgearbeiteten Theorie deduziert, sondern aus der pädagogischen und politischen Praxis der alternativen Dritte Welt-Protestbewegung rekonstruiert (ebd., S. 87). Die regulativen Ideen sollen sowohl Beschreibung der gelebten Praxis sein, wie auch als alternative Leitbilder eine Vorstellung davon geben, wie und was Entwicklungspädagogik zu vermitteln hat, um das globale Unter- und Überentwicklungsproblem zu lösen. Bei Treml bleibt jedoch unklar, ob die regulativen Ideen Rekonstruktion einer tatsächlichen Praxis sind, oder doch nur die kontrafaktische Benennung einer transzendental gestützten Utopie (vgl. ebd.). Diese Frage verschärft sich, wenn man den Blick auf Tremls Beschreibung der Praxis richtet, die der Dritte Welt-Pädagogik als Regulativ dienen sollen. So sei das asymmetrische Verhältnis von Lehrer und Zögling in den alternativen Gruppen ebenso aufgehoben wie die didaktische Trennung von Nahem und Fernen, weil die Beschäftigung mit lokalen Problemen „zwangsläufig" zur Beschäftigung mit globalen Problemen der Menschheit führe (ebd., S. 80-85). Bei der Relektüre dieser Beschreibung kommen nicht nur dem Beobachter Zweifel an der entscheidenden theoriestrategischen Prämisse, daß es sich um bloße Rekonstruktion, nicht aber um idealistische Projektion handelt. Selbstkritische Auseinandersetzungen mit der politischen und pädagogischen Praxis der DWB können eine andere Lesart nahelegen.[47] Sie warnen davor, Praxis für theoretische Zwecke zu überhöhen. Treml selbst scheint um die Gefahren einer theoretischen Überhöhung der Kategorie Praxis zu wissen[48], wenn er in Abkehr vom empirisch-rekonstruktiven Vorgehen anerkennt, „eine hermeneutische Brücke schlagen zu müssen zu dem, was in unserem Kulturkreis als ‚Idee des Guten' im vernünftigen Argumentieren historisch immer schon mitgedacht wurde" (ebd., S. 88). Treml schließt diese tektonische Bruchstelle seiner theoretisch-normativen Fundierung von Entwicklungspädagogik an Habermas' Moralbegründung (vgl. Habermas 1983, S. 26f). Das moralische Vernunftkriterium habe sowohl eine reale Basis, weil sie „im

---

[47] Zum Verhältnis von Nahem und Fernem und der Gefahr von Projektionen in der entwicklungspolitischen und -pädagogischen Solidaritäts- und Bildungsarbeit vgl. das Kapitel „Mode, Mythos oder Massenbewegung. Zur Kritik der Dritte Welt-Bewegung" bei Balsen/Rössel (1986, S. 523-539).

[48] „Man darf nicht übersehen, daß das, was wir als Traum einer utopischen Gesellschaft aus der Vermittlungsform alternativer Praxis rekonstruiert haben, nur eine bestimmte Tendenz zum Ausdruck bringt und deshalb nicht viel über die einzelne Aktionsgruppe aussagt. (...) Wir finden in der Alternativbewegung alle Untugenden der etablierten Politik wieder und nicht nur das. (...) Entwicklungspädagogisches Handeln ist deshalb auf eine allgemeine und kritische Theorie angewiesen" (Treml 1980b, S. 88).

9. Dritte Welt-Pädagogik & EW: Zwischen Marginalisierung und segmentärer Differenzierung

vernünftigen Argumentieren historisch immer schon mitgedacht wurde", gleichzeitig könne sie unbedingte Gültigkeit beanspruchen, weil sonst das Überleben der Menschheit gefährdet sei (Treml 1980b, S. 88f). Die „Idee des Guten" wird als das gesuchte moralische Vernunftkriterium konstruiert. Aus ihr ist das normative Ziel von Entwicklungspädagogik abzuleiten, die „Rechte und Möglichkeiten aller Menschen, an der Bestimmung des für sie relevanten Guten und Gerechten teilzunehmen" zu garantieren (Treml 1980c, S. 12). Die „Melange" aus kontextuell gewonnenem Faktizitäts- und transzendentalem Unbedingtheitsanspruch hat vielfältige Kritik herausgefordert, die hier nicht weiter verfolgt werden muß (vgl. Reese-Schäfer 1997, S. 111ff). Merkwürdig ist Tremls Rekurs auf das pädagogische Letztkriterium einer „Idee des Guten" einerseits vor dem Hintergrund der bereits vorgestellten, vernichtenden Kritik an der empirischen und hermeneutischen Tradition der Pädagogik (vgl. Kap. 9.2.1.). Andererseits muß es den Beobachter dieser als kritisch und praktisch ausgewiesenen Theoriekonstruktion erstaunen, daß gerade die Idee des Guten nicht „in der Theorie aufgehoben und damit abstrakt" (Treml 1980b, S. 76) bleiben soll. Theoriefixierung und Abstraktion sind gerade die Vorwürfe, die Treml gegen die hermeneutische Tradition der Pädagogik erhoben hat. In jedem Fall kann Dritte Welt-Pädagogik als hochgradig normative Pädagogik verstanden werden: Ihr fokaler Referenzpunkt ist der pädagogische Beitrag zur Lösung des Dritte Welt-Problems über den Weg emanzipativer Subjektbildung wie Tremls apokalyptisch-dramatisierendes Schlußszenario noch einmal eindrücklich offenlegt:

„In Anbetracht unserer mit abgeladenen Problemen vollgestopften Zukunft und der Dringlichkeit ihrer ökologischen Problemlösungen haben wir nicht mehr viel Zeit, die notwendigen Vermittlungs- und Entwicklungsprozesse in Gang zu bringen. Von der Bewältigung dieser gleichermaßen notwendigen wie schwierigen Aufgabe wird es abhängen, ob sich der Mensch zum Subjekt seiner Geschichte aufschwingt oder als bloßes Objekt seiner eigenen Geschichte mit ihr untergeht" (ebd., S. 89).

Mit diesem auf die Verbesserung von Mensch und Gesellschaft durch emanzipative Subjektbildung gerichteten Interesse läßt sich Tremls Entwicklungspädagogik als typische Repräsentantin einer normativ verfahrenden Dritte Welt-Pädagogik rubrizieren (vgl. Kade 1999, S. 529ff).[49]

Doch nicht nur im bezug auf die an der „Idee des Guten" ausgerichteten Utopie globaler Gerechtigkeit teilt Dritte Welt-Pädagogik die Kennzeichen normativer Pädagogik. Auch in der Betonung des Praxisbezuges stimmt sie

---

[49] Ähnliches gilt – in unterschiedlichem Maße – für die Ansätze von Pöggeler, Meueler und Mergner. Bei Pöggeler heißt es z.B. : „Wir brauchen eine Präventivethik. Sie hat mittels Erziehung ein humanes Verhalten zu erzeugen, das die Fortsetzung der großen Weltfehler verhindert (Ausbeutung der Einen durch die Anderen, Beherrschung der Schwächeren durch die Stärkeren, nutzloser Konsum statt sinnvolle Pflege der Naturressourcen). Für weltgerechte Pädagogik heißt das: Sie kann nicht ethikfrei sein und nicht weiterhin Subjektivität mit Egoismus verwechseln" (1993, S. 81).

mit dem normativen Paradigma überein. Immer geht es darum, die Theorie und Praxis von Erziehungs-, Lern- und Bildungsprozessen zu verzahnen. Die Dritte Welt-Pädagogik als Theorie habe von der Dritte Welt-Pädagogik als Praxis ebenso zu lernen wie sich diese Praxis von der Theorie inspirieren zu lassen habe. Sowohl bei Meueler als auch bei Treml läßt sich das Postulat einer Theorie-Praxis-Verknüpfung identifizieren:

„Die theoretische Auseinandersetzung mit historischen und strukturellen Bedingungen des wirtschaftlichen und sozialen Zusammenbruchs in vielen Regionen sichert die entwicklungsbezogene politische Praxis vor Illusionen und kann insofern als ein Moment der Praxis selbst verstanden werden. Die entwicklungspolitische Praxis benötigt eine beschreibende, analysierende, kritisierende und mitunter voranlaufende Begleitung, um etwas über sich selbst herauszufinden und um durch nichts als Gewohnheit legitimierte, aber leerlaufende Praktiken überwinden zu können" (Meueler 1993, S. 32f).

„(...) Entwicklungspädagogische Theorie (kann und soll) auf eine schon bestehende entwicklungspädagogische Praxis zurückgreifen (...)" genau wie „die entwicklungspädagogische Praxis eine entwicklungspädagogische Theorie braucht" (Treml 1980b, S. 87).

Dritte Welt-Pädagogik, die auf den Anspruch, praktische Wissenschaft zu sein, verzichten würde, ist schlechterdings nicht vorstellbar. Grundsätzlich hat sie „engagierte Wissenschaft" zu sein (vgl. Pöggeler 1993, S. 91).

Resümierend läßt sich festhalten, daß die Dritte Welt-Pädagogik in ihrem Ausdifferenzierungsprozeß durch den mehrreferentiellen Bezug auf wissenschaftliche Ansprüche, eine praxisorientierte Handlungslehre, soziale Probleme sowie die sozialen Protestbewegungen gekennzeichnet ist. Dritte Welt-Pädagogik, so wie sie von ihren Protagonisten bis weit in die neunziger Jahre beschrieben wird, kann als der wissenschaftliche „Platzhalter" für die Bearbeitung eines globalen gesellschaftlichen Problems verstanden werden, dem in anderen Funktionssystemen wie der Wirtschaft oder der Politik keine oder nur unzureichende Aufmerksamkeit geschenkt wird.

Jedoch lassen sich in den letzten Jahren deutliche Anzeichen für eine größere Reflexivität der pädagogischen Thematisierung des Dritte Welt-Problems erkennen. Diese Reflexivität ist wesentlich darauf zurückzuführen, daß eigendisziplinäre Problemstellungen in die Dritte Welt-Pädagogik importiert und rezipiert wurden. Bereits erwähnt wurde die Diskussion, wie sich konstruktivistische, die Kontingenz des Gegenstandes Dritte Welt betonende Positionen einerseits zum strukturell vorgegebenen Handlungs- und Entscheidungszwang im pädagogischen Feld verhalten, andererseits zur Erwartung, pädagogische Problemlösungsbeiträge produzieren zu müssen (vgl. Nestvogel/Scheunpflug 1994). Eine Schlüsselrolle in der Verschiebung des Verhältnisses zwischen normativer Pädagogik und kognitiver Erziehungswissenschaft im Feld der Dritte Welt-Pädagogik kann dem bereits erwähnten DFG-Projekt zur Geschichte der entwicklungspolitischen Bildung zugerechnet werden (vgl. Scheunpflug/Seitz 1995a; 1995b; 1995c; Treml 1995). Ausgehend von dort

9. Dritte Welt-Pädagogik & EW: Zwischen Marginalisierung und segmentärer Differenzierung

gewonnenen Befunden werden zentrale Pädagogisierung induzierende Annahmen der Dritte Welt-Pädagogik infragegestellt (vgl. Scheunpflug/Treml 1993b, S. 10-15):
- Dritte Welt-Pädagogik unterstelle eine nichtvorhandene pädagogische Kausaltechnologie, die es ihr erlauben soll, Bewußtsein und Einstellungen der pädagogischen Adressaten hin auf das Lernziel Emanzipation zu verändern. Damit habe Dritte Welt-Pädagogik einer „penetranten didaktischen Überforderung" Vorschub geleistet.
- Dritte Welt-Pädagogik habe ständig ihre Didaktiken und Methoden gewechselt[50], um die überhöhten normativen Ziele und deren Unerreichbarkeit zu verdunkeln.
- Dritte Welt-Pädagogik kommuniziere primär moralisch und überspiele auf diese Weise den Mangel an pädagogischer Technologie.

Diese Kritik ist insofern bemerkenswert, als sie nicht nur die bisher ausschließlich normativ orientierte Dritte Welt-Pädagogik in ihrem Kern berührt, sondern auch eine selbstkritische Auseinandersetzung mit der eigenen Rolle im Prozeß der segmentären Ausdifferenzierung der Dritte Welt-Pädagogik anzeigt.[51] Der kommunikative Anschluß der Dritte Welt-Pädagogik an erziehungswissenschaftliche Fragestellungen um den Preis der Aufgabe normativer Eindeutigkeiten ist jedoch seinerseits weder kritiklos geblieben noch kann man von der Hegemonie einer disziplinär und kognitiv orientierten Thematisierung des Dritte Welt-Problems sprechen. Das heterogene Bild, das die Dritte Welt-Pädagogik in den letzten Jahren zeigt, läßt sich beispielhaft an dem Band von Scheunpflug/Treml (1993a) zu Bilanz und Perspektiven entwicklungspolitischer Bildung illustrieren. Dort, und das heißt an prominenter Stelle in dem Einleitungsbeitrag der Herausgeber/innen, findet sich nicht nur die oben zitierte Infragestellung einer normativ überhöhten Dritte Welt-Pädagogik. Im gleichen Band und in nahezu kontradiktorischem Widerspruch zu fast allem, was in diesem Einleitungsbeitrag formuliert wird, reden eine Vielzahl von Beiträgen der weiteren Pädagogisierung des Dritte Welt-Problems das Wort. Nahezu ungebrochen werden neue didaktische Ansätze vorgestellt[52], das normative Paradigma perpetuiert[53] und die pädagogische Lösbarkeit des Dritte Welt-Problems durch mehr und besseren Dritte Welt-Unterricht sowie Bewußtseinsbildung kommuniziert. Gleichzeitig finden sich

---

[50] Dies ist in dieser Arbeit als permanente Reformgeschichte der Konditionalprogramme der Dritte Welt-Pädagogik beschrieben worden (vgl. Kap. 7.4).
[51] Das von Scheunpflug/Treml im Rückgriff auf Flitner (1993, S. S. 94) gewählte Bild der Dritte Welt-Pädagogen, die „eine Mischung aus Schriftgelehrten, Wanderpredigern und politischen Weltverbesserern" seien, könnte zumindest im Falle Tremls als langjährig gültige Selbstbeschreibung interpretiert werden.
[52] Kritisch wurde bereits auf den Beitrag Schnurers (1993) eingegangen, der den Ansatz des globalen Lernens für die Dritte Welt-Pädagogik fruchtbar machen will (vgl. 7.4).
[53] Hier ist noch mal der ebenfalls bereits ausführlich interpretierte Beitrag Pöggelers (1993) zur normativen Fundierung einer Eine Welt-Pädagogik zu nennen.

Beiträge, welche die kritischen Impulse aus dem Einleitungsbeitrag aufnehmen und für eigene Fragestellungen weiterführen.[54]

Die heterogener gewordene Lage im Feld der Dritte Welt-Pädagogik läßt sich auch an der Kritik demonstrieren, die gegen die Infragestellung des normativen Paradigmas vorgebracht wird. Die Kritik richtet sich gegen die Aufgabe des emphatisch-emanzipativen Subjektbegriffs durch die kognitiv gewendete Dritte Welt-Pädagogik, der nicht nur die normative Fundierung fehle, sondern die gesellschaftskritische Absichten aufgegeben habe:

„Die Untersuchung (von Scheunpflug/Seitz/Treml über die Geschichte der entwicklungspolitischen Bildung, M.P.) ermangelt einer anthropologischen wie bildungstheoretischen Ausgangshypothese dazu, was den Menschen mündig werden läßt und was dies immer wieder verhindert. Es fehlt eine grundsätzliche Diskussion der Frage danach, (...) was die Lebensqualität verbessert (...). Es fehlt die Frage, was denn das Interesse wachhält, offen zu sein – alleine und gemeinsam – für die Welt, für Erfolge, Probleme und Krisen – auch anderer" (Meueler/Schade 1997, S. 43).

Im normativen Paradigma wird die selbstgestellte „Grundsatzfrage, ob politische Bildung einen emanzipierten Stellenwert hat" (ebd., S. 45) nicht nur grundsätzlich bejaht. Sie wird auch dazu verwendet, dem kognitiven Ansatz die Aufgabe politischen Gestaltungsinteresses vorzuwerfen. Das Produkt der kognitiven Wendung wird als „wissenschaftlich erzeugte Ratlosigkeit" (ebd.) negativ bewertet, dessen Irrelevanz für die pädagogische und politische Arbeit feststehe (Dauber 1997, S. 47).

Wie ist die gegenwärtige Thematisierung des Dritte Welt-Problems unter dem Dach der Erziehungswissenschaft einzuschätzen? Zunächst läßt sich konstatieren, daß sich ein theoretischer Zugang ausdifferenziert hat, der sich zwar auch auf die pädagogische Bearbeitung des Dritte Welt-Problems bezieht, jedoch pädagogische Handlungskontexte distanzierter beobachtet und normative Erwartungen zugunsten eigendisziplinärer Fragestellungen zurückstellt. Pädagogisierung, normative Überhöhung und die Semantik einer engagierten Protestpädagogik bilden nicht mehr die einzigen Formen, das Dritte Welt-Problem erziehungswissenschaftlich zu kommunizieren. Die Ausdifferenzierung einer an disziplinorientierten Fragestellungen interessierten erziehungswissenschaftlichen Thematisierung[55] bricht mit der Verdoppelung der Leistungen des Pädagogischen Establishments durch die wissenschaftliche Pädagogik. Diese Verdoppelung besteht darin, daß die dem normativen Paradigma folgende Dritte Welt-Pädagogik – jetzt unter dem Dach Erziehungswissenschaft – genau wie das Pädagogische Establishment primär die Trans-

---

[54] Vgl. Siebert (1993) für die Diskussion um die Möglichkeiten und Grenzen von Dritte Welt-Pädagogik in der Erwachsenenbildung.

[55] Vgl. auch die in der Zeitschrift für internationale Bildungsforschung und Entwicklungspädagogik (ZEP, 19,1996, Heft 1-3) geführte Kontroverse zwischen einem evolutionstheoretischen und einem handlungstheoretischen Ansatz in der „Erziehung für die Weltgesellschaft" (vgl. ZEP 1996).

formation des Dritte Welt-Problems in ein pädagogisches Programm für das Erziehungssystem vorantreibt: Sie begründet Erziehungsziele und konzipiert und verbessert didaktische Mittel zur Erreichung dieser Ziele. Der in dem kognitiven Theoriezugang enthaltene Bruch mit dem normativen Paradigma ist insofern bedeutsam, weil zumindest zwei problematische Implikationen der pädagogisierenden Dritte Welt-Pädagogik kaum zu leugnen sind:
(1) die Überschätzung ihres Leistungsvermögens: Dritte Welt-Pädagogik unterstellt, die Postulierung und Begründung normativer Zielen beinhalte bereits eine Bearbeitung des (mit-)konstruierten Dritte Welt-Problems.
(2) die Nichteingrenzbarkeit externer Leistungserwartungen: segmentär ausdifferenzierte Pädagogiken wie die Dritte Welt-Pädagogik können die gesellschaftliche Erwartung, Lösungsangebote für die Bearbeitung des Dritte Welt-Problems bereitzustellen, nicht kontrollieren.
Ein Schluß aus diesen problematischen Implikationen der pädagogisierenden Dritte Welt-Pädagogik sollte jedoch nicht vorschnell gefolgert werden: Das Offenbarwerden der Problematik normativ-pädagogisierender Pädagogik bedeutet nicht, daß sie obsolet wird. Denn die Differenz theoretischer Zugänge (normativ versus kognitiv) in der erziehungswissenschaftlichen Kommunikation des Dritte Welt-Problems läßt sich noch mal analytisch einholen und an gesellschaftstheoretische Überlegungen rückkoppeln. Die das Problem normativ konstruierende und pädagogisierende Dritte Welt-Pädagogik könnte in ihrer Anbindung an die Protestbewegungen und in ihrem Bezug auf eine gesellschaftstheoretisch ortlos gewordene Moral verstanden werden. Dagegen hätte die kognitiv orientierte Thematisierung des Dritte Welt-Problems – wie sie sich in neueren Ansätzen bei Scheunpflug, Seitz, Treml oder Siebert findet, ihren Referenzpunkt im Wissenschaftssystem als funktionalem Teilsystem der Gesellschaft. Die differenten Zugänge wären dann nicht in einem fiktiven Einheitspunkt aufzuheben, sondern als komplementäre Selbstbeschreibungsmöglichkeiten des Pädagogischen zu begreifen (vgl. Kade 1999, S. 540).

Ob diese komplementäre Positionierung von normativ-pädagogisierenden und kognitiven Pädagogiken das letzte Wort sein muß, kann an dieser Stelle nicht beantwortet werden. In jedem Fall wäre es ein Fortschritt, wenn die Dritte Welt-Pädagogik lernte, ihre normativen Erwartungen reflektierter zu kommunizieren. Kognitive Reflektion ermöglichte, das Pädagogisierungsversprechen einer durch Bildung und Erziehung zu bewerkstelligenden Versöhnung von Gesellschaft und sozialen Problemen mit mehr Distanz zu beobachten.

10. Schluß

Pädagogisierung ist in der vorliegenden Fallstudie im Anschluß an systemtheoretische Überlegungen als spezifische Kommunikationsform zur Steuerung sozialer Probleme rekonstruiert worden. Abgesehen wurde von Pädagogisierungskonzepten, die apriorisch die Pädagogik auf Organisation und Profession fixieren und dann deren Expansion unter normativen Gesichtspunkten beobachten, sei es, daß diese Expansion im Hinblick auf negative Folgen für individuelle Adressaten beklagt oder unter dem Fokus uneingelöster pädagogischer Versprechen eingefordert wird. Kern der pädagogisierenden Kommunikationsform ist die Beschriftung sozialer Probleme mit einer spezifischen pädagogischen Semantik und Argumentationsform. Deren Kennzeichen besteht darin, daß sie das Dritte Welt-Problem und die damit verbundene Frage globaler Gerechtigkeit auch als Bewußtseins-, Einstellungs- und Verhaltensproblem der bundesrepublikanischen Bevölkerung deutet. Auf diese Deutung ist wiederum mit einer Steuerungsstrategie zu reagieren, die sich um die pädagogische Vermittlung von Problembewußtsein, von Wissen über die Ursachen des Dritte Welt-Problems und von Werten wie Solidarität oder Verantwortung zentriert.

10.1. Pädagogisierung als Entgrenzung des Pädagogischen und als Inklusion sozialer Probleme

Ausgehend von diesem Pädagogisierungsbegriff konnten zwei Erscheinungsformen von Pädagogisierung am Fall der gesellschaftlichen Konstruktion des Dritte Welt-Problems in der Bundesrepublik empirisch nachgewiesen werden:
(1) Zum einen wird das Pädagogische bei der Steuerung sozialer Probleme entgrenzt. Die pädagogisierende Strategie, das Dritte Welt-Problem über die Verbesserung individueller Dispositionen zu bearbeiten, löst sich einerseits von Erziehungsinstitutionen wie der Schule ab, andererseits wird sie auch nicht durch das Erziehungssystem selbst initiiert. Referenzpunkte dieser Pädagogisierungsform sind vielmehr Teile des Politischen Systems (in einer begrenzten Reformphase), die Protestbewegungen und die Öffentlichkeit. Im Kontext ihrer auf Moral abstellenden und im Modus von Protest und Reformaspirationen vorgetragenen Problemkonstruktion gewinnt die pädagogische Kommunikationsform ihre gesellschaftliche Resonanz. In der Konstruktion und Bearbeitung sozialer Probleme emergiert eine eigenständige „pädagogische Sphäre" (Kade/Lüders/Hornstein

10. Schluß

1993, S. 57) innerhalb der Gesellschaft, deren Realitätsgehalt als Vermittlungsangebot von Problemwissen, Werten und Handlungsbereitschaften primär kommunikativ-symbolischer Natur ist.
(2) Zum anderen werden soziale Probleme in das Erziehungssystem und die wissenschaftliche Pädagogik inkludiert, indem sie in pädagogische Programme bzw. spezielle Pädagogiken transformiert werden. Im Fall der Pädagogisierung des Dritte Welt-Problems trägt dieses Programm die Namen Dritte Welt-Pädagogik und Entwicklungspolitische Bildung, die in Schulen, der Erwachsenen- und Jugendbildung ebenso wie in der erziehungswissenschaftlichen Disziplin kommuniziert wird.

Aus systemtheoretischer Perspektive erscheint es offensichtlich, daß die reflexive Beschreibung dieser beiden Pädagogisierungsformen vom Standpunkt abhängt, von dem die Grenzverschiebung zwischen Pädagogik, Politik und Moral beobachtet wird. Wählt man als Beobachtungspunkt die Gesellschaft, und dort die Politik und die Protestbewegungen der Gesellschaft, so kommt Pädagogisierung als Entgrenzung und Diffusion in den Blick, weil pädagogisierende Problemsteuerungskommunikationen ihre institutionelle und professionelle Bindung zum Erziehungssystem aufgegeben haben. Optiert man hingegen für einen Beobachtungspunkt, der sich materiell auf die Einrichtungen des Erziehungssystems bezieht, so erscheint Pädagogisierung als Einschließung und pädagogische Transformation sozialer Probleme, weil das Funktionssystem Erziehung und Bildung seine Zuständigkeit derartig gedehnt hat, das praktisch alles in ihm kommuniziert werden kann (vgl. Lenzen 1999, S. 554).

Am Fall der gesellschaftlichen Konstruktion des Dritte Welt-Problems läßt sich zeigen, daß beide Beobachtungsperspektiven nicht nur wesentliche Dynamiken von Pädagogisierungen sichtbar machen, sondern daß mit ihnen zudem die Koppelungen in den Blick geraten, die zwischen beiden Erscheinungsformen von Pädagogisierung bestehen (vgl. Kap. 8.2.4). Auf der gesellschaftlichen Seite bleibt das organisatorisch und professionell definierte Erziehungssystem ein Referenzpunkt der sich entgrenzenden pädagogischen Kommunikationsform: im Fall des Bundesministeriums für wirtschaftliche Zusammenarbeit in Gestalt der Konzeptualisierung von Elementen des Programms Dritte Welt-Pädagogik sowie der Adressierung der Problemsteuerungsmaßnahmen an die Schule; im Fall der Dritte Welt-Protestbewegung in Gestalt einer kritischen Bezugnahme auf Lernen und Bildung unter dem Signum der Alternativpädagogik. Auf der pädagogischen Seite der Grenze koppeln sich Reformintentionen des Pädagogischen Establishments zur Veränderung des Erziehungssystems an die moralisch imprägnierte Problemkonstruktion Dritte Welt. Resultat dieser Koppelung ist die Dritte Welt-Pädagogik, die Erziehung, Bildung und Unterricht in institutionellstruktureller, didaktischer und inhaltlicher Hinsicht erneuern soll. Eine Theorie der Pädagogisierung sozialer Probleme hat nach den Ergebnissen dieser

10. Schluß

Fallstudie sowohl mit der Entgrenzung des Pädagogischen wie auch mit der (segmentären) Einschließung sozialer Probleme in die Pädagogik zu rechnen. Sie muß die Konturen der Pädagogik einerseits deutlich unschärfer ziehen, da das Pädagogische auf vielfältige Weise in der Gesellschaft hervortritt.[1] Andererseits bleibt die institutionalisierte Ausdehnung des Erziehungssystems über neue pädagogische Problembearbeitungsprogramme Bestandteil einer erziehungswissenschaftlichen Bestimmung des Pädagogischen.

Wenngleich solche „sowohl-als-auch-" und „einerseits-andererseits-Bestimmungen" in einem Entwurf für eine Pädagogisierungstheorie zunächst unbefriedigend erscheinen, so ist nicht zu übersehen, daß vorschnelle Eindeutigkeiten in der Frage, wo Grenzen zwischen Pädagogik und gesellschaftlichen Teilsystemen gegenwärtig verlaufen, sich auf dünnem empirischem Eis bewegen. Insofern lassen die Ergebnisse dieser Fallstudie zeitdiagnostisch bedingte Schlüsse wie die vom Verschwinden sozialer Systeme und der Veränderung des gesellschaftlichen Differenzierungsprinzips (vgl. Lenzen 1999, S. 552ff)[2] nicht zu. Die Ausdehnung des Vermittlungscodes und seine gesellschaftliche Diffusion induziert ausschließlich, daß die Formen der Systembildung des Pädagogischen innerhalb der Gesellschaft vielfältiger und heterogener geworden sind. Sie reichen empirisch nachweisbar von institutionell codierten Programmreformen innerhalb bis zu kommunikativ codierten Problemsteuerungskampagnen jenseits des Erziehungssystems.

10.2. Die Pädagogik als Platzhalter der Moral

Gleichwohl legen die im Pädagogisierungsbegriff angezeigten und am Fall des Dritte Welt-Problems rekonstruierten Grenzverschiebungen zwischen Pädagogik, Politik und Moral nahe, gesellschaftstheoretische Überlegungen über die Genese und Dynamik dieser Verschiebungen anzustellen. Die Genese und Dynamik der Pädagogisierung sozialer Probleme, so die aus der Fall-

---

[1] Empirisch hat sich gezeigt, daß pädagogische Vermittlung z.B. in den Mobilisierungskampagnen des Bundesministeriums für wirtschaftliche Zusammenarbeit hervortritt, das in seiner Informationspolitik Dritte Welt-Problembewußtsein bewirken will (vgl. Kap. 7.2.), oder in der Konstituierung der Dritte Welt-Protestbewegung, für die Vermittlung zum zentralen Faktor einer auf Dauer angelegten Selbstherstellung wird (vgl. Kap. 7.3.).

[2] Lenzen scheint sich funktionale Differenzierung nach dem Muster einer Dekomposition des einheitlichen Ganzen in Teile vorzustellen, die voneinander relativ unabhängig sind. „Von dieser Vorstellung ausgehend", schreibt Luhmann (1987a, S. 21), „wird man immer wieder zur Beobachtung von ‚Entdifferenzierungen' gedrängt, da die Interdependenzen bei funktionaler Differenzierungen (...) nicht abnehmen, sondern zunehmen". Funktionale Differenzierung im systemtheoretischen Sinne meint jedoch Differenzierung der Codes, mit denen die Wirklichkeit beobachtet und hergestellt wird (vgl. Kap. 4.1.).

10. Schluß

studie abgeleitete These, hängen eng mit dem Verlust der Möglichkeit zusammen, eine in Funktionssysteme differenzierte Gesellschaft moralisch zu integrieren (vgl. Luhmann 1990c, S. 25). Unter diesen Bedingungen wird in Pädagogisierungsprozessen die *Pädagogik zum paradoxen Platzhalter der Moral* in der Gesellschaft. Kennzeichen der funktionalen Differenzierung der Gesellschaft ist die Nichtzentralisierbarkeit von moralischer Verantwortung für die problematischen Folgen dieser Differenzierung (vgl. Kap. 3.3.3.). Funktionssystemen, die wie das Wirtschafts-, das Wissenschafts- und das politische System über technisierbare Medien verfügen (Geld, Wahrheit und an Recht gebundene Macht) gelingt es zwar unter diesen Bedingungen, eine hohe Leistungsfähigkeit zu entwickeln, gleichzeitig produzieren sie jedoch systematisch Anlässe für die Konstruktion sozialer Probleme (vgl. Luhmann 1987c, S. 52f). Damit stellt sich die Frage, ob soziale Probleme mit den gleichen technisierbaren Medien bearbeitet werden können, die sie verursacht haben (ebd., S. 53).

Eine Reaktion der funktional differenzierten Gesellschaft auf die Selbsterzeugung sozialer Probleme und die Nichtkonstruierbarkeit einer moralischen Zentralinstanz scheint die auch am Fall des Dritte Welt-Problems nachweisbare Ausdifferenzierung von Protestbewegungen oder von eigentümlich dissidenten Reformkommunikationen innerhalb des politischen Systems[3] zu sein. Genau diese Protest- und Reformkommunikationen, die eine hochgradig moralische Beschreibung des Dritte Welt-Problems mit sich führen, sind die *„shifting points"*, an denen Pädagogisierungen und damit Grenzverschiebungen zwischen Pädagogik und Gesellschaft zu beobachten sind. Pädagogisierende Kommunikationen emergieren, um den moralischen Protest gegen selbsterzeugte Probleme der Gesellschaft zu stützen. Zugleich votieren sie in ihrer individualisierenden Wendung an pädagogische Adressaten für eine Problemsteuerung, deren Kern in verbesserten moralischen Dispositionen wie Problembewußtsein oder Solidarität besteht. In dieser Verdoppelung führt die Pädagogisierung sozialer Probleme zu einem *Re-entry* der Moral in die Gesellschaft. Pädagogisierungen konstituieren die Pädagogik auf diese Weise als universalisierten Platzhalter der Moral in moralisch dezentrierten Gesellschaften. Pädagogik ist als paradoxer Platzhalter der Moral aufzufassen, weil sie die funktionale Differenzierung der Gesellschaft weder ignorieren[4] noch in einer gerade im Bildungsbegriff mitgeführten Einheitsvorstellung versöhnen kann. Dennoch scheint die Gesellschaft auf die durch Pädagogisie-

---

[3] Die „aktive Entwicklungspolitik" unter Eppler, die eine Anerkennung der Interessen der Dritten Welt in der Ersten Welt und einen daraus abgeleiteten Interessenausgleich anstrebte, blieb immer nur Episode innerhalb der Entwicklungspolitik des politischen Systems der Bundesrepublik (vgl. Kap. 6.2.)
[4] Die funktionale Differenzierung der Gesellschaft und die Differenz zwischen sozialen und psychischen Systemen macht das Technologiedefizit der Pädagogik aus und schließt eine zentrale gesellschaftliche Problemsteuerung durch die Pädagogik aus.

10. Schluß

rung erzeugten moralischen Zumutungen nicht verzichten zu wollen, wie die nunmehr über 30jährige Geschichte der Pädagogisierung des Dritte Welt-Problems zeigt. Ob jedoch die Konstruktion „Pädagogik als Platzhalter der Moral" die „Wiederherstellung der Moral mit anderen Mitteln" ist, die Hartmut von Hentig (1999, S. 19) im Auge hat, wenn er Pädagogik als gesellschaftliches Integrationsmedium zu rekonstituieren beabsichtigt, muß bezweifelt werden.

Vor dem Hintergrund dieser gesellschaftstheoretischen Überlegungen zur Genese und Dynamik von Pädagogisierungen wird verständlich, warum die Pädagogisierung des Dritte Welt-Problems in der Systemreferenz Erziehungswissenschaft zu einer segmentären Ausdifferenzierung von Dritte Welt-Pädagogik geführt hat. Die erziehungswissenschaftliche Disziplin weist zwei theoretische Zugänge auf: einen normativen und einen kognitiven (vgl. Kap. 9). Dritte Welt-Pädagogik ist in der Erziehungswissenschaft dort zu lokalisieren, wo ihr Bezugpunkt der normative Theorieansatz ist, der sich durch Moral speist und am Begriff des Engagements orientiert. Hier finden sich dann auch die oben beschriebenen *„shifting points"* zu Pädagogisierungskommunikationen. Die einen kognitiven Theoriezugang vertretende Erziehungswissenschaft hingegen orientiert sich am technisierbaren Wahrheitscode. Für sie ist die Beobachtung von Erziehung, Bildung und Unterricht oder von Entgrenzungen des Pädagogischen auf Inkonsistenzen, Prämissen, Widersprüche oder Aporien entscheidend. Sie sieht sich in einer funktional differenzierten Gesellschaft entlastet von Zumutungen, die auf Moral, Verantwortung und die Lösung gesellschaftlicher Probleme rekurrieren. Die (nur) segmentär mitvollzogene Pädagogisierung des Dritte Welt-Problems in der Erziehungswissenschaft verweist auf deren unterschiedliche Referenzsysteme: Pädagogisierungspädagogiken wie die Dritte Welt-Pädagogik referieren auf Moral und Protest. Sie sind „Stellvertreter des Protestsystems", wenn sie „im Namen einer auf das Ganze der Gesellschaftsveränderung bezogenen Moral" (Kade 1999, S. 539) zur Bearbeitung sozialer Probleme ansetzen. Der kognitive Theoriezugang der Erziehungswissenschaft referiert hingegen auf das Wissenschaftssystem und auf den funktionalen Code der Wahrheit. Die Differenz von normativer Pädagogisierungspädagogik und kognitiver Erziehungswissenschaft ist somit in der Gesellschaft selbst angelegt. Auf diese Weise ist die Einheit der Erziehungswissenschaft/Pädagogik ihre gesellschaftlich bedingte Differenz.

Literatur

Abromeit, H. (1989): Sind die Kirchen Interessenverbände?, in: dies./Wewer, G. (Hg.), Die Kirchen und die Politik, Opladen, S. 244-260.

Abschlußerklärung des Kongresses "Der Nord-Süd-Konflikt: Bildungsauftrag für die Zukunft", in: World University Service (Hg.) (1991), Der Nord-Süd-Konflikt. Bildungsauftrag für die Zukunft. Dokumentation des Kongresses vom 29. 9.-1. 10. 1990 in Köln, Wiesbaden, S. 276-279.

Action 365/Arbeitsgemeinschaft der Evangelischen Jugend/Bund der Deutschen Katholischen Jugend/Terre des Hommes (1970): Sechs politische Forderungen an die Bundesregierung, in: Arbeitsgemeinschaft der Evangelischen Jugend (Hg.) (1982): Mut zum Frieden. Texte und Dokumente zur Friedensarbeit der Evangelischen Jugend. Materialien Nr. 12, Stuttgart, S. 121-122.

Aktion Dritte Welt Freiburg (1981): Informationszentrum Dritte Welt, in: Schmied, E. (Hg.), Handlungsmodelle in der Dritte Welt-Verantwortung, Mainz/München, S. 31-41.

Aktion Dritte Welt Handel (1972): Grundsatzprogramm, zitiert nach: epd-entwicklungspolitik 17/78, S. d.

Albrecht, G. (1977): Vorüberlegungen zu einer Theorie sozialer Probleme, in: Soziologie und Sozialpolitik (Kölner Zeitschrift für Soziologie und Sozialpsychologie Sonderband 19), Opladen, S. 143-185.

Albrecht, G. (1990): Theorie sozialer Probleme im Widerstreit zwischen ‚objektivistischen' und ‚rekonstruktionistischen' Ansätzen, in: Soziale Welt, 1 (1990) 1, S. 5-20.

Altvater, E. (1987): Sachzwang Weltmarkt, Hamburg.

Arbeitsgemeinschaft der Dritte Welt Läden e.V. (Hg.) (1989): Weltladen Handbuch, Wuppertal.

Arbeitsgemeinschaft der Evangelischen Jugend (1970): Aufruf zum Friedensmarsch, in: Arbeitsgemeinschaft der Evangelischen Jugend (Hg.) (1982): Mut zum Frieden. Texte und Dokumente zur Friedensarbeit der Evangelischen Jugend. Materialien Nr. 12, Stuttgart, S. 120-121.

Arbeitsgemeinschaft der Evangelischen Jugend (1978a): Stellungnahme zu Südafrika, in: Affolderbach, M. (Hg.) (^{2}1982): Grundsatztexte zur evangelischen Jugendarbeit. Materialien zur Diskussion in Praxis, Lehre und Forschung, Stuttgart, S. 239-244.

Arbeitsgemeinschaft der Evangelischen Jugend (1978b): Entwicklungspolitisches Positionspapier, in: Affolderbach, M. (Hg.) (^{2}1982): Grundsatztexte zur evangelischen Jugendarbeit. Materialien zur Diskussion in Praxis, Lehre und Forschung, Stuttgart, S. 245-254.

Arbeitsgemeinschaft der Evangelischen Jugend/Bund der Deutschen Katholischen Jugend (1979): Positionspapier zur Arbeit der UNCTAD-Kampagne, in: Affolderbach, M. (Hg.) (^{2}1982): Grundsatztexte zur evangelischen Jugendarbeit. Materialien zur Diskussion in Praxis, Lehre und Forschung, Stuttgart, S. 254-260.

Literatur

Arbeitsgemeinschaft der Evangelischen Jugend/Bund der Deutschen Katholischen Jugend (1983): UNCTAD-Konferenz in der Krise, Stuttgart.

Arbeitsgemeinschaft der Evangelischen Jugend/Bund der Deutschen Katholischen Jugend (1986): Hunger wird gemacht. Aktionsbroschüre zum Beschluß Bekämpfung des Hungers in der Welt, Stuttgart/Düsseldorf.

Arbeitskreis Dritte Welt Reutlingen (1976): Reutlinger Manifest: Alternative Entwicklung als entwicklungspolitische Alternative von Basisgruppen, zitiert nach: Krämer, G. (1980), a.a.O, Dokumentenanhang 5.

Arbeitskreis Dritte Welt Reutlingen (Hg.) (1979): Entwicklungspolitische Unterrichtsmaterialien, Entwicklungspolitische Literatur, Reutlingen, (3. Auflage).

Arbeitskreis Dritte Welt Reutlingen (1980): 12 Jahre Öffentlichkeitsarbeit einer entwicklungspolitischen Aktionsgruppe, in: Zeitschrift für Entwicklungspädagogik, 3 (1980) 3, S. 41-47.

Argyris, C./Schön, D.A. (1978): Organizational Learning: A Theory of Action Perspective, Reading/Mass.

Baacke, D. (1995): Pädagogik, in: Flick, U. u.a. (Hg.), a.a.O., S. 44-46.

Bahr, H.-E. (1977): Die Zukunft der Ungleichheit, in: Gronemeyer/ders. (Hg.), a.a.O., S. 57-83.

Bahr, H.-E. (1980): Ansätze und Motive für die entwicklungspolitische (Erwachsenen-) Bildung, in: Internationale Entwicklung 1/1980.

Balsen, W./Rössel, K. (1986): Hoch die internationale Solidarität. Zur Geschichte der Dritte Welt-Bewegung in der Bundesrepublik, Köln.

Baraldi, C./Corsi, G./Esposito, E. (1997): GLU. Glossar zu Niklas Luhmanns Theorie sozialer Systeme, Frankfurt/M.

Baumert, J./Roeder, P.M. (1990): Expansion und Wandel der Pädagogik. Zur Institutionalisierung einer Referenzdisziplin, in: Alisch, L.-M./Baumert, J./Beck, K. (Hg.), Professionswissen und Professionalisierung, Braunschweig, S. 79-128.

Baumert, J./Roeder, P.M. (1994): "Stille Revolution". Zur empirischen Lage der Erziehungswissenschaft, in: Krüger, H.-H./Rauschenbach, Th. (Hg.), a.a.O., S. 29-47.

Becker, E. (1986): Pädagogischer Universalismus in den neuen sozialen Bewegungen, in: Tenorth, H.E. (Hg.), Allgemeine Bildung, Weinheim/München, S. 251-266.

Becker, H.B. (1977): Was erfahren Schüler über Entwicklungspolitik aus Schulbüchern (Sozialkunde, Geographie, Geschichte und Religion)?, in: Gesellschaft für Entwicklungspolitik (Hg.), a.a.O., S. 9-46.

Beer, W. (1984): Entwicklungspädagogik im Kontext sozialer Bewegungen, in: Zeitschrift für Entwicklungspädagogik, 7 (1984) 4, S. 15-19.

Behrendt, R.F. (1966) Der soziale Protest der Dritten Welt, in: Ziock, H. (Hg.), Entwicklungshilfe – Bausteine für die Welt von morgen, Frankfurt/M./Berlin, S. 96-100.

Bendel, K. (1992): Selbstreferenz, Koordination und gesellschaftliche Steuerung: Zur Theorie der Autopoiesis sozialer Systeme bei Niklas Luhmann, Pfaffenweiler.

Benedict, H.-J. (1977): Erwachsenenbildung als Nebenprodukt? Entwicklungspolitische Sensibilisierung durch Dritte Welt Gruppen, in: Gronemeyer, M./Bahr, H.-E. (Hg.), a.a.O, S. 198-213.

Berger, P./Luckmann, T. (1969): Die gesellschaftliche Konstruktion der Wirklichkeit. Eine Theorie der Wissenssoziologie, Frankfurt/M.
Bericht der Kommission für internationale Entwicklung (1969): Der Pearson-Bericht. Bestandsaufnahme und Vorschläge zur Entwicklungspolitik, Wien u.a.
Bericht der Nord-Süd-Kommission (1980): Das Überleben sichern. Der Brandt-Report, Berlin u.a.
Bericht der Weltkommission für Umwelt und Entwicklung (1987), in: Hauff, V. (Hg.), Unsere gemeinsame Zukunft. Der Brundtland-Bericht, Greven.
Bettmer, F. (1991): Auswege aus der Pädagogisierungsfalle – Ergeben sich für die Sozialarbeit neue Perspektiven aus der Informalisierung strafrechtlicher Sozialkontrolle I und II, in: Neue Praxis, 21 (1991) 1, S. 33-45 und 3, S. 250-261.
Betz, J. (1982): Kooperation statt Konflikt? Die Position der Bundesrepublik auf den Nord-Süd-Konferenzen, in: Steinweg. R. (Red.): Hilfe + Handel = Frieden. Die Bundesrepublik in der Dritten Welt, Frankfurt, S. 176-205.
Beyersdorf, M. (1991): Selbstorganisierte Bildungsarbeit zwischen neuen sozialen Bewegungen und öffentlichem Bildungssystem. Eine explorative Bestandsaufnahme, Hamburg.
Biermann, H. (1990): Pädagogisierung der betrieblichen Erstausbildung, in: Zeitschrift für Berufs- und Wirtschaftspädagogik, 86 (1990) 8, S. 675-687.
Biller, K. (1988): Sinnlose Einschränkung von Kindern als Ursache schulischen Unbehagens. Ein Beitrag zur Pädagogisierung der Schule, in: Forum Pädagogik, 1 (1988) 4, S. 195-200.
Biller, K. (1986): Pädagogische Analyse aktueller Lehrwerke für den Englischunterricht. Ein Beitrag zur Pädagogisierung des Fremdsprachenlernens, in: Praxis des neusprachlichen Unterrichts, 33 (1986) 3, S. 304-318.
Blumer, H. (1975): Soziale Probleme als kollektives Verhalten, in: Hondrich, K.-O. (Hg.), a.a.O., S. 102-113.
Bodemer, K. (1974): Der Stellenwert der Entwicklungsproblematik in den allgemeinbildenden Schulen, in: Kübel-Stiftung (Hg), a.a.O., S. 12-27.
Bodemer, K. (1985): Programmentwicklung in der Entwicklungspolitik der Bundesrepublik Deutschland, in: Nuscheler, F. (Hg.), Dritte Welt Forschung: Entwicklungstheorie und Entwicklungspolitik. Sonderheft 16 der Politischen Vierteljahresschrift, S. 278-307.
Böhme, G. (1978): Vorüberlegungen zu einer Pädagogik der Dritten Welt, in: ders./Jouhy, E./Deutscher, E. (Hg.), Abhängigkeit und Aufbruch. Was soll Pädagogik in der Dritten Welt?, Frankfurt/Bern/Las Vegas, S. 43-53.
Böll, W. (1970): Entwicklungspolitik und Bewußtseinsbildung, in: Wiener Institut für Entwicklungsfragen (Hg.), Schule und Dritte Welt, Wien, S. 17-36.
Böll, W. (1972): Entwicklungspolitik in der Zweiten Dekade und ihre Bedeutung für die Schule, in: Bundesministerium für wirtschaftliche Zusammenarbeit (Hg.), Schule und Dritte Welt Nr. 39, Bonn, S. 10-31.
Böll, W. (1973): Entwicklungspolitik und administrative Praxis, in: epd-Dokumentation 34/73, S. 69-75.
Bollenbeck, G. (1996): Bildung und Kultur. Glanz und Elend eines deutschen Deutungsmusters, Frankfurt/M.

Bommes, M./Heuer, M. (1994): DritteWelt-Bewegung – Was für eine Bewegung?!, in: Forschungsjournal Neue Soziale Bewegungen, 7 (1994) 3, S. 99-110.
Bommes, M./Scherr, A. (1994): Migration und Dritte Welt-Bewegung, in: Forschungsjournal Neue Soziale Bewegungen, 7 (1994) 3, S. 99-110.
Bosse, H./Brockmann, G./Fohrbeck, K./Meueler, E./Schade, K. F./Wiesand, A.J. (1971): Gutachten. Pädagogisches Institut "Entwicklung und Frieden", in: epd-Dokumentation 39/71, S. 38-50.
Boss-Stenner, H./von Pufendorf, U. (1969): Die Pflege ‚öffentlicher Beziehungen' als Grundlage entwicklungspolitischer Zusammenarbeit, in: Offene Welt, a.a.O., S. 223-230.
Brandt, W. (1972): Entwicklungspolitik in die Schulen. Brief an den Ministerpräsidenten Stoltenberg als Vorsitzenden der Kultusministerkonferenz, in: Frankfurter Rundschau Nr. 254 vom 1. 11. 1972.
Bräuer, R. (1984): Referat zur Standortbestimmung des BUKO, in: Forum entwicklungspolitischer Aktionsgruppen Nr. 82/83, S. 7-9.
Braun, G. (1980): Die Schule als Produktionsstätte von Arbeitslosigkeit. Anmerkungen zu Bildung und Beschäftigung in der Dritten Welt, in: Bildung und Erziehung, 33 (1980) 4, S. 433-440.
Brecht, W. (1992): Zwanzig Jahre Ausbildereignungsverordnung. Pädagogisierung der Berufsausbildung, in: Der Ausbilder, 40 (1992) 11, S. 204-207.
Breitenbach, D. (1977): Entwicklungspolitische Lernziele und Inhalte in den Lehrplänen der Bundesländer, in: Gesellschaft für Entwicklungspolitik (Hg.), a.a.O., S. 47-53.
Brezinka, W. (1978): Metatheorie der Erziehung, München/Basel.
Browne do Rego, G. (1990): Entwicklungshindernisse in der Modernisierung von Gesellschaft und Bildung Brasiliens, in: Zeitschrift für Pädagogik 36 (1990) 2, S. 187-204.
Brunkhorst, H. (1988): Pädagogisierung der Normalisierungsarbeit, in: Neue Praxis, 18 (1988) 4, S. 290-300.
Brunner, F. (1952): Internationale Verständigung durch das Kinderbuch und Jugendbuch. Rückblick aus schweizerischer Schau auf die internationale Tagung in München 11/1951, in: Pädagogische Rundschau 6 (1952) 7, S. 299-302.
Bülow, D./Decker-Horz, S. (1984): Die Darstellung der Dritten Welt im Schulunterricht. Forschungsberichte des Bundesministeriums für wirtschaftliche Zusammenarbeit, Band 54, Bonn.
Bülow, M. (1970): Analysen und Zielsetzungen der Bewußtseinsbildung über die Entwicklungsproblematik, in: Bundesministerium für wirtschaftliche Zusammenarbeit (Hg.), Schule und Dritte Welt Nr. 3, Bonn.
Bund der Deutschen Katholischen Jugend (1973): Der BDKJ und seine entwicklungspolitische Verantwortung. Gesellschaftspolitische Leitlinien für Fragen der Entwicklungshilfe, in: Schmid, F. (1986), Grundlagentexte zur katholischen Jugendarbeit, Freiburg, S. 312-316.
Bund der Deutschen Katholischen Jugend (1981a): Schwerpunktthema des BDKJ: Frieden und Gerechtigkeit, in: Schmid, F. (1986), Grundlagentexte zur katholischen Jugendarbeit, Freiburg, S. 405-418.

Bund der Deutschen Katholischen Jugend (1981b): Macht Euch die Dritte Welt untertan. Anfragen an die Entwicklungspolitik der Bundesrepublik Deutschland, Düsseldorf.
Bund der Deutschen Katholischen Jugend/Misereor (Hg.) (1969): Entwicklungshilfe. Themen, Thesen, Aktionen, Aachen.
Bundeskongreß Entwicklungspolitischer Aktionsgruppen u.a. (Hg.) (^{7}1986): Aktionshandbuch Dritte Welt, Wuppertal (erscheint in regelmäßigen Abständen in überarbeiteten Auflagen).
Bundeskongreß Entwicklungspolitischer Aktionsgruppen (1992): Auswertung des Fragebogens an die BUKO-Mitgliedsgruppen, in: Forum Nr. 158/1992, S. 30-31.
Bundesministerium für wirtschaftliche Zusammenarbeit (1970): Expertengespräch: Darstellung der Probleme der Entwicklungsländer in Schulbüchern (Kurzbericht), in: Schule und Dritte Welt Nr. 18, Bonn.
Bundesministerium für wirtschaftliche Zusammenarbeit (1971a): Die entwicklungspolitische Konzeption der Bundesrepublik Deutschland für die zweite Entwicklungsdekade, in: dass. (Hg.), Die entwicklungspolitische Konzeption der Bundesrepublik Deutschland und die internationale Strategie für die zweite Entwicklungsdekade, Bonn, S. 9-31.
Bundesministerium für wirtschaftliche Zusammenarbeit (1971b): Allgemeine Überlegungen zur entwicklungspolitischen Öffentlichkeitsarbeit, in: epd-Dokumentation 39/71, S. 51-58.
Bundesministerium für wirtschaftliche Zusammenarbeit (1971c): Das UNESCO-Modellschulprogramm, in: Schule und Dritte Welt Nr. 34, Bonn.
Bundesministerium für wirtschaftliche Zusammenarbeit (1972): Entwicklungsproblematik im schulischen und außerschulischen Bereich. Bericht einer Tagung in Würzburg vom 27.-30. 10. 1971, in: Schule und Dritte Welt Nr. 38, Bonn.
Bundesministerium für wirtschaftliche Zusammenarbeit (1980): Die entwicklungspolitischen Grundlinien der Bundesregierung, Bonn.
Bundesministerium für wirtschaftliche Zusammenarbeit (1986): Grundlinien der Entwicklungspolitik der Bundesregierung, Bonn.
Bundesministerium für wirtschaftliche Zusammenarbeit (1987): Die entwicklungspolitische Zusammenarbeit zwischen nicht-staatlichen Organisationen und dem Bundesministerium für wirtschaftliche Zusammenarbeit, Bonn.
Bundesministerium für wirtschaftliche Zusammenarbeit (1993): Entwicklungspolitische Bildungsarbeit in Schulen, in: BMZ-aktuell 035/März 1993.
Bundeszentrale für Politische Bildung (Hg.) (1977): Zur Methodik des Lernbereichs Dritte Welt, Bonn.
Clert, I. (1970): Neuer Trend der Öffentlichkeitsarbeit des BMZ, in: epd-Entwicklungspolitik 1 (1970) 7, S. 11-12.
Commission on Global Governance (Hg.) (1995): Nachbarn in Einer Welt. Der Bericht der Kommission für Weltordnungspolitik, Stiftung Entwicklung und Frieden, Bonn.
Damus, R. (1983): Sowjetische Außenpolitik und Dritte Welt, in: Weltpolitik. Jahrbuch für internationale Beziehungen 3, S. 55-83.

Literatur

Danckwortt, D. (1991): Schule und "Dritte Welt" – Von Wien 1970 bis Köln 1990, in: World University Service (Hg.), a.a.O., S. 65-73.
Datta, A. (1988): Projektwoche Dritte Welt, Weinheim.
Dauber, H. (1997): Keine Geschichte gesellschaftlicher Kämpfe, in: epd-entwicklungspolitik, Nr. 9/1997, S. 46-47.
Dennert, J. (1968): Entwicklungshilfe geplant oder verwaltet? Entstehung und Konzeption des Bundesministeriums für wirtschaftliche Zusammenarbeit, Bielefeld.
Denzin, N.K. (1994): The Art and Politics of Interpretation, in: ders./Lincoln, Y.S. (Hg.), Handbook of Qualitative Research, London.
Deutsch, K.W. (1980): Sprengstoff Süden, in: Die politische Meinung, Nr. 190, S. 58-70.
Deutsche Bischofskonferenz/Rat der Evangelischen Kirche in Deutschland (1972): Erklärung der Kirchen in der Bundesrepublik zur UNCTAD III, Lefringhausen, K./Merz, F. (Hg.), Entwicklungspolitische Dokumente 4, Wuppertal, S. 12-15.
Deutsche Gesellschaft für Erziehungswissenschaft (Hg.) (1983): Pädagogen-Handbuch 1983. Verzeichnis der Institutionen erziehungswissenschaftlicher Forschung und Lehre sowie ihrer Mitarbeiter, Weinheim/Basel.
Deutsche Gesellschaft für Erziehungswissenschaft (Hg.) (1994): Handbuch Erziehungswissenschaft 1994/1995. Verzeichnis der Institutionen und des Personals erziehungswissenschaftlicher Forschung und Lehre, Weinheim.
Deutsche Gesellschaft für Erziehungswissenschaft (Hg.) (1998): Adreßbuch Erziehungswissenschaft 1997/1998. Verzeichnis der Institutionen und des Personals erziehungswissenschaftlicher Forschung und Lehre, Opladen.
Deutsche Stiftung für internationale Entwicklung (1994): Aufbaustudien Dritte Welt, Bonn.
Deutsche Stiftung für internationale Entwicklung (1999): Aufbaustudien Dritte Welt, Bonn.
Deutscher Volkshochschulverband (Hg.) (1977): VHS und der Themenbereich Afrika, Asien und Lateinamerika, Materialien 1, Bonn.
Deutscher Volkshochschulverband (Hg.) (1987): Evaluierung der entwicklungspolitischen Bildungsarbeit im Volkshochschulbereich, Bonn.
Dias, P. (1981): Pädagogik: Dritte Welt. Erziehungsprozesse und Entwicklungsprozesse als Gegenstand des Studiums, der Lehre und der Forschung (Stand SS 1980), in: Bildung und Erziehung, 34 (1981) 1, S. 88-92.
Dias, P. (o.J.): Pädagogik: Dritte Welt, unveröffentlichtes Manuskript.
Dias, P./Jouhy, E. (1981): "Pädagogik: Dritte Welt" als Forschungsbereich und Studiengang, Frankfurt/M.
Dias, P./Schmidt, U. (1982). Didaktische Überlegungen zum Thema ‚Dritte Welt und Entwicklungspolitik in der außerschulischen Erwachsenen- und Jugendbildung'. Gutachten im Rahmen der Ausarbeitung eines Curriculum ‚Dritte Welt und Entwicklungspolitik in der Erwachsenen- und Jugendbildung', Bonn.
Diderot, D. (1774/1775/1971): Bildungsplan für die Regierung von Rußland, übersetzt und eingeleitet von W.U. Drechsel, Weinheim/Berlin/Basel.
Diehm, I./Radtke, F.-O. (1999): Erziehung und Migration. Eine Einführung, Stuttgart/Berlin/Köln.

Donges, J. (1970): Nord-Süd-Konflikt oder Partnerschaft mit der Dritten Welt? Eine Bilanz der ersten Entwicklungsdekade der Vereinten Nationen, Kiel.
Dörner, C. (1992): Die Pädagogisierung der Strafe. Zur Geschichte des Jugendstrafvollzuges zwischen Kaiserreich und Drittem Reich, Hg. vom Zentrum für Pädagogische Berufspraxis, Oldenburg.
Dottrens, R. (1961): Entstehung und Aufgabe des internationalen Erziehungsinstituts, in: Bildung und Erziehung, 14 (1961) 4, S. 217-220.
Dreyer, A./Schade, A. (1992): Der konstruktivistische Ansatz in der nordamerikanischen Problemsoziologie, in: Soziale Probleme, 3 (1992) 3, S. 28-44.
Dritte Welt-Haus Bielefeld (1990): Einblicke – Ausblicke. Zehn Jahre DWH, Bielefeld.
Dritte Welt-Haus Bielefeld/G. Krämer (Hg.) (1986): Kongreß: Dritte Welt in der Jugendarbeit, Münster/Bielefeld.
Dritte Welt-Haus Bielefeld/G. Krämer (Hg.) (1990): Von Ampelspiel bis Zukunftswerkstatt. Ein Dritte Welt-Werkbuch, Wuppertal.
Dürste, H./Fenner, M. (1987): Das Thema ‚Dritte Welt' an der VHS, in: Deutscher Volkshochschulverband (Hg.), a.a.O., S. 177-180.
Eigler, G./Macke, G. (1992): Die Entwicklung der empirischen Forschungsorientierung der Erziehungswissenschaft im Spiegel erziehungswissenschaftlicher Qualifikationsarbeiten, in: Ingenkamp, K. u. a. (Hg.), Empirische Pädagogik 1970-1990. Eine Bestandsaufnahme der Forschung in der Bundesrepublik Deutschland, Weinheim, S. 50-65.
Eigler, G./Macke, G. (1994): Wissenschaftstheorie und erziehungswissenschaftliche Forschungspraxis. Ein Versuch, metatheoretische Spuren in einem Auschnitt empirisch-erziehungswissenschaftlicher Forschung aufzuspüren, in, Pollak, G./Heid, H. (Hg.), a.a.O., S. 77-114.
Eine Welt-Werkstatt (1986): Idee und Gründungskonzept des Freien Tagungshauses Eine Welt-Werkstatt Barnstorf, o.O.
Enzensberger, H.M. (1961): Algerien ist überall. Rede zur Eröffnung einer Ausstellung, in: Balsen, W./Rössel, K. (1986): Hoch die internationale Solidarität. Zur Geschichte der Dritte Welt-Bewegung in der Bundesrepublik, Köln, S. 72-74.
epd-entwicklungspolitik (1973): Zweigleisige Detailtherapie – zu Willy Brandts Initiative: Entwicklungspolitik in den Unterricht – Eine Anfrage der Redaktion bei den Kultusministerien der Länder, in: epd-entwicklungspolitik Nr. 5/1973, S. 20-22.
epd-entwicklungspolitik (1992): BMZ – Entwicklungspolitische Bildungsarbeit in Schulen, in: epd-entwicklungspolitik Nr. 14/92, S. 10.
Eppler, E. (1969): Die zweite Entwicklungsdekade – Chance und Verpflichtung für Deutschland, in: Pressemitteilung des BMZ über das Forum vom 26. 6. 1969
Eppler, E. (1971): Vorwort, in: Bundesministerium für wirtschaftliche Zusammenarbeit (Hg.), Die entwicklungspolitische Konzeption der Bundesrepublik Deutschland und die internationale Strategie für die zweite Entwicklungsdekade, Bonn.
Eppler, E. (1972a): Wenig Zeit für die Dritte Welt, Stuttgart/Berlin/Köln/Mainz.

Eppler, E. (1972b): Entwicklungspolitik als Bildungsaufgabe, in: Bundesministerium für wirtschaftliche Zusammenarbeit (Hg.), Schule und Dritte Welt Nr. 39, Bonn, S. 2-9.

Erlinghagen, K. (1969): Bildung als Entwicklungshilfe, in: Pädagogische Rundschau 23 (1969) 3, S. 123-135.

Erny, P. (1980): Ein Traum von dem, was trotz Armut sein könnte.... Bausteine für eine pädagogische Utopie, in: Bildung und Erziehung, 33 (1980) 4, S. 441-456.

Escobar, A. (1995): Encountering Development: The Making and Unmaking of the Third World, Princeton/NJ.

Falkenstörfer, H./Lefringhausen, K. (Hg.) (1970), Entwicklungspolitische Dokumente, Wuppertal.

Fanon, F. (1966): Die Verdammten dieser Erde, Frankfurt (frz. Orig. 1961)

Fatke, R. (1997): Fallstudien in der Erziehungswissenschaft, in Friebertshäuser, B./Prengel, A. (Hg.), Handbuch Qualitative Forschungsmethoden in der Erziehungswissenschaft, Weinheim/München, S. 56-68.

Feldbaum, K.-H. (1985): Entwicklungspolitische Bildungsarbeit in den christlichen Jugendverbänden. Ansätze, Anfragen, Chancen, in: Deutsche Jugend 12/1985, S. 545-552.

Ferreira do Amaral, M.J. (1990): Produktive Arbeit in der Schule: Die brasilianische Erfahrung, in: Zeitschrift für Pädagogik 36 (1990) 2, S. 181-186.

Flechsig, K.-H. (1981): Die Kommission "Bildungsforschung mit der Dritten Welt", in: Die Dritte Welt als Gegenstand erziehungswissenschaftlicher Forschung (16. Beiheft der Zeitschrift für Pädagogik), Weinheim/Basel, S. 289-291.

Flick, U. (1995a): Qualitative Sozialforschung. Theorie, Methoden, Anwendung in Psychologie und Sozialwissenschaften, Reinbek.

Flick, U. (1995b): Stationen des qualitativen Forschungsprozesses, in: ders. u.a. (Hg.), a.a.O., S. 147-173.

Flick, U./v. Kardorff, E./Keupp, H./v. Rosenstiel, L./Wolff, S. (Hg.) (1995): Handbuch Qualitative Sozialforschung, München, (2. Auflage).

Flitner, E. (1993): Auf der Suche nach ihrer Praxis. Zum Gegensatz von "ermutigender Pädagogik" und "enttäuschender Erziehungswissenschaft", in: Oelkers, J./Tenorth, H.-E. (Hg.), a.a.O., S. 93-108.

von Foerster, H. (1981): Observing Systems, Seaside/Cal.; dt. Übersetzung: Sicht und Einsicht: Versuche zu einer operativen Erkenntnistheorie, Braunschweig 1985.

Forum ‚Schule für die Eine Welt' (Hg.) (1996): Globales Lernen. Anstösse für die Bildung einer vernetzten Welt. Bericht der Pädagogischen Kommission, Jona.

Frank, S. (1995): Staatsräson, Moral und Interesse. Die Diskussion um die ‚multikulturelle Gesellschaft' in der Bundesrepublik Deutschland 1980-1993, Freiburg.

Freise, J. (1982): Interkulturelles Lernen in Begegnungen – eine neue Möglichkeit entwicklungspolitischer Bildung?, Saarbrücken/Fort Lauderdale.

Fremerey, M. (1980): Erziehung und Entwicklung als Gegenstand deutscher Forschung. Rückblick auf die annähernd 20jährige Suche nach Zusammenhängen, Erklärungen und Perspektiven, in: Bildung und Erziehung, 33 (1980) 4, S. 475-496.

Frey, K. (1970): Lernprozeß und Methoden beim Unterricht über die Dritte Welt, in: Wiener Institut für Entwicklungsfragen (Hg.), a.a.O., S. 59-70.
Fuchs, P./Göbel, A. (1994): Einleitung, in: dies. (Hg.), Der Mensch – das Medium der Gesellschaft, Frankfurt/M., S. 7-14.
Fuhr, Th./Schultheis, K. (1999): Zur Sache der Pädagogik: Auf der Suche nach dem Gegenstand der Allgemeinen Erziehungswissenschaft, in: dies. (Hg.), Zur Sache der Pädagogik. Untersuchungen zum Gegenstand der Allgemeinen Erziehungswissenschaft, Bad Heilbrunn, S. 7-17.
Fuller, R./Myers, R. (1941): The Natural History of Social Problems, in: American Sociological Review, 6 (1941) 3, S. 320-328.
Geissler, H. (1991): Bildungsmarketing – Zur Pädagogisierung von Marketing, in: Grundlagen der Weiterbildung, 2 (1991) 3, S. 149-154.
Gemeinsame Erklärung der Aktionsgruppen auf der Welthandelskonferenz in Santiago (1972), in: epd-Dokumentation 22/72, S. 4-7.
Gemeinsame Konferenz der Kirchen zu Entwicklungsfragen (1976): Soziale Gerechtigkeit und internationale Wirtschaftsordnung. Memorandum aus Anlaß der 4. Konferenz der Vereinten Nationen für Handel und Entwicklung (UNCTAD IV), in: Kunst, H./Tenhumberg, H. (Hg.) (1976): Soziale Gerechtigkeit und internationale Wirtschaftsordnung, Mainz/München, S. 3-28.
Gemeinsame Synode der Bistümer in der Bundesrepublik (1975): Der Beitrag der katholischen Kirche in der Bundesrepublik Deutschland für Entwicklung und Frieden, Bonn.
Genscher, H.-D. (1975): Von der Konfrontation zur Weltmarktwirtschaft. Der Standpunkt der Deutschen Bundesregierung zur neuen Wirtschaftsordnung, in: Vereinte Nationen 23 (1975) 5, 129-134.
Gerhards, J. (1994): Politische Öffentlichkeit. Ein system- und akteurstheoretischer Bestimmungsversuch, in: Öffentlichkeit, öffentliche Meinung und soziale Bewegung (Kölner Zeitschrift für Soziologie und Sozialpsychologie Sonderheft 34), Opladen, S. 77-105.
Gesellschaft für Entwicklungspolitik (Hg.) (1977): Dritte Welt-Problematik im Schulunterricht. Dokumentation einer Fachexpertentagung und Bestandsaufnahme der entwicklungspolitischen Information im Schulunterricht in der Bundesrepublik Deutschland, Österreich und der Schweiz am 27./28. 1. 1977, Saarbrücken.
Gesellschaft zur Partnerschaft mit der Dritten Welt (1983): Ein kleiner Aufriß unserer Geschichte. Wie die Aktion Dritte Welt Handel und die GEPA entstanden, in: Alternativ Handeln Nr. 10/1983, S. 22.
Giesecke, H. (1965): Didaktik der politischen Bildung, München, (bis 1982 in 12 Auflagen).
Giesecke, H. (1985): Das Ende der Erziehung. Neue Chancen für Familie und Schule, Stuttgart.
Glagow, M./Stucke, A. (1989): Die Etablierung des Bundesministeriums für wirtschaftliche Zusammenarbeit und die Rolle seiner Gründungsmitglieder 1961-1963, in: Glagow, M./Gotsch, W./Stucke, A., Das Bundesministerium für wirtschaftliche Zusammenarbeit: Entstehungszusammenhang, Personalpolitik, Steuerungsfähigkeit, Pfaffenweiler, S. 3-90.

Glagow, M./Willke, H. (Hg.) (1987): Dezentrale Gesellschaftssteuerung: Probleme der Integration polyzentrischer Gesellschaften, Pfaffenweiler.
Glaser, B.G./Strauss, A.L. (1967): The Discovery of Grounded Theory. Strategies for Qualitative Research, New York.
Glaser, B.G./Strauss, A.L. (1979): Die Entdeckung gegenstandsbegründeter Theorie: Eine Grundstrategie qualitativer Forschung, in: Hopf, C./Weingarten, E. (Hg.), Qualitative Sozialforschung, Stuttgart, S. 91-112.
Glaser, N. (1997): Wachstumsmarkt. Trends im fairen Handel, in: epd-entwicklungspolitik 14/97, S. 16-22.
von Glasersfeld, E. (1981): Einführung in den radikalen Konstruktivismus, in: Watzlawick, P. (Hg.), a.a.O., S. 16-38.
von Glasersfeld, E. (1997): Radikaler Konstruktivismus: Ideen, Ergebnisse, Probleme, Frankfurt.
Goldschmidt, D. (1978): Zusammenarbeit in Bildungsforschung und Bildungsplanung zwischen Entwicklungsländern und der BRD. 22 Punkte aus Anlaß einer afrikanisch-deutschen Konferenz, in: Bildung und Erziehung, 31 (1978) 1, S. 70-78.
Goldschmidt, D. (1981): Vorwort, in: Die Dritte Welt als Gegenstand erziehungswissenschaftlicher Forschung (16. Beiheft der Zeitschrift für Pädagogik), Weinheim/Basel, S. 5-7.
Goodman, N. (1990): Weisen der Welterzeugung, Frankfurt/M.
Grewe, M. (1960): Die Behandlung des Themas "Entwicklungsländer" an den Volkshochschulen der Bundesrepublik, in: Offene Welt (Hg.), Entwicklungsförderung – der pädagogische Beitrag, Nr. 67/68, Opladen, S. 296-299.
Griese, H. (1994): Wider die Re-Pädagogisierung in der Jugendarbeit, in: Deutsche Jugend, 42 (1994) 4, S. 310-317.
Grohs, B. (1961): Bericht über die Berücksichtigung der Entwicklungsländer in deutschen Lehrplänen, Schulbüchern und Vorlesungsverzeichnissen, in: Deutsche Stiftung für Internationale Entwicklung (Hg.), Asien und Afrika in der Arbeit der Pädagogischen Hochschulen, Berlin /Bonn, S. 11-15.
Grohs, G. (1989): Die Kirchen in der Bundesrepublik und die Dritte Welt, in: Abromeit, H./Wewer, G. (Hg.), Die Kirchen und die Politik, Opladen, S. 99-108.
Gronemeyer, M. (1977a): Sachzwang und neue Lebensqualität. Kardinalprobleme kommender Erwachsenenbildung, in: dies./Bahr (Hg.), a.a.O., S. 24-56.
Gronemeyer, M. (1977b): Dritte Welt in der Schule. Probleme des Transfers, in: Bundeszentrale für Politische Bildung, a.a.O., S. 59-73.
Gronemeyer, M. (1985): Interview, in: epd-entwicklungspolitik Nr. 15/16, 1985.
Gronemeyer, M./Bahr, H.-E. (Hg.) (1977): Erwachsenenbildung – Testfall Dritte Welt. Kann Erwachsenenbildung Überlebensprobleme lösen helfen?, Opladen.
Gummersbach, A. (1969): Wirtschaftspädagogische Aspekte der Bildungshilfe für Entwicklungsländer, in: Pädagogische Rundschau 23 (1969) 3, S. 136-142.
Günther, H./Willke, R. (1982): Was uns deutsche Schulbücher sagen: Eine empirische Untersuchung der genehmigten Deutsch-, Politik- und Religionsbücher, Forschungsstelle Jugend und Familie, Bonn.
Habermas, J. (1973): Legitimationsprobleme im Spätkapitalismus, Frankfurt/M.
Habermas, J. (1983): Moralbewußtsein und kommunikatives Handeln, Frankfurt/M.

Literatur

Hänsel, D. (1989): "Kindgemäßheit" – Programm einer Pädagogisierung der Schule. Zur Aktualität des reformpädagogischen Programm, in: Pädagogik, 41 (1989) 5, S. 29-35.
Hafeneger, B. (1993): Wider die (Sozial-)Pädagogisierung von Gewalt und Rechtsextremismus, in: Deutsche Jugend, 41 (1993) 3, S. 120-126.
Haft, H./Hopmann, S. (1987): Strukturen staatlicher Lehrplanarbeit, in: Zeitschrift für Pädagogik, 33 (1987) 3, S. 381-399.
Hanf, T. (1980): Die Schule der Staatsoligarchie. Zur Reformfähigkeit des Bildungswesens in der Dritten Welt, in: Bildung und Erziehung, 33 (1980) 4, S. 407-432.
Harney, K. (1994): Pädagogisierung der Personalwirtschaft. Entpädagogisierung der Berufsbildung, in: Der pädagogische Blick, 2 (1994) 1, S. 16-27.
Harney, K./Tenorth, H.-E. (1986): Berufsbildung und Ausbildungsverhältnis. Zur Genese, Formalisierung und Pädagogisierung beruflicher Ausbildung in Preußen bis 1914, in: Zeitschrift für Pädagogik, 32 (1986) 1, S. 91-113.
Hartjen, C.A. (1983): Der politische Gehalt sozialer Probleme, in: Stallberg, F.W./Springer, W. (Hg.), a.a.O., S. 48-61.
Hauenschild, H. (1997): Zur sozialwissenschaftlichen Wendung im erziehungswissenschaftlichen Lehrangebot, in: Zeitschrift für Pädagogik, 43 (1997) 5, S. 771-789.
Hauenschild, H./Herrlitz, H.-G./Kruse, B. (1993): Die Lehrgestalt der westdeutschen Erziehungswissenschaft von 1945-1990 (LEWERZ). Göttinger Beiträge zur erziehungswissenschaftlichen Forschung 6/7, Göttingen.
Hausmann, G. (1962): Zur Pädagogik der Entwicklungsländer, in: Die Deutsche Schule 1/1962, S. 26-38.
Hausmann, G. (1969): Bildungshilfe im Entwicklungsprozeß, in: Offene Welt, a.a.O., S. 199-210.
Hausmann, G. (1970): Die Entwicklungsproblematik ist in Schule und Lehrerbildung nicht mehr zu umgehen, in: Wiener Institut für Entwicklungsfragen (Hg.), a.a.O., S. 71-78.
Hellmann, K.-U. (1996): Einleitung, in: Luhmann, N.: Protest. Systemtheorie und soziale Bewegungen. Herausgegeben und eingeleitet von K.-U. Hellmann, Frankfurt/M., S. 7-45.
Helsper, W. (1993): Pädagogik und Gewalt. Pädagogik im Dilemma von ‚Pädagogisierung' und ‚pädagogischem Defizit' , in: Der pädagogische Blick, 1 (1993) 2, S. 83-93.
Helsper, W. (1995): Pädagogisches Handeln in den Antinomien der Moderne, in: ders./Krüger, H.-H. (Hg.), a.a.O., S. 15-34.
von Hentig, H. (1999): Vernunft, Verständigung, Verantwortung. Von der Unerläßlichkeit bestimmter Tugenden für den Zusammenhalt der Gesellschaft. Eine Replik, in: Neue Sammlung, 39 (1999) 1, S. 19-37.
Herrlitz, H.-G. (1996): Kontinuität und Wandel der erziehungswissenschaftlichen Lehrgestalt. Materialien zur Analyse des Lehrangebotes westdeutscher Universitäten 1945/45-1989, in: Leschinsky, A. (Hg.), Die Institutionalisierung von Lehren und Lernen. Beiträge zu einer Theorie der Schule (34. Beiheft der Zeitschrift für Pädagogik), Weinheim/Basel, S. 265-282.

Literatur

Herrmann, U. (1984): Pädagogisierung sozialer Probleme. Entwicklung und Folgeprobleme des Einflusses sozialer Probleme auf die erziehungswissenschaftliche Theoriebildung und pädagogische Praxis, in: Heid, H./Klafki, W. (Hg.), Arbeit – Bildung – Arbeitslosigkeit. (19. Beiheft der Zeitschrift für Pädagogik), Weinheim/Basel, S. 35-41.

Herrmann, U. (1991): Die Pädagogisierung des Kinder- und Jugendlebens in Deutschland seit dem ausgehenden 18. Jahrhundert, in: ders., Historische Bildungsforschung und Sozialgeschichte der Bildung. Programme, Analysen, Ergebnisse, Weinheim, S. 133-145.

Herrmann, U./Oelkers, J. (1989): Pädagogisierung der Politik und Politisierung der Pädagogik. Zur Konstituierung des pädagogisch-politischen Diskurses der modernen Pädagogik, in: dies., Französische Revolution und Pädagogik der Moderne (24. Beiheft der Zeitschrift für Pädagogik), Weinheim/Basel, S. 15-30.

Heursen, G. (1989): Artikel "Allgemeine Didaktik", in: Lenzen, D. (Hg.), Pädagogische Grundbegriffe Bd. 1, Reinbek, S. 307-317.

Hildenbrand, B. (1995): Fallrekonstruktive Forschung, in: Flick, U. u.a. (Hg.), a.a.O., S. 256-259.

Hilker, F. (1958): Weltpädagogik in Bild, Bericht und Empfehlung. Einführung in die Arbeit der 21. internationalen Erziehungskonferenz in Genf, in: Bildung und Erziehung, 11 (1958) 9, S. 513-519.

Hilker, F. (1964): Internationale Pädagogik, in: Bildung und Erziehung, 17 (1964) 5, S. 317-331.

Hinzen, H. (1977): Neue Initiative des Deutschen Volkshochschulverbandes: Afrika, Asien und Lateinamerika im VHS-Programm, in: Deutscher Volkshochschulverband (Hg.): Erfahrung in länderkundlichen Seminaren und Perspektiven für die Gesamtthematik, Reihe Volkshochschulen und der Themenbereich Afrika, Asien und Lateinamerika Materialien 1, Bonn.

Hitzler, R./Honer, A. (Hg.) (1997): Sozialwissenschaftliche Hermeneutik, Opladen.

Hobsbawm, E. (1998): Das Zeitalter der Extreme. Weltgeschichte des 20. Jahrhunderts, München.

Holzbrecher, A. (1978a): Dritte Welt-Öffentlichkeitsarbeit als Lernprozeß. Zur politischen und pädagogischen Praxis von Aktionsgruppen, Friedenskonzepte Band 2, Frankfurt/M.

Holzbrecher, A. (1978b): Dritte Welt-Öffentlichkeitsarbeit als Lernprozeß. Zur politischen und pädagogischen Praxis von Aktionsgruppen, in: Zeitschrift für Entwicklungspädagogik, 1 (1978), 1, S. 7-14.

Homuth, K. (1985): Pädagogisierung des Stadtteils. Über die Bedeutung von ‚behutsamer Stadterneuerung' als präventive Sozialpolitik, in: Ästhetik und Kommunikation, 16 (1985) 59, S. 78-85.

Hondrich, K.-O. (Hg.) (1975), Menschliche Bedürfnisse und soziale Steuerung, Reinbek.

Horlemann, B./Landesarbeitskreis Dritte Welt in der Grundschule (Hg.) (1993): Dritte Welt in der Grundschule, geht denn das?

Horowitz, I.L. (1966): Three Worlds of Development, Oxford.

Horowitz, I.L. (1968): The Sociology of Social Problems: A Study in the Americanization of Ideas, in: ders., Professing Sociology: Studies in the Life Cycle of Social Science, Chicago.
Hug, W. (1962): Vom Bildungsziel des Unterrichts über Entwicklungsländer, in: ders./UNESCO-Institut für Pädagogik (Hg.), a.a.O., , S. 9-12.
Hug, W. (1968): Einführung in das Verständnis der Entwicklungsländer, Stuttgart.
Hug, W. (1969a): Didaktische und methodische Ansätze für den Unterricht über Entwicklungsländer, in: Offene Welt, a.a.O., S. 272-281.
Hug, W. (1969b): Themenvorschläge für den Unterricht über die Dritte Welt, in: Offene Welt, a.a.O., S. 282-290.
Hug, W. (1971a): Zur Struktur von Unterrichtsmodellen über die Dritte Welt, in: Bundesministerium für wirtschaftliche Zusammenarbeit (Hg.), Schule und Dritte Welt Nr. 24, Bonn.
Hug, W. (1971b): Materialien zum Verständnis der Entwicklungsländer, Villingen.
Hug, W./UNESCO-Institut für Pädagogik (Hg.) (1962): Die Entwicklungsländer im Schulunterricht, Hamburg.
Informationszentrum Solidarische Welt Münster (1986): Die Arbeit des Informationszentrums Solidarische Welt, in: Bundeskongreß Entwicklungspolitischer Aktionsgruppen u.a. (Hg.), Aktionshandbuch Dritte Welt, Wuppertal, S. 77-79.
Initiative Eine Welt (o. J.): Grundsatzerklärung, zitiert nach: Krämer, G. (1980), a.a.O, Dokumentenanhang 7.
Institut für Internationale Zusammenarbeit des Deutschen Volkshochschul-Verbandes (Hg.) (1995): Evaluierung entwicklungsbezogener Themen in VHS-Arbeitsplänen, Reihe Volkshochschulen und der Themenbereich Afrika, Asien und Lateinamerika Materialien 36, Bonn.
Institut für Internationale Zusammenarbeit des Deutschen Volkshochschul-Verbandes (Hg.) (1998): Entwicklungsbezogene Bildung in Deutschland. Stand der Diskussion und bildungspolitische Herausforderungen, Reihe Volkshochschulen und der Themenbereich Afrika, Asien und Lateinamerika Materialien 39, Bonn, (2. aktualisierte Auflage).
Institut für Sozialforschung (1970a): Untersuchung der geltenden Richtlinien der jeweiligen Schulbuchautoren bzw. -verleger, in: Bundesministerium für wirtschaftliche Zusammenarbeit (Hg.), Schule und Dritte Welt Nr. 6, Bonn.
Institut für Sozialforschung (1970b): Kritische Analyse von Schulbüchern zur Darstellung der Probleme der Entwicklungsländer und ihrer Position in internationalen Beziehungen (Kurzfassung), in: Bundesministerium für wirtschaftliche Zusammenarbeit (Hg.), Schule und Dritte Welt Nr. 9, Bonn.
Institut für Sozialforschung (1970c): Die Lehrerbefragung der Schulbuchanalyse, in: Bundesministerium für wirtschaftliche Zusammenarbeit (Hg.), Schule und Dritte Welt Nr. 17, Bonn.
Jakob, M./Siebert, H. (1990): Das Nord-Süd-Thema in der Erwachsenenbildung. Grenzüberschreitungen Band 1, Schriftenreihe ‚Lernbereich Dritte Welt', Hannover.

Japp, K.-P. (1986): Neue soziale Bewegungen und die Kontinuität der Moderne, in: Berger, J. (Hg.), Die Moderne. Kontinuitäten und Zäsuren. Soziale Welt. Sonderband 4, S. 311-333.
Jouhy, E. (1978): Wider den Kulturimperialismus. Wozu eine Lehr- und Forschungseinrichtung "Pädagogik in der Dritten Welt"?, in: ders./Böhme, G./Deutscher, E. (Hg.), Abhängigkeit und Aufbruch. Was soll Pädagogik in der Dritten Welt?, Frankfurt/Bern/Las Vegas, S. 9-42.
Jouhy, E./Böhme, G./Deutscher, E. (1978): Abhängigkeit und Aufbruch. Was soll Pädagogik in der Dritten Welt?, Frankfurt/Bern/Las Vegas
Kade, J. (1997): Vermittelbar/nicht-vermittelbar: Vermitteln: Aneignen. Im Prozeß der Systembildung des Pädagogischen, in: Lenzen, D./Luhmann, N. (Hg.), a.a.O, S. 30-70.
Kade, J. (1999): System, Protest und Reflexion. Gesellschaftliche Referenzen und theoretischer Status der Erziehungswissenschaft/Erwachsenenbildung, in: Zeitschrift für Erziehungswissenschaft, 2 (1999) 4, S. 527-544.
Kade, J./Lüders, C./Hornstein, W. (1993): Die Gegenwart des Pädagogischen. Fallstudien zur Allgemeinheit der Bildungsgesellschaft, in: Oelkers, J./Tenorth, H.-E. (Hg.), a.a.O., S. 39-65.
Kade, J./Lüders, C./Hornstein, W. (1995): Entgrenzung des Pädagogischen, in: Krüger, H.-H./Helsper, W. (Hg.), a.a.O., S. 207-216.
Kaiser, M./Wagner, N. (1988): Entwicklungspolitik. Grundlagen – Probleme – Aufgaben, Schriftenreihe der Bundeszentrale für politische Bildung Band 239, Bonn.
Kant, I. (1803/1966): Über Pädagogik, hg. von D.F.T. Rink (1803), in: Kant, I.; Werke in sechs Bänden, Bd. VI, hg. von W. Weischedel, Darmstadt.
Karcher, W. (1994): Bericht über die Arbeit der Kommission "Bildungsforschung mit der Dritten Welt" vom März 1992 bis März 1994, unveröffentlichtes Manuskript.
Kasper, H./Müller-Nändrup, B. (1992): Lernwerkstätten – die Idee – die Orte – die Prozesse, in: Die Grundschule, 24 (1992) 6, S. 8-11.
Keiner, E. (1999): Erziehungswissenschaft 1947-1990. Eine empirische und vergleichende Untersuchung zur kommunikativen Praxis einer Disziplin, Weinheim.
Khan, K.M. (1978): Collective Self-Reliance als Entwicklungsstrategie für die Dritte Welt, in: ders./Matthies, V. (Hg.), a.a.O., S. 1-26.
Khan, K.M./Matthies, V. (Hg.) (1978): Collective Self-Reliance: Programme und Perspektiven der Dritten Welt. Einführung und Dokumente, München/London.
Kitsuse, J.I./ Spector, M. (1977): Constructing Social Problems, Menlo Park/Cal.
Kitsuse, J.I./ Spector, M. (1983): Die Naturgeschichte sozialer Probleme: Eine Neufassung, in: Stallberg, F.W./Springer, W. (Hg.), a.a.O., S. 32-47.
Klengel, S. (1983): Handreichung zum Thema Entwicklungshilfe und öffentliche Meinung (1959-1983), hg. von der Deutschen Stiftung für Internationale Entwicklung, Bonn.
Klose, P. (1971): Probleme, Aufgaben und Möglichkeiten der Curriculumentwicklung im Lernbereich Entwicklungsländer/Entwicklungspolitik, in: Bundesministerium für wirtschaftliche Zusammenarbeit (Hg.), Schule und Dritte Welt Nr. 28, Bonn.
Klüver, J. (1983): Universität und Wissenschaftssystem. Die Entstehung einer Institution durch gesellschaftliche Differenzierung, Frankfurt/M.

Knauf, T. (1994): Gesamtschule in Europa, in: Gesamtschulkontakte, (1994) 2, S. 4-5.
Knoll, J.H. (1976): Internationale Perspektive in der deutschen Erwachsenenbildung. Organisatorische Kontakte und erwachsenenpädagogische Auslandskunde, in: Bildung und Erziehung, 29 (1976) 1, S. 22-45.
Knoll, J.H. (1999): Artikel "Realistische Wende", in: Lexikon der politischen Bildung, Bd. 2: Außerschulische Jugend- und Erwachsenenbildung, hg. von K.-P. Hufer, Schwalbach/Ts., S. 206.
Knorr Cetina, K. (1989): Spielarten des Konstruktivismus. Einige Notizen und Anmerkungen, in: Soziale Welt, 40 (1989), S. 86-96.
Knorr Cetina, K. (1997): Konstruktivismus als "Strategie der Weltentfaltung", in: Bardmann, T. (Hg.), Zirkuläre Positionen: Konstruktivismus als praktische Theorie, Opladen, S. 19-38.
Kob, J. (1976): Soziologische Theorie der Erziehung, Stuttgart.
Krämer, G. (1980): Pädagogische Aspekte entwicklungspolitischer Öffentlichkeitsarbeit, Frankfurt/M.
Krämer, G. (1990): Zehn Thesen zur entwicklungspolitischen Öffentlichkeit und Bildungsarbeit für Schule, Aktionsgruppe und Erwachsenenbildung, in: Dritte Welt Haus-Bielefeld/ders. (Hg.), a.a.O., S. 35-36.
Krieger, W./Mikulla, J. (1994): Offene Jugendarbeit und die Krise der Moderne. Von der Bedürfnisorientierung zur Akzeptanz, Berlin.
Kromrey, H. (1998): Empirische Sozialforschung, Opladen, (8. Auflage).
Krüger, H.-H. (1995a): Erziehungswissenschaft und ihre Teildisziplinen, in: ders./Helsper, W. (Hg.); a.a.O., S. 303-318.
Krüger, H.-H. (1995b): Erziehungswissenschaft in den Antinomien der Moderne, in: ders./Helsper, W. (Hg.); a.a.O., S. 319-326.
Krüger, H.-H./Helsper, W. (Hg.) (1995), Einführung in die Grundbegriffe und Grundfragen der Erziehungswissenschaft, Opladen.
Krüger, H.-H./Rauschenbach, T. (Hg.) (1994): Erziehungswissenschaft. Die Disziplin am Beginn einer neuen Epoche, Weinheim/München.
Kübel-Stiftung (1974): Dritte Welt im Unterricht. Ein Seminarbericht, Bensheim.
Kühn, G. (1967): Sinn und Aufgabe der Vorbereitung von Freiwilligen des Deutschen Entwicklungsdienstes, in: Bildung und Erziehung, 20 (1967) 3, S. 375-382.
Kühn, G. (1969): Einführungskurse im Gastland für Freiwillige des Deutschen Entwicklungsdienstes, in: Bildung und Erziehung, 22 (1969) 5, S. 382-389.
Küper, W. (1981): Bildungsförderung in Entwicklungsländern. Die Maßnahmen der Deutschen Gesellschaft für Technische Zusammenarbeit (GTZ) GmbH, in: Bildung und Erziehung, 34 (1981) 1, S. 84-88.
Kultusministerium Nordrhein-Westfalen (1987): Dritte Welt im Unterricht. Runderlaß vom 20. 1. 1987, Düsseldorf.
Kunz, M. (1987): Dritte Welt Läden. Einordnung und Überprüfung eines entwicklungspolitischen Bildungsmodells anhand der Fallbeispiele der Leonberger und Ludwigsburger Ladeninitiativen, Darmstadt.
Kupffer, H. (1980): Erziehung als Angriff auf die Freiheit. Essays gegen eine Pädagogik, die den Lebensweg des Menschen mit Hinweisschildern umstellt, Weinheim/Basel.

Literatur

Lamnek, S. (1989): Qualitative Sozialforschung, Bd. 2: Methoden und Techniken, München.

Lengert, R. (1961): Entschiedene Schulreform und internationale Pädagogik, in: Bildung und Erziehung, 14 (1961) 4, S. 246-258.

Lenhart, V. in Zusammenarbeit mit Arnold, R./Henze, J./Schwöbel, H.-P./Straka, G. (1984): Bildung und Beschäftigung in der Dritten Welt, in: Heid, H./Klafki, W. (Hg.), Arbeit – Bildung – Arbeitslosigkeit (19. Beiheft der Zeitschrift für Pädagogik), Weinheim/Basel, S. 199-211.

Lenzen, D. (1989): Pädagogik – Erziehungswissenschaft, in: ders. (Hg.), Pädagogische Grundbegriffe Bd. 2, S. 1105-1117.

Lenzen, D. (1994): Erziehungswissenschaft – Pädagogik. Geschichte – Konzepte – Fachrichtungen, in: ders. (Hg.), Erziehungswissenschaft. Ein Grundkurs, Reinbek, S. 11-41.

Lenzen, D. (1999): Jenseits von Inklusion und Exklusion. Disklusion durch Entdifferenzierung der Systemcodes, in: Zeitschrift für Erziehungswissenschaft, 2 (1999) 4, S. 545-555.

Lenzen, D./Luhmann, N. (Hg.) (1997): Bildung und Weiterbildung im Erziehungssystem. Lebenslauf und Humanontogenese als Medium und Form, Frankfurt/M.

Leschinsky, A. (1990): Internationale Bildungspolitik. Zur Einführung in den Thementeil, in: Zeitschrift für Pädagogik 36 (1990) 2, S. 159-162.

Liebau, E. (1993): Schulkultur: Oberschule und Jugendschule. Perspektiven einer jugendorientierten Bildungsreform, in: Die deutsche Schule, 85 (1993) 2, S. 141-156.

List, G. (1991): Vom Triumph der ‚deutschen' Methode über die Gebärdensprache: Problemskizze zur Pädagogisierung der Gehörlosigkeit im 19. Jahrhundert, in: Zeitschrift für Pädagogik, 37 (1991) 2, S. 245-266.

Litt, T. (1947/1965): Die Bedeutung der pädagogischen Theorie für die Ausbildung des Lehrers, in: ders. Führen oder Wachsenlassen, Stuttgart.

Lohrer, K. (1995): Der pädagogische Sinn der Leistungsbeurteilung in der Hauptschule, in: Schulmagazin 5 bis 10, 10 (1995) 1, S. 52-55.

Luhmann, N. (1984): Soziale Systeme. Grundriß einer allgemeinen Theorie, Frankfurt/M.

Luhmann, N. (Hg.) (1985): Soziale Differenzierung: Zur Geschichte einer Idee, Opladen.

Luhmann, N. (1986): Codierung und Programmierung. Bildung und Selektion im Erziehungssystem, in: Tenorth, H.-E. (Hg.), Allgemeine Bildung. Analysen zu ihrer Wirklichkeit – Versuch über ihre Zukunft, Weinheim/München, S. 154-182.

Luhmann, N. (1987a): ‚Distinction Directrices'. Über Codierung von Semantiken und Systemen, in: Soziologische Aufklärung 4: Beiträge zur funktionalen Differenzierung der Gesellschaft, Opladen, S. 13-31.

Luhmann, N. (1987b): Autopoiesis als soziologischer Begriff, in: Haferkamp, H./Schmidt, M. (Hg.), Sinn, Kommunikation und soziale Differenzierung, Frankfurt, S. 307-324.

Luhmann, N. (1987c): Gesellschaftsstrukturelle Bedingungen und Folgeprobleme des naturwissenschaftlich-technischen Fortschritts, in: ders.: Soziologische Aufklä-

rung 4: Beiträge zur funktionalen Differenzierung der Gesellschaft, Opladen, S. 49-63.
Luhmann, N. (1990a): Das Erkenntnisprogramm des Konstruktivismus und die unbekannt bleibende Realität, in: Soziologische Aufklärung 5: Konstruktivistische Perspektiven, Opladen, S. 31-58.
Luhmann, N. (1990b): Die Wissenschaft der Gesellschaft, Frankfurt/M.
Luhmann, N. (1990c): Paradigm lost: Über die ethische Reflexion der Moral, Frankfurt/M.
Luhmann, N. (1996a): Protestbewegungen, in: ders.: Protest. Systemtheorie und soziale Bewegungen, Herausgegeben und eingeleitet von K.-U. Hellmann, Frankfurt/M, S. 201-215.
Luhmann, N. (1996b): Die Realität der Massenmedien, Opladen, (2. erweiterte Auflage).
Luhmann, N. (1996c): Das Erziehungssystem und die Systeme seiner Umwelt, in: ders./Schorr, K.E. (Hg.), Zwischen System und Umwelt. Fragen an die Pädagogik, Frankfurt/M., S. 14-52.
Luhmann, N. (1997a): Die Gesellschaft der Gesellschaft, Frankfurt/M. (2 Bände)
Luhmann, N. (1997b): Erziehung als Formung des Lebenslaufes, in: ders./Lenzen, D. (Hg.), a.a.O., S. 11-29.
Luhmann, N. (2000): Organisation und Entscheidung, Opladen.
Luhmann, N./Schorr, K.E. (1979): Das Technologiedefizit der Erziehung und die Pädagogik, in. Zeitschrift für Pädagogik 25 (1979), S. 345-365.
Luhmann, N./Schorr, K.E. (1982): Einleitung, in: dies. (Hg.), Zwischen Technologie und Selbstreferenz. Fragen an die Pädagogik, Frankfurt/M., S. 7-10.
Luhmann, N./Schorr, K.E. (Hg.) (1986): Zwischen Intransparenz und Verstehen. Fragen an die Pädagogik, Frankfurt/M.
Luhmann, N./Schorr, K.E. (1988): Reflexionsprobleme im Erziehungssystem, Frankfurt/M., (2. überarbeitete Auflage, Erstauflage 1979).
Luhmann, N./Schorr, K.E. (Hg.) (1990): Zwischen Anfang und Ende. Fragen an die Pädagogik, Frankfurt/M.
Luhmann, N./Schorr, K.E. (Hg.) (1992): Zwischen Absicht und Person. Fragen an die Pädagogik, Frankfurt/M.
Luhmann, N./Schorr, K.E. (Hg.) (1996): Zwischen System und Umwelt. Fragen an die Pädagogik, Frankfurt/M.
Macke, G. (1990): Disziplinformierung als Differenzierung und Spezialisierung. Entwicklungen der Erziehungswissenschaft unter dem Aspekt der Ausbildung und Differenzierung von Teildisziplinen, in: Zeitschrift für Pädagogik 36 (1990) 1, S. 51-72.
Macke, G. (1994): Disziplinärer Wandel. Erziehungswissenschaft auf dem Wege zur Verselbständigung ihrer Teildisziplinen, in: Krüger, H.-H./Rauschenbach, T. (Hg.), Erziehungswissenschaft. Die Disziplin am Beginn einer neuen Epoche, Weinheim/München, S. 49-68.
Manis, J. (1974a): The Concept of Social Problems: Vox Populi and Sociological Analysis, in: Social Problems, 21 (1974) 3, S. 305-315.

Literatur

Manis, J. (1974b): Assessing the Seriousness of Social Problems, in: Social Problems, 22 (1974) 1, S. 1-15.
Matthies, V. (1978): Collective Self Reliance: Konzept und Realität, in: Khan, K.M./ders. (Hg.), a.a.O., S. 27-53.
Matthies, V. (1985): Die Blockfreien. Ursprünge, Entwicklung, Konzeptionen, Opladen.
Matthies, V. (1991): Neues Feindbild Dritte Welt: Verschärft sich der Nord-Süd-Konflikt?, in: Aus Politik und Zeitgeschichte, B 25-26/91 vom 14. 6. 1991, S. 3-11.
Maturana, H.R./Varela, F.J. (1979): Autopoiesis and Cognition, Boston Studies in the Philosophy of Science, Boston
von Maydell, J. (1989): Über den Prozeß der Pädagogisierung des Verhaltens Erwachsener gegenüber Kindern. Ein Beitrag zur Sozialgeschichte der Erziehung, in: ders. (Hg.), Vom Privileg zum Menschenrecht. Die gesellschaftliche Bedeutung von Bildung, Oldenburg, S. 51-59.
Mayntz, R. (1987): Politische Steuerung und gesellschaftliche Steuerungsprobleme – Anmerkungen zu einem theoretischen Paradigma, in: Jahrbuch zur Staats- und Verwaltungswissenschaft 1987, Bd. 1, S. 89-110.
Mayntz, R. (1988): Funktionelle Teilsysteme in der Theorie sozialer Differenzierung, in: Mayntz, R. u.a., a.a.O., S. 11-44.
Mayntz, R./Holm, P./Hübner, P. (1971): Einführung in die Methoden der empirischen Soziologie, Opladen.
Mayntz, R./Rosewitz, B./ Schimank, U./Stichweh, R. (1988): Differenzierung und Verselbständigung. Zur Entwicklung gesellschaftlicher Teilsysteme, Frankfurt/New York.
Mayntz, R./Scharpf, F.W. (Hg.) (1995): Gesellschaftliche Selbstregelung und politische Steuerung, Frankfurt/M.
Mayntz, R./Scharpf, F.W. (1995): Der Ansatz des akteurzentrierten Institutionalismus, in: dies. (Hg.), a.a.O., S. 39-72.
Mayring, P. (1995): Qualitative Inhaltsanalyse, in: Flick, U. u.a. (Hg.), a.a.O., S. 209-213.
Menzel, U (1992a): 40 Jahre Entwicklungsstrategie = 40 Jahre Wachstumsstrategie, in: Nohlen, D./Nuscheler, F. (Hg.) (1992), Handbuch der Dritten Welt, Bd. 1, Bonn, S. 131-155, (3. Auflage).
Menzel, U. (1992b): Das Ende der Dritten Welt und das Scheitern der großen Theorie, Frankfurt/M.
Mergner, G. (1990): Theoretischer und praktischer Zugang zu sozialgeschichtlichen Lernfeldern im interkulturellen Vergleich, in: Benner, D./Lenhart, V./Otto, H.-U. (Hg.), Bilanz für die Zukunft: Aufgaben, Konzepte und Forschung in der Erziehungswissenschaft (25. Beiheft der Zeitschrift für Pädagogik), Weinheim/Basel, S. 225-230.
Mergner, G./Vermooij, M.A. (1997): Symposium "Bildungsforschung zwischen Markt und Lebensqualität – Bildung fürs (Über-) Leben", in: Krüger, H.-H./Olbertz, J.-H. (Hg.): Bildung zwischen Staat und Markt. Hauptdokumentati-

onsband zum 15. Kongreß der DGfE an der Martin Luther-Universität in Halle-Wittenberg 1996, Opladen.
Merton, R.K. (1975): Soziologische Diagnose sozialer Probleme, in: Hondrich, K.-O. (Hg.), a.a.O., S. 113-129.
Messner, D./Nuscheler, F. (1996): Global Governance. Organisationselemente und Säulen einer Weltordnungspolitik, in: dies. (Hg.), Weltkonferenzen und Weltberichte. Ein Wegweiser durch die internationale Diskussion, Bonn, S. 12-36.
Meueler, E. (1971): Soziale Gerechtigkeit. Einführung in die Entwicklungsproblematik am Beispiel Brasiliens und der Bundesrepublik Deutschland, Band I: Textbuch/Materialien, Bd. II: Didaktische Erläuterungen, Düsseldorf.
Meueler, E. (1974): Unterentwicklung – wem nützt die Armut der Dritten Welt? Arbeitsmaterialien für Schüler, Lehrer und Aktionsgruppen, 2 Bände, Reinbek.
Meueler, E. (1978): Lernbereich ‚Dritte Welt'. Eine Curriculum-Entwicklung, Frankfurt/M.
Meueler, E. (1993): Blick zurück nach vorne. Entwicklungspolitische Bildungsarbeit in der Krise, in: Scheunpflug, A./Treml, A. (Hg.), a.a.O., S. 23-38.
Meueler, E./Schade, K.F (1997): Geschichte entwicklungspolitischer Absichten, in: epd-entwicklungspolitik Nr. 9/1997, S. 41-46.
Ministerium für Bildung, Wissenschaft, Jugend und Kultur des Landes Schleswig-Holstein (1990): Dritte Welt im Unterricht. Runderlaß vom 20. 10. 1990 und Erläuterungen, in: dass. (Hg.) (1993): ‚Dritte Welt' in unserer Einen Welt. Handreichungen für den Unterricht, Kiel, S. 13-15.
Ministerium für Bundesangelegenheiten des Landes Schleswig-Holstein (Hg.) (1992): Workshop "Entwicklungspolitische Bildungsarbeit in der Schule" des Ministeriums für Bundesangelegenheiten des Landes Schleswig-Holstein am 19. 9. 1991, Kiel.
Müller, O.T. (1952): Völkerverständigung und Schule, in: Pädagogische Rundschau 6 (1952) 4, S. 158-161.
Müller, P./Schlausch, H. (1986): Lehrplananalyse "Dritte Welt", in: Bundeszentrale für politische Bildung (Hg.), Dritte Welt und Entwicklungspolitik (Schriftenreihe der Bundeszentrale für politische Bildung Band 241), Bonn, S. 357-406.
Müller, S./Otto, H.U. (Hg) (1984): Verstehen oder kolonialisieren: Grundprobleme sozialpädagogischen Handelns und Forschens, Bielefeld 1984.
Münch, R. (1991): Modernisierung als Differenzierung? Empirische Anfragen an die Theorie der funktionalen Differenzierung, in: Glatzer, W. (Hg.), Die Modernisierung moderner Gesellschaften. 25. Deutscher Soziologentag 1990, Opladen, S. 375-377.
Nationale Kommission für das Internationale Jahr des Kindes (1980): Die Dritte Welt in Schule und Jugendarbeit. Referate und Arbeitsgruppenergebnisse des entwicklungspädagogischen Workshops in Essen vom 31. 8. – 2. 9. 1979, Frankfurt/M.
Naumann, J. (1990): Von quantitativer zu qualitativer Bildungsplanung in der Entwicklungszusammenarbeit, in: Zeitschrift für Pädagogik 36 (1990) 2, S. 163-179.
Neidhardt. F. (1994): Öffentlichkeit, öffentliche Meinung, soziale Bewegungen, in: Öffentlichkeit, öffentliche Meinung und soziale Bewegung (Kölner Zeitschrift für Soziologie und Sozialpsychologie, Sonderheft 34), Opladen, S. 7-41.

Nestvogel, R./Scheunpflug, A. (1994): Symposium 11. Europas Bilder von der "Dritten Welt" – erziehungswissenschaftliche Auswirkungen, in: Benner, D./Lenzen, D. (Hg.): Bildung und Erziehung in Europa (32. Beiheft der Zeitschrift für Pädagogik), Weinheim/Basel, S. 317-332.

Niedersächsisches Landesinstitut für Fortbildung und Weiterbildung in Schulwesen und Medienpädagogik (Hg.) (1996): Nord-Süd-Schulpartnerschaften verändern die Schule: Wege zum interkulturellen und globalen Lernen, Hildesheim.

Niemann, R. (1995): Vorwort, in: Institut für Internationale Zusammenarbeit des Deutschen Volkshochschul-Verbandes (Hg.), a.a.O., S. 5-7.

Nohlen, D./Nuscheler, F. (1992): "Ende der Dritten Welt"?, in: dies. (Hg.) (1992), Handbuch der Dritten Welt, Bd. 1, Bonn, S. 14-30, (3. Auflage).

Nuscheler, F. (1985): Dritte Welt: Welten von Reichtum, Armut und Massenelend, in: Fetscher, I./Münkler, H. (Hg.), Politikwissenschaft. Begriffe – Analysen – Theorien. Ein Grundkurs, Reinbek, S. 361-398.

Nuscheler, F. (1987): Lern- und Arbeitsbuch Entwicklungspolitik, Bonn, (3. Auflage).

Nyerere, Julius K. (1970): Künftige Aufgaben der Blockfreiheit. Rede an das Vorbereitungstreffen der Blockfreienkonferenz in Dar es Salaam am 13. April 1970, in: Khan, K.M./Matthies, V. (Hg.) (1978): a.a.O., , S. 57-75.

Ody, H.J. (1956): Quellen für das Studium internationaler Erziehungsfragen, in: Bildung und Erziehung, 9 (1956) 1, S. 24-33.

Oelkers, J. (1987): System, Subjekt und Erziehung, in: ders./Tenorth, H.-E. (Hg.), a.a.O., S. 175-201.

Oelkers, J. (1990a): Utopie und Wirklichkeit. Ein Essay über Pädagogik und Erziehungswissenschaft, in: Zeitschrift für Pädagogik 36 (1990) 1, S. 1-13

Oelkers, J. (1990b): Vollendung: Theologische Spuren im pädagogischen Denken, in: Luhmann, N./Schorr, K.E. (Hg.), a.a.O., S. 24-72.

Oelkers, J. (1992): Seele und Demiurg: Zur historischen Genesis pädagogischer Wirkungsannahmen, in: Luhmann, N./Schorr, K.E. (Hg.), a.a.O., S. 11-57.

Oelkers, J. (1993): Topoi der Sorge. Beobachtung zur öffentlichen Verwendung pädagogischen Wissens, in: ders./Tenorth, H.-E. (Hg.), a.a.O., S. 213-231.

Oelkers J. (1996): Reformpädagogik. Eine kritische Dogmengeschichte, Weinheim/München, (3. vollständig bearbeitete und erweiterte Auflage).

Oelkers, J. (1997a): Öffentlichkeit und Bildung: Zur historischen Genese eines europäischen Konzeptes, in: Braun, K.-H./Krüger, H.-H. (Hg.), Pädagogische Zukunftsentwürfe, Opladen, S. 29-49.

Oelkers, J. (1997b): Pädagogik in der Krise der Moderne, in: Harney, K./Krüger, H.-H. (Hg.), Einführung in die Geschichte der Erziehungswissenschaft und der Erziehungswirklichkeit, Opladen, S. 39-92.

Oelkers, J./Tenorth, H.-E. (Hg.) (1987): Pädagogik, Erziehungswissenschaft und Systemtheorie, Weinheim/Basel.

Oelkers, J./Tenorth, H.-E. (Hg.) (1993): Pädagogisches Wissen, Weinheim/Basel.

Offene Welt (1969): Die Dritte Welt als Bildungsaufgabe. Die politische Herausforderung. Konzeption und Strategie. Die Bildungsaufgabe, Nr. 99/100, Köln/Opladen.

Opitz, K. (1969): Erziehung als Entwicklung, in: Offene Welt, a.a.O., S. 210-222.
Opitz, P. (1984): Statt einer Einleitung: Elemente zu einer Bilanz zweier Entwicklungsdekaden, in: ders. (Hg.), Die Dritte Welt in der Krise. Grundprobleme der Entwicklungsländer, München, S. 11-44.
Opitz, P. (1986): Die Vereinten Nationen im Wandel: Struktur- und Funktionsveränderungen, in: Opitz, P./Rittberger, V. (Hg.), Forum der Welt. 40 Jahre Vereinte Nationen, Bonn, S. 45-76.
Orth, G. (1989): Zur Umfrage des Fachausschusses ‚entwicklungsbezogene Bildungsarbeit' der DEAE zur entwicklungsbezogenen Bildungsarbeit in der EEB, in: Deutsche Evangelische Arbeitsgemeinschaft für Erwachsenenbildung (Hg.), Nachrichtendienst 4/1989, S. 16-20.
Pädagogischer Ausschuß der Aktion Dritte Welt Handel (1978): A3WH-Konzept in der Diskussion, in: epd-entwicklungspolitik Nr. 17/78, S. d-f.
Papst Paul VI. (1967/1992): Enzyklika "Populorum Progressio", in: Katholische Arbeitnehmer Bewegung (Hg.), Texte zur katholischen Sozialehre. Die sozialen Rundschreiben der Päpste und andere kirchliche Dokumente, Köln, S. 405-440, (8. Auflage).
Paschen, H. (1988): Das Hänschen-Argument. Zur Analyse und Evaluation pädagogischen Argumentierens, Wien/Köln/Graz.
Paschen, H. (1997): Pädagogiken. Zur Systematik pädagogischer Differenzen, Weinheim 1997.
Peters, B. (1994): Der Sinn von Öffentlichkeit, in: Öffentlichkeit, öffentliche Meinung und soziale Bewegung (Kölner Zeitschrift für Soziologie und Sozialpsychologie, Sonderheft 34), Opladen, S. 42-76.
von Pilgrim, E. (1984): Rohstoffe in der Diskussion um eine Neue Weltwirtschaftsordnung, in: Opitz, P. (Hg.) Die Dritte Welt in der Krise. Grundprobleme der Entwicklungsländer, München, S. 81-96.
Pöggeler, F. (1990): Erziehung für die Eine Welt. Studien zur Pädagogik, Andragogik und Gerontagogik 3, Frankfurt/Bern.
Pöggeler, F. (1993): Perspektiven einer Pädagogik für die Eine Welt, in: Scheunpflug, A./Treml, A. (Hg.), a.a.O., S. 78-92.
Pollak, G. (1991): Der Begriff ‚Pädagogisierung' in der erziehungswissenschaftlichen Diskussion. Vorbereitende Untersuchungen zur ‚Bilanz' der Erziehungswissenschaft, in: Hoffmann, D./Heid, H.(Hg.), Bilanzierungen erziehungswissenschaftlicher Theorieentwicklung. Erfolgskontrolle durch Wissenschaftsforschung, Weinheim, S. 25-49.
Pollak, G./Heid, H. (Hg.) (1994): Von der Erziehungswissenschaft zur Pädagogik?, Weinheim.
Poppe, M. (1993): Die dezentralisierte Gesamtschule. Eine Organisationserneuerung zur Pädagogisierung des Schulalltags, in: Schul-Management, 24 (1993) 2, S. 22-27.
Presse- und Informationsamt der Bundesregierung (Hg.) (1969): Verstärkte Informationsarbeit über Entwicklungspolitik in den Schulen, in: Bulletin des Presse- und Informationsamtes der Bundesregierung Nr. 90 vom 8. 7. 1969, S. 775.

Probst, G. (1995): Organisationales Lernen und die Bewältigung von Wandel, in: Geißler, H. (Hg.), Organisationslernen und Weiterbildung: die strategischen Antworten auf die Herausforderungen der Zukunft, Neuwied, S. 163-184.

Prokop, E. (1970): Dokumentation der Inhalte der Lehr- und Bildungspläne der einzelnen deutschen Bundesländer im Zusammenhang mit Problemen und Fragen der Entwicklungshilfe bzw. Bewegungen in der Dritten Welt, in: Bundesministerium für wirtschaftliche Zusammenarbeit (Hg.), Schule und Dritte Welt Nr. 7, Bonn.

Proske, M. (1996): ‚Stress' , ‚Übergriffe' , ‚Einzelfälle' . Eine kritische Relektüre geläufiger Selbstbeschreibungen durch die Polizei, in: ders./Radtke, F.-O: (Hg.), Polizei und Diskriminierung. Studien zur Individualisierung und Pädagogisierung der Ungleichbehandlung von Migranten (Beiträge zur erziehungswissenschaftlichen Migrations- und Minderheitenforschung 5), Frankfurt, S. 5-35.

von Pufendorf, U. (1969): Mitdenken – Mitwissen – Mithandeln, in: Offene Welt, a.a.O., S. 5-11.

Raape, K. (1987): Evaluierung der VHS-Arbeitspläne 1976/77 und 1983/84, in: Deutscher Volkshochschulverband (Hg.), a.a.O., S. 7-60.

Raape, K. (1994): Evaluierung der Entwicklungspolitischen Bildungsarbeit im Volkshochschulbereich, Bonn.

Raape, K./Frieling, G. (1995): Evaluierung entwicklungsbezogener Themen in VHS-Arbeitsplänen, in: Institut für Internationale Zusammenarbeit des Deutschen Volkshochschul-Verbandes (Hg.), a.a.O., S. 9-111.

Radtke, F.-O. (1986): Die alte Dienstbarkeit der Pädagogen – Aporien der ‚neuen Bildungskrise' , in: Neue Sammlung, 26 (1986) 2, S. 194-204.

Radtke, F.-O. (1991): Die Rolle der Pädagogik in der westdeutschen Migrations- und Minderheitenforschung. Bemerkungen aus wissenssoziologischer Sicht, in: Soziale Welt, 42 (1991) 1, S. 93-108.

Radtke, F.-O. (1995): Migration und Ethnizität, in: Flick, U. u.a. (Hg.), a.a.O., S. 391-394.

Rang, B. (1994): Frauen und Weiblichkeit in pädagogischer Perspektive. Ein Beitrag zur Theoriegeschichte, in: Jahrbuch für Pädagogik 1994: Geschlechterverhältnisse und Pädagogik, Frankfurt u.a., S. 201-223.

Rat der Evangelischen Kirche in Deutschlands (1973): Der Entwicklungsdienst der Kirche. Ein Beitrag für Frieden und Gerechtigkeit in der Welt. Eine Denkschrift, Gütersloh.

Reckmann, H. (1984): Berufliche Rehabilitation. Pädagogisierung eines Problems, in: Zeitschrift für Berufs- und Wirtschaftspädagogik, 80 (1984) 2, S. 111-121.

von Recum, H. (1971): Artikel "Bildungsprobleme der Entwicklungsländer", in: Neues Pädagogisches Lexikon, hg. von H.-H. Groothoff/M. Stallmann, Stuttgart/Berlin, S. 266-270, (5. vollständig überarbeitete Auflage).

Reese-Schäfer, W. (1997): Habermas' Diskurstheorie der Moral, in: ders., Grenzgötter der Moral. Der neuere europäisch-amerikanische Diskurs zur politischen Ethik, Frankfurt/M., S. 111-172.

Repnik, H.-P. (1992): Entwicklungsbezogene Bildungsarbeit in der Schule – aus der Sicht des Bundesministeriums für wirtschaftliche Zusammenarbeit, in: Ministeri-

um für Bundesangelegenheiten des Landes Schleswig-Holstein (Hg.), Entwicklungspolitische Bildungsarbeit in der Schule, Kiel, S. 15-19.
Riedel, K. (1989): Artikel "Curriculum", in: Lenzen, D. (Hg.), Pädagogische Grundbegriffe Bd. 1, Reinbek, S. 298-301.
Robinsohn, S.B. (1962): Vorwort, in: Hug/UNESCO-Institut für Pädagogik (Hg.), a.a.O., S. 5.
Robinsohn, S.B. (1967): Bildungsreform als Revision des Curriculum, Neuwied.
Robinsohn, S.B. (1966): Von den Voraussetzungen einer "Erziehung zu internationaler Verständigung", in: Pädagogische Rundschau 20 (1966) 10, S. 936-943.
Robinsohn, S.B. (1967): Bildungsreform als Revision des Curriculum, Neuwied/Berlin.
Röhrs, H. (1971): Artikel "Pädagogik der Entwicklungsländer", in: Lexikon der Pädagogik. Neue Ausgabe. Bd. 1, hg. von H. Rombach, Freiburg/Basel/Wien, S. 360-362, (2. Auflage).
Röhrs, H. (1977): Internationale Gesamtschule als Friedensschule, in: Pädagogische Rundschau 31 (1977) 3, S. 240-252.
Röhrs, H. (1990): Die internationale Gesamtschule Heidelberg als Friedensschule. Ein Hoffnungsträger der Friedenspolitik, in: Pädagogische Rundschau 44 (1990) 2, S. 209-214.
Römische Bischofssynode (1971): Gerechtigkeit in der Welt, in: Katholische Arbeitnehmer Bewegung (Hg.) (1992), Texte zur katholischen Soziallehre. Die sozialen Rundschreiben der Päpste und andere kirchliche Dokumente, Köln, S. 495-517, (8. Auflage).
Rössel, K. (1994): Zwei Millionen Daumenabdrücke gegen den Imperialismus. Zum Stand der Internationalismusarbeit, in: blätter des iz3w, Nr. 200/1994, S. 22-26.
Rose, A.M. (1968): Law and the Causation of Social Problems, in: Social Problems, 16 (1968), S. 33-43.
Roth, L. (1994): Die zunehmende Pädagogisierung des Lebens – oder: Wir lernen uns zu Tode, in: Bildung und Erziehung an der Schwelle zum dritten Jahrtausend, München, S. 300-335.
Roth, R./Rucht, D. (1992): ‚Über den Wolken...' . Niklas Luhmanns Sicht auf soziale Bewegungen, in: Forschungsjournal Neue Soziale Bewegungen, 5 (1992) 2, S. 22-33.
Rumpf, H. (1977): Wahrnehmungsstörungen. Über Ängste und Phantasien bei der Annäherung an die Dritte Welt, in: Gronemeyer, M./Bahr, H.-E. (Hg.), a.a.O., S. 11-22.
Sachs, W. (1992): Zur Archäologie der Entwicklungsidee, Frankfurt/M.
Sander, W. (1982): Naturwissenschaften und politische Bildung, in: Gegenwartskunde, 31 (1982) 4, S. 465-475.
Sauvant, K.P. (1979): Von der politischen zur wirtschaftlichen Unabhängigkeit? Die Ursprünge des Programms der Neuen Weltwirtschaftsordnung, in: Vereinte Nationen, 27 (1979) 2, S. 49-52.
Sauvant, K.P. (1981a): The Group of 77. Evolution, Structure, Organization, New York/London/Rome.

Sauvant, K.P. (1981b): Die Gruppe der 77 – Gewerkschaft der Dritten Welt, in: Vereinte Nationen, 29 (1981) 8, S. 189-195.
Schade, K.F. (1969): Der Bürger und die Entwicklungspolitik: Umfrageergebnisse, in: Offene Welt Nr. 99/100. Die Dritte Welt als Bildungsaufgabe, Köln/Opladen, S. 231-255.
Schade, K.F. (1970a): Provozierte Pädagogik. Entwicklungspolitische Bewußtseinsbildung erfordert mehr als nur Spendenappelle, in: epd-entwicklungspolitik, 1 (1970) 2, S. 9-13.
Schade, K.F. (1970b): Entwicklungspolitische Bewußtseinsbildung in der Schule – Basis progressiver Entwicklungspolitik in der nächsten Dekade, in: Bundesministerium für wirtschaftliche Zusammenarbeit (Hg.), Schule und Dritte Welt Nr. 21, Bonn, S. 6-11.
Schade, K.F. (1970c): Probleme der Dritten Welt. Entwicklungspolitische Bewußtseinsbildung fordert unser Bildungswesen heraus, in: Bundesministerium für wirtschaftliche Zusammenarbeit (Hg.), Schule und Dritte Welt Nr. 21, Bonn, S. 12-15; ebenfalls abgedruckt in: Allgemeine Deutsche Lehrerzeitung 6/1970.
Schäfer, A. (1984): Strukturelle Erziehung – oder: Die Pädagogisierung des Politischen. Eine Auseinandersetzung mit A.K. Tremls ‚Theorie struktureller Erziehung' , in: Vierteljahresschrift für wissenschaftliche Pädagogik, 60 (1980) 3, S. 317-331.
Scheel, W. (1966): Lebensfrage der Menschheit, in: Ziock, H. (Hg.), Entwicklungshilfe – Bausteine für die Welt von morgen, Frankfurt/M./Berlin, S. 5-6.
Schelsky, H. (1961): Anpassung oder Widerstand? Soziologische Bedenken gegen die Schulreform, Heidelberg.
Schernikau, H. (1987): Friedenserziehung und Wehrkunde in den Schulen der Bundesrepublik Deutschland. Bericht über eine Arbeitsgruppe, in: Allgemeinbildung (21. Beiheft der Zeitschrift für Pädagogik), Weinheim/Basel, S. 290-295.
Scheron, B./Scheron, U. (1983): Einige Bemerkungen zur sozialpädagogischen Kompetenz des Lehrers für Ausländerkinder – oder – Wider den blinden Pragmatismus einer Pädagogisierung struktureller Problemlagen, in: Deutsche Vereinigung für Politische Bildung (Hg.), Politische Bildung in den Achtzigerjahren. Erster Bundeskongreß für Politische Bildung, Stuttgart, S. 259-261.
Schetsche, M. (1996): Die Karriere sozialer Probleme. Soziologische Einführung, München/Wien.
Scheuner, U. (1975): Aufgaben und Strukturwandlungen im Aufbau der Vereinten Nationen, in: Kewenig, W. (Hg.), Die Vereinten Nationen im Wandel, Berlin.
Scheunpflug, A./Seitz, K. (1993a): Selbstorganisation und Chaos: Entwicklungspolitik und Entwicklungspädagogik in neuer Sicht, Tübingen/Hamburg.
Scheunpflug, A./Seitz, K. (1993b): Entwicklungspädagogik in der Krise? Versuch einer Zwischenbilanz, in: epd-entwicklungspolitik 24 (1993) 23, S. a-j.
Scheunpflug, A./Seitz, K. (1995a): Entwicklungspolitische Unterrichtsmaterialien. Die Geschichte der entwicklungspolitischen Bildung. Zur pädagogischen Konstruktion der "Dritten Welt". Band I, Frankfurt/M.

Scheunpflug, A./Seitz, K. (1995b): Schule und Lehrerbildung. Die Geschichte der entwicklungspolitischen Bildung. Zur pädagogischen Konstruktion der "Dritten Welt". Band II, Frankfurt/M.

Scheunpflug, A./Seitz, K. (1995c): Jugend und Erwachsenenbildung. Die Geschichte der entwicklungspolitischen Bildung. Zur pädagogischen Konstruktion der "Dritten Welt". Band III, Frankfurt/M.

Scheunpflug, A./Treml, A. (Hg.) (1993a): Entwicklungsbezogene Bildung, Bilanz und Perspektiven in Forschung und Lehre. Ein Handbuch, Hamburg/Tübingen.

Scheunpflug, A./Treml, A. (1993b): Einleitung, in: dies. (Hg.), a.a.O., S. 9-20.

Schimank, U. (1996): Theorien gesellschaftlicher Differenzierung, Opladen.

Schirp, H. (1995): Das Konzept ‚Globales Lernen' . Fähigkeiten und Fertigkeiten für die Zukunft, in: Landesinstitut Schule und Weiterbildung/Schulstelle Dritte Welt/Eine Welt (Hg.), Themenfeld Dritte Welt/Eine Welt. Handlungskonzepte zum fächerübergreifenden Unterricht des Lernbereiches Gesellschaftslehre an Schulen der Sekundarstufe I, Soest, S. 150-160.

Schleiermacher, F.D.E. (1826/1957): Die Vorlesungen aus dem Jahre 1826, in: Schleiermacher, F.D.E.; Pädagogische Schriften, Bd. 1, hg. von E. Weniger/T. Schulze, Düsseldorf/München, S. 1-369.

Schmidt, S.J. (1987): Der radikale Konstruktivismus: Ein neues Paradigma im interdisziplinären Diskurs, in: ders. (Hg.), Der Diskurs des radikalen Konstruktivismus, Frankfurt, S. 11-88.

Schmidt, U. (Red.) (1987a): Pädagogik: Dritte Welt Jahrbuch 1986: Kulturelle Identität und Universalität, Frankfurt/M.

Schmidt, U. (1987b): Interkulturelle Kommunikation und interkulturelles Lernen, in: ders. (Red.), a.a.O., S. 115-152.

Schmied, E. (Hg.) (1981): Handlungsmodelle in der Dritte Welt-Verantwortung, Mainz/München.

Schmitt, R. (1975): Dritte Welt in der Vorschule, in: Bundesministerium für wirtschaftliche Zusammenarbeit (Hg.), Schule und Dritte Welt Nr. 46, Bonn, S. 6-31.

Schmitt, R. (1979): Kinder und Ausländer. Einstellungsänderung durch Rollenspiel – eine empirische Untersuchung, Braunschweig.

Schmitt, R. (1980): Einführung: Dritte Welt – Ein Thema für den Elementar- und Primarbereich, in: Nationale Kommission für das Internationale Jahr des Kindes (Hg.), a.a.O., S. 39-44.

Schmitt, R. (1991): Schule und Dritte Welt – Prinzipien einer erprobten Praxis, in: World University Service (Hg.), Der Nord-Süd-Konflikt. Bildungsauftrag für die Zukunft. Dokumentation, Wiesbaden, S. 74-89.

Schmitt, R. (Hg.) (1997): Eine Welt in der Schule. Klasse 1-10. Arbeitskreis Grundschule e.V., Frankfurt/M.

Schmitt, R./Bartholomäus, H. u.a. (1976): Soziale Erziehung in der Grundschule. Toleranz – Kooperation – Solidarität, Arbeitskreis Grundschule e.V., Frankfurt/M.

Schmitt, R./Ehlers, C. (Hg.) (1989): Dritte Welt in der Grundschule. Unterrichtsbeispiele, Lehrplanübersicht, Material, Arbeitskreis Grundschule e.V., Frankfurt/M.

Schmitz, A. (1996): Sustainable Development: Paradigma oder Leerformel, in: Messner, D./Nuscheler, F. (Hg.), Weltkonferenzen und Weltberichte. Ein Wegweiser durch die internationale Diskussion, Bonn, S. 103-119.

Schmitz, H.F./op der Beck/Schallenberger, H. (1957): Der Beitrag des Geschichtsunterrichts und der Gemeinschaftskunde in der Volksschule zur internationalen Verständigung (internationale Organisationen), in: Pädagogische Rundschau 11 (1957) 8, S. 352-357.

Schneider, P. (1962): Zum Problem der sogenannten Entwicklungsländer. Eine pädagogische Aufgabe für den Erdkundeunterricht, in: Pädagogische Rundschau 16 (1962) 2, S. 143-151.

Schnurer, J. (1993): Interkulturelles Lehren und Lernen in der Lehrerfortbildung, in: Scheunpflug/Treml (Hg.), a.a.O., S. 361-378.

Scholz, G. (1994): Die Konstruktion des Kindes. Über Kinder und Kindheit, Opladen.

Schorr, K.E. (1979): Wissenschaftstheorie und Reflexion im Erziehungssystem, in: Zeitschrift für Pädagogik, 25 (1979) 6, S. 883-891.

Schreiber, J.-R. (1996): Globales Lernen für eine zukunftsfähige Entwicklung. Plädoyer für ein Unterrichtsprinzip, in: Zeitschrift für internationale Bildungsforschung und Entwicklungspädagogik 19 (1996) 1, S. 15-18.

Schulstelle Dritte Welt/Eine Welt in NRW (Hg.) (1997): Die Eine Welt im Unterricht der Grundschule. Bausteine einer Didaktik ‚Globalen Lernens' in der Grundschule mit Erfahrungsberichten, Beispielen, Adressen und Servicestationen, Bielefeld.

Schultze, W. (1970): Artikel "Pädagogik der Entwicklungsländer", in: Pädagogisches Lexikon. Bd. 1, hg. von W. Horney/J.P. Ruppert/W. Schultze, Gütersloh 1970, S. 708-710.

Schwarz, U. (1981): Global denken – Lokal handeln. Erwachsenenbildung im Dritte Welt Laden, Bern.

Searle, J.R. (1997): Die Konstruktion der gesellschaftlichen Wirklichkeit. Zur Ontologie sozialer Tatsachen, Reinbek.

Seitz, K. (1980): Entwicklungspädagogik in der Schule? Bedingungen und Möglichkeiten entwicklungspädagogischer Praxis, in: Treml, A. (Hg.), a.a.O., S. 53-74.

Seitz, K. (1993a): Von der Dritte Welt-Pädagogik zum Globalen Lernen. Zur Geschichte der entwicklungspädagogischen Theoriediskussion, in: Scheunpflug, A./Treml, A. (Hg.), a.a.O., S. 39-77.

Seitz, K. (1998): Politische Bildung in der Einen Welt. Die Empfehlung der Kultusminister "Eine Welt/Dritte Welt in Unterricht und Schule", in: Die Deutsche Schule 90 (1998) 3, S. 347-361.

Seitz, K./Treml, A. (1986): Geschichte der entwicklungspolitischen Bildung. 20 Jahre Dritte-Welt-Pädagogik, in: Zeitschrift für Entwicklungspädagogik 2/1986, S. 18-26.

Sekretariat der ständigen Konferenz der Kultusminister der Länder in der Bundesrepublik (1969): Niederschrift über die 131. Plenarsitzung der KMK am 3./4. Juli 1969 in Bonn, hier: 15. Gemeinsame Beratung mit dem Bundesminister für wirtschaftliche Zusammenarbeit, Bonn, S. 52-67, (unv. Ms.).

Literatur

Sekretariat der ständigen Konferenz der Kultusminister der Länder in der Bundesrepublik (1981): Zur Situation des Unterrichts über die Dritte Welt, Bonn, (unv. Ms.).

Sekretariat der ständigen Konferenz der Kultusminister der Länder in der Bundesrepublik (1983): Niederschrift über die 214. Plenarsitzung der KMK am 21./22. 4. 1983 in Bonn, hier: 6. Darstellung der Dritten Welt im Unterricht, Bonn, S. 12-14, (unv. Ms.).

Sekretariat der ständigen Konferenz der Kultusminister der Länder in der Bundesrepublik (1988): Zur Situation des Unterrichts über die Dritte Welt, Bonn.

Sekretariat der ständigen Konferenz der Kultusminister der Länder in der Bundesrepublik (1997): "EineWelt/Dritte Welt" in Unterricht und Schule. Beschluß der KMK vom 28. 2. 1997, in: epd-Entwicklungspolitik 9/1997, d1-d11.

Senghaas, D. (1988): Konfliktformationen im internationalen System, Frankfurt/M.

Siebert, H. (1993): Interkulturelles Lernen in der Erwachsenenbildung, in: Scheunpflug, A./Treml, A. (Hg.), a.a.O., S. 335-347.

Spencer Brown, G. (1979): Laws of Form, New York (Neudruck).

Stallberg, F.W./Springer, W. (Hg.) (1983): Soziale Probleme. Grundlegende Beiträge zu ihrer Theorie und Analyse, Neuwied/Darmstadt.

Stelck, E. (1977): Die Rolle der Aktionsgruppen innerhalb der entwicklungspolitischen Bildungsarbeit, in: Evangelische Akademie Bad Boll (Hg.), Neue Aufgaben entwicklungsbezogener Bildung und Publizistik (Materialdienst 8/1977).

Stelck, E. (1980): Werkstätten/Dritte Welt-Häuser. Neue Orte einer entwicklungspolitischen Erziehung?, in: Zeitschrift für Entwicklungspädagogik, 3 (1980) 4, S. 23-29.

Stichweh (1987): Die Autopoiesis der Wissenschaft, in: Baecker, D. u.a. (Hg.), Theorie als Passion, Frankfurt/M., S. 447-481.

Strahm, R. (1972): Industrieländer – Entwicklungsländer. Ein Werkbuch zur Eigeninformation und für den politischen Unterricht. Stichwörter zur Entwicklungspolitik, Freiburg (CH)/Stein.

Strahm, R. (1975): Überentwicklung – Unterentwicklung: Werkbuch mit Schaubildern und Kommentaren über den wirtschaftlichen Mechanismus der Armut, Freiburg (CH)/Stein. (Sechs Auflagen)

Strahm, R. (1985): Warum sie so arm sind: Arbeitsbuch zur Entwicklung der Unterentwicklung in der Dritten Welt mit Schaubildern und Kommentaren, Wuppertal (Neun Auflagen).

Strauss, A.L. (1991): Grundlagen Qualitativer Sozialforschung, München.

Sulzberger, W. (1990): Pädagogisierung der Museen: eine Forderung der Erwachsenenbildung, in: Salzburger Volksbildung, (1990) 89, S. 35-42.

Tenorth, H.-E. (1990a): Verantwortung und Wächteramt. Wie die wissenschaftliche Pädagogik ihre gesellschaftliche Wirksamkeit behandelt, in: Vierteljahresschrift für wissenschaftliche Pädagogik 66 (1990), S. 409-435.

Tenorth, H.-E. (1990b): Erziehungswissenschaft und Moderne – Systemtheoretische Provokationen und pädagogische Perspektiven, in: Krüger, H.-H. (Hg.), Abschied von der Aufklärung. Perspektiven der Erziehungswissenschaft, Opladen, S. 105-121.

Tenorth, H.-E. (1992): Laute Klage, stiller Sieg. Über die Unaufhaltsamkeit der Pädagogik in der Moderne, in: Benner, D. u.a.(Hg.), Erziehungswissenschaft zwischen Modernisierung und Modernitätskrise (29. Beiheft der Zeitschrift für Pädagogik), Weinheim/Basel, S. 129-140.
Tenorth, H.-E. (1995): Engagierte Beobachter, distanzierte Akteure. Eine Ermunterung, pädagogische Grundprobleme wieder zu erörtern, in: Zeitschrift für Pädagogik 41 (1995) H. 1, S. 3-12.
Tenorth, H.-E. (1997): Erziehungswissenschaft in Deutschland. Skizze ihrer Geschichte von 1900 bis zur Vereinigung 1990, in: Harney, K./Krüger, H.-H. (Hg.), Einführung in die Geschichte der Erziehungswissenschaft und der Erziehungswirklichkeit, Opladen, S. 111-154.
Terhart, E. (1985): Das Einzelne und das Allgemeine. Über den Umgang mit Fällen im Rahmen erziehungswissenschaftlicher Forschung, in: Zeitschrift für erziehungs- und sozialwissenschaftliche Forschung, 2 (1985) S. 283-312.
Teubner, G./Willke, H. (1984): Kontext und Autonomie: Gesellschaftliche Steuerung durch reflexives Recht, in: Zeitschrift für Rechtssoziologie, 5 (1984) 1, S. 4-35.
Thiel, F. (1996): Ökologie als Thema. Überlegungen zur Pädagogisierung einer gesellschaftlichen Krisenerfahrung, Weinheim.
Tidick, M. (1991): Grußwort der Präsidentin der KMK, in: World University Service (Hg.), a.a.O., S. 11-15.
Tietgens, H. (1962/1969): Entwicklungsländer als Thema der Erwachsenenbildung, in: Offene Welt (1969), a.a.O., S. 256-271 (erstveröffentlicht 1962).
Treml, A. (1979): Editorial. Was ist Entwicklungspädagogik?, in: Zeitschrift für Entwicklungspädagogik, 2 (1979) 3, S. 2-4.
Treml, A. (Hg.) (1980a): Entwicklungspädagogik. Unterentwicklung und Überentwicklung als Herausforderung der Erziehung, Frankfurt/M.
Treml, A. (1980b): Entwicklungspädagogik als Theorie einer Praxis. Lernen in Bürgerinitiativen und Aktionsgruppen, in: ders. (Hg.), a.a.O., S. 75-90.
Treml, A. (1980c): Einleitung. Was ist Entwicklungspädagogik?, in: ders. (Hg.), a.a.O., S. 3-17.
Treml, A. (Hg.) (1982a): Pädagogikhandbuch Dritte Welt, Wuppertal.
Treml, A. (1982b): Dritte-Welt-Pädagogik. Zur Didaktik und Methodik eines Lernbereichs, in: ders. (Hg.), a.a.O., S. 13-38.
Treml, A. (1983): Entwicklungspädagogik – Versuch einer Zwischenbilanz. Aufbruch zu neuen Ufern?, in: Zeitschrift für Entwicklungspädagogik 1/1983, S. 5-13.
Treml, A. (1993): Die Dritte Welt als pädagogische Konstruktion. Erkenntnistheoretische Irritationen, in: Scheunpflug, A./ders. (Hg.), a.a.O., S. 152-171.
Treml, A. (1995): Die pädagogische Konstruktion der "Dritten Welt". Bilanz und Perspektiven. Die Geschichte der entwicklungspolitischen Bildung, Frankfurt/M.
Türk, K. (1995): Organisation und gesellschaftliche Differenzierung, in: ders., Die Organisation der Welt: Herrschaft durch Organisation in der modernen Welt, Opladen, S. 155-216.
UNCTAD (1973): "Verbreitung von Information und Mobilisierung der öffentlichen Meinung" (Resolution der UNCTAD III in Santiago de Chile 1973), zitiert nach: epd-Dokumentation 27/72, S. 24-25.

UNCTAD-Kampagne (1972): Entwicklungspolitische Forderungen der UNCTAD-Kampagne an die Bundesregierung, in: Lefringhausen, K./Merz, F. (Hg.), Entwicklungspolitische Dokumente 4, Wuppertal, S. 28-30.
UNESCO (1945): Verfassung der Organisation der Vereinten Nationen für Erziehung, Wissenschaft und Kultur, in: Hüfner, K./Reuther, W. (Hg.) (1996): UNESCO-Handbuch, Neuwied/Kriftel/Berlin, S. 260-269.
UNESCO (1970): Erziehung zu internationaler Verständigung und Frieden mit besonderer Berücksichtigung der sittlichen und staatsbürgerlichen Erziehung. Auszug aus dem Bericht einer Experten-Tagung der Unesco in Paris 17.-28. 8. 1970, in: Bundesministerium für wirtschaftliche Zusammenarbeit (Hg.) (1972): Erziehung zu internationaler Verständigung. Schule und Dritte Welt Nr. 37, Bonn.
Vereinte Nationen (1945): Charta der Vereinten Nationen vom 26. 6. 1945, in: Zieger, G. (1976), Die Vereinten Nationen, hg. von der Niedersächsischen Landeszentrale für Politische Bildung, Hannover, S. 245-269.
Vereinte Nationen (1960): Erklärung über die Gewährung der Unabhängigkeit an koloniale Länder und Völker (Entschließung 1514 [XV] vom 14. 12. 1960), in: Zieger, G. (1976), Die Vereinten Nationen, hg. von der Niedersächsischen Landeszentrale für Politische Bildung, Hannover, S. 299-301.
Vereinte Nationen (1961): Entwicklungsdekade der Vereinten Nationen – ein Programm für internationale ökonomische Zusammenarbeit (I) vom 19. 12. 1961, in: Spröte, W./Wünsche, H. (Hg.) (1978), Die Vereinten Nationen und ihre Spezialorganisationen. Dokumente Bd. 5, Resolutionen zu Grundfragen der internationalen Wirtschaftsbeziehungen, Berlin, S. 24-33.
Vereinte Nationen (1970): Internationale Strategie für die Zweite Entwicklungsdekade der Vereinten Nationen vom 24. 10. 1970, in: Bundesministerium für wirtschaftliche Zusammenarbeit (Hg.) (1971): Die entwicklungspolitische Konzeption der Bundesrepublik Deutschland und die internationale Strategie für die Zweite Entwicklungsdekade, Bonn, S. 33-57.
Vereinte Nationen (1973): Erste zweijährige Gesamtüberprüfung und -einschätzung des Fortschritts bei der Erfüllung der Internationalen Entwicklungsstrategie der Zweiten Entwicklungsdekade der Vereinten Nationen, in: Spröte, W./Wünsche, H. (Hg.) (1978), Die Vereinten Nationen und ihre Spezialorganisationen. Dokumente Bd. 5, Resolutionen zu Grundfragen der internationalen Wirtschaftsbeziehungen, Berlin, S. 124-199.
Vereinte Nationen (1974a): Deklaration über die Errichtung einer Neuen Weltwirtschaftsordnung, in: Spröte, W./Wünsche, H. (Hg.) (1978), Die Vereinten Nationen und ihre Spezialorganisationen. Dokumente Bd. 5, Resolutionen zu Grundfragen der internationalen Wirtschaftsbeziehungen, Berlin, S. 220-233.
Vereinte Nationen (1974b): Aktionsprogramm über die Errichtung einer Neuen Weltwirtschaftsordnung, in: Spröte, W./Wünsche, H. (Hg.) (1978), Die Vereinten Nationen und ihre Spezialorganisationen. Dokumente Bd. 5, Resolutionen zu Grundfragen der internationalen Wirtschaftsbeziehungen, Berlin, S. 234-285.
Vereinte Nationen (1974c): Charta der ökonomischen Rechte und Pflichten der Staaten, in: Spröte, W./Wünsche, H. (Hg.) (1978): Die Vereinten Nationen und ihre

Spezialorganisationen, Dokumente Bd. 5, Resolutionen zu Grundfragen der internationalen Wirtschaftsbeziehungen, Berlin , S. 286-321.

Vereinte Nationen (1980): Internationale Entwicklungsstrategie für die Dritte Entwicklungsdekade der Vereinten Nationen 1981-1990, in: Bundesministerium für wirtschaftliche Zusammenarbeit (Hg.) (1981): Internationale Entwicklungsstrategie für die Dritte Entwicklungsdekade der Vereinten Nationen (Materialien 68), Bonn.

Vereinte Nationen (1991): Internationale Entwicklungsstrategie für die Vierte Entwicklungsdekade der Vereinten Nationen 1991-2000, in: Vereinte Nationen 39 (1991) 3, 108-119.

Vialon, F.K. (1966): Motive deutscher Entwicklungspolitik, in: Ziock, H. (Hg.), Entwicklungshilfe – Bausteine für die Welt von morgen, Frankfurt/M./Berlin, S. 43-52.

Vierdag, G. (1980): Bildung zur Selbsthilfe. Freiräume und Grenzen entwicklungsorientierter Erwachsenenbildung, in: Bildung und Erziehung, 33 (1980) 4, S. 457-466.

Watzlawick, P. (Hg.) (1981): Die erfundene Wirklichkeit, München/Zürich.

Wehnert, G. (1962): Entwicklungspädagogik als Voraussetzung einer echten Entwicklungshilfe. Ein Beitrag zur prospektiven Pädagogik, in: Pädagogische Rundschau 16 (1962) 12, S. 983-985.

Weick, K.E. (1976): Educational Organizations as Loosely Coupled Systems, in: Administrative Science Quarterly 21 (1976), S. 1-19.

Weick, K.E. (1985): Der Prozeß des Organisierens, Frankfurt/M.

Weiland, H. (1980): Bildung in Entwicklungsprojekten. Ein ungenutzter Freiraum für Reformen, in: Bildung und Erziehung, 33 (1980) 4, S. 467-474.

Weißhaar, S. (1976): Anregungen zur Behandlung des Themas ‚Dritte Welt' im Unterricht der Sekundarstufe I. Ein Lehrerbericht, in: Hessische Stiftung Friedens- und Konfliktforschung (Hg.), Friedensanalysen. Für Theorie und Praxis Band 3. Schwerpunkt Unterentwicklung, Frankfurt/M., S. 109-130.

Welternährungskonferenz (1970): Mobilisierung der öffentlichen Meinung, in: Bundesministerium für wirtschaftliche Zusammenarbeit (Hg.) (1970b): Die Mobilisierung der öffentlichen Meinung, in: Schule und Dritte Welt 11, Bonn.

Wiener Institut für Entwicklungsfragen (Hg.) (1970): Schule und Dritte Welt. Die Behandlung der Entwicklungsländer und der Entwicklungsproblematik in Schulunterricht und Lehrerbildung, Wien.

Wiesenthal, H. (1995): Konventionelles und unkonventionelles Organisationslernen: Literaturreport und Ergänzungsvorschlag, in: Zeitschrift für Soziologie, 24 (1995) 2, S. 137-155.

Willems, U. (1993): Evangelische Kirche und Solidaritätsbewegung. Aktionsformen und Konfliktlinien ‚advokatorischer Politik' am Beispiel des Pharmahandels, in: Forschungsjournal Neue Soziale Bewegungen, 6 (1993) 3-4, S. 99-109.

Willems, U. (1998): Entwicklung, Interesse und Moral. Die Entwicklungspolitik der Evangelischen Kirche in Deutschland, Opladen.

Willke, H. (1989): Gesellschaftssteuerung oder partikulare Handlungsstrategien? Der Staat als korporativer Akteur, in: Glagow, M./Willke, H./Wiesenthal, H. (Hg.),

Gesellschaftliche Steuerungsrationalität und partikulare Handlungsstrategien, Pfaffenweiler, S. 9-29.
Willke, H. (1993): Systemtheorie entwickelter Gesellschaften: Dynamik und Riskanz moderner gesellschaftlicher Selbstorganisation, Weinheim/München, (2. Auflage).
Willke, I. (1972): Internationale Verständigung als Bildungsauftrag der Schule, in: Bildung und Erziehung, 25 (1972) 5, S. 31-48.
Wirthmann, M. (1980): Der Unterricht an Jugendverkehrsschulen – Hinweise zur Neuorientierung und ‚Pädagogisierung' der Radfahrausbildung, in: Zeitschrift für Verkehrserziehung, 30 (1980) 3, S. 16-20.
Wirtz, H.J. (1985): Lernen durch Handel(n). Entwicklungspolitische Bewußtseinsbildung und Aktion im Rahmen der "Aktion Dritte Welt Handel", in: Alternativ Handeln 15/1985, S. 3-7.
Wissenschaftlicher Beirat beim Bundesministerium für Wirtschaftliche Zusammenarbeit (1978): Auf dem Weg zu einer neuen Weltwirtschaftsordnung, Stuttgart.
Wöhlcke, M. (1991): Risiken aus dem "Süden". Neue Themen in den Nord-Süd-Beziehungen nach dem Ende des Ost-West-Konflikts, Stiftung Wissenschaft und Politik, Ebenhausen.
Wolf-Phillips, L. (1987): Why "Third World": Origin, Definition and Usage, in: Third World Quarterly (1987) 9/10, S. 1311-1327.
World University Service (Hg.) (1991): Der Nord-Süd-Konflikt. Bildungsauftrag für die Zukunft. Dokumentation des Kongresses vom 29. 9.-1. 10. 1990 in Köln, Wiesbaden.
Worsley, P. (1979): How Many Worlds?, in: Third World Quarterly (1979) 1, S. 100-108.
Wulf, C. (1972): Auf dem Wege zu einer transnationalen Friedenserziehung, in: Bildung und Erziehung, 25 (1972) 5, S. 58-68.
Wulf, C. (1989): Artikel "Friedenserziehung", in: Pädagogische Grundbegriffe Bd. 1, hg. von D. Lenzen, Reinbek 1989, S. 675-680.
Zahn, B. (1993): Der Lernbereich Dritte/Eine Welt in der Grundschule, in: Scheunpflug/Treml (Hg.), a.a.O., S. 175-196.
Zedler, P. (1984): Expansion und Selbstbegrenzung. Probleme einer flexiblen Sicherung pädagogischen Optionen, in: Heid, H./Klafki, W. (Hg.), Arbeit – Bildung – Arbeitslosigkeit (19. Beiheft der Zeitschrift für Pädagogik), Weinheim/Basel, S. 56-63.
Zeitschrift für Erziehungswissenschaft (1999): Schwerpunkt "Niklas Luhmann zum Gedenken", in: Zeitschrift für Erziehungswissenschaft 2 (1999) 4, S. 527-568.
Zeitschrift für internationale Bildungsforschung und Entwicklungspädagogik (1996): Schwerpunkt "Erziehung für die Weltgesellschaft", in: Zeitschrift für internationale Bildungsforschung und Entwicklungspädagogik, 19 (1996) 1, S. 2-22.
Zeitschrift für Pädagogik (1981): Die Dritte Welt als Gegenstand erziehungswissenschaftlicher Forschung. (16.Beiheft), Weinheim/Basel.
Zentrum für Entwicklungsbezogene Bildung (Hg.) (1995): Dritte Welt in der Grundschule: geht das? Anregungen zum Lehrplan für die Grundschule in Baden-Württemberg, Stuttgart.

Literatur

Zielinski, J. (1966): Lehrerbildung als strategisches Kernprobleme der Entwicklungshilfe, in: Pädagogische Rundschau 20 (1966) 1, S. 71-77.

Zinnecker, J. (1997): Sorgende Beziehungen zwischen Generationen im Lebensverlauf. Vorschläge zur Novellierung des pädagogischen Codes, in: Luhmann, N./Lenzen, D. (Hg.), a.a.O., S. 199-227.

Zipat, E.J. (1970): Pädagogische Initiativen des Bundesministeriums für wirtschaftliche Zusammenarbeit zur entwicklungspolitischen Bewußtseinsbildung. Auch internationale Anerkennung, in: epd-Entwicklungspolitik 8/1970, S. 15-16.

Anhang 1: Lexika, Handbücher, Wörterbücher, Dokumentationssysteme

Handbuch Schule und Unterricht, hg. von W. Twellmann, Düsseldorf.
Kleines Pädagogisches Wörterbuch, hg. von J.A. Keller/F. Novak, Freiburg/Basel/Wien 1979, (1. Auflage).
Kleines Pädagogisches Wörterbuch. Grundbegriffe - Praxisorientierungen - Reformideen, hg. von J.A. Keller/F. Novak, Freiburg/Basel/Wien 1996, (4. vollständig überarbeitete Auflage).
Kritisches Lexikon der Erziehungswissenschaft und Bildungspolitik, hg. von der Zeitschrift päd.extra/H. Speichert, Reinbek 1975
Lexikon der Pädagogik. Neue Ausgabe. 4 Bände, hg. von H. Rombach, Freiburg/Basel/Wien 1971, (2.Auflage).
Neues Pädagogisches Lexikon, hg. von H.-H. Groothoff/M. Stallmann, Stuttgart/Berlin 1971, (5. vollständig überarbeitete Auflage)
Meyers Kleines Lexikon Pädagogik, hg. von Meyers Lexikonredaktion in Zusammenarbeit mit G. Eberle/A. Hillig, Mannheim/Wien/Zürich 1988.
Pädagogische Grundbegriffe. 2 Bände, hg. von D. Lenzen, Reinbek 1989.
Pädagogisches Lexikon. 2 Bände, hg. von W. Horney/J.P. Ruppert/W. Schultze, Gütersloh 1970.
Taschenbuch der Pädagogik. 2 Bände, hg. von H. Hierdeis, Baltmannsweiler 1978, (1. Auflage)
Taschenbuch der Pädagogik. 4 Bände, hg. von H. Hierdeis/T. Hug, Baltmannsweiler 1997, (5. korr. Auflage)
Thesaurus-Pädagogik, Hg. vom Dokumentationsring Pädagogik (DOPAED), München/New York/London/Paris 1982.
Wörterbuch der Pädagogik, hg. von W. Böhm, Stuttgart 1994, (14. Auflage).
Wörterbuch zur Pädagogik, hg. von H. Schaub/K.G. Zenke, München 1995.

Anhang 2: Dissertationen/Habilitationen (chronologisch)

Meueler, E. (1977): Lernbereich "Dritte Welt" - Eine Curriculumentwicklung. Habilitationsschrift Technische Hochschule Darmstadt.
Schmitt, R. (1978): Einstellungsänderung gegenüber anderen Völkern. Habilitationsschrift Universität Göttingen.
Holzbrecher, A. (1978): Dritte Welt-Öffentlichkeitsarbeit als Lernprozeß. Zur politischen und pädagogischen Praxis von Aktionsgruppen. Dissertation Universität Tübingen.
Dütting, M. (1979): Kinder, Film und Dritte Welt. Eine Studie zur Film- und Gegenstandsaneignung durch Vor- und Grundschulkinder. Dissertation Universität Bochum
Mielke, B.(1980): Tourismus oder Völkerverständigung? Die internationalen Begegnungen der Schulen - Untersuchung am Beispiel Nordrhein-Westfalens mit einem Modell für internationale Begegnungen, dargestellt am Projekt Schüleraustausch mit Tunesien. Dissertation Universität Gesamthochschule Essen.
Freise, J. (1982): Interkulturelles Lernen in Begegnungen zwischen Gruppen aus der Bundesrepublik Deutschland und der Dritten Welt. Ein Beitrag zur Didaktik der außerschulischen entwicklungspolitischen Bildung. Dissertation Universität Münster.
Khumalo, B.-F. (1982): Analysen und Überlegungen zur Legitimationsproblematik in der evangelisch-kirchlichen Erwachsenenbildungsarbeit zum Problemkomplex Südafrika - herausgearbeitet im Kontext der Aktion der evangelischen Frauenarbeit in Deutschland "Kauf keine Früchte aus Südafrika". Dissertation Universität Tübingen.
Göser, L. (1985): Der Lernprozeß eines Entwicklungshelfers als Grundlage zur Erkenntnisgewinnung für eine sogenannte Didaktik der Dritten Welt. Dissertation Universität Frankfurt.
Berger, M. (1992): Zur Weiterentwicklung der Behandlung Asiens im Geographieunterricht Deutschlands. Dissertation Humboldt-Universität.
Muth, H. (1992): Untersuchungen zur Spielkultur Nordbrasiliens. Ein Beitrag zur interkulturellen Spielforschung. Dissertation Deutsche Sporthochschule Köln.
Zwicker-Pelzer, R. (1992): Verwicklung und Entwicklung. Entwicklungsbezogene Bildungsarbeit mit Frauen. Dissertation Gesamthochschule Kassel.
Wagner, R. (1992): Überleben lernen in der Einen Welt - Ökologische Lernmodelle in ökumenischer Verantwortung. Dissertation Universität Oldenburg.
Seitz, K. (1993b): Von der entwicklungspolitischen Bildung zum globalen Lernen. Dokumentation und Analysen zur Geschichte von Theorie und Praxis der Dritte-Welt-Pädagogik im deutschsprachigen Raum. Dissertation Universität der Bundeswehr Hamburg.
Karges, R. (1994): Solidarität oder Entwicklungshilfe? Nachholende Entwicklung eines Lernprozesses am Beispiel der bundesdeutschen Solidaritätsbewegung mit Nicaragua. Dissertation Technische Universität Berlin.

Poenicke, A. (1994): Die Darstellung Afrikas in europäischen Schulbüchern für Französisch am Beispiel Englands, Frankreichs und Deutschlands. Dissertation Universität Hamburg.

Scheunpflug, A. (1994): Entwicklungsbezogene Bildung in Schule und Jugendarbeit. Ein Beitrag zur Geschichte der Entwicklungspädagogik mit Jugendlichen in der BRD von 1950-1990. Dissertation Universität der Bundeswehr Hamburg.

Führing, G. (1996): Begegnung als Irritation. Erfahrungsgeleiteter Ansatz in der entwicklungsbezogenen Didaktik. Dissertation Universität Münster.

Weber, B. (1997): Handlungsorientierte ökonomische Bildung: Sustainable Development und Weltwirtschaftsordnung. Dissertation Universität Gesamthochschule Siegen.

Anhang 3: Erziehungswissenschaftliche Qualifikationsarbeiten in der Bundesrepublik Deutschland nach speziellen Pädagogiken im Zeitraum 1960-1997

Jahr	Anzahl Qualifikationsarbeiten N	Dritte Welt-Pädagogik/ Entwicklungspolit. Bildung	Vgl. EW/ Pädagogik in der Dritten Welt	Frieden	Ausländerpädagogik/ interkulturelle Pädagogik/ Migration	Umwelt/ Ökologie
1960	28	0	0	0	0	0
1961	29	0	0	0	0	0
1962	32	0	0	0	0	0
1963	38	0	2	0	0	0
1964	45	0	0	0	0	0
1965	44	0	0	0	0	0
1966	57	0	3	0	1	0
1967	45	0	1	0	0	0
1968	61	0	1	0	0	0
1969	78	0	2	0	0	0
1970	104	0	2	0	0	0
1971	83	0	2	0	0	0
1972	86	0	5	0	0	0
1973	138	0	5	0	0	0
1974	156	0	3	0	2	1
1975	200	0	1	3	1	2
1976	240	0	1	2	0	0
1977	335	1	8	2	3	2
1978	288	2	7	0	2	2
1979	271	1	8	1	4	3
1980	204	1	15	0	2	1
1981	220	0	6	1	1	1
1982	211	2	9	1	5	2
1983	279	0	7	3	1	1
1984	178	0	7	1	5	2

1985	234	1	9	0	7	3
1986	230	0	9	0	8	0
1987	252	0	9	2	10	5
1988	243	0	6	4	11	3
1989	302	0	17	2	11	4
1990	376	0	19	0	7	0
1991	341	0	11	1	10	0
1992	304	5	12	1	7	2
1993	372	1	14	1	13	7
1994	351	3	8	1	12	6
1995	304	0	7	0	6	9
1996	315	1	10	0	11	6
1997	335	1	11	1	12	6
Total	**7409** (100%)	**19** (0,26%)	**237** (3,2%)	**27** (0,36%)	**152** (2,05%)	**68** (0,92%)

Frankfurter Beiträge zur Erziehungswissenschaft
Fachbereich Erziehungswissenschaften der
Johann Wolfgang Goethe-Universität

Reihe Kolloquien:

Frank-Olaf Radtke (Hg.)
Die Organisation von Homogenität – Jahrgangsklassen in der Grundschule
Kolloquium anläßlich der 60. Geburtstage von Gertrud Beck und Richard Meier, Frankfurt am Main 1998

Frank-Olaf Radtke (Hg.)
Lehrerbildung an der Universität – Zur Wissensbasis pädagogischer Professionalität
Dokumentation des Tages der Lehrerbildung an der Johann Wolfgang Goethe-Universität, Frankfurt am Main 1999

Heiner Barz (Hg.)
Pädagogische Dramatisierungsgewinne – Jugendgewalt. Analphabetismus. Sektengefahr
Frankfurt am Main 2000

Gertrud Beck, Marcus Rauterberg, Gerold Scholz, Kristin Westphal (Hg.)
Sachen des Sachunterrichts
Dokumentation einer Tagungsreihe 1997 – 2000
Frankfurt am Main 2001

Brita Rang und Anja May (Hg.)
Das Geschlecht der Jugend – Dokumentation der Vorlesungsreihe Adoleszenz: weiblich/männlich? im Wintersemester 1999 / 2000
Frankfurt am Main 2001

Reihe Forschungsberichte:

Thomas Höhne/Thomas Kunz/Frank-Olaf Radtke
Bilder von Fremden – Formen der Migrantendarstellung als der „anderen Kultur" in deutschen Schulbüchern von 1981-1997
Frankfurt am Main 1999 (auch veröffentlicht unter: www.rz.uni-frankfurt.de/~bfischer/vw-zwischenber.pdf)

Uwe E. Kemmesies
Umgang mit illegalen Drogen im ‚bürgerlichen' Milieu (UMID). Bericht zur Pilotphase
Frankfurt am Main 2000

Reihe Monographien:

Matthias Proske
Pädagogik und Dritte Welt – Eine Fallstudie zur Pädagogisierung sozialer Probleme
Frankfurt am Main 2001